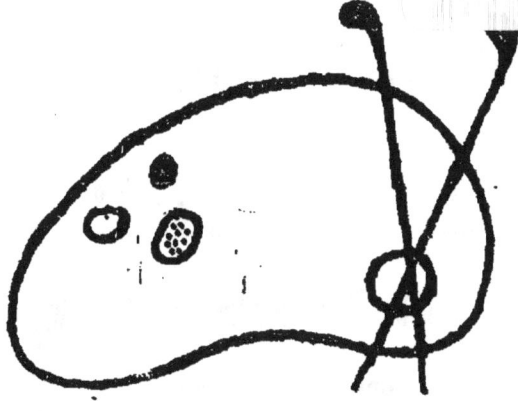

Début d'une série de documents en couleur

CORRESPONDANCE
DE PEIRESC
avec plusieurs Missionnaires et Religieux

DE L'ORDRE DES CAPUCINS

1631-1637

RECUEILLIE ET PUBLIÉE

PAR

Le P. APOLLINAIRE DE VALENCE

RELIGIEUX DU MÊME ORDRE
CORRESPONDANT DE L'ACADÉMIE DELPHINALE

et precédée d'une lettre-préface

par

PH. TAMIZEY DE LARROQUE

CORRESPONDANT DE L'INSTITUT DE FRANCE

PARIS
ALPHONSE PICARD, LIBRAIRE-ÉDITEUR
82, Rue Bonaparte
—
1892

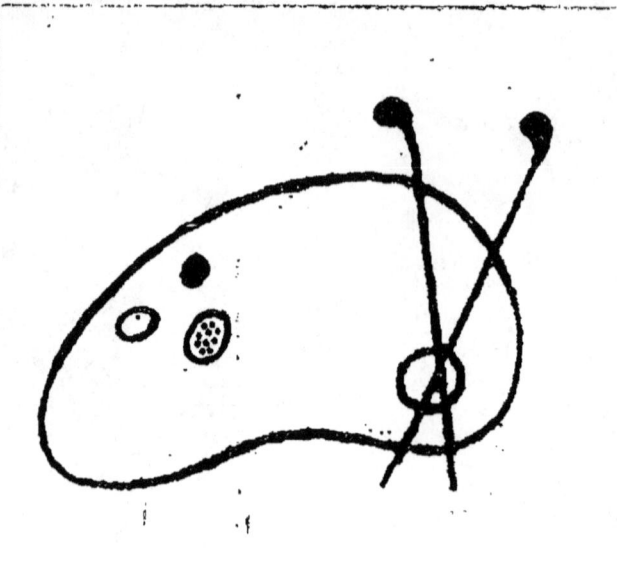

Fin d'une série de documents en couleur

CORRESPONDANCE DE PEIRESC

IMPRIMERIE GERVAIS-BEDOT, NIMES

CORRESPONDANCE
DE PEIRESC

avec plusieurs Missionnaires et Religieux

DE L'ORDRE DES CAPUCINS

1631-1637

RECUEILLIE ET PUBLIÉE

PAR

Le P. APOLLINAIRE DE VALENCE

RELIGIEUX DU MÊME ORDRE
CORRESPONDANT DE L'ACADÉMIE DELPHINALE

et précédée d'une lettre-préface

par

Ph. TAMIZEY DE LARROQUE

CORRESPONDANT DE L'INSTITUT DE FRANCE

PARIS
ALPHONSE PICARD, LIBRAIRE-ÉDITEUR
82, Rue Bonaparte
—
1891

A. R. P. EUGENIO

CARPENTORACTENSI ORDINIS PRAEDICATORUM

E MARCHIONIBUS D'ALAUZIER

QUI

DUM IN PATRIO CONVENTU PRIORIS PARTES

OMNIUM PLAUSU SAPIENTER AGERET

SUPER EGESTATEM ET PAUPERTATEM NOSTRAM INTELLIGENS

TRIUM MENSIUM HOSPITIO

HAS LITTERAS

EX INGUIMBERTINAE BIBLIOTHECAE PEIRESCIANIS CODICIBUS

TRANSSUMENDI

ALACRITATEM NOBIS FECIT

IN GRATITUDINIS AERE PERENNIUS PIGNUS

OPUS

D. D. D.

Avis de l'Éditeur

La Correspondance de Peiresc avec plusieurs missionnaires et religieux de l'Ordre des Capucins ne sera pas comprise dans la collection des Lettres de ce grand homme dont le Ministère de l'Instruction publique a confié l'édition à l'estimable et savant M. Tamizey de Larroque. C'est le motif qui nous porte à l'offrir au monde lettré, dont l'attention s'est si vivement attachée, depuis quelques années, à tous les souvenirs laissés par l'illustre Conseiller au Parlement de Provence, que Bayle appela le procureur général de la littérature, et que Balzac dépeignit en ces termes :

« Si vous me permettez de me servir en français d'une parole empruntée de Grèce, nous avons perdu en ce rare personnage une pièce de naufrage de l'antiquité et les reliques du siècle d'or. Toutes les vertus des temps héroïques s'étaient retirées en cette belle âme. La corruption universelle ne pouvait rien sur sa bonne constitution, et le mal qui le touchait ne le souillait point. Sa générosité n'a été ni bornée par la mer, ni enfermée en deçà des Alpes ; elle a semé ses faveurs et ses courtoisies de tout côté. Elle a reçu des remerciements des extrémités de la Syrie et du sommet du Liban. Dans une fortune assez médiocre, il avait les pensées d'un grand seigneur, et, sans l'amitié d'Auguste, il ne laissait pas d'être Mécénas. »

Nos religieux eurent une part abondante aux bienfaits, à la protection et à l'affection de Peiresc. C'est ce qui donne à la Correspondance qui va suivre plus de prix pour nous que pour le monde savant. Une circonstance actuelle ajoute encore de la valeur à l'intérêt que Peiresc portait à nos ancêtres : c'est le procès qui, nous l'espérons, se terminera par la béatification de deux de ses correspondants, les PP. Agathange de Vendôme et Cassien de Nantes, martyrisés à Gondar, en 1638.

La partie la plus considérable des écrits de Peiresc et des minutes de ses lettres appartient à la Bibliothèque de Carpentras, par suite de la générosité et du flair scientifique du grand évêque d'Inguimbert. Quelques fragments subsistent dans la Bibliothèque Méjanes, à Aix ; d'autres dans la Bibliothèque Nationale, à Paris. Nous avons pris soin d'indiquer, sous le titre de chaque pièce, le lieu de son dépôt.

Nous faisons suivre cette publication de Notices biographiques et bibliographiques sur les religieux de notre Ordre qui s'y trouvent dénommés.

Nous devons exprimer ici notre reconnaissance pour M. Tamizey de Larroque, qui a bien voulu nous faire profiter de l'autorité de son nom pour présenter cet ouvrage au public, et qui nous a aidé à l'orner de notes auxquelles notre érudition personnelle n'aurait pu suffire.

Frère APOLLINAIRE de Valence, capucin.

LETTRE de M. Tamizey de Larroque

Correspondant de l'Institut de France

Mon Très Révérend Père,

Mon premier mot doit être un mot de remerciement pour la confiance que vous avez daigné me témoigner en me chargeant de présenter à un public d'élite le Recueil que vous avez préparé avec un soin si pieux et un zèle si éclairé. C'est pour moi un grand honneur et une grande joie de vous servir de caution, et, pour ainsi dire, de parrain auprès des amis de notre cher Peiresc. Je ne veux pas vous décerner ici des éloges qui offenseraient votre humilité et votre modestie ; mais je puis bien déclarer que vous n'avez rien négligé, soit dans vos transcriptions, soit dans vos annotations, pour nous donner un Recueil digne à la fois de Claude-Nicolas de Fabri et de vos vénérés confrères d'autrefois, ses actifs et dévoués correspondants, dont il fut si heureusement secondé dans des recherches qui devaient tant servir la cause de la science et de la civilisation.

Non seulement, Mon Très Révérend Père, je vous dois une vive reconnaissance pour m'avoir choisi comme l'introducteur de votre Recueil auprès des lecteurs qui savent apprécier les travaux substantiels, mais encore pour avoir allégé, par cette excellente publication, l'écrasant fardeau qui pèse sur les épaules de l'éditeur de la Correspondance générale de Peiresc. Ce que vous avez si bien fait, qui donc désormais oserait y toucher ? Me voilà dispensé, grâce à votre vaillante initiative, de la préparation d'une notable partie de l'immense Recueil auquel j'ai résolu de consacrer tout ce qui me reste de force et d'ardeur. Dans cette bien-aimée Bibliothèque de Carpentras, où vous et moi nous avons travaillé de si bon cœur, on conserve (à l'état d'autographes, de minutes ou de copies) environ sept mille lettres de Peiresc. Les Bibliothèques d'Aix, de Montpellier, de Paris, et celles d'Allemagne, d'Angleterre, de Belgique et d'Ital ajouteraient probablement trois mille documents à ceux de la magnifique collection de l'Inguimbertine. C'est, par conséquent, dix mille lettres, à peu près, qui nous ont été laissées par le savant Conseiller au Parlement de Provence. Même, si les membres du *Comité des Travaux Historiques et Scientifiques*, en qui j'aime à bénir de si bienveillants protecteurs, consentent à m'accorder, dans la *Collection des Documents Inédits*, la large hospitalité que je leur demande, combien de lettres intéressantes ne pourront y trouver place ! Les dix volumes, s'ils me sont concédés, renfermeront à peine deux mille pièces. Que de regrets vous m'épargnez en imprimant dans votre Recueil bon nombre de lettres qui, fatalement, ne seraient pas entrées dans le mien ! Déjà, un de mes meilleurs et plus doctes amis, M. l'abbé Louis Bertrand, directeur au Grand Séminaire de Bordeaux, a publié, dans sa parfaite *Notice sur Peiresc, abbé de Guitres,* plusieurs lettres écrites en cette qualité par mon héros. Quel gré j'ai su à mon vénérable devancier d'avoir si bien moissonné un coin du trop vaste champ qui s'étendait devant moi ! A votre tour d'engranger les bonnes et belles gerbes qu'il m'eût fallu abandonner en grande partie ! J'espère que d'autres habiles et vaillants travailleurs imiteront votre exemple, et m'apporteront un concours qui restreindra de plus en plus le terrain que j'ai à parcourir. Je compte notamment, pour la publication de la Correspondance de Peiresc et de son collègue au Parlement d'Aix et intime ami, Pierre d'Olivier, sur M. Paul de Faucher, dont l'appui m'est doublement garanti par son patriotisme de bon provençal et par son culte fervent pour des souvenirs de famille. J'attends beaucoup aussi, en ce qui regarde la mise en lumière de la Correspondance italienne de Peiresc, qui serait le complément et le couronnement de sa Correspondance française, j'attends, dis-je, beaucoup aussi d'un jeune professeur de la Faculté des Lettres de Montpellier, ancien membre de l'École d'Archéologie de Rome, M. Léon-G. Pelissier, qui est familiarisé avec la langue et la littérature d'au-delà les Alpes, et qui, par son origine méridionale comme par ses remarquables travaux sur les *Correspondants d'Holstenius,* est naturellement appelé à devenir un de nos meilleurs collaborateurs ou successeurs. Du reste, quelques unes des portions de la Correspondance italienne de Peiresc ont déjà paru, ou vont paraître bientôt, par les soins de trois recommandables érudits étrangers : M. Luigi Amabile, professeur à l'Université de Naples (*Lettres à T. Campanella*); M. A. Favaro, professeur à l'Université de Padoue (*Lettres à Galilée*) ; M. C. Ruelens, conservateur des Manuscrits de la Bibliothèque royale de Bruxelles (*Lettres à Rubens*). Encouragé, fortifié, aidé par tant de sympathiques compagnons de voyage, je redoublerai de zèle pour atteindre le but, et peut-être, grâce aux nobles efforts et à l'infatigable dévouement de tels auxiliaires, me sera-t-il donné de voir s'élever l'édifice complet, où mon Recueil formera le corps de logis principal, où les Recueils divers constitueront les constructions accessoires, où votre Recueil en particulier (à cause des saints personnages qui y figurent) représentera la chapelle.

Voilà une transition toute trouvée pour revenir aux Lettres dont vous êtes le consciencieux éditeur. Je ne crains pas d'affirmer que cette série de documents sera une des plus goûtées dans toute la Correspondance de Peiresc. Les qualités de ce grand homme y brillent d'un incomparable éclat, et votre beau volume mettra le sceau à sa renommée.

Mais que dire des religieux, ses correspondants, si bons serviteurs, à la fois, de Dieu et de leur patrie, qui, « sans nuire en rien à leurs pieuses et charitables conquestes des âmes, » travaillaient si résolument « pour le public et pour la nation françoise ? » Que dire de ces missionnaires qui, au prix des plus pénibles sacrifices, accomplirent tous les devoirs d'un double apostolat, augmentèrent le trésor des connaissances humaines, et rendirent plus vif le rayonnement de notre influence en de lointaines régions, où se conserve encore le souvenir de ces civilisateurs par excellence ? Parmi eux, je salue avec un respect particulier les Pères Agathange de Vendôme et Cassien de Nantes, qui justifièrent cette phrase prophétique de Peiresc (Lettre du 20 décembre 1633, au P. Gilles de Loches) : « Mais ils ne sont là que pour y chercher des travaulx et des martyres ! » Leur sang a été, selon l'éloquente et mémorable parole de Tertullien, une semence d'une inépuisable fécondité. La pourpre de ce sang généreux décore votre Ordre tout entier. Puisse votre publication, en appelant l'attention du monde chrétien sur l'héroïsme des deux correspondants de celui qui fut l'ami du pape Urbain VIII, hâter l'heure où le grand Pape qui, au milieu de tous les orages, gouverne si admirablement la barque de l'Église, proclamera bienheureux ceux qui sont si noblement morts (j'emprunte ici le beau langage de Peiresc, lettre au P. Gilles de Loches, du 20 mars 1635), « en preschant la saincte foy chrestienne à ces pauvres âmes infidèles » qu'ils savaient « si bien ramener à la cognoissance de Dieu. » C'est de tout mon cœur que je vous souhaite de voir resplendir l'auréole des saints autour du front de ces confrères qui, depuis deux siècles et demi, tiennent dans leurs mains les glorieuses palmes du martyre. Ce serait pour vous, j'en suis bien sûr, le plus précieux des succès et la plus douce des récompenses.

Daignez agréer, mon Très Révérend Père et très cher collaborateur, avec toutes mes félicitations et tous mes vœux, l'hommage de mes sentiments les plus respectueux et les plus dévoués.

Ph. TAMIZEY de LARROQUE.

Pavillon Peiresc, près Gontaud, 19 juin 1890.

ERRATA

Avant d'ouvrir cette *Correspondance*, le lecteur, nous l'en prions, voudra bien entendre notre confession de correcteur parfois malheureux, souvent maladroit ; ainsi pourra-t-il plus aisément nous pardonner et réparer les fautes que nous avons commises à son préjudice et à celui des hommes vénérables dont les lettres vont suivre.

Nous le prévenons d'abord que l'orthographe des originaux n'est pas une avec elle-même. Un mot répété dans une même phrase s'y trouve souvent écrit de deux manières différentes. Dans la lettre CXVII, on verra le mot *planète* tantôt masculin, tantôt féminin. Chacun sait que, dans la première moitié du XVIIe siècle, notre langue n'avait pas la fixité qu'elle a depuis acquise.

Nous ne nous sommes pas permis d'apporter à cette orthographe incertaine d'autres modifications que celles qui sont usitées aujourd'hui dans la reproduction des anciens écrits de ce genre, par exemple le remplacement de l'U par un V toutes les fois qu'il sert de consonne, l'accentuation de la préposition « à », de l'adverbe « où », etc.

Par inadvertance, nous avons laissé passer quelquefois la lettre A dans la terminaison des imparfaits des verbes : c'est une faute, car, en ce point, l'orthographe ancienne employait sans exception la lettre O. Par contre, les minutes de Peiresc varient beaucoup dans l'emploi des lettres I et Y, à la fin des mots *lui, oui, midi, demi*, et autres semblables, comme aussi dans les mots *j'ai, j'aurai*, etc.

Nous avons laissé échapper, page 55, le mot *Mercenne*, qui doit être corrigé par *Mersenne*. De plus, une note annonce comme imprimé un fascicule de Lettres du P. Mersenne à Peiresc, que certains accidents ont empêché jusqu'à présent de mettre sous presse, au grand regret de beaucoup de savants.

A la page 64, dernière ligne de la note, effacer les mots : *centaines de*.

Aux pages 86 et 87, est une lettre dont la lecture a été assez malheureuse. La voici, collationnée sur l'original par notre confrère le R. P. Édouard d'Alençon, que nous remercions à ce sujet :

« Monsieur, il y a 15 jours qu'estant aux champs, Monsieur Tardif m'envoya une lettre de vostre part, en dabte du 3 juillet, qui me specifie m'avoir escript auparavant par voye de Monsieur du Puy; mais je n'ai receu telle lettre, non plus que celle qu'il vous mande m'avoir envoiée pour accompagner la vostre. Monsieur Auberi me mande que je me serve de son addresse, ce que je faicts presentement, et luy envoie les livres bretons qui se sont trouvés à Morlaix, que vous recepvrés avec la presente. Dans la boete où ils sont enfermez, il y a des pierres de diverses especes, qui sont des miracles que la nature opere en ceste province de Touraine. Car les unes sont du bois petrifié, les aultres d'eaux congelées, et les aultres de sable empasté. Je vous en feray dans huictaine un ample narré. Prenés garde, s'il vous plaist, seullement, de ne confondre celles de la petite boette, car les plus tendres, qui sont en petite quantité, et separées des aultres, naissent à Viterbe, en Italie, et se forment de l'eau d'un lac chaud, et, meslées es unguents, sont propres à la galle, rogne, dartres et teigne. Les autres, dont il y en a en forme de dragées ou anis confit, se forment d'eaux qui distille (sic) de caves, à deux lieues d'icy, et les croy propres pour rompre la pierre des reings, comme je vous expliqueray plus amplement, comme la nature des aultres, en vous envoiant tout ensemble quelque texte turc et persien, ainsy que desirés pour la satisfaction de vostre bon ami, duquel vous me parliés dans la vostre. Une affaire qui m'est survenue lorsque je me disposois de vous escripre amplement, m'en desrobbe le bien jusques à huict jours d'icy. Ce qu'attendant, je demeure, Monsieur, vostre plus humble serviteur.

« F. GILLES DE LOCHES, capucin.

« A Tours, ce 5 aoust 1634. »

« Vous verrez icy le memoire des livres brettons escript de la main du libraire, avec leur prix. Le tout ne vault que 39 sols. Monsieur du Verger rendra l'argent au marchand. »

Page 93, à la seconde ligne de la note, le lecteur n'aura pas de peine à comprendre que le mot *métaphysique* a été bien à tort substitué au mot *métaphorique*.

Page 94, à la seconde ligne de la note, remplacer *d'Arois* par *d'Arcos*.

Page 228, à la note 3, nous disons n'avoir nulle part rencontré la *Méthode d'Oraison* du P. Joseph de Paris. En effet, c'est là un titre raccourci jusqu'à la fausseté. L'auteur de la lettre a sans doute voulu signaler l'ouvrage intitulé : *Introduction à la vie spirituelle par une facile méthode d'oraison*. Ce livre avait déjà eu, à notre connaissance, quatre éditions.

Page 235, à la ligne 3 de la note 2, lire *Novel*, au lieu de *Movel*.

Page 239, commence une confusion, que Peiresc nous a paru répéter dans plusieurs des lettres suivantes, entre le P. Pierre de Guingamp et le P. Pierre de Morlaix, qui lui ont fait visite à peu d'intervalle en se rendant chacun à la mission qui lui était assignée.

Page 264, ligne 12, le lecteur comprendra bien que le chiffre 1690 est une erreur pour 1590.

Page 289, à la ligne antépénultième, on remarque le mot *incongnités*. Nous l'avons parfaitement lu sur la minute, lors de notre transcription. Il a pu être mis là par le secrétaire de Peiresc au lieu du mot *incongruités*; mais nous n'oserions pas l'affirmer trop fortement : *incongnités* pouvait être aussi bien dans son intention, ou dans celle du maître.

Page 309, lignes 4 et 5, le lecteur verra et corrigera les fautes commises aux mots *disposition* et *nbus*. Du reste, cette page fourmille un peu trop de fautes échappées à notre attention ou à celle des protes, mais faciles à corriger, voire à être pardonnées.

Page 311, ligne 25, *taut* doit être remplacé par *tant*.

Page 330, lignes 13 à 19, est une note de Peiresc relative au récit que le P. Gilles de Loches lui fit au sujet des peuplades appelées *Galli*. Sous ce nom, chacun reconnaîtra la nation des Gallas. Dans le cours du siècle présent, elle a été visitée par plusieurs voyageurs européens, spécialement par M. Antoine d'Abbadie, de l'Institut (Académie des Sciences), qui a consacré les dix plus vigoureuses années de sa vie à parcourir l'Abyssinie et les contrées environnantes, étudiant leur topographie, leurs langues, les mœurs des habitants, leur législation et leur histoire. Au mérite de faire profiter la science européenne du résultat de ses observations, cet honorable personnage a su en joindre un bien plus grand : celui de provoquer, en cour de Rome, l'établissement de missions catholiques dans l'Abyssinie et chez les Gallas, missions dont il est demeuré le bienfaiteur. L'Abyssinie a été confiée aux Prêtres de la *Mission*, et les Gallas aux Capucins, qui sont allés là, semble-t-il, réaliser, après deux siècles, les désirs si fréquemment exprimés par Peiresc au P. de Loches. Le P. Guillaume Massaja, provincial des Capucins de Piémont, créé pour ce but évêque de Cassia (in p. inf.), accomplit parmi ces peuples un apostolat de trente-cinq ans, au milieu des tribulations et des périls les plus inouïs. On lit dans les *Annales de la Propagation de la Foi* de novembre 1852, une lettre intéressante, où M. d'Abbadie trace, des régions et des peuples qu'il a vus, un tableau dans lequel il semble qu'on reconnaisse des traits du récit du P. Gilles à Peiresc. Mais en même temps cette lettre est empreinte de la préoccupation chrétienne de l'illustre voyageur; aujourd'hui, elle doit être remplacée dans son cœur par une légitime satisfaction. Car, malgré les difficultés et les travaux qui rendent cette mission la plus laborieuse et la plus périlleuse de toutes celles du globe, elle est prospère et produit des fruits précieux pour la religion et pour la science. Mgr Massaja a publié et dédié à M. d'Abbadie une grammaire des langues abyssinienne et galla, dont l'impression est due à notre Imprimerie Nationale et aux subsides de notre ministère des affaires étrangères : les mânes de Peiresc, qui avait tant désiré cette œuvre, n'auront-elles pas tressailli de joie à son apparition ! Léon XIII a ensuite voulu honorer les héroïques travaux du prélat missionnaire, en ornant ses cheveux blancs de la pourpre romaine, et celui-ci a employé ses dernières années à écrire l'histoire de sa mission, récemment publiée à Rome. Enfin, après avoir appelé à son aide les Capucins français, Mgr Massaja leur a laissé le soin de poursuivre son dur et glorieux labeur : un groupe d'apôtres relativement nombreux, présidé par un évêque, le continue avec le même zèle.

Nous croyons superflu d'indiquer la correction de ces fautes que les typographes appellent *coquilles* et *doublons*; mais il importe d'exécuter les suivantes :

Page 11, au titre de la lettre X, 20 novembre, au lieu de 22 décembre.
Page 18, — — XIV, 13 février, — 12 février.
Page 94, dernière ligne, — 7 août — 16 août.
Page 128, au titre de la l. LII, 20 mars, — 9 mars.
Page 129, — LIII, 27 avril, — 15 avril.
Page 220, — LXXXVIII, 7 janvier, — 12 janvier.
Page 259, — CVII, 21 août, — 22 août.
Page 260, — CVIII, 21 août, — 25 août.

TABLE ANALYTIQUE DES LETTRES

Pages

Lettre I. *Le P. Gilles de Loches à Peiresc*, 3 septembre 1631. Il regrette que les lettres qu'il lui a précédemment adressées ne soient point parvenues, et lui fait ses offres de service.. 1

— II. *Le P. Scholastique d'Aix à Peiresc*, 22 avril 1633. Il lui donne quelques renseignements sur le comté de Tallard, et lui en promet d'autres......................... 2

— III. *Peiresc au P. André de Bédoin*, 22 août 1633. Il le prie d'acheminer une lettre vers le P. Gilles de Loches.. 4

— IV. *Peiresc au P. Gilles de Loches*, 22 août 1633. Il lui demande des renseignements sur un Levantin. Il regrette la rapidité de son passage................... 5

— V. *Peiresc à M. Magy, au Caire* (date rongée). Il le prie de mettre un télescope à la disposition du P. Thomas de Vendôme.. 6

— VI. *Peiresc au P. Jacques de Vendôme* (date rongée). Fragment de lettre sur les évènements du Liban......... 6

— VII. *Peiresc au P. Gilles de Loches* (date rongée). Il lui recommande M. de La Fayette............................ 7

— VIII. *Peiresc au P. Jacques de Vendôme*, octobre 1633. Il lui rend compte de démarches faites à Rome en faveur d'un prélat maronite. Il lui demande des détails sur la musique des chrétiens orientaux. Mort du cardinal Borghèse.................................. 8

— IX. *Peiresc au P. Denis d'Avignon*, 9 novembre 1633. Il accuse réception de livres rendus, et en offre d'autres.. 10

— X. *Peiresc au P. Gilles de Loches*, 20 novembre 1633. Il le remercie d'un envoi de livres. Il désire que le P. Gilles traduise le *Livre des Révélations d'Énoch*. Vaisseaux français pris par les corsaires à Alexandrie, et délivrés par le Bey. Mauvaises nouvelles, non spécifiées, de la mission d'Alep. Services que le Père Gilles pourrait rendre à la science orientaliste..... 11

	Pages
Lettre XI. *Peiresc à M. Magy*, 21 décembre 1633. Il lui dit s'être entretenu avec le P. Gilles de Loches..........	15
— XII. *Peiresc au P. Denis d'Avignon*, 31 décembre 1633. Il lui envoye un livre, avec prière de le communiquer à Samuel Petit et au sieur Caduc, et en offre d'autres..	16
— XIII. *Peiresc au P. Gilles de Loches*, 31 janvier 1634. Il lui envoye des nouvelles du Caire, non spécifiées...	17
— XIV. *Peiresc au P. Gilles de Loches*, 13 février 1634. Il loue ce Père de ses travaux sur les langues orientales, et se plaint qu'il n'ait pas le loisir de mettre la dernière main à sa grammaire et à son dictionnaire abyssins. Les marchands de Saint-Malo s'offrent à transporter gratuitement les missionnaires Capucins en Guinée. Il plaint les Ursulines de Loudun. Il souhaite que le P. Gilles devienne assez malade pour ne pas pouvoir retourner en mission avant d'avoir publié ses ouvrages sur les langues orientales. Il l'exhorte longuement à y travailler. Il lui enverra le *Livre des Révélations d'Énoch*. Il a lu avec plaisir la relation écrite par les Capucins de Saint-Malo. Il le remercie de ses offres de livres bretons, et demande un catalogue de tous ceux que l'on peut connaître...	18
— XV. *P. Agathange de Vendôme à Peiresc*, 18 mars 1634. Il lui envoye les Évangiles en cophte et en arabe. Il a obtenu un Psautier polyglotte en échange d'un calice d'argent que Peiresc fera fabriquer. Il espère trouver d'autres livres...	24
— XVI. *Peiresc au P. Gilles de Loches*, 20 mars 1634. Longue explication des difficultés de la correspondance postale à cette époque. Regret que les prédications empêchent le P. Gilles de travailler à la grammaire et au dictionnaire abyssins. Le P. Gilles a inventé un procédé pour l'impression des livres orientaux. Il a composé un ouvrage de philosophie. Éloge des marchands de Saint-Malo. Regret de ne pas recevoir d'Égypte certains livres qui lui ont été promis. Nouveau métal qui pourrait être utilisé par le P. Gilles pour une imprimerie..........................	26
— XVII. *Peiresc au P. Gilles de Loches*, 28 mars 1634. Il lui communique des nouvelles récentes d'Orient. Il le questionne au sujet d'un sieur de La Porte, médecin, qui prétend guérir la peste, et qui paraît habiter Falaise, où il semble que le P. Gilles se trouve aussi.	34
— XVIII. *Peiresc au P. Gilles de Loches*, 9 avril 1634. Nou-	

veaux regrets du peu de loisir du P. Gilles. Prière de corriger et lui renvoyer un alphabet abyssin récemment imprimé à Rome. Le P. Gilles désire éditer un Psautier polyglotte. Fausseté de certaines nouvelles de Constantinople. Bains de Bourbon prescrits au P. Gilles. Peiresc lui demande des livres bretons. Lettre au P. Thomas de Saint-Calain. Lettre au P. Colombin de Nantes............ 35

Lettre XIX. *Peiresc au P. Colombin de Nantes*, 10 avril 1634. Il lui demande une relation de son voyage en Guinée, et des détails sur les mœurs des indigènes, les curiosités et les productions de ce pays, le Niger et ses inondations, le flux et le reflux de l'Océan. 40

— XX. *Peiresc au P. Thomas de Saint-Calain*, 10 avril 1634. Il regrette de n'avoir pas reçu sa visite à son retour d'Orient. Il le remercie de ses offres de service. . . . 46

— XXI. *Peiresc au P. Gilles de Loches*, 17 avril 1634. Il lui envoye des nouvelles d'Orient et du malheureux émir Facardin. Il lui fait part des questions adressées au P. Colombin, et des instructions à fournir aux missionnaires avant un nouveau départ pour la Guinée. Il indique des observations à faire sur les côtes de Bretagne, et des informations à demander à Belle-Ile par le P. Césaire de Rosgoff, qui y prêche le carême........................... 47

— XXII. *Peiresc au P. Gilles de Loches*, 20 mai 1634. Il le remercie de l'envoi de livres bretons, cophtes et arabes. Appréciation du procédé d'imprimerie du P. Gilles. Démarches pour se procurer le *Livre d'Énoch*. Il a reçu un livre arabe de musique. Questions sur les cérémonies religieuses des Cophtes et des Abyssins, et sur le départ des missionnaires pour la Guinée. Envoi de nouvelles de Constantinople.......................... 52

— XXIII. *Peiresc au P. Gilles de Loches*, 3 juillet 1634. Remerciments pour l'envoi d'un alphabet cophte. Arrangements à prendre pour la correspondance postale. Remerciements pour la correction de l'alphabet abyssin. Offre de se charger de l'édition des ouvrages du P. Gilles. Sa reconnaissance pour les Capucins. Son désir de posséder le P. Gilles pendant quelques jours. Le cartel de Loudun........ 57

— XXIV. *Peiresc au P. Gilles de Loches*, 10 juillet 1634. Remerciments pour des recherches de livres, pour une relation du voyage du P. Colombin en Guinée, pour la correction de l'alphabet abyssin. Demande d'un alphabet éthiopien. Conseil de préférer l'Éthiopie dans le cas où le P. Gilles retournerait en mission, et de ne point partir sans avoir terminé ses ouvrages sur les langues orientales. Espoir de lui faire assigner une mission par le cardinal Barberini. Nouvelle offre de contribuer à l'impression des ouvrages du P. Gilles. Remerciements pour diverses nouvelles. Passage du P. Archange de Fossés à Marseille.. 61

Lettre XXV. *Peiresc au P. Gilles de Loches*, 12 juillet 1634. Il lui envoye des nouvelles de Constantinople, et lui fait la description d'une vieille coupe arabe en bronze. 66

— XXVI. *P. Agathange de Vendôme à Peiresc*, 19 juillet 1634. Il lui demande un dictionnaire arabe dont il a besoin pour écrire un opuscule destiné à l'instruction des Cophtes. Raison pour laquelle le concile de Chalcédoine est absent du livre envoyé à Peiresc. Espoir d'obtenir bientôt un livre qui paraît être celui des *Révélations d'Énoch*, en abyssin, et de visiter la bibliothèque d'un couvent de moines de cette nation. Il envoye à Peiresc une coupe de bois de cèdre, avec un fragment du bois et une fleur de l'arbre dit de Saint-Éphrem.. 67

— XXVII. *Peiresc au P. Gilles de Loches*, 22 juillet 1634. Il vient de recevoir du P. Agathange de Vendôme un manuscrit arabe traitant des conciles. Départ prochain du P. Agathange pour les couvents de Saint-Macaire, où il cherchera des livres. Désir d'obtenir du P. Joseph et du cardinal Barberini que le P. Gilles puisse se retirer en quelque lieu où il vaquerait exclusivement à la composition de ses ouvrages. M. de Marcheville est parti de Constantinople. M. de Césy a repris la direction de l'ambassade sans y être autorisé par le Roi... 71

— XXVIII. *Peiresc au P. Joseph de Paris*, 30 juillet 1634. Il le prie d'intervenir pour faire payer les honoraires dus à Samuel Petit, afin que celui-ci puisse, en payant ses propres dettes, se trouver libre et faire sans inconvénient abjuration du protestantisme..... 76

— XXIX. *Peiresc au P. Colombin de Nantes*, 1er août 1634. Remerciements pour sa Relation de la côte de Benin. Plantes exotiques cultivées par Peiresc. Questions sur les mœurs des nègres. Observations à faire sur les marées et sur les phénomènes célestes....... 78

— XXX. *Peiresc au P. Gilles de Loches*, 1er août 1634. Il se félicite des réponses du P. Colombin à plusieurs de ses questions. Difficulté des communications postales entre Tours et Saint-Malo. Passage à Aix de MM. de La Fayette et de Marcheville. Études faites dans le manuscrit arabe des conciles. P. Adrien, de la mission de Saïd, esclave à Constantinople............ 83

Lettre XXXI. *P. Gilles de Loches à Peiresc*, 5 août 1634. Il lui envoye une boîte contenant des pétrifications et des livres bretons 86

— XXXII. *Peiresc au P. Césaire de Rosgoff*, 7 août 1634. Remerciements pour l'envoi d'un dictionnaire breton et d'autres objets. Flotte des marchands de Saint-Malo pour la Guinée. Observations à recueillir dans cette contrée............................. 88

— XXXIII. *Peiresc au P. Luc de Saint-Malo*, 7 août 1634. Remerciements pour ses recherches de livres bretons. 91

— XXXIV. *Peiresc au P. Gilles de Loches*, 7 août 1634. Remerciements au sujet d'un dictionnaire breton. Nouvelles questions sur le monstre marin de Belle-Ile. Éloge de la Relation du P. Colombin sur le pays des nègres. Regrets de la perte des coquillages envoyés par le P. Césaire de Rosgoff. Attente des livres bretons envoyés par le P. Luc. Il a reçu de Tunis une antilope.. 92

— XXXV. *P. Gilles de Loches à Peiresc*, 13 août 1634. Explication plus ample du contenu de la boîte précédemment envoyée. Origine des diverses pétrifications qu'elle contenait. Pigeon d'argent conservé en l'église collégiale de Loches, et présentant la tête au vent, bien qu'il soit à l'abri. Gondole taillée dans un marbre merveilleux par un sculpteur de Tours. Le P. Gilles va se rendre au chapitre. Il aimerait fort aller travailler avec Peiresc, à la condition d'être capucin partout ; mais cette permission ne peut être obtenue que du Général de l'ordre. Il envoye à Peiresc la traduction du premier psaume en turc et en persan. Il répond aux lettres de Peiresc des 10, 12 et 22 juillet. Il passera à Loudun en se rendant au chapitre, et s'y trouvera lors de l'exécution de Grandier............................. 95

— XXXVI. *Peiresc au P. Gilles de Loches*, 29 août 1634. Il a reçu les livres bretons et les autres envois du P. Gilles. Il le prie d'envoyer au P. Mersenne un livre arabe qui traite de la musique ; il fait ses réflexions sur les autres ouvrages rapportés d'Orient par le P. Gilles, et dont celui-ci lui a fourni le catalogue. Les pétrifications et la colombe d'argent..... 100

	Pages
Lettre XXXVII. *Peiresc au P. Agathange de Vendôme*, 15 septembre 1634. Remercîments pour le livre arabe des conciles, et pour les autres manuscrits promis. Contenu de ce manuscrit. Chasuble envoyée aux prêtres de qui il a été obtenu. Autres ouvrages qu'il désire.	104
— XXXVIII. *P. Gilles de Loches au cardinal Barberini*, 9 octobre 1634. Il lui offre quelques-uns des manuscrits qu'il a rapportés d'Orient, et qu'il pourrait lui envoyer par l'intermédiaire de Peiresc.	106
— XXXIX. *Peiresc au P. Gilles de Loches*, 14 novembre 1634. Il lui enverra des lettres venues de Rome. Nouveaux remercîments pour les livres bretons et les pétrifications.	108
— XL. *Peiresc à M. Seghezzi, vénitien, consul de France au Caire*, 6 décembre 1634. Éloge de la piété et de la science du P. Agathange de Vendôme, qu'il recommande à sa protection ainsi que ses compagnons.	110
— XLI. *Peiresc au P. Agathange de Vendôme*, 6 décembre 1634. Il le remercie de l'écuelle en bois de cèdre et autres objets. Il lui promet le dictionnaire arabe. Il demande quel cadeau faire à un évêque qui s'est dépouillé en sa faveur de la grammaire et du dictionnaire cophtes. Il désire que le P. Agathange lui trouve des livres dans les monastères du désert. Il l'assure des faveurs de M. Seghezzi.	111
— XLII. *Peiresc au P. Gilles de Loches*, 30 janvier 1635. Le cardinal Barberini accepte l'offre de livres faite par le P. Gilles de Loches. Causes qui apportent de la lenteur à la correspondance des cardinaux. Arrestation de l'émir Facardin. Combien il importerait que la cour romaine profitât de la science orientaliste du P. Gilles.	112
— XLIII. *Peiresc au P. Gilles de Loches*, 6 février 1635. La lettre de Peiresc au cardinal Barberini relative au P. Gilles a été remise au Procureur général des Capucins. Envoi d'une relation des derniers instants de l'émir Facardin.	114
— XLIV. *Peiresc au P. Gilles de Loches*, 13 février 1635. Il lui envoye des nouvelles d'Éthiopie récemment apportées à Rome par des indigènes que nul ne sait comprendre. Il serait opportun que le P. Gilles y fût pour rendre leur séjour utile à la religion et à la science.	116
— XLV. *P. Gilles de Loches au cardinal Barberini*, 28 février 1635. Deux versions de cette lettre, dans	

laquelle le P. Gilles annonce au cardinal que, pour aller plus vite, il adresse à Sa Sainteté les livres attendus par ce prince, auxquels sont jointes quelques miniatures............................... 117

Lettre XLVI. *Peiresc au P. Agathange de Vendôme*, 28 février 1635. Il lui envoye le dictionnaire arabe.... 121

— XLVII. *Peiresc à M. Seghezzi*, 28 février 1635. Il le prie de veiller à ce que le dictionnaire arabe arrive sûrement aux mains du P. Agathange............ 122

— XLVIII. *Peiresc au P. Gilles de Loches*, 6 mars 1635. Il lui fait part d'une lettre du cardinal Barberini. Ce prince apprécie hautement les livres du P. Gilles. Combien il importerait que ce Père fût à Rome pour que la science tirât profit de quantité de manuscrits orientaux qui s'y trouvent, et auxquels personne ne comprend rien............................ 122

— XLIX. *Peiresc au P. Gilles de Loches*, 20 mars 1635. Difficultés et lenteurs rencontrées à Rome pour l'exécution des vues de Peiresc sur le P. Gilles. Capucins esclaves à Constantinople. Mission du Canada. Désir que le P. Épiphane lui peigne un saint François. Peiresc serait capucin, si la faiblesse de sa santé n'y eût fait obstacle............................ 124

— L. *Peiresc au P. Épiphane d'Orléans*, 20 mars 1635. La réputation d'habile miniaturiste acquise par le P. Épiphane lui est dès longtemps parvenue. Il le remercie de l'offre d'une image de saint François......... 126

— LI. *Peiresc au P. Épiphane d'Orléans*, même date. Il le prie de donner à l'image de saint François les traits du P. Gilles................................. 127

— LII. *Peiresc au P. Gilles de Loches*, 20 mars 1635. Il a reçu sa lettre du 15 février. Récapitulation de leur correspondance. Sort des lettres écrites au cardinal Barberini et au Procureur général des Capucins.... 128

— LIII. *Peiresc à Monsieur le Président J.-A. de Thou*, 27 avril 1635. Intrigues au sujet du consulat français du Caire à faire connaître au P. Joseph de Paris, afin qu'il protège M. Seghezzi. Le prier de modérer le zèle de ses missionnaires, qui a nui à l'émir Facardin, et a compromis l'exercice de leur ministère dans toute l'étendue de l'empire ottoman......... 129

— LIV. *Peiresc à M. le Président J.-A. de Thou*, 14 mai 1635. Un allemand a cherché à répandre ses hérésies dans un couvent de moines cophtes. Un capucin s'y est aussitôt transporté, et a désabusé les religieux..... 131

Lettre LV. *Peiresc à M. Magy*, 17 mai 1635. Il a reçu le vocabulaire cophte envoyé par les PP. Agathange et Cassien.. 132

— LVI. *Peiresc au P. Cassien de Nantes*, 17 mai 1635. Il a reçu, le 13 mai, sa lettre du 28 octobre et le vocabulaire cophte. Il désire savoir à quelle époque cet ouvrage a été composé, et s'il en existe de moins abrégés. Il prie qu'on lui dresse un tableau des poids et des mesures en usage dans le plus grand nombre possible des pays orientaux. Lui faire copier d'autres livres par le même personnage, qu'il attirerait volontiers en Europe. Il aimerait avoir des relations avec quelque évêque cophte. Il demande si les cophtes possèdent quelques livres sur leur histoire........ 132

— LVII. *Peiresc au P. Agathange de Vendôme*, 17 mai 1635. Il le remercie de l'envoi du vocabulaire cophte, qu'il étudie soigneusement. Il le prie d'observer l'éclipse de lune qui aura lieu le 28 août, et à cet effet il lui envoye un télescope et des instructions............. 136

— LVIII. *Peiresc à M. Seghezzi*, 21 mai 1635. Il l'assure de la reconnaissance du P. Joseph de Paris pour la protection accordée à ses missionnaires............ 140

— LIX. *Peiresc au P. Agathange de Vendôme*, 28 mai 1635. Billet accompagnant l'envoi d'instructions imprimées pour l'observation de l'éclipse. Désir qu'on la fasse du sommet de la plus haute pyramide........ 141

— LX. *Peiresc au P. Gilles de Loches*, 10 juillet 1635. Il n'a pas reçu ses envois adressés de Bourbon ; mais il sait qu'ils sont à Lyon. Il présente quelques observations sur les pétrifications. Il espère que le cardinal Barberini écrira au P. Gilles........................ 142

— LXI. *Peiresc au P. Gilles de Loches*, 17 juillet 1635. Il a reçu la boite de coquillages et pétrifications. Il raisonne sur ces objets et sur d'autres qui lui sont annoncés. Remerciments à transmettre à M. de Bourdaloue et au P. Épiphane. Il espère toujours une lettre du cardinal Barberini pour le P. Gilles. Supplice capital de l'émir Facardin et de ses petits-fils. Un neveu du patriarche des maronites est auprès de Peiresc. Un évêque de cette nation est à Rome. Peiresc désire que le P. Gilles lui traduise un manuscrit arabe qui traite de la musique........... 144

— LXII. *Peiresc au P. Gilles de Loches*, 23 juillet 1635. Le cardinal Barberini, dont Peiresc transmet une lettre au P. Gilles, a présenté au Pape les cinq manuscrits arabes. Pourquoi deux versions de la lettre du P. Gilles au cardinal Barberini (lettre XLV ci-devant). Peiresc espère que prochainement un bref appellera le P. Gilles à Rome pour s'y occuper d'études et publications orientalistes, et qu'à la suite on organisera pour lui une mission en Éthiopie. Boîtes de pétrifications, les unes reçues, les autres annoncées. L'étude de la musique arabe éclairerait celle de la musique des Grecs, d'où importance de la traduction demandée. Regret de la perte d'un manuscrit arabe des Épîtres de saint Paul. Autres livres attendus. Désir que le chapitre qui doit se tenir à Bourges, crée des loisirs au P. Gilles, en sorte qu'il puisse achever sa grammaire abyssinienne. Navire perdu avec trois capucins missionnaires du Canada. Le départ des missionnaires pour la Guinée est retardé... 147

Lettre LXIII. *Peiresc au P. Gilles de Loches*, 24 juillet 1635. Il lui envoye des lettres par lesquelles le card. Barberini annonce que la direction d'une mission en Abyssinie et le choix des missionnaires seront confiés au P. Gilles, et qu'au préalable on le fera venir à Rome pour des travaux scientifiques................... 152

— LXIV. *P. Agathange de Vendôme à Peiresc*, 25 juillet 1635. Il a reçu le télescope, et il fera de son mieux l'observation de l'éclipse; mais ce serait peu adroit que de la faire du haut de la Pyramide. Il lui envoye un psautier polyglotte, et demande le calice en échange. Il envoye aussi le livre d'Ebn-el-Bitar. Il n'y a pas de livres persans au Caire; il vaut mieux s'adresser à Alep. Il propose divers ouvrages. Le dictionnaire arabe envoyé par Peiresc a péri dans un naufrage sur le Nil... 153

— LXV. *P. Cassien de Nantes à Peiresc*, 27 juillet 1635. Il a fait des recherches pour trouver un dictionnaire cophte plus ample. Le copiste arabe employé par les missionnaires, peu instruit, marié, ne pourrait pas venir en Europe. Impossible de trouver au Caire les nomenclatures de poids et mesures en beaucoup de langues orientales. Le P. Cassien étudie la langue abyssinienne; il prie Peiresc de lui en procurer un dictionnaire. Age et ignorance de l'évêque des Cophtes. Le P. Cassien cherchera une histoire de leurs patriarches... 156

— LXVI. *Peiresc à M. le président J.-A. de Thou*, 31 juillet 1635. Faussetés portées en Cour contre les capucins du Caire et contre M. Santo Seghezzi par un aventurier nommé Portal........................... 158

Lettre LXVII. *Peiresc au P. Agathange de Vendôme*, 10 août 1635. Il a reçu les quatre évangiles en langues cophte et arabe. Il a commandé le calice désiré par les moines de Saint-Macaire, et il offre d'en faire faire un second. Il a grande envie du psautier en six langues que possèdent ces moines. Nouveaux remerciements pour les évangiles cophtes ; indication de lacunes à y combler. Demande de livres que le P. Agathange lui a signalés. Prière de chercher un vocabulaire cophte plus étendu. Ouvrages arabes et cophtes perdus par la faute d'un capitaine. Il a mis en route le dictionnaire arabe.. 160

— LXVIII. *Peiresc au P. Cassien de Nantes*, 10 août 1635. Remerciements pour sa part de peine dans la recherche et l'envoi des livres. Problèmes résolus par les préfaces arabes des évangiles. Désir de livres historiques cophtes.. 165

— LXIX. *Peiresc au P. Agathange de Vendôme*, 5 septembre 1635. Il envoye le calice. Il payera les embellissements que l'on voudra y faire. Désir de voir les résultats de l'observation de l'éclipse.................. 167

— LXX. *P. Cassien de Nantes à Peiresc*, 7 septembre 1635. Maladie du P. Agathange de Vendôme. Il y aurait avantage, après qu'on a fait copier un livre, d'acheter l'original et de laisser la copie en échange. Il n'y a pas, au Caire, de dictionnaire cophte plus étendu que celui qui a été envoyé. Ignorance et empêchements du prêtre copiste. Ignorance de l'évêque. Désir d'un dictionnaire abyssin. Envoi du rapport sur l'observation de l'éclipse.................................... 169

— LXXI. *Peiresc au P. Agathange de Vendôme*, 12 septembre 1635. Il envoye le calice, et fait offre d'autres services aux moines de Saint-Macaire. Il attend le livre arabe d'Ebn-el-Bitar sur les plantes. Il espère que le télescope est arrivé à temps, ainsi que le dictionnaire arabe.. 171

— LXXII. *P. Gilles de Loches à Peiresc*, 14 septembre 1635. Il a reçu ses lettres des 10, 12, 23 et 24 juillet et celle du card. Barberini. Pétrifications de la forêt de Pruzilly. Discussion sur les *lapides lyncaei*. Il fera recherches de pierres cristallisées dont on lui a parlé à Bourbon. Soufflets hydrauliques. Le P. Épiphane travaille à l'image de S. François. Maronites connus et inconnus du P. Gilles. Défaut de loisir pour la traduction du manuscrit arabe sur la musique. Si le P. Gilles va en Éthiopie, il y portera ses outils pour imprimer. Il remercie Peiresc d'avoir fait une autre version de sa lettre au cardinal Barberini. Mauvais état des affaires religieuses en Éthiopie, expliqués en détail par une lettre des capucins du Caire. « Souffrances des catholiques et des PP. Jésuites. Intrusion d'un aventurier sur le trône épiscopal; persécutions exercées par lui; il est congédié. Demande par le Négus, et envoi d'un évêque par le patriarche cophte d'Alexandrie. Le luthérien venu depuis peu en Égypte a passé en Éthiopie. Trois Jésuites, prisonniers à Souakim, implorent le secours du consul de France au Caire. » Conditions religieuses et régulières dans lesquelles il faudrait obtenir le Bref qui enverrait le P. Gilles en Éthiopie. Il irait volontiers installer son imprimerie à Rome. La perte des Épitres de S. Paul, manuscrit arabe, peut être avantageusement compensée par des imprimés que le P. Gilles indique. Pétrifications qu'il cherchera pour Peiresc. Envoi de l'image de S. François et d'un morceau de taffetas teint à la façon de Chine, par le P. Épiphane.................................... 172

Lettre LXXIII. *Peiresc au P. Gilles de Loches*, 14 septembre 1635. Gentilhomme non nommé tué en duel. P. Gilles nommé gardien de Romorantin. Le P. Épiphane et sa miniature. Coquillages et pétrifications reçus; autres attendus. Nécessité de savoir d'où ils ont été tirés. Iles de Lérins prises par les Espagnols........... 181

— LXXIV. *Peiresc au P. Gilles de Loches*, 24 septembre 1635. Le cardinal Barberini a répondu à ses propositions relatives au P. Gilles; mais il y a besoin d'aller à la rescousse. Nomination d'un nouveau patriarche maronite. Les Espagnols sont toujours à Lérins......... 183

— LXXV. *Peiresc au P. Agathange de Vendôme*, 29 septembre 1635. Il a reçu sa lettre et le livre d'Edn-el-Bitar. Psautier et dictionnaire arabe perdus par la faute du patron Baile. Arrivée du calice au Caire. Attente du rapport sur l'éclipse. Recherche, à Alep, de livres arabes de mathématiques et de géographie. S'informer de la valeur de l'ouvrage en trente volumes qui lui a été proposé. Demande de livres historiques cophtes. Prière d'observer quelques latitudes et les éclipses de 1636..................... 184

— LXXVI. *Peiresc au P. Cassien de Nantes*, 29 septembre 1635. Il a reçu sa lettre du 27 juillet. Faire chercher des livres orientaux par le prêtre Bactar. Offre de travailler à la fortune de quelque neveu de ce prêtre. Les Cophtes ne comprennent pas les vieux livres écrits en leur langue. S'enquérir de la langue vulgaire de la Haute Égypte et de celle de la Nubie. En rechercher des livres. Embarras des Éthiopiens présents à Rome pour se faire comprendre. Regret des occupations qui empêchent le P. Gilles de continuer ses travaux sur les langues. Regrets de la perte du psautier polyglotte : dorénavant mieux choisir le porteur. Un vieil évêque cophte qui n'entend pas sa propre langue. Désir d'un vocabulaire cophte plus ample que celui que Peiresc a fait traduire par le P. Athanase Kirscher, jésuite. Prière au P. Cassien d'étudier la langue cophte.................. 189

Lettre LXXVII. *Peiresc au P. Gilles de Loches*, 30 septembre 1635. Recommandation accordée au maronite Babias partant pour Paris, et désireux d'aller voir le P. Gilles, dont il a été domestique. Reçu du P. Gilles un paquet dont il lui rendra meilleur compte..tr.. 193

— LXXVIII. *Peiresc au P. Gilles de Loches*, 1er octobre 1635. Il a reçu sa lettre et celle du P. Épiphane. Recommandation mise aux mains du maronite Babias. Éloge du P. Protais, et désir qu'il fasse partie des missionnaires d'Abyssinie. Invention du P. Gilles pour les soufflets hydrauliques. M. Sarrasin loué par le P. Mersenne. Guerres en Abyssinie et sur la mer Rouge. Peiresc attend un nouvel envoi de pétrifications... 194

— LXXIX. *Peiresc au P. Épiphane d'Orléans*, 1er octobre 1635. Il a reçu sa lettre du 14 septembre et la miniature de saint François, dont il le remercie avec grands éloges... 198

— LXXX. *Peiresc au P. Agathange de Vendôme*, 7 octobre 1635. Il le remercie de quelques envois de livres... 199

— LXXXI. *Peiresc à M. Magy*, 26 octobre 1653. Il espère récupérer le psautier polyglotte pris par les pirates tripolitains... 199

— LXXXII. *Peiresc au P. Gilles de Loches*, 19 novembre 1635. Il le remercie de services non spécifiés, et le prie de venir en aide à M. de Saumaise dans ses études de langues orientales............. 200

— LXXXIII. *Peiresc au P. Michelange de Nantes*, 22 novembre 1635. Il insiste pour obtenir de lui communication des premières notes prises dans l'acte même de l'observation de l'éclipse du 28 août : il lui soumet un questionnaire sur le même sujet......... 202

Lettre LXXXIV. *Peiresc au P. Gilles de Loches*, 8 décembre 1635. Il a reçu le paquet de pétrifications. Il revient sur le projet de voyage du P. Gilles à Rome et sur les démarches faites et à faire dans ce but...... 205

— LXXXV. *P. Agathange de Vendôme à Peiresc*, 20 décembre 1635. Arrivée du calice et de la patène, fort agréés du supérieur des moines. Visite de quatre couvents cophtes et de leurs bibliothèques par le P. Cassien. Indication des principaux livres qu'il y a vus. On ne parle pas la langue nubienne en Égypte. On cherchera la préface de l'Évangile de saint Matthieu absente de l'exemplaire envoyé. Il fera relever la latitude du Caire. Fuite d'un copiste qui a emporté les livres qui lui étaient confiés. Le papier fait défaut pour les copies............. 206

— LXXXVI. *Peiresc au P. Agathange de Vendôme*, 24 décembre 1635. Maladie de ce père. Attente de son rapport sur l'éclipse (1). Le P. Michelange a scrupule de lui envoyer le sien. Prière de de lui en écrire. Utilité de ces observations astronomiques........ 213

— LXXXVII. *Peiresc au P. Cassien de Nantes*, 24 décembre 1635. Il a appris la convalescence du P. Agathange, et reçu le rapport sur l'éclipse. Indication des lacunes qui s'y trouvent. Prière de relever quelques latitudes en Égypte. Il fera chercher un dictionnaire éthiopien. Il le prie de s'appliquer à l'étude de la langue des cophtes. Il requiert son intervention auprès du P. Michelange pour obtenir ce qui manque de son rapport........... 216

— LXXXVIII. *Peiresc au P. Gilles de Loches*, 7 janvier 1636. Le cardinal Barberini n'oublie pas l'affaire du P. Gilles. Réception du rapport des PP. Agathange et Cassien sur l'éclipse. Prière d'intervenir auprès du P. Michelange pour obtenir le sien. Maladie et guérison du P. Agathange. Le cardinal Barberini a soumis au Général des Capucins l'examen des projets relatifs au P. Gilles........... 220

— LXXXIX. *Peiresc au P. Gilles de Loches*, 5 février 1635. Il a reçu son envoi, acheminé sa lettre vers Rome, et écrit au card. Barberini, dont il espère beaucoup, à cause des récentes nouvelles du Caire. Il attend l'envoi de pétrifications nouvellement annoncé. M. Ingoli, secrétaire de la Propagande, a manqué de délicatesse envers Peiresc...................... 222

(1) On voit, par les termes précis de la lettre suivante, que le rapport est arrivé aux mains de Peiresc, ce même jour, 24 décembre.

Lettre XC. *P. Agathange de Vendôme à Peiresc*, 8 février 1636. Il lui envoye un livre cophte et arabe et la préface de l'Évangile de S. Matthieu absente de l'exemplaire précédemment acheminé. Lenteur du copiste qui transcrit les Épîtres de S. Paul en cophte et en arabe. Conseil de préférer les anciens exemplaires, et de laisser à leur place les copies actuelles. Il fera les observations astronomiques et topographiques désirées par Peiresc.................................. 224

— XCI. *P. Agathange de Vendôme aux PP. Pierre de Guingamp et Agathange de Morlaix*, 22 avril 1636. Il leur indique les livres de théologie, d'histoire et d'autres sciences qu'ils doivent apporter au Caire. Il les invite à recourir à la charité de M. de Peiresc, qui ne manquera pas de les en pourvoir..................... 225

— XCII. *Peiresc au P. Césaire de Rosgoff*, 6 mai 1636. Il a reçu sa lettre du 28 mars et celle du duc de Retz. Sa reconnaissance envers ce personnage. Remerciements pour la description de Belle-Ile. Demande de renseignements sur le monstre marin qu'on dit y avoir été vu ; de même sur les marées et sur les antiquités du lieu. Programme d'informations à mettre aux mains des missionnaires...................... 230

— XCIII. *Peiresc au P. Agathange de Morlaix*, 16 juillet 1636. Il lui envoye les tomes VI et VII de Baronius pour le P. Agathange de Vendôme. Il prie M. Cassaignes de lui céder son exemplaire des *Éphémérides* d'Origanus, promettant de le remplacer. Regret que celles de Képler n'aient pas été imprimées. Comment son domestique a égaré, au moment où M. Gassendi voulait s'en servir, le télescope à l'aide duquel ce savant avait donné une leçon d'astronomie aux PP. Pierre et Agathange. Instructions et salutations de M. Gassendi........................ 234

— XCIV. *Peiresc au P. Agathange de Vendôme*, 18 juillet 1636. Il le remercie de l'envoi d'un livre cophte et de la préface arabe de l'Évangile de S. Matthieu. Désir de posséder en la même langue d'autres parties de la Sainte-Écriture. Tâcher d'obtenir les originaux en laissant les copies en leur lieu. Passage des PP. Agathange de Morlaix et Pierre de Guingamp chez lui. Il leur a montré les importantes conséquences des observations de l'éclipse faites au Caire et en Syrie, bien que le rapport sur ces dernières soit incomplet. M. Gassendi a donné des leçons d'astronomie à ces Pères, ainsi qu'au P. Éphrem de Nevers... 237

Lettre XCV. *Peiresc au P. Agathange de Morlaix*, 18 juillet 1636. Suite de ses démarches pour obtenir l'exemplaire d'Origanus. Il lui envoye des instruments d'astronomie.. 240

— XCVI. *Peiresc au P. Cassien de Nantes*, 22 juillet 1636. Remerciements. Désir de livres dont on lui a parlé. Il n'existe pas de vocabulaire éthiopien. Rappel du naufrage du dictionnaire arabe, et difficulté de le remplacer, la guerre ayant rompu les communications avec Milan. Les PP. Agathange de Morlaix et Pierre de Guingamp lui montreront les précieux résultats des observations de l'éclipse.................... 241

— XCVII. *Peiresc au P. Agathange de Vendôme*, 22 juillet 1636. Il a reçu sa lettre du 20 décembre. Offre d'un nouveau calice, vu la satisfaction du supérieur des moines à l'occasion du précédent. Voyage du P. Cassien aux monastères du désert. Livres à y chercher; prendre un catalogue de ceux qu'il y rencontrera... 243

— XCVIII. *Peiresc au P. Agathange de Morlaix*, 28 juillet 1636. Instructions pour les observations célestes. Papier à porter au Caire pour les copies de livres orientaux. M. Cassaigne cèdera une partie de son Origanus... 246

— XCIX. *Peiresc au P. Gilles de Loches*, 29 juillet 1636. Il a reçu sa lettre du 2, après un silence qui durait depuis le 12 janvier (Le P. Gilles est gardien de Bourges). Il lui rend compte de sa correspondance avec le P. Césaire de Rosgoff et avec le duc de Retz, et de ses relations avec les PP. Agathange de Morlaix, Pierre de Guingamp, Éphrem de Nevers et Alexandre d'Angoulême. Il leur a donné des leçons d'astronomie. Il attend d'autres missionnaires capucins ; mais il aimerait mieux recevoir le P. Gilles. Le cardinal Barberini s'est excusé plusieurs fois de la lenteur apportée à l'exécution de leurs projets................. 248

— C. *Peiresc au P. Agathange de Morlaix*, 2 août 1636. Espoir que les PP. Récollets de Marseille cèderont de l'Origanus, ce que M. Cassaigne n'aura pas cédé. 251

— CI. *Peiresc au P. Agathange de Morlaix*, 4 août 1636. Le gardien des PP. Récollets a promis l'Origanus. Le P. Agathange de Vendôme est en voyage au monastère de Saint-Antoine........................... 252

— CII. *Peiresc au P. Agathange de Morlaix*, 6 août 1636. Le P. gardien des Récollets ayant retiré sa parole, insister davantage auprès de M. Cassaigne, que Peiresc indemnisera. Regret que certains missionnaires ne soient pas venus chez lui au moment où il possédait M. Gassendi ; erreur qui les a portés à aller le chercher à la campagne, près de Toulon.......... 252

Lettre CIII. *Peiresc au P. Agathange de Vendôme*, 8 août 1636. Il a reçu avis de son départ du 18 mai dernier pour le monastère de Saint-Antoine, et de l'embarquement des Épîtres de S. Paul.......... 254

— CIV. *Peiresc au P. Agathange de Morlaix*, 8 août 1636. Le P. gardien des Récollets ayant retiré sa parole, Peiresc s'est assuré de l'Origanus de M. Cassaigne. Peiresc écrit à MM. Seghezzi et Magy pour leur recommander les nouveaux missionnaires. Les PP. Zacharie de Nogent et Charles-François d'Angers, en partance pour Alep, sont allés inutilement le chercher à la campagne.......... 255

— CV. *Peiresc au P. Michelange de Nantes*, 21 août 1636. Nouvelles instances pour obtenir le premier jet écrit au moment de l'observation de l'éclipse. Importance des résultats qui ont suivi les notes déjà fournies par lui et par le P. Agathange de Vendôme. Passage à Aix des PP. Éphrem de Nevers, Agathange de Morlaix et Pierre de Guingamp.......... 256

— CVI. *Peiresc au P. Bonaventure de Lude*, 21 août 1636. Il le prie d'obtenir les notes du P. Michelange sur l'éclipse.......... 258

— CVII. *Peiresc aux PP. Zacharie de Nogent et Charles-François d'Angers*, 21 août 1636. Il leur envoye ses lettres pour Alep. Il les prie de faire instance auprès du P. Michelange pour obtenir ce qu'il désire de lui. Il les exhorte à faire quelques observations astronomiques avant leur départ, et à lui en rendre compte, afin qu'il puisse compléter les leçons qu'il leur a données.......... 259

— CVIII. *Peiresc au P. Agathange de Morlaix*, 21 août 1636. Il a reçu la visite des PP. Zacharie de Nogent et Charles-François d'Angers. Il est satisfait de la cession de l'Origanus par M. Cassaigne. Il a eu plaisir à dépareiller son Baronius pour rendre service au P. Agathange de Vendôme. Prière de faire extorquer, des mains du P. Michelange, ses premières notes sur l'éclipse. Éloge du P. Célestin de Sainte-Lidwine, carme. Faire quelques observations astronomiques à Marseille, avant le départ.......... 260

— CIX. *Peiresc au P. Césaire de Rosgoff*, 1er septembre 1636. Le P. Agathange de Morlaix est embarqué. Plaisir que Peiresc a eu à le posséder, ainsi que plusieurs autres missionnaires. Éloge qu'ils lui ont fait de l'érudition du P. Anastase de Nantes dans les langues et l'astronomie. Désir de connaître les procédés de ce Père pour les observations célestes et pour la fixation des longitudes. L'observation de l'éclipse par les Capucins du Caire, combinée avec celle de Gassendi, réforme certaines erreurs des navigateurs. Regrets que la maladie ait empêché le P. Anastase de venir prêcher le carême à Aix 262

Lettre CX. *Peiresc au P. Anastase de Nantes*, 1er septembre 1636. Il lui demande communication de ses travaux sur la langue bretonne et sur l'astronomie............... 266

— CXI. *Peiresc au P. Zacharie de Nogent*, 7 septembre 1636. Il a fait chercher partout, mais inutilement, un calice tel que ce Père le désirait. Il a été satisfait d'apprendre le départ du P. Agathange de Morlaix......... 267

— CXII. *Peiresc au P. Gilles de Loches*, 23 septembre 1636. Il ne reçoit plus, du cardinal Barberini, que des excuses. Les PP. Zacharie de Nogent et Charles-François d'Angers se sont embarqués pour Alep, décidés à faire de bonnes observations astronomiques. Le *Prodromus* à la langue cophte du P. Athanase Kirscher est sorti de presse.............................. 268

— CXIII. *Peiresc à M. Magy*, 8 octobre 1636. Le voyage du P. Agathange de Morlaix a été ralenti par le calme. Peiresc a reçu le livre des Épîtres de S. Paul. Un livre abyssin lui est annoncé. Il espère que le voyage des PP. Agathange de Vendôme et Benoît au monastère de Saint-Antoine ne sera pas sans fruit pour lui. Éloge du P. Agathange de Morlaix........... 269

— CXIV. *Peiresc au P. Cassien de Nantes*, 1er novembre 1636. Il a reçu ses lettres des 8 mai et 27 juin. Il le remercie de l'envoi du livre abyssin et de son intervention auprès du P. Michelange. Il attend des nouvelles du voyage du P. Agathange de Vendôme. Il a reçu les Épîtres de S. Paul. Il recommande à ses bons offices le patron Vignon. Son opinion sur les relations faites au P. Cassien par un abyssin; on serait plus sûr de la vérité si les Pères allaient eux-mêmes en Abyssinie, et y cherchaient des livres. Il désire d'autres livres de la Sainte-Écriture en langues orientales. Ses amitiés aux deux RP. Agathange, et ses encouragements pour leurs observations astronomiques........................... 270

— CXV. *Peiresc au P. Gilles de Loches*, 4 novembre 1636. Il a reçu sa lettre du 16 octobre. Il craint que leur

XXXIV

correspondance n'ait été interceptée. Il demande un échantillon de marbre serpenté. Prière d'offrir ses salutations à M. de Bourdaloue. Opinions de Galilée. Combien la perte de Képler a été fâcheuse pour la science. Il attend de nouvelles lettres du cardinal Barberini. Invention du P. Gilles pour l'artillerie, non spécifiée. Prière de ne pas cesser d'étudier la langue éthiopienne. Il vient de recevoir le livre des *Révélations d'Énoch*, et il compte sur le P. Gilles pour en faire la traduction. Le P. Léonard de La Tour, revenant de Scio, est passé à Aix. Mort de M. de Rasilly.................................... 273

Lettre CXVI. *Peiresc au P. Gilles de Loches*, 16 décembre 1636. Il a reçu sa lettre du 23 novembre, avec un échantillon de marbre serpenté et le livre du *Pèlerinage de la Mecque*. Il est désolé que le P. Gilles retire sa parole pour la traduction du *Livre d'Énoch*; il va cependant tâcher de le faire copier pour le lui envoyer. Il est plus désireux que jamais d'obtenir du cardinal Barberini une obédience pour que le P. Gilles puisse venir à lui. Il lui promet les charmes de sa campagne, la compagnie de Gassendi, si agréable aux précédents missionnaires, etc. Il fournirait volontiers des livres au P. Pascal de Loches. Il a obtenu par rançon la restitution du Psautier polyglotte saisi par les pirates tripolitains. Saluer et remercier de sa part M. de Bourdaloue. Il a reçu des lettres des PP. Césaire de Rosgoff et Anastase de Nantes......... 278

— CXVII. *Peiresc au P. Anastase de Nantes*, 27 décembre 1636. Cette lettre consiste en deux dissertations très étendues, l'une sur l'importance de l'étude de la langue bretonne, l'autre sur l'impossibilité de faire des observations astronomiques sans instruments; leur défaut, en rendant moins exactes celles du P. Anastase, empêche les résultats que sa science pourrait produire... 281

— CXVIII. *Peiresc au P. Césaire de Rosgoff*, 27 décembre 1636. Éloge du P. Anastase de Nantes et de ses recherches sur la langue bretonne. Il prie le P. Césaire d'exercer sur ce confrère une influence qui l'amène à faire profiter le public de ses travaux. Il rouvre une nouvelle dissertation sur les fruits que la science en recueillerait, et déclare qu'il se sentirait heureux d'avoir provoqué un si grand bien. C'est ce qu'il se loue d'avoir déjà fait pour la langue cophte avec le P. Kirscher, et pour la langue punique avec Samuel Petit. C'est ce qu'il tâche de faire avec le P. Gilles pour la langue abyssinienne. Il demande quels moyens il doit employer pour que le P. Anastase vienne prêcher un carême à Aix.............. 299

Lettre CXIX. *M. Conteny à Peiresc*, 6 janvier 1637. Dès la première requête, le P. Michelange s'est mis en devoir de chercher ses notes; malheureusement, elles ont été détruites par un confrère, avec d'autres papiers. Il les remplace par les notes de ses compagnons. Il est près de partir pour Bagdad, promettant de recueillir pour M. de Peiresc tout ce qu'il pourra rencontrer de livres et de raretés................ 304

— CXX. *Peiresc à M. de Bourdaloue*, 20 janvier 1637. Il le prie de l'aider à obtenir que le P. Gilles vienne à Aix.................................. 306

— CXXI. *Peiresc au P. Gilles de Loches*, 20 janvier 1637. Il a reçu ses lettres des 29 décembre et 3 janvier, et celle de M. de Bourdaloue. Il accuse à nouveau réception du *Pèlerinage de La Mecque*. Il espère que les démarches suivies à Rome auront bonne issue malgré l'opposition du sieur Ingoli. Il insiste pour la traduction du *Livre d'Énoch* et pour l'achèvement de la grammaire éthiopienne. Il attend le psautier polyglotte racheté aux corsaires................... 307

— CXXII. *Peiresc au P. Léonard La Tour*, 20 janvier 1637. Il a fait droit à ses recommandations en faveur du sieur Giustiniano. Il a reçu les missionnaires en partance pour le Levant, puis un personnage venu de Constantinople pour faire imprimer à Genève un Nouveau-Testament en grec vulgaire. Il importerait que le P. Léonard prévînt cette publication, en en faisant une dont la doctrine soit pure.......... 309

— CXXIII. *Peiresc au P. Gilles de Loches*, 9 février 1637. Il a reçu sa lettre du 19 janvier et la communication de celle de M. Sarrazin. On voit que le P. Gilles a promis de traduire le *Livre d'Énoch*, et d'envoyer prochainement à Peiresc le premier livre de sa grammaire éthiopienne. Peiresc désire qu'en allant à Rome il s'arrête chez lui pour terminer d'abord ses travaux. Il lui décrit les lieux où il pourra résider, notamment sa campagne de Belgencier. Espérances données par le cardinal Barberini. Envoyer à Aix ses livres et ses outils, aux frais de Peiresc. Qu'il amène pour compagnon le P. Pascal de Loches. Immense importance de ses travaux. Le P. Agathange de Vendôme est de retour du monastère de Saint-Antoine. Le P. Cassien doit visiter d'autres monastères. Les missionnaires récemment partis sont tous arrivés à leurs destinations respectives... 310

Lettre CXXIV. *Peiresc au P. Gilles de Loches*, 14 avril 1637. Il a reçu sa lettre du 14 mars. Il est heureux que le P. Gilles consente à venir près de lui. L'obédience de Rome est enfin arrivée, mais libellée par le Procureur général des Capucins, et non par le cardinal Barberini. Elle ne laisse pas au P. Gilles le choix de son compagnon. Il pourra du moins s'en servir pour décliner toute charge au prochain chapitre, fixé au 8 juin. Peiresc sollicitera une autre obédience pour le P. Pascal de Loches. Il répète l'éloge des lieux où le P. Gilles pourra séjourner, et la recommandation de se faire précéder ou suivre de tous ses livres et outils. Les gens de Rome ont été empêchés d'agréer le projet d'une mission en Abyssinie, par la crainte d'avoir à lui fournir des subsides. Le séjour de la campagne rendra la santé au P. Gilles comme il l'a rendue au P. Théophile Minuti, minime. Il y a, du reste, dans le pays, un remède vulgaire qui a guéri M. de Champigny........................ 314

— CXXV. *Peiresc au P. Gilles de Loches*, 26 mai 1637. Il fera amplifier l'obédience du P. Gilles, en sorte qu'elle comprenne le P. Charles de Cosne. Il écrira à Rome et dira que, pour la mission d'Abyssinie, on n'a pas besoin de subsides. Fragment du *Livre d'Énoch* publié par Scaliger. Le P. Gilles souffre d'une fièvre opiniâtre. Les PP. Brice de Rennes et Martin de Raonne, se rendant en Orient, ont fait visite à Peiresc.................................... 318

Notice sur les religieux capucins nommés dans les lettres de Peiresc.. 321

CORRESPONDANCE DE PEIRESC

AVEC PLUSIEURS MISSIONNAIRES ET RELIGIEUX

DE L'ORDRE DES CAPUCINS

LETTRE I
P. Gilles de Loches à Peiresc
3 SEPTEMBRE 1631

(Bibliothèque nationale, Fonds Français, n° 9,539, tome V de la *Correspondance Peiresc*, folio 200).

MONSIEUR,

La paix de Nostre-Seigneur vous soit pour humble salut !

Sur vostre lettre, que vous escripvistes, il y a un an, à M. le Consul de Seydes (1), où vous faissiés mention de m'avoir escript sans vous avoir respondu, je vous fitz mes excuses, il y a huict moys, par un jeune homme qui partoit d'icy pour France, vous asseurant n'avoir aucunement receu vostre lettre, à laquelle je n'eusse manqué de satisfaire, si elle m'eust esté renduë. Mais, voyant que je n'ay receu nouvelles de vostre part, non plus que de toutes les lettres que j'avais envoiées par telle voie, j'ay creu estre de mon debvoir reiterer de vous entretenir, que, bien que je n'aye l'honneur de vous connois-

---

(1) *Saïde*, ou *Seïde*, est une ville de la Turquie d'Asie, en Syrie, dans le pachalick d'Acre, à 80 kilomètres de cette ville, à 32 kilomètres de Bairouth, avec port sur la Méditerranée, en partie comblé en 1630 par Fakhr-Eddyn (Facardin), émir des Druses. Saïde occupe l'emplacement de la très ancienne et très célèbre ville de Sidon.

tre que par bonne reputation, vous me trouverés tousjours pretz à vous rendre service en ce qui despendra de moy. Il se trouve en ce païs des livres Ægyptiens, Æthiopiens, Arméniens, sans compter les Arabes, Turcz, qui sont plus communs que les aultres, mais plus difficiles à embarquer ; car on visite tout à la douane, et les Mahomettans sont jaloux qu'on envoie les livres de leur langue en chrestienté. Si toutefois vous desirés des uns et des aultres, commandés moy, et je m'efforceray de vous satisfaire avec la mesme volonté que je desire demeurer, Monsieur, vostre tres fidelle serviteur.

F. GILLES DE LOCHES, capucin.

S'il vous plaist m'escrire, vous pourrés addresser vos lettres à M. Henry d'Armande, à Marseille, proche la poste royalle.

LETTRE II
P. Scholastique d'Aix à Peiresc
22 AVRIL 1633
(Bibliothèque nationale, Fonds Français, n° 9,540, *Correspondance de Peiresc*, tome VI, folio 143).

MONSIEUR,

Salut très humble en Notre-Seigneur.

Depuis l'honneur que j'eus de vous escrire touchant les mesmoires qu'il vous avoit pleu m'adresser, j'ay tant recherché, après avoir heu finy les predications qui m'avoient detenu tout le caresme, que j'ay trouvé, par l'entremise de M. Armand, juge en ceste ville, et qui est vostre très humble serviteur, comme le comté de Tallard (1) appartenoit autrefois aux princes d'Orange, jusques à un Rambaud, ou Rimbaldus, qui le donna aux chevaliers de Saint-Jean de Hyerusalem (2), ez mains desquels il demeura quelques temps. Depuis, il fut aliéné en faveur d'un de la maison de Sassenage, qui tient encore aujourd'huy la seconde chere de l'Estat en Dauphiné (3). De la maison de Sassenage, il passa par alienation en la maison de Clermond (4). Celluy qui l'acquit laissa Bernardin de Clermond, chambellan de France du temps de Louis XII et François Ier, qui fit bastir le chasteau en l'estat qu'il est de presant, car auparavant il n'y avoit qu'une petite maison. On y voit encore en quelques endroits les armes d'Orange, qui sont un cornet de chasse. On m'a promis de donner des plus amples recueils, qu'on doit tirer des archives de la maison de ville de Tallard, que je vous envoyeray, puisque j'ay l'honneur d'estre, Monsieur, vostre tres humble et tres obeissant serviteur.

F. Scholastique d'Aix,

Prestre, capucin et gardien indigne de Gap, ce 22me avril 1638.

(1) Tallard est aujourd'hui un chef-lieu de canton du département des Hautes-Alpes, arrondissement de Gap, à 14 kilomètres de cette ville.

(2) On lit dans l'*Art de vérifier les dates*, à la *Chronologie historique des comtes et princes d'Orange*, tome X, 1818, in-8º, p. 435, que Raimbaud IV, fils et successeur de Guillaume III, se voyant sans lignée, fit, à l'exemple de Tiburge, sa tante, donation, l'an 1490, de sa part du comté d'Orange aux Hospitaliers de Saint-Jean. Ce fut probablement alors aussi que le comté de Tallard leur fut donné par Raimbaud.

(3) On sait que Sassenage, chef-lieu de canton du département de l'Isère, arrondissement de Grenoble, à 6 kilomètres de cette ville, était une des quatre anciennes baronnies du Dauphiné.

(4) Sur la maison de Clermont, première baronnie du Dauphiné, voir le tome VIII de l'*Histoire généalogique et chronologique*, par le P. Anselme et ses continuateurs.

LETTRE III

Peiresc au P. André de Bedoin

22 AOUT 1633.

(Bibliothèque d'Inguimbert, *Minutes de Peiresc*, tome H-I-L-M, folio 310, verso).

MONSIEUR MON R. PÈRE,

Voulant escrire au R. Père de Loches, et estant incertain du lieu de sa résidence, j'ay creu que vous en sçauriez des nouvelles plus asseurées que personne, et bien que j'aye (*sceu* ou *entendu*) qu'il s'en alloit à Tours, je pense bien que ce ne sera pas sans avoir donné jusques à Paris pour y voir le R. Père Joseph, et...... et qu'il pourroit bien estre encores de ce costé là, puisque le XI de ce mois il estoit encores à Lyon. Je vous supplie donc d'en donner les nouvelles que vous sçavez à M. Gaillard, présent porteur (1), afin qu'il suyve les addresses que vous lui donnerez pour faire parvenir ma lettre à ce bon Père. Si vous n'en sçavez pas ce que je pense (*sic*), je crois que le R. P. Joseph, ou quelqu'un de ses collègues, vous en pourroit esclairoir. Au reste, je luy fis voir ici, à son passage, la plante du vray papyrus d'Égypte qu'il n'avoit jamais veue sur les lieux, laquelle m'a bien donné du plaisir depuis deux mois que je l'ay, car, tous les huict ou

---

(1) C'était un habitant de la ville d'Aix qui était très lié avec Peiresc, et qui est souvent mentionné dans sa Correspondance. Pour lui, comme pour la plupart des personnages nommés en ce recueil, nous renverrons aux trois volumes des *Lettres de Peiresc aux frères Dupuy*, publiées par M. Tamizey de Larroque (les deux premiers ont paru en 1888 et 1890, le dernier va paraître prochainement), et à la collection que cet érudit intitule *Correspondants de Peiresc*, laquelle se compose présentement de seize fascicules (1880-1890) et va s'augmenter de trois autres fascicules, actuellement sous presse et consacrés au collectionneur-antiquaire Boniface Borrelly, à l'orientaliste François Galaup de Chasteuil, le *solitaire du Mont-Liban*, enfin au R. P. Mersenne, de l'ordre des Minimes..

dix jours elle pousse une nouvelle tige et un nouveau bouquet, ou houppe, de filaments propres à faire le papier comme se seruoient les anciens (1). Mon frere (2) est à l'Assemblée que M. le Gouverneur a mandée à Pertuys (3). S'il revient à ce soir, comme je l'espère, il ne manquera pas de vous saluer. Cependant, je scay bien qu'il trouvera très bon que je vous aye asseuré de sa part qu'il n'est pas moins que moy, Monsieur mon R. Pére, vostre très humble et très obligé serviteur.

DE PEIRESC.

A Aix, ce 22 août 1633.

LETTRE IV
Peiresc au P. Gilles de Loches
22 AOUT 1633

(*Ibidem*, folio 310. La minute de cette lettre a été tellement compromise par les dents des souris et par d'autres accidents, que nous pouvons seulement donner la petite partie du sens que nous avons réussi à comprendre. La même cause justifiera aux yeux des lecteurs les lacunes que nous aurons, en d'autres lettres, à signaler par des points).

Peiresc remercie le P. Gilles de sa lettre écrite de Lyon. Il lui demande des renseignements plus précis sur un levantin que ce Père lui a recommandé, et qui voudrait trouver en Europe un emploi dans lequel il pût utiliser la grande connaissance qu'il possède des langues sémitiques. Il regrette le départ si prompt du P. Gilles,

(1) Peiresc s'est fort occupé, dans ses Correspondances, du papyrus, qu'il cultiva avec succès dans son beau jardin de Belgentier, qui mérita si bien le titre de Jardin d'acclimatation, et c'est surtout dans ses lettres à Claude de Saumaise, qu'il a donné beaucoup de détails sur le roseau qui a rendu tant de services à l'humanité.

(2) Palamède de Fabri, sieur de Valavez, un des meilleurs frères qui aient jamais existé.

(3) Chef-lieu de canton du département de Vaucluse, arrondissement d'Apt, à 35 kilomètres de cette ville.

qui ne lui a pas permis de le « gouverner » plus longtemps.

LETTRE V.
Peiresc à M. Magy, au Caire
DATE RONGÉE
(*Ibidem*, folio 313).

..... Je vous envoye une grande lunette pour.....
dans la lune, dans le soleil et autour de..... vous pré-
valloir pour quelque personne capable et.... seroit
dommage de la mettre en mains mortes..... Je vous prie
de la faire voir au P. Thomas de Vendosme, capucin, afin
qu'il voye ces macules du soleil, quand il y en a (car ce
n'est pas tousjours), et ces bosses de la lune, et autres
choses nouvellement descouvertes avec ce porte veüe...

LETTRE VI.
Peiresc au P. Jacques de Vendôme
(*Ibidem*, folio 315, verso. Date et très notable partie de la lettre rongées).

MONSIEUR MON REVEREND PERE,

Il n'y a que deux ou trois jours que le Sr Napolon, de
Marseille (1), m'apporta une lettre vostre datée d'Eden au

---

(1) Sanson Napollon (né en Corse, mort à Tabarca (Tunisie), en
mai 1633, fut chevalier de l'ordre du roi, gentilhomme ordinaire de la
chambre de S. M., consul à Alep, gouverneur du Bastion de France, etc.
Voir sur lui, outre les trois volumes des Lettres aux frères Dupuy et
le fascicule VI des *Correspondants de Peiresc* consacré au poète marseil-
lais Balthazard de Vias, une étude spéciale de M. Henri Delmas de Gram-
mont, président de la Société historique Algérienne : *La mission de Samson
Napollon*, 1628-1633. Alger, 1880. in 8º ; une autre étude spéciale de
M. Léon Bourguès dans la *Revue de Marseille et de Provence* (1886), enfin
d'excellentes notes de M. Eugène Plantet (*Correspondance des deys d'Alger
avec la Cour de France*, 1579-1833, t. I, grand in-8º, Paris, 1889, p. 26-31).

mont Liban le 15 juin dernier, ne contenant qu'une recharge pour le Sʳ archevesque de ce païs là, et des nouvelles qui ont esté bien agreables et bien cheres de la bonne santé de M. de Chasteuil (1), dont nous en (*sic*) estions en peine, et du grand progrez qu'il a fait en la langue syriaque, et dessein qu'il avoit de se mettre bientost sur l'Arabe : ce qui nous a un peu consolez, car ceux qui viennent de.... Sayde nous avoient grandement allarmez sur le subject des guerres contre l'esmir Ally, fils de.... et le Bassa de Damas...., On nous disoit que le pauvre M. de Chasteuil.... constrainct de se retirer dans les boys....

LETTRE VII
Peiresc au P. Gilles de Loches
(*Ibidem*, folio 317. Date et très notable partie de la lettre rongées).

Monsieur mon Reverend Pere,

Je fis réponce dernièrement à celle que vous avez voulu m'escripre de Lyon, et l'adressay à Paris au bon frere André de Bedoin qui m'a asseuré de la vous avoir envoyée par voye tres asseurée ; mais, ayant sceu que M. de la Fayette s'en alloit en Tourraine (2), et qu'il avoit à faire quelque sesjour à Tours, je ne l'ay pas voulu laisser aller sans vous faire ceste rescharge, qu'au cas

(1) François Galaup de Chasteuil naquit à Aix le 19 août 1588, et mourut dans le monastère des Carmes, à Marlicha (mont Liban), le 15 mai 1644. On trouvera, dans le fascicule des *Correspondants de Peiresc* qui contient les lettres de l'anachorète à son ami, d'abondants détails sur sa vie et sur les travaux dont cette admirable vie a été l'objet.

(2) C'était Jean de la Fayette, seigneur de Hautefeuille, frère de François de Lafayette, évêque de Limoges et premier aumônier de la reine Anne d'Autriche. Jean, qui avait épousé en 1613 Marguerite de Bourbon-Busset, mourut le 3 décembre 1651.

que la precedente se fust esgarée, vous tesmoigner tousjours à combien grande faveur j'ay tenu l'honneur de vostre souvenir, et le desir que j'avois de m'en rendre digne en vous servant. Vous cognoistrez un beau gentilhomme en la personne de M. de la Fayette, et qui a de très grandes parties et de rares merites ; comme je m'asseure qu'il sera tres aise d'avoir le bien de vous cognoistre et de jouyr de vostre conversation, que je ne luy sçaurois avoir figurée assez doulce au prix de ce que j'en avois jouy ici à vostre passage à la dérobée, dont j'ay depuis regretté fort souvent la precipitation, attendu que vous en partistes par de grandes et excessives chaleurs, qui se radoucirent à la my aoust, jusques auquel temps vous pouviez vous reposer ici sans regret, et nous laisser participer à vos curieuses observations, et par après.... vostre voyage sans exposer votre santé à de sy grands perils.

Ici commencent des lacunes qui ont emporté la partie la plus intéressante, et la seule savante de cette lettre.

LETTRE VIII
Peiresc au P. Jacques de Vendôme
(*Ibidem*, folio 318)

MONSIEUR MON REVEREND PERE,

Depuis la depesche que je vous fis ces jours passez, j'ay eu des lettres de Rome du 8 de ce mois d'octobre, par lesquelles on me mande que, par commandement de l'Em^{me} Card. Barberin, Mgr Scannarola, vescovo di Candia, son maggiordomo, avoit entreprins l'affaire de la pension du bon prelat Mgr Giorgio Ammira (1), et qu'on

(1) Voir, sur l'archevêque Georges Amira, l'auteur de *Grammatica Syriaca, seu Chaldaica* (Rome, 1596, in-4º); le fascicule XVII des *Correspondants de Peiresc*, consacré à François de Galaup-Chasteuil, où se trouve une lettre très élogieuse de celui-ci, écrite « de Hedem, au Mont-Liban, le 10 janvier 1633. »

en attendoit l'issue conforme à nos souhaicts. J'en escripray jeudy, par le prochain ordinaire, audit Sr Scannarola, et m'asseure qu'entre cy et la fin de la presente année ceste affaire pourra estre conclue et executée. De quoy j'ay estimé vous devoir donner advis, sans vous taire que M. l'abbé de Bonneval (1), frère de Mr de Thou, maistre des requestes (2), qui s'est opportunement trouvé à Rome, s'y est employé fort vigoureusement pour l'amour de ce venerable vieillard et de vous, aussy bien que de moy, comme aussi M. l'evesque de Vayson, Suarez d'Auignon, cy devant Bibliothécaire de sad. Eminence (3); ensemble M. Lucas Holstenius, alleman (4), le plus docte du siècle en toute sorte de bonnes lettres, que j'ay mis au service de sad. Eminence, et qui minute (*sic*) un voyage en

(1) Jacques-Auguste de Thou était un des fils de l'illustre historien, le président Jacques Augustin de Thou, et de sa seconde femme, Gasparde de La Chastre : il fut d'abord connu sous le titre d'abbé de Bonneval (à cause de son riche bénéfice du Rouergue) ; plus tard on l'appela Président de Thou, parce qu'il fut à la tête de la Chambre des enquêtes du Parlement de Paris. Il porta aussi, comme son père, le titre de baron de Meslay.

(2) François-Auguste de Thou, fils aîné de l'historien, fut grand-maitre de la bibliothèque du roi. Ce fut lui qui eût la tête tranchée à Lyon le 12 septembre 1642, à l'âge de trente-cinq ans.

(3) Joseph-Marie Suarès naquit à Avignon le 5 juillet 1599, et mourut à Nimes le 7 décembre 1677. M. Tamizey de Larroque se propose de faire entrer le savant antiquaire dans sa galerie des *Correspondants de Peiresc*. On peut, en attendant, consulter sur ce prélat l'*Histoire de l'église cathédrale de Vaison*, par le P. Boyer de Sainte-Marte (Avignon, 1741, in 4o), et le *Dictionnaire historique, biographique et bibliographique de Vaucluse*, par le docteur Barjavel (Carpentras, 1841, 2 vol. in 8o).

(4) Lukas Holste, ou Holstein, né à Hambourg en 1596, mourut à Rome le 2 février 1661, étant bibliothécaire du Vatican, fonctions auxquelles il avait été appelé par le pape Innocent X. Voir, sur ce docte humaniste, le recueil de ses lettres si bien publié et si richement annoté par Boissonade (Paris, 1817, in-8o), où se trouvent plusieurs lettres à Peiresc, son protecteur et bienfaiteur; la collection publiée par M. Léon-G. Pélissier sous le titre des *Correspondants d'Holstenius*, collection à laquelle je souhaite grand accroissement. Les lettres de Peiresc à Holstenius suivront de près, dans la *Collection des documents inédits*, les lettres aux frères Dupuy.

Levant, et finalement le R. P. Dom Christophe du Puy, procureur de la Chartreuse de Rome, cousin de mesdits Srs de Thou et abbé de Bonneval (1). Je voudrois pouvoir servir ce grand personnage et votre Reverence en plus digne occasion. Je vous priois dernièrement de nous donner quelque instruction des differentes sortes de chrestiens et aultres relligions qui se professent en ce pays là. Vous nous ferez grande faveur de les nous envoyer le plustost que vous pourrez. Et vous prie de faire cotter (*sic*) les divers noms que l'on y donne, non seullement aux instruments semblables aux nostres, comme luths, violons, espinettes,... trompettes, cornets, cornemuses, et autres, s'ils en ont, mais à ceux qu'ils....

Ici la feuille commence à être assez rongée pour qu'on ne puisse pas rétablir les phrases. Peiresc demande ce qu'il en est des guerres intestines de la Syrie, de M. de Chasteuil, et autres objets plus difficilement reconnaissables. Un post-scriptum annonce la maladie du cardinal Borghèse, qui a obligé ce prélat à faire l'abandon de ses charges et bénéfices, dont plusieurs aux mains de son neveu le card. de Saint-Georges, et l'on croit que le Pape attribuera la pénitencerie au cardinal de Saint-Onofre.

LETTRE IX.
Peiresc au P. Denis d'Avignon, capucin, à Nimes

9 NOVEMBRE 1633

(Bibl. d'Inguimbert, *Minutes de Peiresc*, tome V, folio 263, verso).

Monsieur mon R. P., j'ai reçu la vostre du 26 octobre, avec le livret que m'avez renvoyé de Cunaeus (2), estant

(1) Christophe Dupuy était le fils ainé de Claude Dupuy, conseiller au parlement de Paris, et de Claude Sanguin ; il mourut le 28 juin 1654, âgé de soixante-quinze ans environ, à Rome, prieur de la Chartreuse de cette ville.

(2) *Petri Cunaei de Republica Hebraeorum libri III. Editio novissima.*

bien ayse qu'y ayez trouvé si agreable entretien. J'ay recouvré fraischement d'Angleterre un livre de Seldenus (1), *De Jure haereditario Hebraeorum* (2), où vous trouverez, je m'asseure, quelque autre chose de vostre goust ; mais, n'estant pas bien asseuré du lieu de vostre residence, je ne l'ay osé hazarder. Car vous m'aviez dict, ce me semble, que vous ne vouliez faire gueres de sesjour à Nismes. Si vous nous faictes sçavoir de voz nouvelles et des addresses asseurées, je le vous envoyeray volontiers, n'ayant rien qui ne soit à vostre service, et estant de tout mon cœur, Monsieur mon R. Père, vostre tres humble serviteur.

De Peiresc.

A Aix, ce 9 novembre 1633.

LETTRE X
Peiresc au P. Gilles de Loches
22 DÉCEMBRE 1633

(*Ibid.*, tome H-I-L-M., folio 818, verso)

Monsieur mon R. P., J'ay receu à grande faveur la lettre dont il vous a pleu m'honnorer du 22 passé, accompagnée du memoire de ces beaux livres, dont je vous rends les

---

Leyde, Elzevier, 1632, in-24. Voir, sur ce livret de l'érudit Hollandais (Van der Kuu naquit à Flessingue en 1586, et mourut à Leyde en 1638), *Les Elzevier. Histoire et annales typographiques*, par Alphonse Willems (Bruxelles, 1880, grand in-8°, p. 92).

(1) Jean Selden, un des plus grands publicistes de l'Angleterre, naquit le 16 décembre 1584, à Salvington (Comté de Sussex), et mourut à Londres le 30 novembre 1654.

(2) Selden avait composé, pendant qu'il était prisonnier d'état (1629), ce livre qui fut imprimé pour la première fois en 1631, et réimprimé en 1636. M. A. Willems mentionne (p. 167) une édition de Leyde (1638, petit in-12) sous ce titre: *De successionibus ad leges Ebraeorum in bona defunctorum*, etc., réimprimé en 1696.

plus humbles et plus affectueuses graces que je puis, et ne manqueray point de faire *summum de potentia* (1) pour en arracher un jour pied ou aisle (2), auquel cas vous avez la plus grande part au merite envers le public d'en avoir donné si liberalement l'indication. Je voudrois vous avoir mis en peine de traduire ce livre d'Enoc (3), pour

(1) C'est-à-dire, en langue vulgaire : *tout ce que je pourrai*.

(2) Familière métaphore habituelle à Peiresc, et dont il a notamment fait plusieurs fois usage dans ses lettres aux frères Dupuy.

(3) Le lecteur verra le *Livre d'Énoch* devenir une préoccupation de plus en plus anxieuse de Peiresc, ce pourquoi il nous parait utile de placer ici la presque totalité de l'article consacré à ce livre célèbre par G. Brunet dans le tome LX (8e du supplément) du *Dictionnaire de la Conversation* (Paris, 1845) :

« Il est devenu célèbre par la citation qu'en a faite l'apôtre saint Jude, bien qu'on ne l'ait jamais regardé comme authentique ni comme inspiré. On ne sauzait toutefois douter qu'il ne remonte en grande partie à une antiquité fort reculée, tout au moins à la captivité de Babylone, sauf les interpolations qui se seront plus tard glissées dans le texte. Cité par plusieurs Pères de l'Église, objet de respect pour Tertullien, traité moins favorablement par Origène, saint Jérôme et saint Augustin, le *Livre d'Énoch* n'a longtemps été connu que par quelques citations grecques incomplètes. Un érudit du XVIIe siècle, un infatigable collectionneur, Peiresc, n'avait rien épargné pour se le procurer en Égypte, et, victime d'une fraude qui n'est pas bien rare, il paya fort cher un manuscrit qu'avaient fabriqué d'impudents faussaires. Enfin, le célèbre Bruce, revenant de ses longs et périlleux voyages aux sources du Nil, rapporta d'Abyssinie trois copies en langue éthiopienne du livre en question. Il en donna une à la Bibliothèque du roi, à Paris ; il déposa les deux autres dans la bibliothèque Bodleyenne, à Oxford. Un orientaliste du premier rang, M. Sylvestre de Sacy, examina le manuscrit de Paris, traduisit quelques chapitres en latin, et donna sur le tout une note insérée au *Magazin encyclopédique*, en 1795. Vingt-cinq ans plus tard, un prélat anglican, P. Laurence, fit imprimer à Oxford, en 1821, une double traduction, latine et anglaise, du *Livre d'Énoch*, d'après les manuscrits Bodleyens. C'est d'après cette traduction qu'un professeur à l'Université de Halle, A.-F. Hoffmann, a fait passer en langue allemande l'ouvrage qui nous occupe, en y joignant, tout comme avait fait le savant anglais, une introduction étendue et de longues notes. Un autre théologien britannique, J. Murray, mettait de son côté au jour, en 1833, un volume intitulé *Enoch restitutus*, dans lequel il s'efforçait de distinguer ce qui, dans cet ouvrage, remonte à des périodes extrêmement reculées, et peut-être est

voir le passage qu'en allegue S. Pierre s'y (*sic*) est conformé, ou bien si c'est un ouvrage deffendu, forgé soubs ce nom là. Tant est que je ne doute nullement que le public ne tirast un grandissime fruict de la conservation de ces pièces. S'il y a moyen de les faire voir en Europe, j'en escripray à M. Magy, qui est sur les lieux (1), et qui n'y espargnera rien, je m'asseure, de son credit et du mien tout ensemble. J'en ay receu depuis peu une lettre du Cayre, du 24 septembre, où il me faict une longue relation de la rencontre qu'il eust, abordant en Alexandrie, de dix corsaires de Barbarie, qui mirent la main sur les personnes des vaisseaux françois. Sur quoi Mustapha Bey, qui a la douane, voyant la ruine que cela luy apporteroit, fit mettre les soldats du païs en armes, se saisit de trois capitaines desdits vaisseaux corsaires, et força les aultres de rendre les françoys et de promettre l'observation du respect qui est deub soubs les forteresses du Grand Seigneur.

Ici commence la destruction opérée par les souris. Ce qu'elles ont laissé nous montre qu'il n'y a pas grande importance dans cette perte. Plus loin, on peut lire ce qui suit :

antérieur à Moïse, et ce qui revient à des temps bien plus modernes..... L'orientaliste Gesenius, de son côté, et A.-F. Hoffmann, du sien, avaient annoncé l'intention de publier le texte éthiopien du *Livre d'Énoch*, texte qui a beaucoup souffert de l'ignorance et de l'incurie des copistes. Ce projet n'a point été mis à exécution. Aucune portion du livre dont il s'agit n'a été mise en langue française, et parmi nous c'est à peine si l'on connaît de nom cet écrit, où, parmi beaucoup de visions, de rêveries, au milieu d'un système astronomique qui fera sourire les professeurs de l'Observatoire, il se rencontre une énergie, un coloris sombre et effrayant, qui se rapproche parfois des mystérieux et grandioses accents d'Isaïe et d'Ezéchiel..... »

Ajoutons que le *Livre d'Énoch* a été publié par M. l'abbé Migne dans sa collection des *Apocryphes*.

(1) Ce Magy, dont il va être plusieurs fois question, était de Marseille, et avait dans cette ville un frère, par l'intermédiaire duquel Peiresc recevait du Levant lettres, manuscrits et objets divers.

M. de la Fayette ne se loue pas moins de vous que vous de luy, ce qui augmente mes obligations envers l'un et l'autre, puisque de vostre part vous m'y voulez entremesler, et me faict estre tant plus fortement, Monsieur, vostre tres humble et tres obligé serviteur.

De Peiresc.

A Aix, ce 20 novembre 1633.

Je viens de recevoir, avant la closture de cette despesche, des lettres d'Alep qui m'ont bien affligé, et dont je feray transcripre icy la teneur principale pour vous rendre compte du tout, sans vous rien celler, bien marry de vous donner de si mauvaises nouvelles; mais, possible, l'effect n'aura pas esté tout à fait conforme au bruit que l'on aura porté de Seyde à Alep, ou bien qu'on aura trouvé des remedes aux maulx et particulièrement à la delivrance de vos Peres, que je plains infiniment (1); mais ils ne sont là que pour y chercher des travaulx et des martyres. Me consolant en ce que, pour le moins, vous n'en estes pas du nombre, et que vous estes en lieu où le public pourra un jour se prevalloir de vostre science et de la grande cognoissance que vous estes allé prendre si loing de ces langues si estranges, vous suppliant de me mander si vous n'avez point faict d'estudes particulières de celle des Cophtes, et quels livres vous avez peu remarquer parmi eulx plus dignes de remarque, oultre celluy dont vous m'avez parlé, et particulierement si vous n'avez point veu de grammaire et

(1) Malheureusement, la transcription des nouvelles d'Alep n'est pas reproduite; mais l'évènement auquel il est fait allusion, et dont nous ignorons les causes, est l'arrestation et le transport dans les bagnes de Constantinople de cinq missionnaires. Les PP. Adrien de La Brosse, Macaire de Gien et Léonard de Beaugé y moururent en janvier 1634; le P. Félicien de La Flèche, délivré, reprit le chemin de la France, et mourut à Turin, où il était de passage, en octobre 1634; le P. Maria d'Orléans, croyons-nous, fut rendu à sa mission.

de vocabulaire dressé *ex professo*, comme celluy qui se trouve ez mains du S⁷ Pierre della Valle (1), à Rome, où vous l'aurez peut estre veu. Mais, parce que j'ay souvent esprouvé tout plain de traicts d'envie et de jalousie de personnes qui m'ont rendu de mauvais offices, sans que je leur eusse faict aulcun desplaisir, seurement pour ne pouvoir souffrir que j'eusse des advantages qu'ils n'avoient pas, je vous supplie de ne point communiquer mes lettres à personne sans nécessité, si faire se peult, afin que je vous escripve tant plus confidemment, et que j'aye tant plus de moyens de vous servir quelque jour.

J'oublieis de vous remercier, comme je faicts tres humblement, des instructions qu'il vous pleust me donner sur la personne et merites de ce S⁷ Jean Bar Jonas, que je serviray très volontiers, si je le puis, pour l'amour de vous et de sa vertu, et n'en perdray pas d'occasion si je la puis rencontrer ou faire naistre.

Le P. Athanase Kircher est à ceste heure à Rome (2).

LETTRE XI.
Peiresc à M. Magy
21 DÉCEMBRE 1633.
(*Ibidem*, folio 319, verso.)

..... Au reste, depuis vous avoir veu icy, nous y gouvernasmes le bon P. Gilles de Loches, que vous nous

---

(1) C'est le fameux voyageur Pierre della Valle, né à Rome en avril 1586, mort dans la même ville en avril 1655. Peiresc entretient souvent les frères Dupuy de Pierre della Valle, qui fut un de ses correspondants.

(2) Le P. A. Kircher, dont il sera parfois question dans les lettres suivantes, était un jésuite allemand recommandable par sa science ; il naquit à Ghysen, près de Fulde, le 2 mai 1602, et il mourut à Rome en 1680.

aviez adressé avec le P. Césarée de Rosgoff, son collègue, desquels j'appris une infinité de belles choses et de bons advis, qui m'eussent bien faict augmenter les instructions que je vous avois baillées, si je les eusse eues entre mes mains, et vouloys vous en faire un supplément.....

LETTRE XII
Peiresc au P. Denis d'Avignon
31 DÉCEMBRE 1633
(*Minutes de Peiresc*, tome V, folio 265).

Monsieur mon R. P., voicy le livre que vous desirez de Seldenus, *De Jure haereditario Hebraeorum*, que vous porte le R. P. predicateur de notre paroisse de la Magdeleine. Quand vous l'aurez receu, je vous prie de le faire voir a M. Petit (1), et, s'il n'en avoit fini lors du retour du présent porteur, ne le pressez pas de le rendre, car il trouvera assez de commodités de me le renvoyer quand il voudra, soit par Arles (?) ou par commodité à droicture. Possible l'aurait-il desjà eue lors de son voyage de Paris; mais il avoit tant d'autres affaires, que peut-estre ne l'aura-t'il pas gousté à son loisir. Si le sieur Caduc en avoit envie, je ne serois pas marri qu'il en print quelque divertissement, estimant bien fort sa vertu et litterature, et vouldrois pouvoir ayder à ses estudes. Si d'avan-

(1) Samuel Petit, savant orientaliste, professeur royal à l'université protestante de Nîmes. On le reverra plus loin dans le cours des lettres qui vont suivre, notamment dans celle où Peiresc priera le P. Joseph de Paris de s'intéresser à lui et à son demi retour au catholicisme. Voir, sur Samuel Petit, né à Saint-Ambroix le 25 décembre 1594, mort dans sa maison de campagne de Courbessac, près Nîmes, le 12 décembre 1643, la savante notice mise en tête du fascicule XIV des *Correspondants de Peiresc* (Nîmes, 1887) par M. Georges Maurin.

ture vous n'avez veu autre escrit du mesme Seldenus, *De Diis syris* (1), vous y trouverez bien de la pasture plus à vostre gré, je m'asseure. C'est un escrit qui a esté fort universellement prisé, et que l'autheur a fort augmenté en la seconde edition et meliorée (2) au prix de la premiere. Je la vous enverray quand vous vouldrez. Et sur ce, priant Dieu qu'il vous tienne en sa saincte garde, et vous souhaictant la bonne année, je demeure, Monsieur mon R. P., vostre tres humble et tres obéissant.

DE PEIRESC.

A Aix, ce dernier décembre 1633.

LETTRE XIII
Peiresc au P. Gilles de Loches
31 JANVIER 1634

(*Minutes de Peiresc*, tome H.-I.-L.-M., folio 325).

Monsieur mon R. P., je vous escripvis dernièrement en responce de vos lettres de Tours.... M. de la Fayette, qui est à Paris, se chargera de vous faire tenir ma despesche, comme je pense..... celle-cy, qui n'est que pour accompagner les advis du Cayre cy joints, que j'ay eu, à scavoir, les premieres du sieur Magy, et les dernieres du sieur Jacques Albert, que vous cognoissez, qui me promit une relation fort exacte qu'il a eu du païs des Abyssins de la part tant d'un P. Jésuite que du sieur Vermeil (3), de qui il ne me dict pas une si grande

---

(1) *De Diis Syris syntagmata duo* (1617), plusieurs fois réimprimé, soit en Hollande (1627), soit en Allemagne (1662 et 1680).

(2) On trouve la forme *meliorer* dans les lettres aux frères Dupuy. Voir notamment tome I, p. 118. L'éditeur renvoie aux *Dictionnaires de Richelet et de Trévoux*.

(3) Voici, sur ce personnage, une note de la propre main de Peiresc, inscrite dans la première page du registre LXXIV de la collection qui porte

fortune comme on avoit faict le bruict. Bien est-il qu'il est bien aymé de l'Empereur. Il faudroit voir de luy quelque communication de ce costé là, s'il est possible. Cependant, je me recommande à vos bonnes grâces, demeurant, M. mon R. P., vostre, etc.

DE PEIRESC.

A Aix, ce 31 janvier 1634.

LETTRE XIV
Peiresc au P. Gilles de Loches
12 FÉVRIER 1634.
(*Ibidem*, folios 325 et 326.)

M. mon R. P., je ne vous sçaurois exprimer combien j'ay prins de plaisir à la lecture de la lettre qu'il vous a pleu m'escripre du 10 du passé, et des belles notices et heureuses relations qu'il vous a pleu m'y communiquer, dont je vous remercie le plus humblement et affectueusement que je puis. Surtout, j'ay esté bien aise de voir que vous ayez trouvé des beaux et faciles moyens d'acquerir toutes ces langues orientales les plus sauvages et les plus difficiles, et que vous en ayez desjà mis par escript de si belles et utiles observations, et qu'il ne vous reste qu'à

---

son nom, à l'Inguimbertine : « Le sieur Vermeil (Gaston), de Montpellier, qui faisoit des esmerandes et medailles artificielles, est allé en Æthiopie, où il est favory de l'Empereur, et pour qui il demande des livres d'Europe, pour raison desquels il s'est adressé au sieur Jacques Albert, marchand de Marseille au Cayre, qui a le plus de crédit en absence du sieur Jean Magi.... » Voir, dans *France en Éthiopie. Histoire des relations de la France avec l'Abyssinie chrétienne sous les règnes de Louis XIII et de Louis XIV*, par le Vicomte de Caix de Saint-Aymour (Paris, Challamel, 1886, in-18, p. 273-288), une lettre de Peiresc « à M. Vermeil, en la cour de l'Empereur des Abyssins, » écrite à Aix le 25 février 1634. Peiresc mentionne dans cette lettre les RR. PP. capucins Gilles de Loches et Césaire de Rosgoff, dont le nom est à peine reconnaissable sous le travestissement que voici : Césarée de *Bosjo*.

les mettre en ordre. Estant bien fasché qu'au lieu de vous employer à prescher festes et dimanches, et tout ce caresme prochain (ce que d'autres Peres eussent peu faire, sinon tout aussi bien, au moingz assez pour s'en contenter), vostre supérieur n'a pas estimé qu'il fusse utile, comme il l'eust esté au centuple, de vous faire proffiter ce temps là à dresser vostre grammaire et vocabulaire, que, possible, personne autre ne pourra jamais si bien dresser comme vous. Et Dieu sçayt si vous le pourrez jamais faire vous mesme en aultre temps, si vous persistez en ceste vollonté de retourner, dans le dit mois de septembre prochain, à vous exposer en ces païs estrangers, où vous manquera la plus part de ce qui vous feroit le plus de besoing, quelque soing que vous puissiez prendre d'y avoir une imprimerie et les aultres choses necessaires, et quelque secours que peussiez esperer des intendants de ce nouveau commerce, de ceste nouvelle compagnie de St Malo, que je loüe bien fort. Et si, de ces gros marchands qui dressent la compagnie, et qui frettent maintenant cez six vaisseaux pour la Guinée, il y en avoit quelqu'un qui fust un peu sérieux, avec qui je peusse prendre quelques habitudes et quelque correspondance par le moyen de voz Peres et de voz amis, je le tiendrois à singuliere faveur, et tascherois de luy envoyer d'icy tout ce que je penserois pouvoir contribuer à son goust, pour avoir part des relations particulières qu'ils auront de ces païs là, et de quelques petites curiosités, de ce qui en peut estre de facile transport et communication. En toute façon, si vous faictes le voyage au temps que vous l'esperez, je tascheray bien de vous envoyer quelques petits memoires et instructions à l'advance, afin que vous puissiez vous informer de diverses particularités et des mœurs de ces peuples, et des choses de la nature..... qui nous sont le moingz cogneües. Mais, encores que j'aymasse bien.... avoir du mal pour

vous en souhaicter, si est ce que, s'il estoit loisible de…
un peu de mal pour un plus grand bien, je le feroys de
bon cœur, soubz les reserves mentales requises et inte-
ressantes, quand bien j'en debvroys ressentir au double,
sinon pour vous faire venir un peu de maladie ou d'in-
commodité, à tout le moingz afin que vous ne puissiez pas
estre si tost quitte de celles qui vous ont jusque ici attaqué,
et d'obtenir, s'il ne tenoit qu'à cella, que vostre nouvelle peregrination feusse differée jusques à temps que
voz memoires sur toutes cez langues orientales feussent
mis en tel estat que voz chers collegues et bons amis ou
serviteurs puissent y prendre quelque participation des
lumieres qu'il a pleu à Dieu vous y donner. Aprez quoy
vous ne laisseriez peult estre pas d'y arriver encores bien à
temps pour y faire tout le fruict que la ferveur de vostre
zelle vous y faict attendre de la bonté et providence divine,
laquelle en vain vous auroit faict acquerir ceste cognoissance par les travaux et incommoditez de tant d'années
que vous avez esté au Levant, si cella perissoit avec vous
parmy des peuples qui ont, possible, leur langage si esloigné de tout ce que vous avez apprins au Levant, que
difficilement y auroit-il bien peu de rapport d'aulcuns
d'iceulx à aulcun des autres, tant la corruption des langues est subjette à des changements et deteriorations ou
esloignements de leur principe. C'est pourquoy je vous
conjure aultant que je puis de rediger par escript, à l'exemple de Moïse et de cez autres saints Pères qui l'ont suivy
jusques à Esdras, tout ce que Dieu vous a inspiré de
cognoissance de ces langues, sans lesquelles on se trouve
quasi destitué des organes et des moyens de pouvoir bien
profiter en la conversion de tant de peuples qui vivent
dans les tenebres, à faulte de ceulx qui leur puissent donner les secours interessants pour les dissiper et les faire
jouir de la lumiere que Dieu a daigné communiquer au
genre humain. Jusques icy, tous ceulx qui se sont meslez

de donner des regles de cez langues y ayant laissé tant de confusion, de difficulté et de longueur, que l'usage des... se perd tout advant qu'on en ayt acquis ce qu'il fauldroit pour.... cette fonction, où vous pouvez habiter le monde en si peu de.... Ce seroit une grande charge de conscience, non seullement à vous mais à voz superieurs, s'ilz ne mesnageoient l'occasion si opportune de vostre.... pour rendre par vostre moien communicable à d'autres de si grand.... comme sont ceux que Dieu vous a ...... en cella, et qu'il seroit..... injuste de laysser eschapper de voz mains à faulte de vous..... faire part au monde, sinon à une personne, au moingz à voz [amis.] Si j'avois du credit sur l'esprit de vos superieurs, je ne vous..... occurrence, et ne vous laisserois prendre la clef des champs [que] vous n'eussiez laissé tout cella par escript pour gaige du bien que Dieu..... encores. Des autres langues, il semble qu'avec un grand travail il se puisse acquerir quelque chose sur les livres que nous avons assez communement en chrestienté ; mais, pour l'Ethiopienne, je voudrois bien avoir pareillement vostre grammaire et vostre vocabulaire, et serois encores plus friant de l'Egyptienne ou Cophte, attendu que, si bien l'usage n'en est plus si grand et si espandu que des autres, au moingz dans les pays que vous avez veus (car je ne scay si plus advant en remontant sur le Nil et aux bords de la mer Rouge, il n'en est pas des vestiges parmy le vulgaire des peuples qui y sont habitants, autres que les Mores, Arabes ou Abyssins), j'estime qu'il s'en peult tirer de trez excellentes origines et notices de trez grand fruict pour la primitive antiquité grecque, dont elle tient beaucoup, et dont je pense que les Grecs ont emprunté beaucoup plus que de l'hebreu. Et, s'il ne vous estoit pas difficile de me les rediger, ne me sçauriez pas obliger en chose que j'aye le plus à cœur, ne qui me puisse estre de plus grande utilité pour mon particulier. Et si j'osois vous en faire la supplication, je le ferois avec toute sorte d'ardeur. Voisne, si je le pouvois achepter au prix de ce qui me peult estre le plus cher parmi mes livres ou autres petits moyens, je n'y espargnerois rien. Mais, dans l'occupation des sermons de caresme, je voys bien qu'il n'y fault nullement penser : ce qui me sert d'une estrange mortification, puisque je vous cognois si candide et si honneste, qu'en autre temps je m'asseure que vous ne me vouldriez pas avoir esconduict en quelque eschantillon. Cependant, je me consoleray de ce que vous me mandez qu'il se trouve au Cayre des grammaires et vocabulaires cophtes, m'imaginant que le sieur Magy, avec le sieur Albert (1), assisté du sieur Santo Seghezzi (2), en arracheront quelque petit pour moy, que nous pourrons avoir, possible, avant vostre partement. Mais j'estimerois au centuple le moindre cahier de vostre main sur cette matière, si je l'osois espérer. Quant au vocabulaire du Sr Pietro della Valle, de Rome, il me l'avoit quasi promis, une fois ; mais le Sr P. Tho. de Novare luy fist accroire qu'il en pourroit venir à bout, à cause que la traduction arabe y estoit auprez du texte imprimé, qu'un seul petit cahier de l'alphabet cophte, avec cinq ou six versets du psaulme XIV, que l'Em^{me} Cardinal Barberin m'envoya l'aultre jour, avec promesse que j'aurois au premier jour un catalogue de tous les livres cophtes de la Bibliotheque Vaticane, lesquels il dit estre en assez bon nombre. Si nous pouvons avoir le libvre d'Enoch, je le vous envoyeray incontinent, et seroit bien à desirer que vous l'eussiez peu traduire advant que sortir de chrestienté et de ce royaulme. C'est pourquoy, pour y pouvoir employer tout ce temps que vous aurez depuis la reception du

---

(1) Jacques Albert est le marchand de Marseille établi au Caire, mentionné par Peiresc dans la note citée un peu plus haut sur Gaston Vermeil.

(2) Nous retrouverons souvent, plus loin, cet italien qui fut un des correspondants de Peiresc ; on verra, par ce qui suivra, qu'il était Vénitien, qu'il fut longtemps consul de France au Caire, et que, malgré son dévoûment pour notre pays, il fut disgracié.

libvre jusques à vostre despart, je vous supplie et conjure
de tout mon cœur d'employer tout le temps que vous
pourrez desrobber à coucher par escript voz memoires
des langues orientales, et surtout de l'Ethiopienne et de
l'Egyptienne. Pour ce qui est du sieur Vermeil, vous
aurez vu, par ma derniere despeche, qu'il n'en est pas, je
m'asseure, tout ce qu'on a dit. Mais toujours fault-il qu'il
en soit quelque chose. Je suis aprez de luy escripre et
de luy envoyer quelques parties de celles qu'il avoit faict
demander. J'ay veu bien volontiers cette petite relation
de voz Peres de St-Malo, desquels je sçaurois volontiers
le nom et la patrie. Et je plains bien ces pauvres Ursulines
de Loudun et autres personnages seculiers, y ayant de
grandz embarras que ce curé Grandier (1) soit quelque
autre sorcier comme Gaufredy, qui avoit gasté les
Ursulines de Marseille et tout plein d'autres personnes en
l'an 1613 (2). Il me reste, avant que finir, à vous remercier,
comme je fais tres humblement, de l'advis qu'il vous plaict
me donner des livres en langue bas bretonne, et vouldroys
bien, par le moyen de voz amis, avoir un catalogue au vray
des tiltres de tous ceux qui se trouvent chez les curieux,
imprimés à Morlaix, ou à Belle Isle, ou à Nantes, ou ailleurs,
et à quel prix on les pourroit trouver à vendre. Cependant,

(1) Sur le trop fameux curé de Loudun, voir de nombreuses indications
de tout genre dans une plaquette de M. Ph. Tamizey de Larroque : *Document
relatif à Urbain Grandier* (Paris, Alph. Picard, 1879, in 8°. Ce document
est une relation inédite du procès et du supplice de Grandier, adressée
à Gassendi par un témoin oculaire, le savant Ismaël Boulliau.

(2) Louis Gaufridi, appelé parfois Gofridi, né à Beauvezet (Basses-
Alpes), était curé de la paroisse des Accoules, à Marseille, quand il fut
accusé d'avoir ensorcelé Mlle Madeleine de la Palud. On le brûla sur une
des places publiques de la ville d'Aix le 31 avril 1611. Voir, sur cette
triste affaire, le gros et curieux volume du R. P. Sébastien Michaelis :
*Histoire admirable de la possession et conversion d'une pénitente, séduite
par un magicien, la faisant sorcière et princesse des sorciers au païs de
Provence*, etc. (Paris, 1614, in-8° de 672 pages).

s'il se pouvoit avoir une coupple d'exemplaires du dictionnaire et de la grammaire, je les ferois bien volontiers payer, et je m'assoure que Mʳ de la Fayette feroit fournir à Tours le prix qui y seroit necessaire, luy en escripvant un mot, croyant que vous y trouverez assez de marchands qui auront des correspondances en Bretagne pour y en faire fournir ce qu'il faudra, tandis que, de Paris, M. de la Fayette les fera rembourcer à Tours. Ce vous sera de la peine, dont je vous prie m'excuser, et de faire les mesmes recommandations au R. P. Cesarée de Rosgoff, priant Dieu qu'il vous tienne tres touts en sa saincte garde, et demeurant, Monsieur mon R. P., vostre tres humble et tres obeissant serviteur.

De Peiresc

A Aix, ce 13 febvrier 1634.

LETTRE XV
P. Agathange de Vendôme à Peiresc
18 MARS 1634
(Bibliothèque Méjanes, à Aix. Mss. nº 1019, pages 50 et suivantes)

Monsieur,

Vous recevrez par ce vaisseau le livre des Evangiles Cophte et Arabe, qui est tout ce que j'ay peu recouvrer, pour ceste heure; car il se trouve peu de livres où les deux langues soient ensemble : ils les separent ordinairement. Je suis après à avoir un livre des Pseaumes de David en six langues : en cophte, arabe, grec, arménien, abyssin et syriaque. Le superieur d'un convent de Sainct-Machaire, où se retrouve ce livre, m'a promis de me le faire venir, et en a escrit au convent pour le faire apporter. C'est un gros et grand livre, dont ils font beaucoup d'estat, et ont eu assez de difficulté à se resoudre de le donner, d'autant qu'il est de l'eglise. Mais je leur ay persuadé de demander quelque autre chose dont ils ayent besoin pour leur eglise. Ils nous ont demandé un calice d'argent, avec un petit plat d'argent dont ils se servent au lieu de patene. Si j'en eusse eu qui leur eut peu servir, je leur aurois donné fort volontiers; mais je leur ay promis que j'escrirois en France pour leur en procurer. J'espere que vous aurés agreable de leur faire ce service, qui ne sera pas perdu; car, outre que c'est pour l'eglise et pour le service de Dieu, qui sçait bien recompenser ce qui se donne pour luy, j'espere que nous tirerons encore de ce convent-là quantité de bons livres anciens. Il faut que le calice soit mediocre, la coupe dorée par dedans, comme aussy le plat qui sert de patene, qui ne doibt avoir par dedans graveure ni ciseleure aucune, mais estre bien poli et doré, le fond tout plat et egal jusques aux bords, qui doibvent estre eslevés d'un pouce. J'espere dans peu de temps, si Dieu ne nous en empesche par le mal dont on est icy en apprehension (1), que vous aurez le libvre de Ebn-el-Bitar (2) et un livre d'astrologie que je fais copier, avec quelques petits escripts de persien. Cependant, vous accepterés, s'il vous plaist, la bonne volonté au deffaut des effets que je voudrois pouvoir contribuer a vos pieux desseins. J'espere que vous aurés maintenant receu le vocabulaire et grammaire cophte, les Epistres de S. Paul arabes, un livre d'Astrologie arabe, un livre de propheties en cophte, qui

---

(1) La peste.
(2) Ibn-Beïthar est le surnom d'Abdallah-ben-Ahmed, médecin et botaniste, mort à Damas au milieu du XIII° siècle. C'est l'auteur d'un *Traité des simples*, en langue arabe, récemment traduit par le Dr Leclerc, avec le concours d'un de nos plus savants arabisants, M. Barbier de Meynard (de l'Institut). Leur traduction a paru dans les *Notices et extraits des manuscrits de la Bibliothèque Nationale* publiés par l'Académie des Inscriptions et Belles-lettres.

se lisent la semaine sainte, que j'ay consignés à M. Magy. On me donne esperance de pouvoir recouvrer un livre des Epistres de S. Paul en cophte et arabe, qui est en la maison d'un chrestien de qualité, et ne s'en trouve point d'autre que celuy là. Si je puis l'obtenir, je vous l'envoyeray. Je me recommande à vos sainctes prieres, et demeure, Monsieur, vostre, etc.

F. AGATHANGE DE VENDOSME,
Capucin indigne.

Au Caire, ce 18 mars 1634.

LETTRE XVI
Peiresc au P. Gilles de Loches
20 MARS 1634.
(Bibl. d'Inguimb. etc., tome H.-I.-L.-M., folio 333).

MONSIEUR MON R. P.,

Par un ordinaire de samedy dernier, je receus en mesme temps vos deux despeches du 22 febvrier, l'une soubz l'enveloppe de M. de la Fayette de Paris, l'autre à droicture de Lyon icy, par l'adresse, comme je pense, du sieur de Chailly, dont vous m'escripvez vous servir. M. du Puy n'avoit pas manqué de me faire tenir incontinent vostre precedente lettre, dont je luy addressay aussy tost ma response, m'imaginant que vous l'auriez receue au temps qui y peut escheoir, selon que la rencontre du partement de vos messagers de Tours à Paris la peut porter, et lors je pense bien que le dict sieur du Puy vous aura faict responce, estant grandement honneste et obligeant (1); mais vraysemblablement il attendoit de s'en acquitter quand il

---

(1) Il s'agit là de Pierre Dupuy. Quand Peiresc veut parler de Jacques Dupuy, il l'apelle M. de Saint-Sauveur.

auroit receu ma response à vous faire tenir. On souloit recevoir à Paris nos lettres le mercredy, et je pense que M. de la Fayette m'a escript qu'on ne faict que le dimanche les despesches pour Tours, de sorte que nos lettres qui partent d'icy le mardy matin perdent 14 jours avant que de Paris on vous les puisse envoyer, et je ne sçay combien de jours il fault encore à vos messagers pour aller de Paris à Tours. Comme, au retour, vos lettres, ne pouvant partir de Paris pour venir icy que le vendredy, n'arrivent en ce païs que IX jours aprez, et peuvent bien perdre du temps à Paris : qui est la cause que vos lettres du 22 du passé ne sont arrivées icy que le 18 du present, avec les lettres de Paris du 10 dudict present moys, et avec celles de Lyon du 15; de sorte qu'il s'est perdu 15 jours tous entiers depuis la datte de vos lettres jusques à ce qu'elles sont parties de Paris pour venir icy. On parle de changer ces ordres et de faire partir d'icy les nostres un jour plus tost, à sçavoir le lundy, pour arriver à Paris le mesme jour de lundy suivant, ou le mardy d'aprez, et de faire que de Paris on nous les envoye le mercredy au lieu du vendredy, pour estre pareillement icy le me. credy suyvant ou le jeudy d'aprez; de sorte que, vostre ordinaire de Paris à Tours ne partant que le dimanche, noz lettres perdent toute une sepmaine dans Paris, il faudra que vous les receviez plus vieilles quasi d'une sepmaine que nous les vostres. Dont j'ay creu vous debvoir advertir, à cette fin que vous ne soyez pas en peine de ce retardement comme vous l'avez esté des precedentes, et non sans juste raison, car les lettres ne tardent pas tant d'icy à Rome, et la responce d'icelles, que d'icy à Tours. C'est pourquoy, pour prevenir cest inconvenient en tant que je le puis, je n'ay pas voulu manquer de vous respondre sur le champ, sans differer à la sepmaine suyvante, encores que je me trouvasse fort pressé en ceste conjoncture pour le passage de M. le comte de Nouailles (1), qui s'en va ambassadeur à Rome, accompagné de tout plein de galandz hommes qui y ont voulu porter de mes lettres, que du passage aussy d'un bon religieux jacobin de ma cognoissance, nommé le P. Gaugeois de Marquaz, que son general envoye en Constantinople, avec une commission pour y visiter, et plus loing, ceux de son Ordre, par qui j'ay escript à M. le comte de Marcheville (2) et à nos amys de par de là, et luy ay donné des instructions et memoires selon sa portée et curiosité, dont j'espere avoir de la satisfaction quelque jour, Dieu aydant. Mais il m'est demeuré encores assez de temps pour vous escripre et vous remercier, comme je faictz du meilleur de mon cœur, des effectz que vous me faictes paroistre de vostre bienveillance, que je tiendray tousjours tres chere, et dont je tascheray de me rendre digne, s'il est possible à un homme de ma sorte, qui vault si peu, et qui est si infirme et si chetif comme je suis. Mais je voys bien qu'au contraire vous estes homme à vous payer et contenter non seulement de ma bonne volonté (qui y sera tousjours toute entière avec le peu qui est à ma disposition), mais aussy de la surabondance de vostre saincteté et charité chrestienne, à laquelle j'auray

(1) François, seigneur de Noailles, comte d'Ayen, baron de Chambres, de Noaillac et de Malemort, né le 19 juin 1584, mourut à Paris le 15 décembre 1645. Il fut chevalier des ordres du roi, conseiller d'État, capitaine de cinquante hommes d'armes, gouverneur d'Auvergne et de Rouergue, ambassadeur à Rome, etc.

(2) Henri de Gournay, comte de Marcheville, lorrain par son père, allemand par sa mère, fut d'abord sous-gouverneur de Monsieur, frère du Roi, lorsque le gouverneur de ce prince était M. le Colonel (d'Ornano). Celui-ci étant tombé en disgrâce le 25 mai 1624, M. de Marcheville fut également éloigné. Peu après, il entra dans la diplomatie sous les auspices du P. Joseph du Tremblay, fut envoyé en Bavière en 1625 pour une mission extrêmement délicate et difficile, et demeura là jusqu'en 1627. Nommé ambassadeur à Constantinople en 1630, il alla occuper son poste en juillet 1631. Ce fut un des correspondants et amis de Peiresc. Nous allons retrouver plusieurs fois le nom de ce diplomate dans les lettres qui suivent.

tousjours mon principal recours quand je sentiray manquer la foiblesse de mes forces et de mon credit. Cependant, pour respondre à voz belles et tres obligeantes lettres, je ne vous sçaurois exprimer le plaisir que j'ay ressenti d'entendre que vos predications du caresme vous peussent laisser espargner quelques heures pour la continuation de vostre labeur au dictionnaire abyssin, et que vos Pères et vos parentz s'efforcent à vous divertir du voyage d'Ethiopie. Mais je voudrois bien qu'ilz vous peussent aussy bien divertir de la controverse avec les huguenots, jusques à ce que vous eussiez mis par escript et publié ce que vous pouvez si dignement faire, et avec un si grand fruict, non seulement pour l'intelligence de ceste langue Ethiopienne, mais pour toutes ces langes orientales, puisque tant d'autres peuvent vacquer, sinon aussy bien que vous, aumoingz assez bien pour s'en contenter, à telles controverses, et que pas un ne sçauroit occuper vostre place pour donner à la chrestienté les lumieres que vous avez acquises en ces langues estrangeres. Et ne pense pas que vous n'en fussiez grandement responsable devant Dieu tost ou tard, s'il tenoit à vous que la Chrestienté perdist l'advantage qu'elle espere retirer par vostre secours, à faulte que vous eussiez voulu faire valoir le talent que Dieu vous a une fois mis en main, puisque vous l'estes allé chercher si loing, et qu'il semble que la divine Majesté vous y aye prins au mot sur les lieux, vous aye faict trouver ces obstacles à vostre passage plus oultre, et donné l'exemple du rebut des PP. Jesuistes (1) pour vous ramener en France, afin de vous donner le vray moyen qu'il falloit pour vous descharger de ce riche depost que vous tenez

---

(1) Du vivant de S. Ignace, et pendant les premières années du XVIIe siècle, les Jésuites ont eu dans l'Abyssinie une splendide mission, dont une histoire intéressante se trouve dans la compilation bien connue du baron Henrion sur les Missions catholiques. Une persécution sans merci mit fin à cette œuvre admirable; c'est à quoi Peiresc fait ici allusion.

de la main de sa divine providence: n'estimant pas que, si vous vous embarquez en septembre, comme vous dictes, par un excez du zele qui vous transporte, qu'il ne vous arrivast en chemin ce qui advint à Jonas, et que vous ne portassiez un grand malheur à toute la flotte et à toute ceste genereuse et louable Compagnie de Sainct-Malo. Et l'invention dont vous me parlez pour l'imprimerie est d'une si grande et si merveilleuse facilité, principalement en ces characteres estrangers, qui sont si difficiles à manier et à reduire à des simples lettres sans liaison, qu'il semble que Dieu vous ayt inspiré cette invention d'escripre en paste aussy facilement qu'en papier, pour n'y laisser aulcune difficulté ni scrupule, et pour en exclure la despence immense que porte l'autre imprimerie commune, tant en taille douce que autre plus ordinaire. Et me semble avoir ouy dire je ne sçay quoy de la Chine qui n'est pas trop esloigné de vostre paste, dont je vous felicite de tres bon cœur l'invention (1). Mais, puisque vous m'avez daigné faire participant d'une si bonne et utile nouvelle, si vous voulez que je ne sois pas complice du crime que vous commettriez en supprimant une si utile invention pour le genre humain et pour le service divin, il fault que vous me permettiez de vous donner tous les coups d'aiguillon que me peut permettre la bienveillance à laquelle il vous a pleu me recepvoir, et de ne vous laisser en aulcune paix ny repos que vous n'ayez satisfaict au public pour ce regard, et que vous n'ayez faict valloir ce fruict selon son merite, comme vous le pouvez mieux que tout autre, avec l'usage de ces langues que nous tenons pour barbares, et qui le seroient peult estre beaucoup moins si elles estoient un peu plus apprivoisées parmy nous : comme les oyseaux et animaux les plus sauvaiges contribuent, par l'accoustumance, des services au genre

(1) C'est une tournure de phrase habituelle à Peiresc.

humain que l'on n'attendroit jamais d'eulx tant qu'on les voit en leur ferocité, et qu'on ne les prend au point qu'ilz sont susceptibles de domesticité et de mansuetude.

Ce qui s'esprouve si visiblement aux chatz, qui, sur la fin de leur laict et estant maniez, se rendent si familiers, et qui hors de ceste conjoncture peuvent bien demeurer domestiques, mais non jamais maniables (1). Voicy l'heure veneue d'apprivoiser ces langages farouches par vostre bonne entremise, et que la moindre intermission que vous en fassiez est capable de nous en faire perdre tout l'advantage et tout le fruict qui en pouvoit redonder à une si grande gloire de Dieu et satisfaction des plus curieux du siecle present et de ceux de l'advenir. N'en perdez pas, je vous supplie, l'occasion : pour l'honneur de Dieu, je vous en conjure, et d'agréer que toutes autres occupations non absolument necessaires puissent cesser jusques à tant que vous ayez acheminé ce dessein au point qu'il fault. S'il estoit loysible de voir un petit morceau de vostre planche de paste qui s'imprime si excellemment bien, je le tiendroys à une bien singulière faveur, et d'apprendre si voz libvres Abyssins sont tous Mss., aussy bien que les Arabes, ou s'il y en a aulcun d'imprimé, comme il s'en est faict quelque chose à Rome aux frais de la Chambre par les ordres de la Congregation de Propaganda fide, où je m'estonne fort qu'on ne vous ayt arresté et employé ; mais tout est pour le mieux, car ces gens là vont encore trop lentement pour une si belle et si pressante entreprinse. Les esprits de la France seront plus propres à cela, principalement à cest heure, que vous aurez peu voir, par l'edition du dictionnaire Armenien faicte aux despens du Roy, que l'on commence à vouloir donner des livres pour ayder les missionnaires en ces païs es-

(1) Voir, à propos des chats, les spirituelles et charmantes observations de M. Léopold Delisle sur ces favoris du bon Peiresc. (*Un grand amateur français du* xvii*e siècle*, Toulouse, 1889, p. 17-19).

trangers. Tellement qu'il seroit tres facile d'entreprendre le tout à Paris, principalement avec la facilité et modicité des frais de vostre imprimerie. L'on m'escript de Rome qu'on y a faict l'essay d'une nouvelle invention d'imprimerie où l'on faict rouller la presse avec la force de l'eau sans qu'il y faille tant d'hommes ; mais tout cela n'est rien de comparable à la vostre, à mon gré. Vostre philosophie sera pareillement tres bien receüe parmy nous aultant que parmy les barbares, comme plus compatible au sens commun, et fera grand fruict si vous y pouvez vacquer ; mais je ne vouldrois pas non plus que cela retardast la cognoissance de ces langues. Sur quoy je suis constrainct de clore pour aller à l'audiance de nostre parlement, estant de toute mon affection, M^r mon R. P., vostre tres humble et tres obeissant serviteur.

DE PEIRESC.

A Aix, ce 20 mars 1634.

Je loue grandement l'establissement de ceste généreuse Compagnie de Sainct-Malo pour la Guinée, et pense qu'elle ne reussiroit peut estre pas moins pour l'Ethiopie à faire le tour du cap de Bonne-Esperance comme font les Portugais, par où les PP. Jesuistes envoyent leurs missions ; mais ils vont faire eschale à Goa (1), et puis de là reviennent par mer en Ethiopie, où ils ont plus de trente religieux, et entr'autres un qni fait la fonction de patriarche. Vostre lettre pour le sieur Magy fut envoyée à Marseille le mesme jour que je l'avois receue ; mais je ne scay si la polacre *Saint-François* du capitaine François Laur, ne se sera point trouvée partie, car elle estoit preste à faire voille, et par icelluy j'ai escript au sieur Vermeil et au sieur Jacques d'Albert, et leur ay envoyé une caisse de libvres en taille doulce et aultres curiositez, pour avoir des libvres en leur langue.

(1) Ville de l'Indoustan, sur la côte de Malabar.

Je viens d'apprendre, par une lettre du frère du sieur Magy, que celle que vous escrivez au Caire est arrivée à Marseille assez à temps pour estre baillée au patron Fr. Laur; mais M. de Gastines (1) m'escript qu'il n'est pas encore trop bien resolu à son voyage d'Egypte, quoy que tout prest à partir, parce que, de dix navires qui sont allez de ce costé là, il n'en revient aulcun, ce qui faict apprehender quelque nouvelle avanie de ces Barbares. De quoy je suis demeuré un peu mortiffié, car j'attendois d'heure à autre non-seulement le libvre d'Enoch, mais tout plein d'autres bonnes pièces en diverses langues, et le pix est que la grande tempeste du jour de Saint-Sébastien a non-seullement faict de grands ravages, mais a esté suyvie d'aultres bien fascheuses. Tout est de la main de Dieu. On m'a dict que le directeur d'une nouvelle pompe, à Paris, au nouveau pont de devant le Louvre, voulant conduire de son eau à travers le Pré-aux-Clercs par des tuyaux de plomb, il luy en fut desrobé quelques toises, qui luy firent essayer une certaine matière fort propre à tenir l'eau, qui est metallique et de si peu de coustange (2), qu'elle ne vault pas deux liards de la livre, meslangée comme il l'employe, et neantmoins très dure. Possible que cela vous serviroit à vos inventions, si vous ne l'avez desià. L'on m'a dict que l'inventeur à nom le sieur Barbier. Je vous remercie très humblement du soing qu'il vous plaist avoir de mes lettres, et qu'elles ne serout nullement communiquées qu'autant que vous l'ordonnerez, et pour vous servir pareillement.

(1) Un négociant de Marseille qui, par ses relations avec le Levant, rendait mille services à Peiresc.

(2) L'ancien français, lit-on dans le *Dictionnaire* de Littré, avait *coustange* ou *coustage*, encore usité du temps de Malherbe. Suit la citation de cette phrase du poëte qui fut le si grand ami de Peiresc : « C'est chose contraire à la nature de se tourmenter le corps et de mépriser les choses qui sont de peu de *coustange* (Epit. V). »

LETTRE XVII
Peiresc au P. Gilles de Loches
28 MARS 1634
(Ibidem, fol. 334, verso)

Monsieur mon R. P..., Ce mot sera pour accompagner les nouvelles que nous avons eu depuis le partement du dernier ordinaire, dont j'ay creu vous debvoir faire part, encores qu'il n'y ait gueres de certitude à celles de Constantinople, non plus que d'apparence pour le moins à tout ce que l'on en a voulu dire, comme vous le jugerez facilement. Quant à celles du Cayre, c'est le sieur Magy qui me les escript, et qui me mande avoir escript du 21 novembre au sieur Vermeil, par un chrestien Abyssin qui luy a promis de lui en apporter la responce ; et, possible, sera-ce à ceste sepmaine saincte, que les pèlerins ont coustume de venir d'Ethiopie en Hierusalem : auquel cas dans deux ou trois moys nous en pourrions avoir des nouvelles. Je vous escripvis si amplement par le dernier ordinaire, que je n'ay rien à adjouster, si ce n'est que le patron François Laur a faict voille pour Alexandrie, après s'estre chargé de vostre lettre aussy bien que des miennes, qu'il avoit reçues quelques jours auparavant. Si vous revoyez ce sieur La Porte, je sçaurois volontiers à quel prix à peu prez il distribue son preservatif et ses remedes pour la peste, à une foys prendre, et ce qu'il y fault observer : si c'est une eau ou un oppiat, ou autre sorte de remede, et à quelle raison il se voudroit faire payer pour sa personne en cas de besoing,
Sur quoy......

DE PEIRESC.

A Aix, ce 28 mars 1634.

Ce secret de la peste ne peut estre que beau. Nous

avons icy des gens qui leschoient les playes et les emplastres des pestiferez sur l'assurance et confiance de leurs preservatifs, comme M. de la Porte; mais ils se trouverent pris eux mesmes à la fin. La clemence de l'air de Falaise (1) ne pouvant pas rendre le mal si venimeux et si malin comme les chaleurs de ces climats de deçà; toutefois il ne fault jamais rien negliger en ces matieres là. Vous remerciant tres humblement de l'advis, et si je pouvois servir à bien encore là, je le ferois de tres bon cœur.

LETTRE XVIII
Peiresc au P. Gilles de Loches
9 AVRIL 1634
(Ibid., folio 335).

M. mou R. P., j'ay receu vostre despesche du neufviesme mars avec celle que le Révérend P. de Nantes vous escript, avec lequel je seray tres aise de former quelque habitude, soit qu'il fasse le voyage de la Guinée ou non. Et pensois luy escripre par ce mesme ordinaire en vous renvoyant sa lettre; mais je suis contraint de differer à la sepmaine prochaine, tant pour respect du rhume qui m'est tombé sur les yeux, que pour le depart du courrier, anticipé d'un jour, qui me gardera de vous entretenir à souhait sur le subject de vostre lettre, ayant bien esté marry d'y apprendre la maladie dont vous estes incommodé. Mais, s'il estoit loysible de souhaiter quelque petit mal pour un plus grand bien, je ne vous dissimuleray point que je ne serois pas trop marry que vous heussiez un peu de menasses de mal, capable non seule-

(1) Chef-lieu d'arrondissement du Calvados, à trente-quatre kilomètres de Caen.

ment de vous empescher de retourner parmy ces barbares, mais aussy d'empescher vos superieurs d'y prester aulcun consentement, et de vous employer à la predication et à la controverse ; à quoy ils ont grand tort de songer tant seullement, puisque la cause de Dieu et du public ne retrouvera peut estre jamais une personne qui puisse donner les notices des langues orientalles que Dieu vous y a faict acquerir, pour les communiquer charitablement, et non pour les faire perir quant et vous (1) parmy tant de dangers. J'ay un vollume du texte des Pseaumes de l'Eglise des Cophtes ; mais ils ne sont pas rangés sellon l'ordre du pseautier, ains sellon le despartement de leur psalmodie, sans qu'il y ayt aulcune adversion (sic) arrabique ; mais j'ay leur liturgie avec la version (sic) arrabique, quand (sic) la commune que celles de saint Basille et saint Gregoire de Nazianze et saint Serille (2) et de leur patriarche Severe, avec les legenderes de l'Evangille et des Epitres des Apostres qui se lizent à la messe tout le long de l'année : d'où il s'est desja tiré de bonnes observations, et qui me font bien regretter que vous n'en ayez faict meilleure provision, tandis que vous estiez sur le lieu, et que vous n'en ayez reteneu davantage de memoires et instructions, et particulièrement de leurs vocabulaires, puisque vous dictes qu'il vous estoit si aisé d'en avoir. Je vous envoye l'halphabet qui en a esté imprimé à Rome, pour vous espargner la peine de le rediger vous mesme par escript à mon occasion, et afin que vous me puissiez dire si vous avez rien à y adjouter, que je tiendray à singuliere faveur quand vous me renvoyerés ceste feuille, car je n'en ay que celle-là. Ce sera un tres bel ouvrage, et tres digne de vous, que ce pseautier en tant de langues comme vous projettez ; mais je ne vouldrois pas que ceste entreprinse, qui

---

(1) C'est-à-dire : avec vous.
(2) Pour Saint Cyrille.

ne peut estre que de tres longue halaine, retardast les aultres instructions des langues orientales dont vous me parliez dernierement, et dont on a bien moins moien de se passer que de ce pseautier, quoyque très excellent. Je suis bien aise de l'advis que vous me donnez pour l'adresse au S' Gela de mes lettres au S' Santo Seghezzi, dont je feray mon proffict à l'advenir, Dieu aidant, si le commerce se peut maintenir en ce païs là : estimant que vous avez (ou aurez) appris la fortune qui a commencé de se perdre tout à faict, dont vous aurez receu de ma part, bien que sans aulcune mienne creance, ces relations des premiers bruicts de Constantinople, qui auroient mis sans dessus dessoubs toute nostre pauvre ville de Marseille. Mais, graces à Dieu, dans ce grand malheur, cela ne nous a pas esté une petite consolation d'entendre des nouvelles que l'on tient certaines, apportées tant du port de Venise que par des navires anglois, que M. le comte de Marcheville avoit esté véritablement condamné à mort (1), mais que l'ambassadeur de Venise avoit... de l'affaire ; que le secrétaire de l'ambassadeur d'Angleterre avoit esté estranglé, et les quatre maisons des ambassadeurs visittées, soubz pretexte des armes, pour en extorquer un rançonnement (*sic*) de cent mille piastres, qu'on leur a mangé. Tant est qu'il y a lettres de Constantinople du 8 febvrier, contre-signées du nom de M. de Marcheville, qu'on pense escriptes par le S' d'Augeusse, son secretaire, qui fait excuses de ce que M. de Marcheville

---

(1) Voir sur ce faux bruit le tome III des *Lettres de Peiresc aux frères Dupuy*, p. 69. Le comte de Marcheville fut seulement menacé de mort, s'il ne quittait pas Constantinople dans une demi-heure. On trouvera sur cet évènement des détails, probablement inédits, dans le Manuscrit de la Bibliothèque Nationale (N. A., 4134), intitulé : *Annal— de la Mission de Grèce*, par le P. Furcy de Péronne, capucin. On y l— —tout, à l'année 1631, la traduction italienne d'une longue lettre du ad-Seigneur au roi Louis XIII, exposant tous ses griefs contre M. de —rcheville, et sa volonté de revoir M. de Cézy à la tête de l'ambassade.

n'escrivoit de sa main pour estre trop empesché à diverses affaires pressées, et dict-on qu'il y a d'aultres lettres de mesme date du Sʳ de Cesi (1), qui dict avoir esté exempt de toute ceste avanie, dont il se rapporte des bruits qu'on n'en apprendra pas autrement que par luy. Je prie Dieu qu'il y veuille mettre sa main toute-puissante de la fasson qu'il fault pour son service et pour nostre mieux. Et vouldrois bien qu'au lieu des bains de Bourbon, ou de Balaru (2), il vous fallust avoir recours à ceux de Digne, qui sont tres excellents, pour n'estre point sy viollants que ceux de Balaru, ny si foibles que beaucoup d'autres, ains grandement propices à toute sorte d'affections, froides et autres, où il est question de corroborer les nerfs et de remedier à beaucoup d'autres infirmités. J'oubliois de vous remercier du grand soing que vous prenez de ces livres en bas-breton dont vous escripvez [à] Monsʳ de la Fayette en des termes qui me tiennent en grande pepie (*sic*), et qui me font vous supplier tres humblement d'y vouloir suivre le plus ponctuellement

---

(1) Philippe de Harlay, comte de Cézy, avait succédé, comme ambassadeur à Constantinople (1620), à son frère Achille de Harlay. Après le brusque départ du comte de Marcheville, il géra de nouveau l'ambassade pendant plusieurs années.

(2) Balaruc-les-Bains, près Frontignan (Hérault). Quant aux eaux de Bourbon, nous empruntons au tome VII des *Mémoires de Saint-Simon* (édition de M. A. de Boislisle, dans la *Collection des grands écrivains de la France*, p. 141), cette note si complète : « C'est Bourbon-l'Archambauld, dont les eaux thermales avaient été remises en réputation par Charles de l'Orme, médecin de Marie de Médicis, et où nous avons déjà vu Lauzun se rencontrer avec Mᵐᵉ de Montespan (tome I, p. 32 et 351). Mᵐᵉ de Sévigné a décrit le pays et les baigneurs, dans ses lettres de 1687 à sa fille. Elle estimait alors que Bourbon l'emportait de mille lieues sur Vichy, et Fagon y envoyait toute espèce de malades ; mais un jour vint où Mᵐᵉ de Beauvillier le força de reporter ses faveurs sur Bourbonne (Addition de Saint-Simon au *Journal* de Dangeau, tome XV, p. 229). Dancourt avait donné, en 1696, une pièce intitulée : *Les Eaux de Bourbon*, et J. Pascal, en 1697, un *Traité des Eaux de Bourbon*. En 1647, Boileau disait à ces eaux :

Oui, vous pouvez chasser l'humeur apoplectique. »

que faire se pourra les instructions que je vous en avois envoyé, et les vouloir faire payer, s'il vous plaist, par le Sr du Rouget, ou par le correspondant de M. Arman Laurencine, de Marseille, afin que, d'un costé ou d'autre, j'en peusse faire le rembourcement; car, si vous y faisiez de la difficulté, vous m'osteriez toute sorte de liberté de vous employer, vous asseurant que je ne vous en seray pas moingz redevable du soing et de la peine que vous y pourriez contribuer que si c'estoit des presantz, comme tout ce qui me viendra de vostre part me sera tousjours tres pretieux, estant du meilleur de mon cœur, Mr mon R. P., vostre etc.

DE PEIRESC.

A Aix, ce 9e avril 1634.

J'oubliois de vous dire que je viens de recevoir une lettre du R. P. Thomas de Saint-Callain, escripte à Nevers, le dousiesme mars, en response de celles que je luy avois escriptes au Cayre despuis vostre passage par icy, par le sr Magy, qui de sa grasse le laissa partir de là sans luy rendre mes lettres, et le mal est qu'il ne m'escript pas où je luy pourray faire tenir ma responce.

Le courrier ordinaire n'estant pas parti ce matin comme il avoit dict, et me trouvant engaigé de tenir le lict pour mon rhume, je me suis mis à dicter ma lettre pour le R. P. Colombin de Nantes, où vous pourrez voir une grande multiplicité de commissions de choses qui semblent bien inutilles et peust estre curieuses; mais je me confie en la bonté de vostre naturel, que non seullement vous excuserez ma petite infirmité et maladie d'esprit, mais vous m'obtiendrez mon excuse, tant de ce bon P. Colombin que de tous ceux que vous pourrez faire employer suivant les instructions continuelles (*sic*) contenues (*sic*) en sa lettre,

LETTRE XIX
Peiresc au P. Colombin de Nantes
10 AVRIL 1634
(*Ibid.*, folio 336).

M' mon R. P.,

La cordialle amittié qu'il vous plaist porter au R. P. Gilles de Loches, et la bonne part qu'il luy plaict me faire de l'honneur de ses bonnes graces, l'a induit à me tesmoigner le desir qu'il a de me procurer quelque participation aussy aux bons offices qu'il dict avoir ressus de vostre bonté, et aux curieuses relations que vous pouvez faire sur le subject du voyage que vous avez faict en la Guinée, et de ceulx que vous estes pour y faire encore, sy vostre grand zelle vous y reconduict une seconde fois : comme je ne doubte point que vous ne le faciez en ce voyage plus vollontiers et encores avec plus d'ardeur que la première fois. Or, je desirerois savoir avec quelque ponctualité quelles sont les ceremonies de cez peuples barbares idolastres en leurs sacriffices, et avoir les parolles formelles que prononce leur prestendu sacriffica[teur], avec l'interpretation d'icelles, et surtout quand y (*sic*) font les sacriffices des libations, qui ne sont que le milliet, ou autres semences, lesquelles ils mangent, comme aussi du vin ou autre breuvage dont ils heuzent (*sic*) en leurs boissons ordinaires ; et savoir de quelle sorte de vases et de vaisselles ilz se servent pour faire lesdictes libations, et de quelle sorte d'autelz ? Quel est le callandrier de leurs festes idolastres, et particulierement quel est le culte qu'ils rendent à certains arbres, comme si c'estoyent des idoles de leurs divinités ? Que s'il y avoit moyen mesme de retrouver quelques [uns] de leurs vases ou autres instruments de leurs sacriffices, je les ferois payer fort volontiers, par portraicts et dessains de prix, je les ferois payer fort volontiers (sic). Mais surtout il faudroit s'enquerir soigneusement s'ils ont aulcuns livres rituels de leur idolatrie, ou bien si ce ne sont que des traditions en vers ou en prose especialle ; s'ils ne tiennent aulcun memoire de leurs pretendus oracles, mesme de ceux qu'ilz s'imaginent pouvoir tirer des arbres; et quel est le culte qu'il rendent au soleil ou autres astres ? Car, encore que ce ne soit que pure vanité et imposture, il y auroit grand plaisir d'en faire la comparaison avec ce qui nous reste du paganisme des anciens dans nos vieux livres, pour avoir mieux de quoy [découvrir] leur esprit. Il ne seroit pas mesme inutile de s'enquerir soigneusement s'ilz n'ont point aucune machine dans leur temble (sic), dans leurs forestz, qu'ilz estiment sacrée, qui ait quelque rapport ou ressemblance aux trepiedz dont les anciens se servoient pour leurs oracles, et dont ilz faisoient aulcunes fois des autelz, et d'autres fois de simples sieges de leurs sacrifficateurs : auquel cas il en faudroit faire portraire la vraye figure, avec les mesures et dimensions, ensemble leurs enrichissemans, et on remarquer serieusement l'usaige et l'employ dans leurs superstitions. Il y a divers peuples, aux environs de ces contrées là, qui ont retenu les noms de Imbes Gallus, Imbongalleus, et autres, que j'entendz estre fort acharnés à telles superstitions. Que s'il y avoit moyen d'avoir encore un peu de relation de la superstition de leurs sepultures et de l'usaige de leur milier (sic), vous obligeriez bien encore davantage le public, aussy bien que moy. C'est particulierement de l'usaige d'ensevelir avec les morts les armes dont ilz s'estoient servis à la guerre, appres les avoir brisées de peur que d'autres ne s'en peussent servir et abuser apres eulx ; comme des colliers, brassellets et pendants d'oreilles de leurs femmes. Mais surtout il seroit tres bon de voir des portraicts et griffonnements (1) des armes dont ils se servent à la guerre, et des vases dont ils se servent à boire en leurs festins plus solemnelz, principallement de ceux qui sont composez des cranes de la teste de leurs ennemis tuez à la guerre, dont ilz font embaulmer les testes, et icelles accommoder en forme de coupes à boire, dont ilz en assemblent aulcunes fois deux l'une dans l'autre, par une prerogative especialle de leur valleur et generosité (2) : n'estant permis, sinon aux plus grandz capitaines, de boire dans des doubles coupes comme cela en leurs festins publics. Voilà bien des importunitez tout d'un coup ; mais c'est afin que de ce grand nombre vous choisissiez de satisfaire charitablement, apres que vous retrouverez les principaux chefs et de moins difficile disquisition, soit pour vous ou pour vos collegues, si quelqu'un ne se desdaigne point d'en prendre sa part pour vous soulager d'aultant. J'oubliois encore une remarque, que je vous prie de faire cotter, touchant l'usaige de ces peuples qui se servent encores des petits espins u gavellos [sic], lesquelz ilz dardent avec la seule force de leurs bras, et lesquelz ils emportent plus souvent deux ensemble qu'un seul lorsqu'ilz vont à la guerre ; comme aussi de ceux qui ne vont à la guerre que sur des chariots, et de ceux qui prennent tant de peine aux ornements et entourtillemens de leurs chevellures, qu'ilz distinguent en diverses tresses entourtillées de plus grandes.... ou panages sur les heaumes de noz cavaliers : en sorte que, pour ne se desarranger, ilz logent leur teste pour dormir sur des bigues croisées, pour y pouvoir prendre du repos sans que les ornements de leur chevellure se froissent et se gastent, qui est une merveilleuse subjection, laquelle a ses origines dans la

(1) Peiresc employe le mot *griffonnement* pour *dessin*.
(2) On pourra voir à ce sujet le tome III des *Lettres de Peiresc aux frères Dupuy* (partie non encore imprimée).

plus haulte antiquité. C'est pourquoy il y auroit du plaisir de les comparer par ensemble. Il ne seroit pas mesme à negliger un peu d'avis de l'usaige de leurs jeuz, et particulièrement de celuy des trois dez, ou de celuy des quatre dez, ou de quatre estragolles (1), qui sont les petits oz du tallon que les enfants nomment des oscellets en quelques provinces de ce royaulme. Que si l'usaige s'en est conservé parmi ces peuples barbares, comme on le dict, il faudroit savoir les noms que ces peuples donnent aux quatre diverses faces des oscellets, ensemble l'etimologie et signification de telz noms, comme aussy du nombre de leurs dez, s'ils sont semblables ou differents des nostres, et s'ils ne se servent point des uns ou des autres, ou de tous les deulx en leurs sortilleges, advant les sacriffices et advant les consultations de leurs prethendus oracles, et s'ils ne se servent point pareillement des petits cailhouz, ou autres petits morceaux de forme ronde, au mesme usaige de leurs jeux ou de leurs sortilleges, et particulierement des toupies (2), et autres qui s'enveloppoient avec des rubans pour les faire roller longuement après les avoir laschés, ung estrebic, qui se nomme en cette province de France par les petitz enfants ung sabot, une toubie, une sterbit, une chique, une bauduffe, et d'autres noms qui ont de fort jollies origines dans la meilleure antiquité quand on veult prendre la peine de les examiner, et fondées dans les misteres plus absurdes de leurs superstitions idolastres. Dont la rencontre faict que je me suis rendu curieux d'apprendre ce qui s'en peult estre conservé parmi ces peuples barbares, plus jaloux de telle sorte de traditions que de leur vraye histoire et de l'ampliation des bornes de leurs empires. Au reste, on nous raconte des mœurs qui merite-

(1) Pour *astragales*. C'est un terme d'anatomie qui désigne un des os du tarse, ainsi nommé à cause de sa forme cuboïde.

(2) Pour *toupies*.

roient bien d'estre veriffiées par des personnes dignes de foi comme vous, concernant ces especes de gros singes qui ne sont point malfaisants, nommés, en leur langue du moings, de baris, qui font dans une maison l'office d'un vallet, pour piller du grain, aller querir de l'eau, ballayer la chambre, allumer le feu, torner la broche, et autres semblables ministeres, qui meriteroient une description plus particuliere de leur naturel et de leur pays natal (1). On nous parle aussi des grandes forests d'orangers et citronniers, en d'autres contrées de ceste Affrique occidentale et meridionale, qui naissent et subsistent sans aucune culture humaine dans ces lieux palustres et marescageux, et sur le bord des rivieres et ruisseaux, qui meriteroient pareillement une relation plus particuliere de la qualité des lieux où ilz se plaisent, et la difference de leurs especes (2). Et si n'y aura point quelqu'un dont le bois du ramier soit fort ondoyé, marbré, ou damasquiné de diverses couleurs ; et s'il n'y en a pas qui fassent la colle double, comme on m'en a voullu asseurer, auquel cas il vauldroit bien la peine d'en faire apporter la race dans des vases ou grandz barilz, avec leur propre terre, y ayant des navires de Marseille ou de Thollon qui ont commancé de prendre ceste route là cette année, aussi bien que celle du Brezil, par lesquelz il seroit bien aisé de nous envoyer de tels arbres, que nous ferions bien payer à ceux qui s'en seroient chargés, aussi bien des autres

---

(1) Conférer une lettre de Peiresc à Pierre Dupuy, du 19 décembre 1633 (tome II, p. 672). Les détails sur ces singes avaient été donnés à Peiresc par le poète et futur académicien Marc Antoine Gérard, sieur de Saint-Amant, qui, à son retour d'un voyage en Afrique, avait été l'hôte du grand curieux.

(2) Voir sur ces forêts la même lettre de Peiresc, en la même page. C'est toujours d'après les causeries du futur auteur du *Moïse-Sauvé*, que Peiresc interrogeait son pieux correspondant sur d'aussi magnifiques forêts.

plantes de ces païs là qui nous peuvent estre incogneus en ce pays icy, où elles se conserveroient beaucoup plus facilement qu'en Bretaigne, pour en avoir et domestiquer la race. Il ne reste que regarder que je pourrois faire pour vous servir, vous suppliant de croire que je contribueray de bon cœur tout ce qui pourra dependre de moy, et que vous me commanderez : personne qui vous serve avec plus de fidelité et d'ardeur que fera à jamais, Mʳ mon R. P., vostre.....

De Peiresc

A Aix, ce 10 avril 1634.

J'ay apprins qu'il y a aulcuns de vos Peres, du nombre des quelz, possible, estes vous encores, qui ont monté fort avant à contremont la rivière du Niger, dont je vouldrois bien voir la relation, s'il estoit loysible, et apprendre par vostre moyen s'il est vray que ceste riviere ayt les mesmes periodes de croissance et d'inondations qui se voyent en la riviere du Nil, et en quel temps de l'année cela arrive, et ce que les peuples qui habitent aux environs veullent croire du lieu des sources de la dicte riviere, et des pluies ou autres causes de telles inondations. Je vouldrois bien apprendre aussy quelles observations vous pouvez avoir faictes en ce pays là des qualités du flux et reflux de la mer, s'il revient de 4 en 4 heures comme aulcuns ont voullu dire, et non de 6 en 6 heures comme generallement ailleurs; s'il est vray qu'il ayt un courant perpetuel de la mer du septentrion au midi depuis le destroict de Gibraltar jusques sous la ligne equinoctiale, et au contraire du midi au septentrion au dela de la ligne, qui oblige, comme l'on dict, les marins d'employer dix ou douze fois aultant de temps quand ils vont contre marée que quand ils suyvent la marée.

LETTRE XX
Peiresc au P. Thomas de Saint-Calain
10 AVRIL 1634
(Ibid. fol. 238).

Mr. mon R. P., j'ay receu despuis peu, par la voye de Marseille, la lettre qu'il vous a pleu m'escripre de Nevers du 22e de mars, où j'ay esté infiniment aise d'apprendre vostre retour de ce mauvais païs du Levant, à ceste heure qu'il ne se parle que de leurs barbaries et inhumanités. Mais ce n'a pas esté [sans] une grande mortiffication de voir que vous soyez passé par icy sans que j'en aye esté adverty, pour vous offrir mon service, et que vous soyez parti du grand Cayre despuis l'arrivée du sieur Jean Magy, sans qu'il se fust advisé de vous rendre ma lettre, qui vous a suyvi jusques à Paris, si loing du lieu et du temps qu'elle vous avoit esté adressée, et où vous heussiez heu tant de moyens de nous rendre vos bons offices, dont il n'y a gueres d'esperance que l'occasion se puisse derechef presenter, si les choses ne prennent autre train de s'accomoder que celuy où elles se trouvent presentement. Que si vous faisiez le voyage d'Ethiopie par le cap de Bonne Esperance, comme les autres voyes ne vous peuvent estre bientost ouvertes, il ne manquera pas de moyens de nous obliger, et tout le public en mesme temps; auquel cas je ne reffuserai point les honnestes offres qu'il vous plait me faire de vostre favorable assistance, principallement si je voidz que vous me commandiez librement, et que vous me recognoissiez propre pour vostre service, comme je vous en supplie de tout mon cœur, estant et desirant que vous fassiez estat de moy, Mr mon R. P, comme de vostre tres humble......

De Peiresc.

A Aix, ce 10e avril 1634.

Ne sachant où vous adresser ma presente responce, puisque vous ne me dictes rien du lieu où vous avez choisi vostre hospice, je l'adresse au R. P. de Loches pour la vous faire tenir en la part où vous serez, dont je crois bien qu'il aura plus de notice (1) que moi. Si vous me voullez donner l'honneur de vos commandements, il ne faudra qu'adresser vos [lettres] à Paris, chez M. de Thou, M^re des Req., chez Messieurs du Puy, ou bien chez Mr du Lieu, m^re des courriers du Roy.

LETTRE XXI
Peiresc au P. Gilles de Loches
17 AVRIL 1634
(Fol. 387, verso)

M. mon R. P., ayant apprins des nouvelles de Seyde, plus particulieres que nous n'avions encor eues d'ailleurs, par le sieur Alleman, qui est sur les lieux et qui en pouvoit estre mieux informé que ceux qui en sont esloignez, j'ay creu d'estre obligeant de vous en faire part, parce que j'ay sceu que vous n'aviez pas eu desagreables les precedentes que je vous avois communiquées : deplorant certainement la fortune de ce pauvre esmir Facardin, qui avoit de bonnes intentions, et par consequent de ceux de vos bons Peres qui estoient assez bien venus auprès de luy ou des siens (2). Mais, puisque le malheur est advenu, le meilleur est, ce semble, que vous le sçachiez plus tost que plus tard, pour y pouvoir

(1) Connaissance.

(2) Ce grand émir des Druses venait d'être vaincu par les Arabes et emmené à Constantinople, où le sultan Amurath le fit décapiter, l'année suivante (13 avril).

contribuer vos sainctes prieres à Dieu, qui est quasi le seul service que vous y pouvez apporter en l'occurrence presente, avec tout vostre sainct ordre. Nous n'avons pas eu de plus expresses nouvelles de Constantinople depuis celles que je vous escrivis dernierement, esperant que nous ne tarderons pas d'en avoir, avec l'ayde de Dieu, dont je ne manqueray de vous faire part aussy tost. Je ne sçay si je n'oubliay pas de vous dire que j'escrivis au R. P. Colombin, et le priay de nous faire un peu de relation exacte des periodes de la marée sur la coste de la Guinée, et quel rapport elles ont avec celles de nos marées de France. Que si quelqu'un de vos Peres qui ont faict desjà le voyage, en avoit rien marqué, je recevrois à singuliere faveur d'en voir un peu de bordereau, et d'apprendre si elles sont aussy reglées, par exemple, que celles des costes de Bretaigne, si elles durent beaucoup, comme l'on dict, ou bien si c'est à peu pres la mesme proportion de temps. Et faudroit marquer un lieu certain pour en faire la comparaison, comme pourroit estre Sainct Malo, ou Belle Isle, selon les lieux que se trouveront vos Peres qui ont fait le voyage, et qui auront eu ou pourront avoir cy appres ceste curiosité et ceste patience. Et pour cest effect, s'ilz n'ont rien peu remarquer de semblable en leur voyage, il seroit expedient de les y faire preparer à l'advance entre cy et le mois de septembre, pour leur faire remarquer à peu pres le temps de ces periodes, tant du montant et du descendant que du plain et du plus bas, que la mer semble estre en repos, et considerer les differences qui arrivent en chasque lunaison, si faire se peult, et surtout ceux des grandes marées qui n'arrivent que deux fois l'an, si le temps en vient auparavant que la flotte face voile. Mais, quand mesme elle sera partie, il seroit tres utile que, s'il n'estoit trop difficile, quelqu'un de vos Peres qui resident à Saint Malo ou à Belle Isle, ou aultres lieux maritimes, voulusse prendre la peine de remarquer à peu près le temps de ces marées, tant du hault que du bas, et des plus importantes differences, durant quelque temps auquel se peussent un jour rencontrer des observations des marées de la coste de la Guynée, pour en voir et examiner le rapport. Car cela serviroit grandement à recognoistre le train de la nature, et peut-estre d'en penetrer un jour la cause, principalement s'il s'en pouvoit avoir des observations faictes en mesme temps en quelque lieu bien proche de la ligne equinoctiale, et en quelques autres endroits et climats differents d'entre la Bretaigne et la Guynée. Il ne faudroit qu'avoir des instruments propres à prendre les..... ou plustost la haulteur du soleil durant le jour, et la haulteur de quelque estoille fixe durant la nuict, au temps que l'on sera en lieu commode à l'observation. Car, pour peu que l'on en face de bien exactes en lieu où l'on ayt prins l'elevation du pole ou la haulteur du soleil à l'heure de midy bien precise, un peu curieusement, il s'en tireroit par après des consequences admirables, et qui pourroient un jour redonder à grand honneur de ceux qui s'y employeront, et obliger le public d'en sçavoir un tres bon gré non seulement à ceux [qui] en auront eu la peine, mais à tout vostre ordre charitable ; et, pour moy en mon particulier, je leur en auray une tres particuliere obligation, et principalement à vous, qui serez le principal promoteur de toute ceste louable recherche et disquisition. Au reste, si le R. P. Césarée de Rosgoff est encore à Belle Isle, après son caresme, comme il avoit esté longtemps auparavant les advents, je desirerois bien qu'il luy pleust s'informer, de gens dignes de foy, si c'est chose veritable ou fabuleuse ce qu'on racconte d'un certain poisson que les haultes mers avoient laissé sur terre, il y a une vingtaine d'années plus ou moings, qui s'est jetté dans un lac ou estang du milieu de ceste isle, et y vesquit quelques jours de pain ou autres vivres qui lui estoient jettés sur ledict estang, où il s'apprivoisa enfin de venir prendre jusques au-dessus de l'eau, et puis se replongeoit incontinent au fond. M. de la Brosse (1), medecin du Roy, dict l'avoir veu mort environ l'an 1611, et l'avoir voulu achepter peu de temps après qu'il avoit esté tué d'un coup de pierre à luy donné par un homme simple qui avoit doubté que ce ne fust un diable, à cause qu'il avoit des bras et des jambes, et luy sembloit quasi comme un homme, bien que sa forme fusse neantmoins grandement differente de celle des hommes, et beaucoup plus que celle des singes. Si cela est bien vray, il faudroit en sçavoir le plus precis que faire se pourra, et les circonstances plus necessaires, tant de la forme de l'animal et de sa grandeur et grosseur, et de ce qu'il pouvoit peser à peu près quand il fut mort, et si sa peau estoit armée d'escailles comme les poissons, ou de poil comme les veaux marins ; car ce pourroit bien avoir esté quelque beste de l'espece de ces veaux marins qui ont des bras ou des mains et des pieds plus apparants les uns que les autres, et plus distingués de leur taille ou du restant de leur corps, en ayant d'aulcuns qui n'ont point d'oreilles, et d'autres qui ont non seullement des oreilles fort longues, mais des cornes et des moustaches et tresses de cheveux fort longues aussi. Or, si l'animal a esté conservé après sa mort, comme l'on me l'a voulu asseurer, possible sera-t-il encore en estat resté quelque curieux du pays, au dict lieu de Belle Isle, ou pour le moings y aura esté veu par bon nombre de gens curieux, soit de la profession de la medecine ou pharmacie, ou cirurgie, ou autres, qui auront peu observer

(1) Guy de la Brosse, né à Rouen, mourut à Paris en 1641. Ce fut ce botaniste qui créa, dans cette ville, un jardin pour la culture des plantes médicinales (1626) ; il fut le premier directeur de cet établissement, aujourd'hui le Jardin des plantes.

quelque chose de plus que le commun, et desquels il y aura moyen d'apprendre quelques particularités capables de donner de la satisfaction à ceux qui ayment la consideration des merveilles de la Providence divine et de la nature. C'est d'aultant que plusieurs autheurs ont escript que, dans les grands lacs ou estangs et grosses rivieres de l'Afrique méditerranée (1), il y a des poissons qui ont je ne sçay quelle ressemblance aux hienes, et seroit bon d'en faire advertir le R. P. Colombin et les autres ses collegues en ceste peregrination, pour y prendre garde si l'occasion se presentoit, et en mettre par escript ce qu'ils en pourront apprendre sur les lieux, et surtout ce qu'ils en pourront voir, si jamais il en vient devant eux : estimant que ce ne soit que des especes de ces veaux marins aulcunement differents des communs, qui se voyent aulcunes fois aller en trouppe et couvrir tout un rivage comme un trouppeau de brebis ; et un peu de relation des animaux estranges de ces contrées là, principalement de ceux qui se voyent au long du grand fleuve Niger, pour savoir bien au vray s'il y a des crocodiles et des hippopotames, seroit tres recommandable et m'obligeroit tousjours de plus en plus à estre, comme il fault que je sois toute ma vie, M. mon R. P., vostre.... DE PEIRESC.

Mes tres humbles saluts, s'il vous plaict, au R. P. Cesarée, avec asseurance de ma continuance (2) à son service.

A Aix, ce 17 avril 1634.

Apres avoir escript, avant que clorre la despeche, j'ay receu des lettres du s^r Magy, du Cayre, du 10 et

(1) Dans le sens de *qui est au milieu*, *qui est à l'intérieur* ; il s'agit là de l'Afrique centrale.

(2) C'est un mot de notre vieux français. Voir le *Glossaire* de La Curne de Sainte-Palaye, où le mot est cité d'après les Mémoires d'Olivier de la Marche.

dernier janvier et du 2 febvrier, d'où j'ay faict extraire les nouvelles que j'ay creu pouvoir estre de vostre goust. Il me promet tout plein de curiosités par le navire *Sainct-Esprit*, que nous attendrons en bonne devotion, et je ne manqueray de vous en faire part en son temps, ces lettres estants venues par Messine, comme les precedentes par Ligourne (1), c'est pourquoy il ne m'a rien peu envoyer par celles là.

S'il y avoit mesme le moyen d'observer quelque ecclypse, soit du soleil ou de la lune, avec de bons instruments un peu grands, et en lieu ferme, avec quelque mesure de la haulteur en mesme temps du corps du soleil, si l'ecclypse est solaire, ou de quelque estoille fixe cogneue, et de la lune, si l'ecclypse est lunaire, le travail n'en seroit pas inutile en son temps, si c'estoit en lieu notable, ou pour l'embouscheure de quelque grande riviere, ou pour quelque cap celebre, ou quelque ville et habitation de grand prince en ce pays là, dont on eusse pu prendre l'elevation polaire.

LETTRE XXII
Peiresc au P. Gilles de Loches
29 MAI 1634
(Ibid., fol. 343, verso)

M^r mon R. P., j'ay aujourd'huy receu vostre lettre du 6 de ce mois, accompagnée de trois pieces bien curieuses, tant du livre en bas breton que du fragment de liturgies de S. Gregoire en langue cophte, et la version arabique, et vostre alphabet et annotations qui concernent le mesme langage des Cophtes, que je prise infini-

---

(1) On sait qu'autrefois on écrivait *Ligourne* pour *Livourne*.

ment, pour venir de si bonne main ; dont je vous rends mille tres humbles actions de graces les plus cordiales que je peux, et encores plus de tant d'autres effects que vous me faites ressentir de l'honneur de vostre bienveillance, quoyque je m'en recognoisse si indigne comme je suis : vous offrant et priant tres humblement de vouloir disposer en revanche sans ceremonie de tout ce qui peut estre de mon petit credit et de ma devote affection à vostre service, sans aulcune reserve de rien qui me soit loisible, que je n'employeray jamais de meilleur cœur que pour vous. Croyez-le hardiment, et en faictes l'essay, je vous supplie, sans vous mettre en aulcune sorte de soucy du temps que vous avez tardé de me rescripre à ceste foys, ou que vous pourriez tarder à l'advenir en cas pareil. Car j'ay si souvent des petites infirmitez qui m'empeschent de satisfaire à tels offices envers mes amys, que j'ai grand besoing qu'ils se tiennent en disposition de m'excuser. Et suis infiniment ayse quand je les vois uzer de ces libertés en mon endroit, qui me font bien souvent dispenser d'en faire de mesme, quand je suis trop pressé d'ailleurs, comme il ne m'advient que trop souvent. Ne doubtant nullement que vous ne soyez grandement surchargé des occupations ordinaires et extraordinaires de la seulle fonction de la profession que vous faictes, et qu'il ne vous en survienne d'autres de toute part capables de bien embarrasser un autre esprit qui fust moins fort que le vostre ; ne regrettant que les indispositions qui vous obligent à venir chercher les bains de Bourbon, et que les nostres de Digne ne vous soient aussi proches et aussy propices, pour en profitter, ce que je m'asseure que je ferois si nous pouvions avoir le bien de vous revoir et gouverner à vostre passage un peu plus à souhaict que nous ne peusme faire à vostre première venue. Je suivray les adresses que vous me donnez chez M. Tardif, à cette fin que, par sa charitable entremise, mes lettres vous puissent suyvre auxdits bains et partout ailleurs où vous pourrez vous acheminer, puisqu'elles ne vous sont pas desagreables. Donc, je me recognois grandement redevable à vostre desbonnaireté, qui non seulement excuse mes importunitez trop frequentes, mais va tousjours accumulant sur moy ses bienfaits avec un exceds qui me faict tousjours plus admirer vostre honnesteté et vostre zele à favoriser le public et combler de vos graces vos moindres serviteurs. Ne pouvant assez m'estonner de la confiance que vous avez daigné prendre en moy (qui vous suis si incogneu, si esloigné et si inutile) de me communiquer le fond de vostre secret pour cette nouvelle imprimerie, dont le fruict et utilité sont aussy apparemment faciles à executer comme à concevoir. C'est pourquoy je vous en remercie comme de l'une des plus sensibles obligations que jamais personne eusse acquise sur moy. Et ne sera pas de besoing que vous vous mettiez en peine de m'en faire voir d'autres preuves, si n'avez d'autres considerations et meilleures occasions qui vous y portent. Car il me semble que je le vois effectivement, tant vostre mesmoire est exact. Et me garderay bien de le faire esprouver, si ce n'est que vous donnassiez [sic] jusques icy pour le faire faire en vostre presence ; mais il fault tascher de le faire proposer et appuyer à la prochaine assemblée du clergé de l'année 1635, pour la faire mettre à execution et vous faire employer dans Paris à la lecture de ces rares langues estrangeres, que personne n'a jamais sceües comme vous. J'ay eu de fort honnestes lettres et responces du sieur Santo Seghezzi, et luy ay escript, et addressé mes lettres au sieur Gela, son beau-frère, à Marseille, pour les luy faire tenir en main propre, sans passer par aulcune autre main que la sienne, et l'ay prié d'intercedder pour me faire avoir des livres Cophtes, et particulierement un vocabulaire et la bible mesme toute entière, si elle se pouvoit avoir. On me mande que c'estoit le sieur Georgio l'Armeno, que vous pouvez avoir congneu, qui auroit entreprins pour l'amour de moy la recherche des livres cophtes et abyssins. Et qu'il avoit commencé un inventaire de tout ce qui se trouvoit de par de là ès lieux où il avoit de l'accez, mais que le consul des Venitiens l'avoit envoyé à Damiette, où il auroit séjourné plus longtemps qu'il n'avoit creu, y estant encores au 15 mars ; que sans cela nous aurions peu avoir desjà le livre d'Enoch et les autres que nous en attendions. Oultre qu'ils avoient attendu le R. P. Theophile Minuti, minime (1), lequel avoit depuis changé d'advis et prins la route de Paris, où il est à present. Mais je leur ay faict une recharge, la plus ardente que j'ay peu, pour les induire à me les procurer, soit par le moyen dudict Georgio, qui m'avoit faict offrir de venir en chrestienté si je le voulais retirer, ou par autre. Que si je le reçois, je le vous envoyeray incontinent quelque part que vous soyez, ne voyant l'heur que vous n'ayez baillé cet avant goust de vos autres labeurs. Je n'ay receu de ce païs là, par le navire dernier venu, du *Sainct-Esprit,* qu'un livre m^{us} en Arabe, de leur musique, lequel j'ay envoyé à Paris, au bon P. Mersenne, des Minimes (2), qui travaille sur cette science (3), m'asseurant qu'il y trouvera des fondements et

---

(1) Un des meilleurs correspondants, et, si le mot nous est permis, *lieutenants* de Peiresc, auquel il procura sa fameuse Bible samaritaine. Dans une des lettres suivantes, Peiresc parle avec une vive sympathie de son collaborateur, qu'il avait à ce moment-là tout près de lui.

(2) Marin Mersenne naquit à la Soultière, près d'Oizé (Sarthe), et mourut à Paris, le 1er septembre 1648. Voir le fascicule XVI des *Correspondants de Peiresc* où, en tête d'une vingtaine de curieuses lettres du savant religieux, M. Tamizey de Larroque a réimprimé, avec une abondante annotation, le livret devenu si rare du P. Hilarion de Coste, sur la vie de son célèbre confrère.

(3) Dans les œuvres complètes du P. Mersenne, les travaux sur la musique occupent la place la plus considérable.

maximes principales de la plus excellente musique des anciens Grecs, à ce que nous en avons peu juger à l'ouverture du livre, et à la considération des figures geometriquement representatives des proportions et rapportz des tons, avec des differentes couleurs pour les entredistinguer et desmesler plus commodement : ce que je n'avois jamais veu en tous les livres imprimés et m^{ss} qui m'estoient passez par les mains. Ce qui nous a faict recognoistre que, parmy ces peuples barbares, il fault qu'il y ait eu des esprits bien desliés. Et, si vous avez jamais veu officier les Cophtes dans leurs eglises, vous me feriez plaisir de me mander si vous leur avez veu faire des ceremonies bien particulieres et differentes de l'eglise romaine, s'ils n'ont pas quelque chant et quelque sorte de musique, et des notes pour les diriger en lisant ce qu'on chante au lettrain (1). Si vous avez aussy jamais veu aulcun exercice des Abyssins pour leur culte divin, je l'apprendrois bien volontiers. J'attendray avec un peu de regret si le P. Colombin sera party avant la reception de vos lettres et des miennes, car je me promettois bien du fruict des instructions qu'on eust pu avoir de sa main, en ce voyage ; mais il faudra s'en remettre à quelque autre, si quelqu'un des vostres le suit à ce moys de septembre, croyant bien qu'il sera parti à Pasques, s'il estoit disposé à cela, et si la flotte s'est trouvée en estat. Et possible que quelqu'un de ces gros marchands de Sainct Malo, qui sont les principaux intendans de ce commerce, pourroit lui faire tenir mes lettres jusque dans la Guinée. Mais il eust fallu en retenir et faire faire quelques duplicata, pour l'envoyer par diverses voyes, afin que quelqu'une puisse eschapper. Nous attendons cependant la

---

(1) Littré dit, dans son *Dictionnaire de la langue françoise*, sous le mot *Lutrin:* « La forme ancienne est *letrin*, bas-latin *lectrinum*, de *lectum*, pupitre, dans Isidore de Séville. » On trouve les formes *Letrin*, *Letrain*, *Lettrin*, dans Villehardouin, Rabelais, la *Satire Ménippée*, etc.

responce du bon P. Césarée (1), et je demeureroy, M. mon R. P., vostre etc...

DE PEIRESC.

A Aix, ce 20 mai 1634.

Vous auriez icy une relation bien au vray de tout ce qui s'est passé en Constantinople contre M. de Marcheville et autres des quatre nations qui passent soubz le nom de Francs, où vous verriez que tous ces bruits qu'on avoit espandus de la mort du sr de Marcheville ne procedaient que de l'equivoque de la mort du comte Ciotto, qui avoit basty au hault de son logis une logette plus grande que les autres du cartier, lequel fut pris, par ceux qui le vinrent prendre, pour estre tout autre qu'il n'estoit pas. Cependant, il y a toujours bien du mal pour les pauvres chrestiens en ce païs là. Et lorsque vous serez aux bains de Bourbon, vous nous vouldrez donner de vos nouvelles par Lyon. Il ne faudroit qu'y adresser vos lettres à M. de Rossi (1), au chasteau de Milan, qui aura soin de me les faire tenir seurement, sans qu'elles fassent le destour de Paris.

LETTRE XXIII
Peiresc au P. Gilles de Loches
8 JUILLET 1634
(Ibid., folio 346)

Mr mon R. P.,

Je ne manquay de vous respondre aussy tost que j'eusse vostre Alphabet des Cophtes, dont je vous remercie en-

---

(1) Césaire de Rosgoff, déjà plusieurs fois nommé.

(2) M. de Rossy était directeur des postes à Lyon. Ce personnage était fort lié à Peiresc, auquel il rendait de grands services, et qui le mentionne mille fois dans sa correspondance.

core de bon cœur, et de celluy que m'avez renvoyé, jà imprimé, n'ayant pu attendre de vos lettres depuis, tandis que je vous croyois aux bains ou en autre peregrination pour vostre santé ou pour vostre devotion, selon ce que vous en aviez mandé. Enfin, j'ai receu un petit billet vostre du 15 may, auquel seulement je vous escripvois, ce me semble. C'est pourquoi vous ne pouviez pas encore avoir ma responce, dont je suis bien marry qu'ayez esté en peine ; mais je vous ay mandé le subject du retardement de nos lettres en chemin, à cause que les messages arrivent en mesme temps que les courriers sont partys, de sorte qu'il fault qu'il se perde plusieurs semaines entières sans que les lettres fassent leur chemin, pour attendre les suyvants courriers. M. du Puy, de de Paris, m'a depuis escript qu'il y avoit receu ma depesche pour vous, et qu'il l'accompagnoit d'une sienne lettre du 14 may, que cette addresse ne vous sera pas si agreable, qui sera la cause que je la changeray deshormais, et pendray, s'il vous plaist, celle de M. Dumesnil Aubery (1), chez M. du Plessis, rüe Traversière, prez les Cordeliers, à Paris, où voz lettres et les miennes iront tousiours et reviendront fort seurement quand vous vous en voudrez servir, ou le P. Thomas de Sainct-Calain, à qui je vous prie d'en donner l'advis, et de se servir à Lyon de l'addresse de M. de Rossy, au chasteau de Milan, qui est grandement soigneux des lettres de tous nos amys, dont vous vous trouverez fort bien aussy quand vous le vouldrez employer. Au reste, j'ai prins un grand plaisir à voir les remarques par vous faictes sur l'edition de ce petit Alphabet de Rome, où d'autres de mes amys avoient desjà observé d'autres faultes et faict des corrections qui s'estoient trouvées conformes à mon psaultier, pour les

---

(1) C'était un des amis de Peiresc. On a une cinquantaine des lettres de ce dernier à M. du Mesnil-Aubery dans le registre IV des minutes de la bibliothèque d'Inguimbert (septembre 1633 à février 1636).

articles du pseaulme 45. Mais, comme ce sont personnes qui n'ont pas esté sur les lieux comme vous, ils ne pouvoient pas y avoir prins les notices de la prononciation que vous y avez acquises. Il y a aujourd'huy quatre ou cinq forts doctes hommes de mes amys qui travaillent après cette langue des Cophtes, et qui ont desià descouvert de tres excellents secrets et origines, de la primitifve antiquité grecque principalement. Je ne leur ay pas encore osé communiquer vostre Alphabet ; mais, si vous me le permettez, je le feray de fort bon cœur, et suis bien asseuré qu'ils y procederont de si bonne foy, qu'ils ne manqueront pas de vous rendre l'honneur qui vous est si legitimement deub, d'avoir le premier desfriché une terre si saulvaige et si incongneue. Un autre de mes amys, qui est merveilleusement docte entre ceux du siecle, mais qui n'est pas françois,, ny dans le Royaume, s'est fort estudié en Ethiopien aprez avoir acquis de grandes congnoissances en l'hebreu et en l'arabe, et voudroit bien voir quelque essay d'exposition d'un peu du texte en langue persienne ou turquesque, pour voir si cela ne l'ayderoit point. Il a grand nombre de livres imprimés à la Chine en toute sorte de professions, et se plaint grandement de n'y pouvoir mordre, au moins à ceux qui sont des plantes, animaux et autres choses naturelles, où il y peut avoir de rares secrets à apprendre. Il fault voir de l'ayder un peu, et si je pouvois contribuer quelque chose pour accelerer l'edition de vos rares observations, j'y ferois tout mon possible, afin que cela donnast tant plus de courage à tant de braves hommes qui s'en pourroient prevalloir, et qui vous en auroient les premieres et principales obligations, et le sçauroient bien dire et louer comme il appartient, et faire voir le grand fruict qui s'en peult tirer à l'advenir, dont tout le siecle present vous sçauroit un bon gré non pareil. Si vous ne trouvez pas mauvais que j'y agisse, vous en verrez bientost des effects sans quasi que vous vous en mesliez d'autre façon que de me laisser passer par les mains vos ouvraiges, et me prescrire ce qui seroit de vos intentions, dont on ne se dispensera point, qu'aultant que vous le pourrez trouver bon vous mesme, s'il s'y rencontre des difficultés, comme il est malaisé qu'il n'y en ayt quelqu'une à vaincre. Mais je scauray bien mesnager vos ordres et suppléer à ce que vostre condition presente et votre modestie vous y peult donner d'obstacle ou le retardement. Ecripvez-m'en seulement avec pleine liberté et confiance, par les voyes que je vous en ay données, et sans regret quelconque. Et puis me laissez faire, car je vous y serviray de la manière comme il appartient, sans mesme vous y laisser parroistre, si vous ne le voulez, que sous des noms empruntez, pour perdre tout subject d'ennui et de jalousie. Car je sçay bien comme il est difficile de s'en deffendre dans ce monde et dehors. Nous avons veu icy ces jours passez le P. Isidore Faydeau et son collegue, qui pensoient faire le voyage de Constantinople ; mais ils ont esté contremandez, et s'en retournent en France. Je viens d'apprendre qu'il est passé un P. Pacifique de la Franche-Comté, avec un autre, qui sont allez à la Saincte Baume, et m'ont faict dire que je les verray à leur retour de ce pelerinage, s'estant chargez de quelque curiosité pour moy. Je ne sçay comme je pourray jamais rendre le centiesme de tant de bons offices que je reçois à toute heure, particulierement de vos Peres. Je ne suis fasché que de n'avoir moyen de vous gouverner icy (1) prez de nous en quelque façon, et vous servir de sage-femme (2), pour favoriser le païs de tant de belles œuvres que vous pouvez donner au public. Et, si je n'apprehendois de vous desplaire, je me hazar-

---

(1) Vous recevoir, vous festoyer.

(2) Expression employée quelquefois par Peiresc en souvenir d'une phrase célèbre attribuée à Socrate.

derois de faire agir, envers le R. P. Joseph et vos autres superieurs, des puissances capables d'obtenir une obedience pour vous en ce païs icy. Il suffiroit de me laisser cognoistre que ne l'eussiez pas desagreable, car je ne voudrois pas violenter vos inclinations. Au reste, vous verrez le dernier coup de disgrace qui a touché Mʳ de Marcheville. Je trouve qu'il est en quelque façon très heureux de n'y avoir perdu la vie. Et prie Dieu qu'il vous donne tout l'accomplissement de voz louables desirs, estant de tout mon cœur, Mʳ mon R. P., vostre, etc.

De Peiresc.

A Aix, ce 3 juillet 1634.

Nous attendons icy M. de la Fayette et Madame sa femme (1) dans huict ou dix jours, Dieu aydant, estant partis plus de douze ou quinze jours y a.

Ce cartel de Loudun seroit bien bon à voir ; mais il y fault bien regarder de prez, à cause des superstitions qui s'y font souvent en cas pareil.

LETTRE XXIV
Peiresc au P. Gilles de Loches
10 JUILLET 1634
(Ibid., fol. 346, verso)

Mʳ mon R. P., j'ay receu vostre depesche du 20 juin, avec les autres lettres qui y estoient joinctes, où j'ay apprins les diligences que vous aviez faictes pour les livres en bas breton et pour les autres instructions dont je vous avois requis : de quoy je ne vous suis pas moins redeva-

---

(1) Madame de la Fayette était Marguerite de Bourbon-Busset, fille de César, comte de Busset et de Chaslus, et de Charlotte de Montmorillon, dame de Vezigneux. Le mariage avait été célébré le 19 avril 1613.

ble que si les effects s'en estoient jà ensuyviz, voyant bien qu'il n'a pas tenu à vous ny à vos bons Peres que ne m'ayez obligé en tout et partout, ains à la difficulté de la recherche de choses qui sont si peu en commerce, ne doubtant pas que vous n'en veniez à bout tost ou tard, et que nous n'en ayons une pleine satisfaction, qui arrivera tousjours assez à temps, quand ce sera, avec l'exactesse (1) que vous y contribuez d'ordinaire. J'ay esté bien ayse d'apprendre que le bon P. Colombin n'ayt pas faict son voyage si tost qu'il n'ayt peu recevoir ma lettre au prealable. Et cependant j'ay prins grand plaisir de voir ce peu de relation faict de ses peregrinations affricaines, et garderay sa lettre, puisqu'il vous plaist ainsy, comme chose tres digne d'estre conservée parmy ce que je puis avoir de plus curieux, bien marry que l'autre plus ample relation, qu'il avoit addressée à son provincial, ne se soit mieux conservée. Et s'il s'en retrouvoit un jour quelque coppie, je la priserois grandement, et la vous ferois fort fidelement renvoyer aprez l'avoir faict transcripre, sans que le danger des chemins doibve faire aulcun regret qu'il se perde rien, attendu que les courriers se chargent et rendent fort punctuellement toutes mes depesches, qui vont soubs de bonnes et seures asdresses. Estant bien marry de la peine où vous avez esté pour mon Alphabet Cophte, dont la faulte est toute sur moy d'avoir trop tardé de vous en accuser reception, d'aultant que je doubtois que vous fussiez lors en voyage pour aller aux bains, et que nous estions, lorsque je les receus, extraordinairement pressez du travail de nostre parlement, avant la closture duquel tout le monde accouroit en foulle à demander expedition. Tellement, qu'ayant remis d'une sepmaine à l'aultre de satisfaire à ce mien debvoir en vostre endroict, il s'est trouvé que je me suis laissé surprendre aux premieres

---

(1) Peiresc avait l'habitude de dire *exactesse* pour exactitude.

lettres par lesquelles vous m'en tesmoigniez du regret, dont je fus bien honteux, et vous donnay advis incontinent, mais ce ne fut que la sepmaine passée: dont je vous demande pardon de bon cœur, ne regrettant rien de cela que le peu de temps que vous avez retenu ledit Alphabet Cophte. Car, puisque du soir au lendemain vous y observastes de si grandes besveues et foiblesses de ceux qui l'avoient mis au jour, je m'imagine que, si vous l'eussiez considéré un peu plus à loysir, vous y en auriez descouvert encore d'avantage, et que cela vous auroit peu fournir occasion de nous enseigner d'autres bonnes choses en ceste langue, de laquelle je suis certainement à ceste heure beaucoup plus curieux que je n'avois encore esté, y ayant esté affriandé par des rencontres impreveues de tres belles origines de la meilleure antiquité grecque et orientale. Ce qui me faict esperer que, si vous pouvez desrober du temps pour nous faire part de l'alphabet Ethiopien, où vous avez faict une plus particuliere estude, nous en pourrons bien tirer plus de fruict, et encore davantage si vous pouvez vous resouldre à nous en donner la grammaire, que vous nous daignez promettre, et le vocabulaire que vous en faictes esperer au R. P. Colombin, qui s'en pourra bien prevaloir pour ses voyages, comme il dict. Mais nous trouverions bien moyen de nous en prevalloir aussy sans bouger de chez nous, si je ne me trompe, puisque ceux de ceste nation ont conservé de si bons livres, où il y a tant à apprendre. Que si vous persistez à vous rengager en quelque mission estrangere, et que je peusse estre receu au nombre de ceux dont vous en voudrez prendre advis, j'aymerois mieux vous conseiller de choisir les peuples de l'Affrique, et les plus voysins de l'Ethiopie, si vous y pouviez estre admis, que de vous aller attacher dans l'Amerique, où la barbarie est beaucoup plus grande, et où les esprits sont plus volages et moins constants en leurs resolutions, pour bonnes qu'elles soient, outre que les traverses des Espagnols et les perfidies sont beaucoup plus capables de nuire et de destruire en peu d'heures les travaux de beaucoup d'années, leur commerce y estant beaucoup plus frequent que ne peult estre le nostre. Ce qui ne peult pas estre du costé d'Affrique, où il ne tiendra qu'à nous de prendre pied si nous voulons, et d'y maintenir un commerce fort frequent et fort commode. Mais, si vous m'en croyez, vous ne ferez ny l'un ny l'autre, pour le moins, que vous ne nous ayez laissé et faict imprimer tout ce qui se pourra pour l'intelligence des langues orientales, à laquelle Dieu vous a donné tant de lumieres incongneues à tout autre qu'à vous, qu'il y auroit grande charge de conscience pour vous et pour vos superieurs, si le public en demeuroit frustré pour un zèle anticipé. Toutefois, si vous estes resolu à cela, je ne doubte point que l'Em^{me} Cardinal Barberin ne vous fasse donner telle mission que vous voudrez choisir, et si vous approuviez que je m'en mesle, comme vostre serviteur, j'y feray tout ce que doibs, et bien que j'estime que vostre nom luy soit assez congneu, et vostre merite, pour vous faire octroyer tout ce que vous pourrez souhaicter, sans autre intervention, si est ce que, possible, ne vous seray je pas inutile, quand ce ne seroit que pour luy dire plus librement que vous voudriez avoir faict beaucoup de choses à ce requises et necessaires. Ayant de fort grandes habitudes avec Son Eminence, et luy escripvant par tous les ordinaires (1), si vous voulez mesme luy escripre, et que trouviez bon que vostre lettre passe par mes mains, je la luy feray fort fidelement tenir, et en retour la

---

(1) Cela suppose un nombre très considérable de lettres adressées au cardinal-neveu, et pourtant on n'en conserve, dans les minutes de l'Inguimbertine, qu'un nombre relativement peu élevé, ce qui prouve une fois de plus que les registres des minutes sont fort incomplets, et que la correspondance de Peiresc, qui est inconnue, devait se composer de plusieurs centaines de volumes.

responce, comme aussy au cas que vous luy voulliez envoyer quelques uns de vos livres arabes, je vous y puis servir plus commodement qu'aulcun autre, parce que je lui envoye fort souvent des livres, et bien souvent par les courriers mesme, quand ils ne sont pas trop gros. Car, pour les autres de plus de volume, je tiens la correspondance, qu'il m'a donnée, de Marseille à Civita-Vecchia, laquelle est bien asseurée et tres frequente. Mais, parce que ces messieurs de Rome sont grandement lents à l'edition de toute sorte de livres, et surtout de ceux qui sont en langues estrangeres, s'il y a quelqu'un des vostres que vous jugiez digne de voir le jour, je vous conseillerais bien de le retenir par devers vous plus tost que de luy envoyer, comme pourroient estre ces livres de voyage et ceremonies dont vous parlez. Car cela vauldroit bien la peine de les faire traduire et imprimer à Paris, à quoy je m'offre de vous assister et en promouvoir l'edition comme il fault. Pour les autres, il n'y auroit pas tant de danger de s'en priver, pour n'estre pas de si grand usage parmy nous, quoy qu'ils ne laissent pas d'estre de fort beaux meubles d'une bibliothèque telle que celle de Son Eminence, qui vous en sçaura sans doubte fort bon gré. Cependant, il n'y auroit point de danger (1) quand il vous plairoit nous en envoyer le catalogue, que nous verrons tousjours tres volontiers pour l'amour de vous, croyant bien que vous ne serez pas marry de nous le despartir, comme je vous en supplie. Il me reste à vous remercier, comme je faicts tres humblement, de ces trois belles relations, tant de Vannes et de Sainct Jean d'Angely que de Loudun (2), dont je vous suis grandement redevable, y

(1) C'est-à-dire d'inconvénient.

(2) Dans le *Catalogue de la Bibliothèque nationale* (*Hist. de France*), les pièces sur l'affaire de Loudun sont fort nombreuses (tome I, p. 596-607), mais on n'y trouve l'indication d'aucune relation concernant Vannes et Saint-Jean-d'Angély.

ayant des choses bien merveilleuses, et qui meriteroient bien d'estre approfondies et averées comme il appartient, pour servir à la posterité, ainsi que de la peine que vous avez eüe de m'en donner des advis si bien circonstantiez. Il me tardera de voir le progrez et les suittes de l'affaire de ce Grandier, et que vous me veuilliez commander un jour des choses où j'aye moyen de vous tesmoigner que je suis et seray à jamais, Mʳ mon R. P., etc.

DE PEIRESC

A Aix, ce 10 juillet 1634.

Le sieur Piscatori aura vostre lettre seurement. Je le cognois de longue main, et l'ay servi en diverses rencon-contres, comme je ferai plus volontiers à l'advenir, pour l'amour de vous, quand l'occasion s'en presentera.

J'oubliais de vous dire que le P. Archange du Fossé, capucin, est venu ces jours passez de Constantinople à Marseille, et a veu le Gouverneur en la ville d'Apt. Il confirme ces nouvelles de Constantinople, et que le Bassa de la mer faillit à avoir la teste tranchée, ou d'estre estranglé par commandement du G[rand] S[eigneur], à faulte d'avoir approuvé de faire mourir le C[omte] de Marcheville comme vouloit le dict Grand Seigneur. Je ne l'ay point veu, à mon grand regret.

LETTRE XXV
Peiresc au P. Gilles de Loches
12 JUILLET 1634
(Ibid., folio 347, verso)

M. mon R. P., ce mot ne sera que pour accompagner la mesmoire cy joincte (1) de Constantinople, dont je vous

---

(1) Le mot *mémoire* s'employait alors au féminin.

ay voulu faire part, tandis que je pense que mes lettres vous puissent encores trouver à Tours, vous ayant respondu, par les ordinaires des precedentes semaines, à vos deux dernieres despesches, et ne pouvant rien adiouter pour le present, si ce n'est que j'ay une escuelle de bronze marquetée d'argent, d'environ 300 ans d'antiquité, à ce qui se peut juger de la maniere où sont representées sept figures de menestriers jouant de divers instruments, les uns des fluttes, les autres des orgues, du luth, de la citre (1), des timbales et autres instruments de musique, et y a des inscriptions en caracteres arabesques, que je voudrois bien pouvoir faire deschiffrer; mais personne n'y a encore peu mordre. Je la vous ferai transcrire à la premiere commodité, pour voir si vous n'en pouvez pas venir à bout avec la notice que vous avez de tant d'autres langues que la pure arabique; car les figures humaines et d'animaux qui y sont representées montrent assez que ce n'est pas langue turquesque. Je ne crains que du langage indien, ou autre plus oriental, où les characteres arabes n'ont pas laissé de penetrer, et seray bien aise d'en avoir un jour vostre advis, et qu'il vous plaise me commander comme, M. mon R. P., etc.

De Peiresc.

A Aix, ce 12 juillet 1634.

LETTRE XXVI
P. Agathange de Vendôme à Peiresc
19 JUILLET 1634
(Bibl. Méjanes, à Aix, Mss n° 1019, p. 50 et suiv.)

Monsieur, Dieu vous donne sa sa sainte paix !
J'avois escript, il y a plus de deux ans, au R. P. Joseph

(1) On lit dans le *Dictionnaire de Trévoux* : « *Cistre*, plus ordinairement *sistre*. C'est un instrument à corde fort usité en Italie, qui a presque la figure du luth, mais qui a un manche plus long. »

de Paris, le priant de me faire avoir le Camous arabe imprimé à Milan en quatre tomes (1), et estois tousjours attendant ce livre selon qu'il m'avoit promis, jusques à ce que, depuis peu de jours, j'ay receu lettres de nos Peres Capucins qui sont en Alep, lesquels me mandent l'avoir receu, et qu'ils en ont besoin, et qu'il seroit quasi impossible de l'envoyer en Egypte. Pour ce, ils ont jugé à propos de le retenir, et ont eu raison. Ils m'ont envoyé seulement les lettres qui venoient avec ledit livre, duquel pourtant je suis en necessité ; car souvent je me trouve avec quelques prestres et evesques du païs, auxquels voulant faire entendre les mysteres de nostre croyance, je me trouve court de paroles, lesquelles ils ne me peuvent pas enseigner, parce qu'il n'y a aucun entre eux qui ayt estudié en theologie. De plus, j'ay promis de faire en arabe un petit traité des poincts qui sont en differend entre nous et eux, avec la refutation de leurs erreurs : ce que je ne puis parachever, faulte de sçavoir les termes particuliers dont on se sert en l'explication des mysteres de nostre foy. On m'a dit que tout cela se trouve dans le Camous imprimé à Milan. Je n'ose m'adresser derechef au R. P. Joseph, car il a tant d'autres affaires, que je crains qu'il ne me fasse attendre encore un couple d'autres années. J'ay mon recours à vostre courtoisie. On m'a dit que, pour satisfaire à la louable curiosité que vous avez des choses rares, vous ne manqués pas d'avoir des amis et des intelligences quasi partout.

---

(1) *Giggei (Ant). Thesaurus linguæ arabicæ.* Mediolani et Ambrosiani collegii typographus excudebat Fr.-Petr. Ramellatus, 1632, 4 vol. in-folio.
Feerozabad. *The Kamoos, or the ocean ; an Arabic Dictionnary by Mudj oc.' deen Moohummud Oobno Yakoob, of Feerozabad ; collated with many manuscript copies of the work, and corrected for the press, by Shykh Ahmud Oobno Moohummudin il Ansareyopl Ydmunee Yoosh Shivance.* Calcutta, press of editor, 1817, pet. in-fol. Ouvrage fort estimé, et qui, avant d'être imprimé, avait déjà servi de base au Dictionnaire arabe de *Giggei* (Brunet, aux mots *Feerozabad* et *Giggei*).

et me suis persuadé que vous pourriez me faire cette faveur, et que vostre charité vous faira avoir agreable l'humble supplication que je vous fais de procurer que j'aye ce livre de Camous le plus tost que faire se pourra. J'escrips en France à quelques personnes qui en fairont tenir le prix, à Marseille, au sieur Jean-Baptiste Magy, et escrips au R. P. Joseph de Paris que, crainte de trop attendre, je vous importune de ceste charité. Et vous supplie encore derechef, au nom de Nostre Seigneur, de me vouloir obliger de ceste grace, laquelle je recherche pour l'honneur et la gloire de Dieu. Je vous ay desja escript une fois, quand M. Magy vous envoya le livre des Conciles arabe, auquel manquoit le Concile de Chalcedoine. J'avois prié le superieur d'un convent de S. Machaire de me faire transcripre ce qui se trouve dans son monastère, et, au lieu dudict Concile, il m'a apporté quelques escripts d'un certain Severus (1), heretique, qui a escript contre le quatriesme Concile; et eux, qui n'ont jamais receu ce Concile là, ont inseré, au lieu du Concile de Chalcedoine, les escripts de cet heretique : tellement, que je ne crois pas qu'on le puisse trouver parmy eux. Pour les livres abyssins que vous demandez, je vous diray que, des trois, je n'en ay trouvé qu'un, quoyque j'ay faict lire et interpreter le tiltre de tout ce qui se trouve là des livres abyssins. Celui qui reste est de prophéties et choses occultes, parle d'Enoch et des anges, et est mediocrement gros. J'ay faict ce que j'ay pu pour l'avoir ; mais on me dict qu'il y a excommunication d'en oster un du lieu.

(1) Sévère vivait à la fin du second siècle de l'ère chrétienne. Il donna naissance à une secte dite des Sévériens, composée surtout d'anciens disciples de Tatien. Sa doctrine consistait surtout dans la distinction de deux principes créateurs, l'un auteur du bien, l'autre auteur du mal, qui s'étaient fait des concessions mutuelles afin de parvenir à une œuvre une. Le premier avait formé la partie supérieure du corps de l'homme jusqu'au nombril ; l'autre y avait ajouté la partie inférieure, etc. (Voir Eusèbe, *Hist. ecclés.*, livre IV, ch. 29).

Tellement, que nous ne le pouvons avoir que par le moyen d'un evesque avec lequel j'ay commencé de faire amitié ; mais je n'ay pas encore jugé à propos de luy parler de cela. J'ay trouvé, chez le dict evesque, un dictionnaire Cophte. Il ne l'a pas voulu vendre, parce qu'il dict qu'il n'y a au Caire que ce livre là ; mais il m'a promis de le faire transcripre, et maintenant on y travaille. Il n'y a pas icy d'Abyssin qui sache transcripre le livre abyssin susdit. On m'a raconté qu'en un convent d'Abyssins, qui est quelques journées au-dessus du Caire, il y a quantité de livres abyssins. J'espere aller vers ce costé là d'icy à quelque temps ; j'y feray la recherche, et, s'il s'y trouve quelque chose en quoi vous me jugiez capable de vous servir, je vous prie de me commander avec liberté. Cependant, je supplie le Seigneur qu'il luy plaise vous tenir en sa saincte garde, et suis, Monsieur, vostre, etc.

F. AGATHANGE DE VENDOSME, capucin indigne.

Du Caire, ce 19 juillet 1634.

P.-S. — Quand je vins du mont Liban, j'apportay un petit vaisseau fait du bois des Cedres qui sont au sommet du mont Liban. Il a esté travaillé par un bon religieux, et moy mesme en ay faict couper le bois. M. Magy m'a dict que vous auriés agreable le present que je vous en fais. Dedans ce vaisseau, il y a un morceau du bois et de la fleur d'un tamarin miraculeux. Il ne s'en trouve aucun autre dans toute l'Afrique que celuy-là, qui est dans un des convents de saint Machaire, au desert de Nitrie, et est né du baston de S. Ephrem. Les livres de ce convent disent que, ce sainct diacre de l'Eglise d'Edesse estant venu en Egypte pour visiter les saincts qui estoient là, il entra dans l'eglise du convent comme un pauvre inconnu, et laissant son baston à la porte, lequel jeta des feuilles et prit racine tout à l'instant, et les religieux connurent par ce miracle la sainteté de ce pauvre pelerin. Ce qui est encore admirable, c'est qu'il est dans des sables, où il ne peut venir d'autres arbres, et que, les Turcs l'ayant voulu quelquefois couper, après y avoir donné un coup leur coignée disparut, et ne la peurent jamais retrouver. Ainsi me l'ont rapporté les religieux du convent, lesquels m'en couperent une branche en ma presence ; ce que je pris pour faire quelque croix. Ils se servent de ces fleurs pour guerir les malades ; ils les mettent tremper en l'eau dès le soir, et les font boire au matin : dont plusieurs reçoivent guerison, ce que j'attribue plus à la foy et devotion que à la vertu de la chose, car ils s'en servent indifferemment en toutes maladies.

LETTRE XXVII
Peiresc au P. Gilles de Loches
22 JUILLET 1634.
(Bibl. d'Inguimbert, tome H.-I.-L.-M., folio 348).

M. mon R. P.,

Depuis ce mot que je vous escripvis par l'ordinaire de la sepmaine passée, il est arrivé à Marseille la polacre de patron Venturen Sicard, et une de patron Crauses : par l'une desquelles M. Magy m'envoye du Caire le volume m^{ss} des Conciles en Arabe, que l'on me promet si tost que la marchandise pourra estre deschargée. Cependant, on m'a envoyé les lettres, où j'ay trouvé les advis dont vous aurez la coppie cy jointe, et une lettre que le bon P. Agathange de Vendosme m'escript du 8 avril (1), où il me mande avoir veu ce volume, et que, si bien en la preface il faict mention ou promet six conciles generaux, toutefois il ne s'y en trouve que trois, à sça-

---

(1) Lettre malheureusement perdue, qui, ainsi qu'ou va le voir, traitait de plusieurs des choses mentionnées dans celle qu'on vient de lire.

voir, celuy de Nicée, celuy de Constantinople et celuy d'Ephèse, croyant, se dict-il, que la deffectuosité des aut.es provient de ce que les Cophtes et Maronites Surians ne reçoivent point le concile de Chalcedoine et les suyvants, et que cela leur peult avoir fait negliger de les transcripre, mais qu'il doibt partir dans peu de temps pour aller au desert de Saint-Machaire, où l'on luy faict esperer la communication de tout plein d'autres volumes, d'où il fera transcripre, si faire se peult, le supplement de ce qui deffaut à celuy-cy, et d'autres bonnes pieces, me faisant feste de plusieurs volumes des œuvres de saint Jacques, evesque de Nisibe, en langue syriaque, dont je ne manqueray pas de faire instance pour les pouvoir donner au public en son temps, Dieu aydant. Pour les livres abyssins, il m'escript que ces gens en sont si jaloux, qu'il n'a pas encore peu obtenir la permission de les voir seulement, toutefois qu'il n'en perd pas esperance. M. Magy m'escript du 11 et 24 avril, et me donne bien plus d'esperance de celuy des livres Abyssins que je luy avois tant recommandé. A quoy il aura un grand confort des assistances que je luy ay depuis procurées du sieur Santo Seghezzi. Et, pour le livre des Conciles, il m'observe que, l'ayant fait voir, on y a trouvé les trois conciles generaux de Nicée, Constantinople et Ephèse, et les conciles nationaux d'Ancyre, de Galatie, d'Antioche et Gangies, et de quelques autres dont il ne s'est souvenu, et de plus qu'il y a les canons des Apostres et ceux de saint Clement, avec un discours des vies de Constantin et de Theodose. Si tout cela y estoit, il y auroit bien de la matière d'importance ; mais je me doubte que ce sera seulement ce que promet la preface, et que le restant pourroit estre en quelque second volume ; car on me descript celluy-cy assez petit, seulement in-4°, et de cinq doibs [sic] d'epesseur. Il est vray que l'arabe s'escript beaucoup plus abbregé que le cophte et que le grec, au moins que le majuscule ancien grec. Quand il n'y aurait que les simples decrets de ces trois premiers conciles generaux, je ne plaindray pas la peine [sic] de la chazuble qu'on y a employée (1), et, si le reste estoit, il en iroit encore mieux. Et possible que ces canons de saint Clement soient prins de ses epistres grecques nouvellement desterrées et imprimées en Angleterre. Ceste vie de Constantin et celle de Theodose pourroient bien encore donner quelque aise à l'histoire de leur temps, selon les autheurs d'où elles auront esté tirées. Tant est que j'en ay bien d'obligation, tant à ce bon P. Agathange qu'audict Magy, et principalement à vous, monsieur mon R. P., qui avez plus contribué que tout autre. Et pense que ce ne seroit pas un ouvrage mal digne de vostre grande litterature et cognoissance de ces langues orientales, quand vous travailleriez à la version de ces conciles pour retenir la difference du dialecte et exposition arabe sur le texte des Conciles; mais, si nous avons les autres, la chose le vaudra encore mieux. Et si vous ne m'en empeschez de toute authorité absolue, je travailleray pour vous faire donner une obedience de par deça, ou en quelque lieu où vous ayez plus de commodité qu'ailleurs de vacquer à ces belles et louables entreprinses, ayant espoir d'y faire agir le R. P. Joseph et l'Eminentissime cardinal duc (2). Quant à M. de Marcheville, il y a nouvelle à Marseille qu'il estoit arrivé à Malthe sur le *Daulphin*, et que le dict *Daulphin* s'en venoit à Marseille.

A Venise, on ne sçavoit encore rien du temps precis de l'arrivée dudict sieur de Marcheville; mais on l'y attendoit en bonne devotion. De Paris, on escript du

(1) Peiresc veut dire qu'il ne regretterait pas la chasuble donnée par lui comme dédommagement et indemnité.

(2) Le cardinal duc Armand de Richelieu. Peiresc, en mentionnant dans la même phrase l'admirable ministre et celui qui était son *bras droit*, rapprochait les deux plus grands génies politiques de son époque.

13° que M^rs les ministres estoient fort irrités contre M. de Cesy de ce qu'il avoit accepté la charge des affaires sans ordre du Roy, et qu'il debvoit plus tost se resoudre à toute extremité qu'à cela, et va t'on jusques là que de parler de luy faire son procès, et, s'il estoit present, il courroit, possible, fortune de la teste en ceste conioncture. Mais le temps addoucit beaucoup d'autres choses plus gastées. Et sur ce, estant pressé d'ailleurs, je. etc.

De Peiresc.

A Aix, ce 22 juillet 1634.

Comme je faisois clore ma despeche, le volume arabe des *Conciles* est arrivé en bon estat ; mais je suis contrainct de faire cachetter mes lettres, à cause que ce courrier veult partir sans que je puisse rien voir du contenu. Cependant, c'est tousjours une bonne nouvelle quand on peult dire de tenir la pièce.

Du 24me.

Depuis avoir escript ma lettre, nous avons veu icy M^r La Riviere, qui a esté huict moys au service de M. de Marcheville, avec qui il s'embarqua sur le navire *Daulphin* en Constantinople dès le 2 may, et fit voyle des Chasteaux (1) le 6me, et avec qui il est venu jusques à Malthe, et, l'y ayant laissé, a continué son voyage jusques à Marseille, où il n'arriva qu'hier. Il nous a faict une fort ample relation de tout ce qui s'est passé de par de là depuys le mois de decembre, qui seroit un peu long à escrire pour le present, et dont vous m'aviez, je m'asseure, apprins la plus part, mais non pas l'action du Sr de Marcheville dans Malthe, où le Grand Maistre l'a receu et regalé durant quinze jours magnifiquement, durant lequel temps le dict Sr de Marcheville a prins la croix de l'ordre, ayant fait voir que sa femme estoit en-

(1) Les châteaux de Bosphore.

trée en religion dez que luy fut declaré ambassadeur pour le Roy à Constantinople.

Le sieur de Cesy se saisit de la maison du Roy dès le lendemain de l'embarquement de Mʳ de Marcheville, et accepta la charge d'ambassadeur sur un commandement qu'il dict luy en avoir esté faict à peine de la vie de la part du Grand Seigneur : ce que le Roy a trouvé fort mauvais, et non sans cause. Mʳ de Marcheville, aprez quinze jours de sesjour à Malthe, le temps s'estant mis au beau, se rembarqua pour Messine, et de là en Italie, pour aller à Rome, et de là en cour pour un temps, vraysemblablement. Les pauvres deputez de Marseille sont encores prisonniers, à sçavoir, Mʳ de Montolieu et M. Bezendier, et tous les navires des François arrestez au nombre de 9, jusques à ce que les debtes de M. de Cesy soient payées. Mʳ de Marcheville, en acceptant le congé qu'on luy donne, vouloit qu'on laissast sortir quant et luy tous les dicts navires et tous les françois ; mais toute la grace qu'on luy fit, ce fut de pouvoir choysir l'un des dicts navires pour luy et son train, et il a choisi le *Daulphin*, qui fut incontinent tiré par trois galeres jusques aux Chasteaux, d'où il luy fallut faire voile sans eau et sans biscuit, et en aller prendre à Smyrne. On ne donna que 24 heures à son train pour emporter ses hardes dans le dict navire, et luy avoit on mis des gardes, pour assieger sa maison dès qu'il fut embarqué. Mais ils avoient eu seulement loysir d'arracher la serrure du cabinet, et d'emporter tous les papiers et l'argent, que l'on sauva par une fenestre de derrière qui visoit au jardin des Capucins, tandis que les janissaires saisissoient les portes du logis. Mʳ de Marcheville avoit receu, huict jours avant son congé, une despesche du Roy pour le Grand Seigneur et pour tous les ambassadeurs chrestiens de la Porte, pour les faire joindre à Mʳ de Marcheville et demander raison de l'affront qu'il avoit receu, et delivrance des cinq Pères Capuchins et des marchands esclaves, aultrement de luy rendre les articles de paix et luy declarer la rupture. De quoy le capitan Bassa estant adverty, et croyant que le G[rand] S[eigneur] ne voulust [se] payer de luy pour ne rompre avec tous les chrestiens, envoya en grande diligence au G[rand] S[gneur] à son armée, et obtint le commandement absolu et extraordinaire.

LETTRE XXVIII
Peiresc au P. Joseph de Paris
30 JUILLET 1634
(Ibid., folio 349)

M' mon R.P., je ne sçaurois laisser eschapper une si belle commodité de vous renouveller les vœux de mon tres humble service par une personne qui vous est si desvouée que M' le C'ᵉ de Marcheville, sans encourir trop de blasme et de reproche. Me pouvant asseurer que sa favorable entremise vous fera excuser la liberté que je prendz d'interrompre de si serieuses et importantes occupations que les vostres, joint un commandement que j'en ay receu de la part de l'Em'ᵉ Card. Bagny (1), pour vous faire agir en une bonne œuvre, et bien meritoire, concernant la personne du sieur Samuel Petit (2), l'un des professeurs de Nismes, qui m'avoit ouvert son cœur assez longtemps y a, et ses bonnes dispositions à se ranger de nostre costé, comme il l'eust faict sans doubte, n'eust esté qu'il se trouve engagé à divers amys qu'il ne peult commodement

(1) François Bagni, vice-légat d'Avignon, puis nonce sous Grégoire IV et sous Urbain VIII, cardinal en 1627, mort évêque de Riéti, le 24 juillet 1641.

(2) Samuel Petit, savant ministre et professeur royal à l'Université protestante de Nîmes, comme nous l'avons déjà rappelé.

faire payer s'il ne retire le payement des arrerages qui luy sont deubtz de ses appointementz escheus durant quelques années ; mais, comme cela s'est différé d'une année à autre, il a esté contrainct de differer aussy l'execution de la parole qu'il avoit donnée audict Seigneur cardinal et à moy. Il s'en va maintenant à Paris pour faire imprimer un tres digne ouvrage, qu'il a faict, des loix attiques (1), où il fauldra qu'il sesjourne pour ce subject un coupple de moys. Que si, cependant, vous trouvez bon de faire donner quelque commandement bien absolu à M. Le Camus, intendant de la justice en Languedoc, de le faire dresser de la partye à luy deue, comme j'entends qu'il le peult faire avec facilité, s'il le veult entreprendre comme il en avoit donné quelque esperance, nous aurions bientost la consolation de voir ce bon homme revenir au vray chemin. Et s'il ne trouve en France quelque digne employ, ce bon cardinal n'a pas voulu remplir une place vaccante à son service, pour l'y recevoir avec d'honnestes appointements. Il ne fault pas vous faire de grandes instances, à mon advis, pour vous faire agir en des œuvres si meritoires. C'est pourquoy je ne m'y amuseray pas ; seulement vous supplieray-je de mesnager ceste affaire en sorte qu'elle soit tenue bien secrette, de peur qu'en l'esventant à contre temps il ne nous y arrivast quelque traverse, estimant qu'il y aura assez de moyens de faire donner ce commandement à M. Le Camus en termes qui ne descouvrent rien du plus seur, et qui lui fera neantmoins comprendre qu'il y doibt agir sans s'enquerir plus avant des merites de l'affaire. Mgr l'Em*me* cardinal Bichi (2), passant chez nous à Boigency (3), y trouva ce

---

(1) *Commentarii in leges Atticas*. Paris 1635, in-folio.

(2) Voir le fascicule VIII des *Correspondants de Peiresc*. *Le cardinal Bichi, évêque de Carpentras.* Marseille, 1885, grand in-8°.

(3) Maison de campagne et maison natale de Peiresc, aujourd'hui Belgentier, commune du département du Var, arrondissement de Toulon, à 22 kilomètres de cette ville.

bon homme, et print plaisir de le voir et gouverner durant ce peu de sesjour qu'il y fit, et eut ordre de Rome de l'assister, comme il feroit si besoing estoit, et s'il n'est desja party de la Cour. Que s'il vous plaist me faire entendre vos advis sur ce subject et les ordres que vous en aurez obtenus, vous les pourrez, s'il vous plaist, faire addresser à M. du Lieu, maistre des courriers du Roy à Lyon, qui est de mes amys, et qui prendra volontiers le soing de me les faire tenir, ce qu'attendant demeureray toujours, M. mon R. P., vostre tres humble et tres obeissant serviteur.

DE PEIRESC.

A Aix, ce dernier juillet 1634.

LETTRE XXIX
Peiresc au P. Colombin de Nantes, à Saint-Malo.
1er AOUT 1634.
(Ibid., folio 349, verso.)

M. MON R. P.,

J'ay receu, par nostre dernier ordinaire de Lyon, vostre lettre du 20 juin depuis samedy, et l'ay releue plusieurs fois pour comprendre et savourer toutes les belles observations dont il vous a pleu me faire part, et dont je vous rendz mille tres humbles actions de graces, et de tant de favorables compliments et gaings de l'honneur de vostre amitié, que je priseray toujours infiniment, et au dessus de toutes autres personnes de vostre condition, puisque vostre vertu et desbonnaireté est si relevée au dessus des autres, vous suppliant de croire que vous m'avez gaigné le cœur en sorte que je suis entierement desvoué à vous servir, et que je voudrois bien avoir le moyen de le vous tesmoigner en quelque digne occasion. J'ay prins grand plaisir, entr'autres choses, de voir la relation que vous faictes de ces grands arbres adorez comme des idoles, et ces deités vivantes des Roys de Benin, aussy bien que celle du soleil, de la lune et de ces aultres animaux, comme en la description que vous faictes de ces espèces de cinges. Sur quoy il faut que je vous dise qu'un Benestac, Ferrarois, qui a vescu longtemps en la region d'Ampellu, qui est de la Marmarica, et est entré plusieurs foys dans la terre des negres, à attesté qu'il y a rencontré une foys un negre, avec des chiens, qui chassoit un animal tout à faict de figure humaine, mais velu et couvert d'un poil assez court, qui fut tué par lesdicts chiens, et que, luy ayant ouvert les entrailles, on y trouva de l'herbe dont il se paissoit comme les mouttons; qu'une autre foys ils en trouverent et prindrent deux aultres, masle et femelle, de pareille qualité, qui, pareillement esventrez, n'avoient que de l'herbe dans les entrailles ; que les mammelles de la femme pendoient environ un pan. Et ce Ferrarois est en reputation d'un homme fort veridique dans Tunis, où il a souvent faict le mesme recit en bonne compagnie, sans varier. Cela meriteroit qu'on s'en informast sur les lieux, si vous retournez en ces païs là, ou quelqu'un autre de voz amys. Je n'ay jamais veu l'animal du musq, et voudrois bien scavoir en quel temps a esté presenté celluy que vous dictes à Mgr le Cardinal, et s'il estoit venu dans le mesme navire qui vous a ramené, et si vous n'avez rien observé de particulier sur son naturel et façon de vivre. Ce que vous dictes de ceste pierre du Coril, de couleur bleue, semble bien curieux, et, s'il s'en pouvoit voir quelque petite parcelle pour en recongnoistre la forme et qualité, je la ferois payer très volontiers aux marchands de vostre navire, si quelqu'un en avoit reservé quelque petit morceau, pour petit qu'il feust. Ne m'estonnant pas que les oignons que vous avez rapportez de ces païs chauds ne puissent pas prosperer en Bretagne, où le climat est si froid et austere au prix de l'autre. Nous avons pourtant veu florir en ce païs icy, en une petite maison des champs (1), où nous avons des allées et berceaux d'orangers et citronniers, et des palissades de jossemins (sic) d'Espagne, plusieurs plantes des Indes assez rares, dont nous y avons conservé la race à des amys qui nous en avoient faict part, et qui l'avoient laissé perir chez eux, leur en ayant souvent renvoyé trois pour un, pour s'en remettre en race (2). Nous y avons le jossemin jaulne des Indes, très odorant et suave, le coral arbor, la musa, que vous aviez veu faire les feuilles si grandes et capables de couvrir non seulement un homme, mais une table entière comme une nappe ; mais elle n'a peu achever de faire du fruict. Nous y en avons eu d'aultres que nous n'avons pas sceu conserver, faulte de les bien congnoistre, qui ne nous eschapperoient peut estre pas aujourd'huy, tant l'air de Boisgency est doulx et agreable au prix de ceux du païs. Entre autres, nous y avons eu le caioux (3), et plusieurs de ces narcisses, ou hyacinthes des Indes, des plus rares, des hyacinthes tubereuses (4) ; nous y en faisons de l'essence, comme de la fleur

---

(1) Ce que Peiresc appelle trop modestement une petite maison des champs était, au contraire, une très belle maison, environnée de magnifiques jardins qu'arrosait une petite rivière, le *Gapeau*.

(2) C'est à Peiresc que l'on doit l'introduction et l'acclimatation en France de plusieurs de nos plus belles fleurs et de plusieurs de nos plus beaux arbustes, entre autres du jasmin jaune.

(3) S'agit-il là de l'arbre vrai des Indes qui produit le cachou, et que l'on appelle *mimosa catechu?*

(4) Sur les hyacinthes tubéreuses, voir les *Petits Mémoires inédits de Peiresc*, publiés par Ph. Tamisey de Larroque (Anvers, 1889, in-8°, p. 75-76).

d'oranger. Et il y en a souvent plus de huict mois de l'année consecutifs. Je vous dis cela pour en advertir vos curieux de par de là, car nous leur pourrions rendre quelque notable service en cela, et quelque digne revanche de ce dont ils pourroient faire part. Ce que vous adjoutez de l'usage de ceux qui sont si jaloux de boire dans le crane de la teste de leurs ennemys tuez en guerre, est grandement digne d'une plus particuliere disquisition si vous retournez sur les lieux, ou s'il y a de vos amys qui s'en veullent donner la peine et le soing. C'est à dire qu'il faudroit non seullement sçavoir le lieu (*sic*) preciz de tous les lieux differentz où cest usage est encore en vigueur, mais aussy de quels mots en leur langue ils se servent pour nommer telle sorte de couppes et de breuvage, et l'interpretation et etymologie des mesmes mots, si on pouvoit penetrer jusques là. Et s'ils n'en assemblent pas aulcunes fois deux l'une dans l'autre pour y boire avec plus de dignité et de prerogative ou magnificence. Il ne faut pas negliger les formules de leurs sacrifices idolastres, principalement des libations, et les noms de leurs vases, et mesures, de ce qu'ils peuvent justement contenir, soit en liquide ou en grains. Le mode, aussy, de leur memoire.... sur les doigts ne seroit pas à rejetter du tout s'ils la vouloient desclarer, et les symboles ou devises dont ils ornent et enrichissent leurs boucliers, et les cimiers de leurs habillements de teste, avec les noms qu'ils leur donnent, et à toutes leurs armes et machines de guerre, mesme aux divers ornements de frisseures, tresses et autres enrichissements de leur chevellure. Je dicts pour les hommes, tant guerriers que autres; car, pour les femmes, elles n'en vaudroient peult estre pas la peine. Les jeux, soit des dez, ou des ossellets, et aultres plus usitez, sont meilleurs à descripre qu'il ne sembleroit, et s'en peut tirer du fruict en cottant les paroles de leur langue pratiquées pour cela.

Mais, surtout, je vous supplie de veiller à observer les proportions des marées depuis le temps que vous partirez des costes de Bretagne jusques que vous serez arrivé en la coste d'Affrique, en cottant journellement les periodes et les heures du jour et de la nuit que vous pourrez y prendre garde, principallement aux haultes marées et aux plus basses, et quand vous serez près de l'equinoctial, où c'est qu'il fault estre le plus exact ; car il y a des relations selon lesquelles il n'y a point de flux et de reflux apparens, et d'autres qui le font de quatre en quatre heures, d'autres qui font un courant perpetuel de la mer oceane puis la coste de Bretagne jusques à la ligne equinoctiale. Or, je voudrois bien estre asseuré par quelques dignes de foy comme vous, mon P., et irreprochable, de ce qui peult estre de la verité, ayant desja penetré dans des secrets bien abstraits pour le flux et reflux qui se peult faire dans notre mer Mediterranée, plus sensible en certains endroictz qu'en d'autres où il n'en paroist point, et toutes fois ne laisse pas d'y en avoir. Vous en aurez un jour de l'honneur et de la satisfaction, Dieu aydant, si nous apprenons cela par vostre moyen. Et si je vous pouvois jamais servir en revanche, je le ferois de si bon cœur que vous ne regretteriez pas la peine que vous pourrez avoir prinse pour l'amour de moy, ou plus tost pour l'amour du public. Si, parmy cela, vous y pouvez faire quelque bonne observation de l'aymant et de sa declinaison, l'obligation en sera bien plus grande. Et si vous aviez commodité d'observer quelque eclipse, il n'y auroit plus rien à desirer de ce costé là pour les curiosités humaines, et cela sans nuire en rien à vos pieuses et charitables conquestes des ames. Au contraire, ce pourroit estre un jour des amorces pour y attirer insensiblement d'autres à vostre exemple. Excusez moy de tant de surcharge d'importunité tout à la foys ; puisque vous dittes d'estre en estat de partir en septembre ; il ne fault gueres tarder de vous dire tout ce que nous pensons que vous aurez tout loysir de considerer et repasser par vostre memoire sur le navire en allant. Et pour cet effect il faudroit commancer un petit journal des marées et reflux de la mer et qualité des ventz qui regnent. Car le regime en vaudra encore mieux au bout du compte, tost ou tard, et le temps en fera congnoistre et tirer plus d'usage qu'on ne se l'imagineroit jamais. Encore un coup, pardonnez à mon indiscretion, fondée sur l'excessive honnesteté de vos offres et services, me recommandant à vos sainctes prieres, et souhaitant la conqueste des ames et prosperité de vostre peregrination conforme à vos vœux, je finiray....

De Peiresc.

A Aix, ce 1ᵉʳ aoust 1634.

LETTRE XXX
Peiresc au P. Gilles de Loches
1ᵉʳ AOUST 1634
(Ibid., folio 350, verso)

Mʳ mon R. P., avec vostre lettre du 9 du passé, j'ay receu celle du R. P. Colombin du 20 juin, où il me faict une tres belle et curieuse relation de certaines particularitez de son voyage, concernant diverses choses que je luy avois demandées, dont je luy suis bien redevable, et par consequent à vous qui avez esté le principal organe pour la liaison de nostre amitié, et dont je vous remercie tres humblement. Je luy faicts responce, mais je n'ay osé la vous addresser, voyant combien sa lettre a tardé d'arriver jusques à vous, et de vos mains icy, parce qu'il me mande qu'il partira en septembre. C'est pourquoy j'ay faict l'addresse directement à Sainct-Malo, soubz une enve- à un amy de Paris qui trouvera plus facilement le moyen de l'y faire tenir [sic] promptement que si elle alloit faire le destour à Tours, à cause de la multiplicité des messagers par les mains desquelz il fault qu'elles passent de ce costé là, croyant qu'il y en ayt qui vont tout droict de Paris à Sainct-Malo, ce qui viendra bien à point. Car autrement ma lettre courroit fortune d'arriver trop tard et de le trouver party ou embarqué. Il ne me dict rien de ce que j'avois adjousté pour luy en la depesche que je vous fis par l'ordinaire d'aprez celuy qui porta d'icy la lettre que je luy escripvois. Ce qui me confirme en l'opinion de la difficulté du commerce de Tours à Sainct-Malo, puisqu'il ne l'avoit encores peu recevoir de vostre main au 20 juin. Car elle avoit suivy de bien pres la premiere despesche le concernant. Et toutes fois il me semble que vous m'avez accusé la reception de toutes mes lettres, et qu'il ne s'est rien perdu, graces à Dieu. Comme j'ay receu l'Alphabet Cophte bien conditionné dont vous estes en peine par une inadvertance mienne dont je vous crie mercy de bon cœur, esperant que vous me la pardonnerez, comme je vous en supplie, pour les mesmes raisons que je vous en escripvis dernierement. Nous avons eu le bien de voir icy M. de la Fayette, qui parle de la doulceur de vostre conversation de si bonne bouche, qu'il ne s'en peult souller, et il y a plaisir de l'ouyr triompher sur cela. Nous avons veu en mesme temps Mᵣ le comte de Marcheville revenant de Rome en poste, où il s'estoit acheminé incognito. Il avoit quitté son navire *Daulphin* de Constantinople à Malte, et par felouque avait gagné Naples. Il ne trouva pas à Rome M. de Crequi, lequel estoit allé à Florence. Il s'est arresté en ceste ville depuis mercredy dernier, si ce n'est deux jours, pour aller voir

M' le Mareschal à 3 lieues d'icy (1), lequel est venu [le] revoir icy le lendemain. Il aura des affaires à desmesler avec Messieurs de Marseille, qui sont assez fascheuses, et dont il n'a pas eu la satisfaction qu'il se promettoit. Vous pouviez penser qu'il nous a bien faict des relations de ce Levant, durant tout ce temps, qui seroient trop longues pour des lettres. Il m'avoit faict grande feste du sçavoir de M. d'Angus pour les langues orientales; mais il ne sçait pas l'Arabe, ains seulement le Turc et Persan, ce qui pis est, ne lict pas commodement, de sorte qu'il ne sceut rien mordre sur le volume des Conciles; mais, de fortune, nous avons eu icy un Turc natif d'Alep, qui le sceut fort bien lire et faire entendre à Laurent Bremond, de Marseille, et par leur moyen nous avons veriffié que ce volume contient les canons des Apostres en nombre de 30 seulement, à la suite desquels y en a autres 84 soubz le nom de S. Clement. Aprez quoy sont les 20 canons du Concile de Nicée, puis les 21 du concile de Sardes, et plusieurs aultres à la suitte, tant des Conciles de Constinople et d'Ephese, que de Gangies, de Laodicée, de Cesarée en Afrique, et aultres. Mais ce qu'il y a de plus excellent, à la fin, est une version arabique d'une partie du code Theodosien, ou des lois de Constantin, Valentinien et Theodose sur les matieres ecclesiastiques de la foy, des sainctes eglises et personnes sacrées, des mariages, legitimations et aultres pareilles matieres dependantes du droict divin et humain, distinguées par tiltres, dont les curieux tireront bien du fruict quelque jour, tost ou tard. Ce qui me faict vous prier d'examiner un peu les volumes que vous avez des loix arabiques ou turquesques, pour voir s'il n'y auroit rien d'emprunté

(1) Nicolas de l'Hospital, marquis, puis (1644) duc de Vitry, maréchal de France depuis 1617, gouverna la Provence de 1631 à octobre 1634, puis y revint en 1635 (Papon, *Hist. de Provence*). Il fut mis à la Bastille en 1637, et mourut en septembre 1644.

du droict romain, auquel cas il s'en pourroit bien tirer plus d'advantage qu'on ne s'imagineroit. Sur quoy, attendant de vos nouvelles, et priant Dieu que les bains vous fassent grand bien, et que sa divine bonté vous comble de ses sainctes consolations et benedictions, je finiray, Mʳ mon R. P., etc.

DE PEIRESC.

A Aix, ce 1ᵉʳ août 1634.

Mandez-moy, je vous supplie, si vous avez sceu que le que le R. P. Hadrien de Seydé, qui est à ceste heure en esclavitude (1) en Constantinople, eusse jamais eu en son pouvoir les Epistres de saint Paul en arabe, et celle des autres apostres, ou non.

Ma despeche estant par malheur arrivée trop tard à la poste, j'ay este contrainct d'addresser vostre lettre et celle du R. Colombin à Lyon à un de mes amys, qui prendra le soin de les faire tenir à droicture, possible sans passer à Paris.

LETTRE XXXI
P. Gilles de Loches à Peiresc
5 AOUT 1634

(Bibliothèque Nationale, Fonds Français, n° 9,539, tome V de la *Collection de Peiresc*, folio 281).

Monsieur, il y a quinze jours, qu'estant aux champs, M. Tardif m'envoya une lettre de vostre part, datée du 3 juillet. Il me spécifiait m'avoir escript auparavant par la voye de M. Dupuy ; mais je n'ay receu telle lettre, non

---

(1) Le mot *esclavitude*, qui manque au *Dictionnaire de Trévoux*, est donné dans le *Glossaire* de La Curne de Sainte-Palaye, avec citations tirées des *Dames* de Brantôme et des *Mémoires* de Sully.

plus que celle qu'il vous mande m'avoir envoiée pour accompagner la vostre. M. Aubry me mande que je me serve de son addresse : ce que je fais, priant ledict sieur vous envoier les livres bretons qui se sont trouvez à Morlaix, comme vous informe la presente. Dans la boëte où ilz sont renfermez il y a des pierres de diverses especes, qui sont des miracles que la nature a placez en cette province de Touraine. Les unes sont de bois pétrifié, les aultres d'eaues congelées, et les aultres de sable empasté : je vous en feray, dans quinzaine, un ample narré. Prendrés garde, s'il vous plait, en l'ouvrant, de ne confondre celles de la petite boëtte avec les plus... Quantité des aultres naissent en Italie, et se forment près un lac....., et sont-elles propres à la galle, roigne, dartres et teigne. Les aultres, dont il y en a de forme de dragées, ou anis confit, se forment d'eau qui distille de caves à dix lieues d'icy : je les croy propres pour la fiebvre des Rheings (sic). Je vous expliqueray la nature des aultres, et vous envoieray tost ensuitte quelque texte turc à publier, ainsi que desirés pour la satisfaction de vostre bon amy, duquel vous me parlés dans la vostre. Une affaire qui m'est survenue lorsque je me disposois à vous escripre amplement, m'en desrobbe le temps jusques à ce qu'il fust ici (?), et en attendant je demeure, monsieur, vostre, etc.

F. Gilles de Loches, capucin.

A Tours, 5 août 1634.

Nous vient icy le memoire des livres bretons escript de la main du libraire, avec leur prix. Le tout ne vault pas 39 solz ; Monsieur du Verger rendra l'argent au marchant (1).

(1) La lecture de cette lettre, que nous avons dû faire copier à la bibliothèque de la rue Richelieu a été extrêmement laborieuse : telle est la cause des lacunes et des incertitudes qu'on y aperçoit ; elles seront lar-

LETTRE XXXII
Peiresc au P. Césaire de Rosgoff, à Lannion
7 AOUT 1634.
(Bibl. d'Inguimb., loc. cit., fol. 354.)

M' mon R. P.,

J'ay receu par le dernier ordinaire de Paris la lettre qu'il vous a pleu m'es rire, avec le dictionnaire que vous y aviez joint en bas breton, dont je vous rends les plus humbles actions de graces que je puis, desirant tres ardamment de vous en pouvoir rendre quelque digne revanche et recognoissance; tenant à grand honneur qu'il vous reste tant soit peu de memoire d'un si inutile serviteur, qui vous a une singuliere obligation de la communication qu'il vous a pleu me procurer de ce petit dictionnaire, que j'avois recherché depuis longues années, et dont j'espere de tirer quelque fruict, Dieu aydant, qui augmentera d'autant plus ma devotion en vostre endroit.

gement réparées par le contenu de la lettre du P. Gilles du 13 août suivant.

Les *Annales de la Bretagne*, tome V, n° 4, juillet 1890, pp. 709-710, ont publié la note suivante de M. H. Gaidoz, que nous reproduisons purement et simplement :

« M. H. Omont, de la Bibliothèque Nationale de Paris, veut bien me communiquer le « mémoire » ci joint. Il me paraît mériter d'être imprimé comme mentionnant des livres bretons existant au xvii° siècle, et comme faisant connaître leur prix.

« C'est la liste et le compte des livres bretons fournis à Peiresc, le grand curieux du commencement du xvii° siècle. Cette liste accompagne une lettre du P. Gilles de Loches, datée de Tours, 5 août 1634, et adressée à Peiresc, à Aix-en-Provence, laquelle n'ajoute, du reste, aucun détail.

« L'ouvrage qui figure en tête de cette liste pour la somme de « 12 s[ols] » est le livre de *Colloques* de Quiquer, dont M. Loth a parlé dans les *Annales*

J'ay par mesme moyen des fragmens des coquillages de vos mers (sic) m'aviés faict part, et que j'eusse bien conloués s'ils eussent peu venir entiers. Mais ils estoint si fragiles qu'ils eussent bien eu de la peine d'arriver plus entiers, quand ils eussent esté enfermés dans une boete avec du coton. C'est pourquoy il ne faut pas trouver estrange qu'ils soient arrivés brisés parmi les paquets de la poste, qui sont garrotés d'une estrange sorte. Je ne vous en ay pourtant pas moins d'obligation. Et serois tou-

de Bretagne, t. III, p. 238 (1). — *La Vie de sainte Catherine*, du prix de « 1 s[ol], » a été réimprimée par M. Ernault dans le tome VIII de la *Revue celtique* d'après l'exemplaire de la Bibliothèque Nationale (J. 3007, inventaire ; *réserve*), et M. Loth s'en est occupé dans les *Annales de Bretagne*, t. III, p. 224. — Le *Miroir ar confession*, du prix de « 2 s[ols], » a également été analysé dans les *Annales de Bretagne*, t. III, p. 233, d'après l'exemplaire de la Bibliothèque nationale (D. 4822 ; inventaire, D. 13843 ; *réserve*).

« Le « mémoire » qu'on va lire se trouve à la Bibliothèque nationale, manuscrit français 9539, f. 282.

Mémoire des Livres en Breton selon le plus juste prix

1. Coloque f[rançois]-b[reton]-l[atin]	12 s.
1. Passion..................................	5 s.
1. Déclaration abundant...................	5 s.
1. Catechisme f[rançois]-b[reton]	2 s.
1. Sainte Catherine (2)....................	1 s.
1. Sainte Marguerite.......................	1 s.
1. Miroir ar confession....................	2 s.
1. Catechisme du Père Kerarforn...........	2 s.
1. Cathechisme du P. Jerom................	2 s.
1. Confesionnal............................	5 s.
1. Saint Yves (3)..........................	2 s.
Some....	1. l. 19 s.

H. Gaidoz

(1) Il en est question dans la correspondance de Peiresc : Voir les *Lettres de Peiresc aux frères Dupuy*, édition Tamisey de Larroque, tome II (Paris 1890), p. 518 : lettre de Peiresc en date du 9 mai 1633.

(2) En marge, de la main du P. Gilles de Loches : « L'imprimeur s'est mespris et a mis deux fois la Vie de sainte Marguerite, au lieu de celle de sainte Katherine. »

(3) En marge, de même main : « Vie de saint Yves. »

jours bien aise d'apprendre de vous le nom propre du país de la coste marine et du gravier particulier où elles se tiennent. Je suis tres aise que MM. de Sainct Malo prennent courage de renvoyer une flotte en la Guinée, et que vos Peres soint de la mission, esperant que par leur leur moyen nous pourrons apprendre d'excellentes relations des plantes, arbres, animaulx et autres singularitez du país, en y employant vostre favorable intercession envers ceux de vos Peres qui se trouveront de vostre cognoissance en ce voyage. Auxquels je vous prie de recommander particulierement d'observer la diversité des especes des arbres, orangers, cytroniers, dont on dit qu'il a des forets entieres en lieux humides et marescageux. Desquels il faudroit conserver de la semence, et voir particulierement s'il y en a pas qui fassent la fleur double. Il faudroit observer aussy la qualité des lieux où ils naissent spontanement sans estre plantés de main d'homme, si ce n'est qu'au bord des rivières et ruisseaux, si c'est à l'aspect du midy ou du septentrion, de quelle qualité est la terre, si elle est forte ou argileuse, ou bien friable et sablonneuse, si elle est noire ou rougeastre, ou d'autre couleur extraordinaire; si jamais le froid ne les tuë en ce país là comme icy; s'il y auroit moyen d'avoir aussy des instructions des periodes du flux et reflux de la mer, et de ceux de la croissance ou descroissance de la riviere du Niger, qu'on dict estre fort conforme à celle du Nil, et qu'elle nourrit des crocodiles, des hippopotames et autres animaulx semblables à ceux du Nil. Et faudroit sçavoir aussy quelque chose de bien certain de ces animaulx qu'on dict estre comme au Nil ethiopique, lesquels ressemblent non seullement à des veaux marins, mais quasi à des hyenes, comme celuy dont on avoit parlé de Belle Isle, dont j'avois tant désiré que vous nous puissiez donner des nouvelles despouillées de ce qu'on y mesle de fabuleux. On dict mesme qu'en la terre de Nagros, gueres esloignée du fleuve Niger et de la region d'Angolla, en la Marmarica, y a des animaulx qui paissent l'herbe comme les vaches, lesquels ressemblent entierement des hommes et des femmes; mais ils sont velus, couverts de poil fort court, et ne sont point des singes. Sur quoy attendant quelque bonne information, et me recommandant à vos bonnes prieres, je finiray avec la priere qu'il vous plaise m'honorer de vos commandements, comme, M. mon R. P., vostre humble, etc.

DE PEIRESC.

A Aix, ce 7 aoust 1634.

LETTRE XXXIII
Peiresc au P. Luc de Saint-Malo
7 AOUT 1634.
(Ibid., folio 351, verso).

M. MON R. P.,

Ayant appris le soing, qu'il vous a pleu de prendre sur vous, pour l'amour du R. P. Gilles de Loches, en la recherche de quelques libvres du langage bas breton que j'avois désiré d'avoir, j'ay bien deub vous en rendre mes tres humbles remerciemens, aussy bien qu'à luy, puisque vous en aviez eu la principale peine, et vous offrir par mesme moyen mon humble service en revanche, si vous jugez que j'aye aulcun moyen de meriter l'honneur de vos commandemens, que je recevray à singulière faveur, vous suppliant de disposer librement de moy comme, M. mon R. P., de vostre tres humble, etc...

DE PEIRESC.

A Aix, ce 16 aoust 1634.

LETTRE XXXIV
Peiresc au P. Gilles de Loches
7 AOUST 1634
(Ibid., folio 351, verso)

Mʳ mon R. P., j'ay receu des mains de Monsʳ de la Fayette une depesche du 20 juillet avec le dictionnaire de bas breton (1) que le R. P. Cesarée de Roscoff m'a voulu faire avoir, dont je ne vous suis pas moings obligé qu'à luy, et vous en rends à tous deux les plus humbles remerciements que je peux. Il ne m'escript rien concernant ce monstre marin de Belle Isle, comme vous avez creu, dont vous pourriez vous estre esclairez de par de là si vous eussiés rompu le cachet de la lettre qu'il m'escrivoit, comme vous le debviez faire. C'est pourquoy je vous supplie et conjure, une autre fois, d'ouvrir toutes les les lettres à moy addressées qui passeront par vos mains, afin que, s'il y a rien de curieux, vous en puissiez prendre la communication, que je vous en donnerois si j'estois pres de vous, et si vous jugez qu'il y ait rien à suppléer, vous puissiez faire, ou moyenner qu'il soit faict par ceux desquels il pourroit dependre [sic], auxquels qu'ils soient de vostre cognoissance. Vous eussiez prins plaisir, je m'assure, de voir la relation du bon P. Colombin et ce qu'il me repondoit à plusieurs chefs de ma lettre concernant les mœurs de ces peuples barbares, dont je sçauray bien faire mon profit, Dieu aydant. Mais il avoit oublié de me

(1) *Dictionnaire et colloques françois, breton et latin, divisez en trois parties...*, par Guillaume Quiquer, de Roscoff (Morlaix et Quimper-Corentin, 1633). Voir sur cette édition et sur l'édition *princeps* (1626), une note du tome II des *Lettres de Peiresc aux frères Dupuy*, p. 518-519.

parler des marées, du flux et reflux, et possible n'avoit-il pas encore lors receu une mienne recharge, par laquelle il me semble que je vous avois supplié de luy en faire demander son advis. Les coquillages du bon P. Cesarée eussent, je m'assure, esté fort beaux et dignes de tenir rang entre les plus rares curiosités de marine ; mais il les eut fallu mettre dans une boette avec force coton : enchores les tiens je si fraisles qu'ils eussent eu de la peine d'arriver icy entiers, venant par la poste de Paris icy. Au reste, ce m'est un grand reproche et un grand desplaisir que vous ayés esté deux moys entiers sans avoir de mes lettres, et que celles que je vous avois escriptes du 20 may n'ayent esté suivies de plus pres qu'elles ne furent. Mais ce feut le degel (*sic*) de nostre parlement (1), qui finit le dernier juillet, qui m'empecha tout le moys de juin d'entretenir aucune correspondance avec mes amis, et ce ne fut qu'au commencement de juillet que je recommençay à vous escrire par l'ordinaire qui partit d'ici le mardy 4 juillet, et n'arriva à Paris que le mercredy, et d'où mes lettres ne peuvent partir pour Tours que le dimanche suivant 6me. C'est pourquoy, le 20, que vous m'escriviez, vous ne les pouviés pas avoir receuës. Je pense que ce feut lors seulement que je vous accusay la reception de mon alphabet cophte, dont je suis bien regreteux que vous vous soyés tant mis en peine, car ce n'estoit pas chose que je peusse mériter. Quant aux autres libvres en langage bas breton que vous envoye le R. P. Luc de Sainct-Malo, je les attendray en bonne devotion, et m'estonne qu'ils soint si rares en ce païs là, mesme ce dictionnaire de Guillaume Quiquer de Roscoff, puis qu'il n'y a que deux ans, ou peu s'en faut, qu'il est achevé d'imprimer. Il est vray

---

(1) L'éditeur des *Lettres de Peiresc aux frères Dupuy* a cru devoir expliquer ainsi (tome III, p. 76) cette expression métaphysique, dont le savant magistrat se sert souvent : « C'était l'époque où le Parlement entrait en vacances, où, comme l'eau qui se *dégèle*, il reprenait sa liberté. »

que possible les faut il aller chercher à Quimper Corentin, où est la boutique du libraire Georges Alliennes, qui l'a faict imprimer : ce que je vous ay vouleu specifier, d'autant que je serois bien aise d'en avoir un second exemplaire pour en faire part à un de mes amys qui travaille sur ceste langue, sans en demeurer desgarny moy mesme. J'escriray par ceste voye un mot de remerciment au R. P. Luc de Saint-Malo, pour la peine qu'il a daigné prendre en ceste recherche pour l'amour de moy. Je vous donnay advis, par le dernier ordinaire, du passage et sejour qu'avoit faict M. le comte de Marcheville en ceste ville. Nous n'avons pas, depuis, appris d'autres nouvelles du Levant. On m'a amené ici un animal bien peu cogneu en ce païs, qui a esté prins jeune dans la Nubie, prez le fleuve Niger. On le portait de Tunis en Italie, et de mes amys m'ont procuré ceste faveur qu'il m'a esté laissé en despost chez moy une semaine ou deux, tandis que la barque apprestoit son chargement pour l'Italie. Ceux qui l'envoyent le nomment un Alzaron (1). Il a le corsage d'un cerf ; mais le manteau, la queuë et les cornes sont plus tôt de bœuf que de cerf. Il est fort domestique par toute la maison. Les cornes sont noires et accompagnées de nerveures mises en limaçon, qui les rendent plus belles que celles du bœuf ordinaire. Elles sont longues environ comme la main, gueres plus. Mais l'animal est jeune ; ceux qui l'envoyent disent qu'il n'a que douze mois ; nos bergers plus expérimentés en leurs signes des cornes, des dents et autres membres, disent qu'il pourroit bien avoir plus d'un an ; mais ils assurent qu'il en a beaucoup moins de deux. Il n'a pas plus de trois pieds de haulteur. Ils disent qu'il est fort veloce, comme l'apparence en est fort evidente, et

---

(1) C'était une sorte d'Antilope. Voir le tome III des *Lettres de Peiresc aux Frères Dupuy*, p. 162, et les *Lettres de Thomas d'Arcis*, dans le fascicule XV des *Correspondants de Peiresc*. Alger, 1889, *passim*.

qu'il y en a quantité dans les bois d'Affrique. Je voudrois bien avoir de meilleure matiere a vous entretenir, estant de tout mon cœur, M. mon R. P., vostre, etc.

DE PEIRESC

A Aix, ce 7 aoust 1634.

LETTRE XXXV
P. Gilles de Loches à Peiresc
18 AOUT 1634.
(Bibliothèque Nationale, n° 9539, t. V de la *Collection Peiresc*, fol. 284)

Monsieur, il y a huict jours que je donnay à Monsieur du Verger une boëtte pour l'envoyer à Paris à Monsieur du Mesnil Aubery, pour la vous faire tenir, selon l'addresse qu'il vous a pleü me donner. En icelle estoient environ onze ou douze livres bas bretons, avec quelques pierres qui croissent fort extraordinairement icy proche. Les unes se produisent à Coursai (1), petit village à cinq lieues d'icy, par la frigidité de trois fontaines, lesquelles font mouvoir des moulins à papiers, et l'eau que la rhoue jette venant à tomber sur le bois adjacent, le petrifie en moins de quinze ou vingt jours, si bien que les essieux mesme de telles rhoues se petrifieroient, si souvent on n'ostoit la crouste qui s'y faict. Telles pierres sont celles que vous verrez, en forme d'escorce de bois. Il y en a une faicte comme un rocher, qui est engendrée à un lieu, ou village, nommé Avez, à quatre lieues d'icy, proche une petite ville nommée Cormery (2). Aussi bien qu'à Coursai, il y a une aultre fontaine qui semblablement faict mouldre un aultre moulin, duquel la rhoue jette tout

(1) Courçay (Indre-et-Loire), canton de Bléré, à 23 kilomètres de Tours.

(2) Commune d'Indre-et-Loire, canton de Montbazon, arrondissement de Tours.

son flot violemment; il s'en perd sur la terre, et jette avec soy quelque sable subtil qui, meslé avec ceste eaue, se petrifiie en diverses figures. Celles qui sont dans la petite boëtte sont de de deux especes les plus dures, et desquelles il y a quelques-unes semblables à des dragées, se font par la distillation de certaines eaues nommées vulgairement caves gouttieres, à cause que perpetuellement, esté ou hyver, elles distillent si fort qu'on y est tout trempé sy tost qu'on y entre, et l'eaue ainsi tombée contre terre, se petrifie. Telles caves sont à deux petites lieues d'icy, du costé de Chinon, entre deux villages : le premier s'appelle Savoniere (1), et l'aultre s'appelle Colombier, ayantz tous deux Monsieur de Ville-André pour seigneur. J'ay leü autrefois dans Crollius qu'à Gostose, entre Pavie et Milan, il y a de semblables eaues, dont les pierres, dissoultes en vinaigre distillé, sont propres à la colique; peut-estre celles-cy auroient mesme effect, si on en faisoit l'experience : comme je ne doubte pas que les aultres pierres et fontaines qui les produisent n'eussent quelque aultre vertu, si on en faict la recherche. Dans la mesme petite boëtte, il y a d'aultres pierres plus molasses, que j'ay apportées d'Italie, d'un petit lac d'eaue chaulde nommé le Boulican, après Viterbe, l'eau duquel se dégageant sur la terre, en y rencontrant des joncz et broutilles de bois, elle s'y colle si bien qu'elle s'y petrifie, et en cest estat, meslée parmi les emplastres, est propre à la roigne, galle et teigne. — Puisque nous sommes sur les pierres merveilleuses de Touraine, je vous diray avoir veü, en une forest distante de quinze lieues d'icy, proche d'une petite ville nommée

(1) Savonnières, commune d'Indre-et-Loire, canton de Tours, à 14 kilomètres de cette ville. Les dictionnaires de géographie ne manquent pas de rappeler que l'on y remarque les grottes de Villandry, dont les voûtes laissent incessamment tomber des gouttes d'eau chargée de sels calcaires qui forment des stalactites et des incrustations.

Pruylly (1), un endroit desgarni de bois, où tout le bois coupé, mis quelque temps, se convertit en pierre, retenant seulement la figure externe et couleur de bois, mais au reste froid, pesant et dur comme pierre.

Je suis marry que je n'en ay eu pour vous en envoier avec les aultres ; mais je n'ay pas esté en telle forest despuis mon retour de Levant ; ce sera pour quelque aultre occasion, Dieu aydant. — Pendant que nous sommes sur les merveilles de Touraine, je veux vous parler d'une des plus rares du monde, et ne sçay à quoi l'attribuer, ou à un miracle, ou à un excès de nature. C'est qu'il y a un pigeon d'argent en l'eglise collegiale du chateau de Loches, lequel, pour representer le Sainct Esprit, sert de ciboire à mettre le Sainct Sacrement, et est suspendu en l'air par une chaisne d'or, soubz une custode qui l'entoure de toutes partz, si bien qu'aucun vent ni haleine ne sçauraient l'agister en aucune façon ; et, toutes fois, à mesure que le vent change, ce pigeon porte la teste du costé que le vent tourne, et ce visiblement, ce qui a esté observé un million de fois et par gentz dignes de foy. D'attribuer cela à miracle, je n'y voy point l'intervention du Sainct Esprit ; et l'attribuer aussy à effaict particulier de nature, je n'en voy point la cause, si ce n'estoit peutestre que tel pigeon eust esté fondu soubz quelque particuliere observance des astres, ou qu'en telle fonte on eust meslé quelque pierre par quelque extraordinaire artifice qui portast toujours sa vertu du costé que le vent tourne, ce que je croy impossible. Si bien, que je ne trouve aultre chose en cecy que beaucoup d'admiration et bien peu de raison. — A propos de pierre, vous daignés me faire estat d'une belle coupe qui vous est tombée entre mains. Je voudrois que vous eussiez pour l'accompagner une gondolle qui est chez un

(1) Preuilly (Indre-et-Loire), chef-lieu de canton de l'arrondissement de Loches.

tailleur de marbre en cette ville....., vis-à-vis de la fontaine Sainct Martin, qu'yl ne veut vendre que deux pistolles de premier mot. Elle est taillée tout simplement; mais elle est d'un marbre si diversifié de lignes, de ramages, de feuillages, entre-lassis et veines d'or et d'argent, qu'yl semble que la nature aye pris le pinceau pour faire ces ouvrages. Ce fut une veine de marbre qu'il trouva fortuitement, de laquelle il fit deux gondolles : celle-là qu'yl a encores, et l'aultre, qui a esté acheptée par un grand astrologue de ceste ville, nommé le sieur L'Ellier. Elles sont toutes deux si semblables, qu'on ne scauroit les discerner. Si vous le desirés, mandés le moy s'il vous plaist, à Poictiers, où je vas ce matin à nostre chapitre, et où je serai jusques au second septembre, et j'escripray à mes amis pour la vous envoier. Ce voyage du chapitre, où j'ay esté esleü de nos Peres pour aller, m'a empesché d'aller aux baings chercher les remedes de mon infirmité; et ne sçay quasi plus comme faire. Car, lorsque je pense advenir d'un costé, on me donne des occupations de l'aultre, toutes contraires à mon naturel et inclination : ce qui me feroit vollontiers accepter l'offre qu'il vous plaist me faire d'aller en Provence, sinon que partout il faut que je soys Capucin, et faire là aussy bien qu'icy la volonté des superieurs. Et quand vous en viendrés là, il ne seroit besoing d'employer Monseigneur l'Eminentissime Cardinal duc, ny mesmes le R. P. Joseph, qui n'est pas mon superieur, mais le seul R. P. General, ou le R. P. Procureur general, qui est à Romme, qui m'a toujours tesmoigné une particulière inclination, et qui accordera librement toute juste requeste. Mais, en cela, je ne puis rien determiner que nostre chapitre ne soit fini, pour diverses considerations; car, quoyque ce soit ma resolution de faire mon possible pour renoncer toutes charges de la religion pour estre plus libre, il se trouve aussy quelquefois des espritz qui ne veullent accepter telles renonciations. Si bien que, nonobstant que j'eusse consenti au desir duquel il vous plaist me favoriser, je ne pourrois peut estre y satisfaire. Je vous en escriprai, le chapitre estant fini, et dirai ce qu'il me semblera là-dessus, comme aussy du dessaing pour les missions, et de la resolution que je prendray d'escripre à Monseigneur l'Eminentissime cardinal Barberin, auquel j'envoierai les livres que j'ay, par vostre voye, s'il le desire, desquels vous aurés le catalogue icy joinct, avec le psalme premier en turc et en persien, ainsy que, par vostre lettre du 20 juin, vous me demandés quelque texte intelligible en ces langues pour satisfaire à la curiosité d'un de vos amis qui veult voir la conformité qu'elles ont avec la langue arabique. Je reçeus aussy, il y a deux jours, vos lettres du 10, 12 et 22 juillet, lesquelles ne m'ont esté rendues plus tost à cause d'un petit voyage inopiné que j'ay faict à la campaigne. Il y a un mois que je donnai un dictionnaire bas breton à Mr du Verger, pour le vous envoier, avec une lettre du R. P. Cesarée de Rosgoff, qui vous en faisoit present. Peu de temps auparavant, je vous envoyé par voye de Paris, et l'addressé en nostre convent, une lettre fort ample du R. P. Colombin de Nantes, qui vous faisoit un long narré de toutes les particularités de son voyage de Guinée, et respondoit plainement à vos louables demandes. J'ay crainte que vous n'aiés receu telle letre, puisque vous ne m'en faictes aucune mention par vostre derniere. Pour le livre des Conciles en arabe, dont vous me parlés, j'avois pensé le faire achepter au Caire ; le sieur Georges, dict l'Armenien (mais abusivement, car il est maronite), duquel le seigneur Santo Seghezzi vous a faict mention en ses letres, me l'avoit voulu faire avoir ; je ne le vis pourtant pas, mais seulement m'en parla. Ledict sieur Georges est fort practique pour les livres arabiques qui concernent les choses ecclesiastiques ; mais, hors de là, il n'en a poinct, ou peu, bien qu'au reste il soit fort habille homme, ayant estudié à Romme en philosophie et theologie; mais il est desjà d'aage et valetudinaire, et passe soixante ans : si bien qu'il ne peut pas aller et venir pour chercher ce qu'il fault. Joinct que, la pluspart du temps, il est à Rousser ou à Damiette pour les affaires de Messieurs les Venitiens. Je passerai à Loudun, mais premierement à Saumur, pour visiter l'eglise miraculeuse de Nostre Dame, où je n'ay point esté despuis mon retour de Levant. Je serai à Loudun lors de l'execution de Grandier, si tant est qu'yl le soit, car on tient que ce sera jeudy (1). Je vous en manderay les particularitez, comme aussy des Grandz Jours de Poitiers. Ce qu'attendant, je finiray en qualité de celuy qui prendra toujours à faveur singuliere de particulier contentement de se pouvoir dire, par effeict autant que de volonté,

Vostre plus humble serviteur,

Frère GILLES DE LOCHES, *Capucin.*

Tours, ce 13 d'Aoust 1634.

LETTRE XXXVI
Peiresc au P. Gilles de Loches
29 AOUT 1634
(Bibl. d'Inguimbert, loc. cit., folio 353).

Monsieur mon R. P., j'ay retiré par mesme arrivée voz deux despesches du 6ᵉ et du 13ᵉ de ce mois, avec le roolle des livres envoyez pour moy en bas breton, et le departement des pierres curieuses contenues en la boite, que Mʳ Aubery a retirée avec lesdicts livres pour me faire tenir le tout par la premiere commodité d'amis. Avec

(1) Urbain Grandier fut brûlé vif le 18 août..

quoy j'ay, par mesme moyen, eu l'eschantillon du premier pseaume en turquesque et en persan pour ce personnage qui le desiroit tant, et pour qui je vous en remercie tres humblement, et m'en tiens grandement vostre obligé, comme aussy du roolle de vos mss arabes, turcs, ciriaques, ethiopiens et armeniens, que j'ay esté infiniment ayse de voir et penser qu'il s'y trouvera de tres bonnes pieces, celle, entre autres, que vous qualifiez Methode pour chants. Les prieres mahometanes sellon les notes de la mosquée tireroient d'une grande peine le bon P. Mercene, des Minimes, si vous aviez agreable de la luy faire voir avant que vous en dessaisir. Car il a soubz la presse un grand ouvrage de toute l'harmonie ancienne et moderne, où il a descouvert de tres belles curiosités, où il desiroit mettre quelque chose de la musique, ou façon de chanter, de toutes les sectes et de toutes les nations, et a persecuté tous ses amis pour luy en faire avoir des instructions, dont nous n'estions [sic] encore peu venir à bout. Je luy avois pourtant faict trouver depuis peu ung libvre des regles de musique en arabe, venu du Cayre ; mais il n'a encores peu trouver personne qui l'ayt sceu deschiffrer. Ce ceremonial de la loy mahometane pourrait bien encore [offrir] de la matière agreable aux plus curieux, et possible aussy ceste Instruction pour les Pellerins de la Mecque, s'il y a rien de geographique, ou de particulier aussy pour les ceremonies et description de ce qui se faict dans la mosquée principale. Car il y a grande difference de ce qu'on apprend de leurs livres pour ce regard à tout ce que d'autres narrateurs en peuvent avoir publié, soit par tradition ou aultrement. Mais surtout, s'il ne vous estoit pas incommode, un peu d'extraict des tiltres des chapitres, et de quelqu'un des premiers articles de ce livre de droict ou justice mahometane, seroit ce que je desirerois le plus tenir de vostre main avant que le livre sorte de vos mains, s'il ne vous est trop incommode. Bien estimé-je que ce Psautier syriaque en si vieux caractere doit estre une piece bien pretieuse, et qui meriterait bien, je m'asseure, d'estre conferée sur l'edition de la grande Bible qui est à present soubz la presse dans Paris, chez Vitray (1). Il me tardera bien de voir la boitte de ces pierres si curieuses, dont la description que vous me faictes est admirable, et voudrois bien avoir veu les lieux où se font ces rares metamorphoses, principalement du bois actuellement petrifié. Et, s'il vous en tombe en main des morceaux qui soient partie bois et partie pierre, je les estimeray bien, car il y a des quarrieres d'où l'on tire des pierres de couleur et damasquineures toutes pareilles aux veines du bois ; mais cela est asseurement mineral, et dans Rome on en a faict tirer des pieces d'une prodigieuse grandeur, car c'est dans le royaulme de Naples. L'on a envoié au dict P. Mercene depuis peu un morceau de pierre venu de Touraine ou de Poictou, qui ressemble au moellon, et qui nage sur l'eau comme la pierre ponce ; mais il ne m'a pas sceu marquer le lieu preciz. Au reste, la gondole où vous dictes qu'il y a des veines d'or et d'argent seroit bien rare et pretieuse si c'estoit asseurement de l'or et de l'argent ; mais, la plus part du temps, en tous ces mineraulx il se trouve des veines dorées qui ne sont que de marcazite (2), et des veines argentées qui ne sont que du plomb ou de l'estaing, qui s'en vont tout en fumée au moindre feu. Si c'estoit de l'or, pour bas qu'il fust, le prix seroit bien mediocre à deux pistoles, et je ne les voudrois pas avoir laissé aller pour le double ; mais

(1) La fameuse Bible polyglotte à laquelle est à jamais attaché le nom de Guy-Michel Lejay, qui consacra à cette belle œuvre tous ses soins et toute sa fortune (1628-1645).

(2) Aujourd'hui nous appelons *marcassite*, selon la définition du *Dictionnaire de l'Académie française*, « une pyrite d'un bel éclat, qui se taille et qui est susceptible de poli. »

vous trouverez, je m'asseure, que ce n'est autre chose que marcazite, auquel cas cela ne vaut pas la peine de le travailler, si ce n'est que les couleurs du marbre fussent extraordinairement nobles et rares. La colombe d'argent du chasteau de Losches aura de la rencontre à se trouver tournée au vent plus que de proportion et disposition si reiglement (1) determinée, si vous l'approfondissez, comme certains poissons que l'on pend dans les chambres et cabinets. A Gostosa, prez de Padoue et de Vicenze (2), dont on vous a voulu parler, j'ay veu quelque chose de semblable ; mais il y avoit du vent qui artificiellement se conduisoit jusques là par des tuyaux de plomb et des robinets. Mais je regrette bien que vous ayez laissé perdre la saison de nos bains et des autres plus voisins. Et attendray bien impatiemment le resultat de vostre chapitre de Poictiers, non sans apprehension que vous ne puissiez pas empescher qu'on ne vous endosse quelque charge qui vous attachera de par de là, veuilliez ou non, et nous sevrera de nos esperances. Il faut pourtant songer un peu à vostre santé comme au reste, et souffrir que vos amys vous en renouvellent la souvenance. La lettre que je disois vous avoir addressée par Mr du Puy est la mesme que vous avez receue de la part de Mr du Mesnil Aubery, car le paquet de Mr Aubery estoit allé à ce coup là conjoinctement avec celuy de Mr du Puy. N'en ayez pas de regret ; Mr du Puy a tousjours esté fort scrupuleux à fidelement faire tenir toutes les lettres de ses amys.

Vous verrez les dernieres nouvelles de Constantinople et des Indes. Et je finiray demeurant, M^r mon R. P., vostre, etc.

De Peiresc.

A Aix, ce 29e aoust 1634.

(1) Régulièrement.

(2) Aujourd'hui Custozza, ville qui est plus rapprochée de Vérone, dont elle n'est séparé que par trois kilomètres.

Je pense que vous aurez receu despuis une despesche mienne addressée à Lyon, à Mr de Rossy, avec une qu'il me mande avoir faict tenir par Rouen au P. Colombin. Je craignois qu'il ne fust party pour la Guinée avant que vous feussiez de retour des bains à Tours ou à Poictiers.

LETTRE XXXVII
Peiresc au P. Agathange de Vendôme
15 SEPTEMBRE 1634
(Bibl. d'Inguimbert, loco citato, folio 354)

Monsieur mon R. P., j'ay receu vostre lettre du 8 avril, avec le volume arabe mss des Conciles, dont je vous suis infiniment redevable, et de la continuation de vos soings, qu'il vous plaist me faire esperer en la recherche de quelques autres livres, tant ethiopiens ou abyssins que cophtes et syriaques. En quoy vous obligerez bien le public quant et moy, dont il vous debvra sçavoir bon gré tost ou tard, si Dieu nous faict la grace de les pouvoir faire mettre au jour, ainsy que j'en ay bonne esperance, avec l'ayde du bon Dieu, qui vous a inspiré de nous y rendre de si bons offices sans nous en estre rendus dignes envers vous à l'advance, comme je l'eusse souhaicté, et de vous avoir peu prevenir par mes services. Mais je ne m'y espargneray pas, quand vous me voudrez employer, ou que j'en trouveray des moyens. Nous n'avons encore peu examiner bien exactement ce volume arabe; mais nous avons bien desja descouvert que les deux tiers, ou environ, du commencement consistent en une traduction de canons ecclesiastiques d'un recueil semblable à celluy du Nomocanon de Photius, et que ce sont à peu prez les mesmes canons, tant des Apostres comme des Conciles de Nicée, de Sardes et de plusieurs autres, que Photius a compilez ensemblement, et que l'autre tiers du volume de la fin (1) contient des loix tant des Empereurs que des princes Arabes. Mais il n'y a pas des actes des Conciles ; et mesme, de celluy d'Ephese, il n'y en a qu'un seul canon, et ainsy de plusieurs autres. Et pour les Empereurs, il en nomme confusement deux ou trois, en teste et à la fin d'un petit recueil de plusieurs loix, sans exprimer ni distinguer auquel desdicts Empereurs il les fault rapporter chacune. Et de toutes les autres loix suyvantes, il ne nomme pas les autheurs. Toutes fois, j'espere qu'il se pourra tirer encore quelque fruict de ce volume, si nous avons quelque personne bien intelligente de ceste langue, qui y puisse chercher ce qu'il y a de plus exquis, en le collationnant au texte grec des saincts Canons et au latin des loix des Empereurs. Pour ces œuvres de S. Jacques, evesque de Nisibe, en langue syriaque, si ce n'est pas chose de grand prix, je seray tres ayse d'y employer un peu d'argent, pour tascher de le faire donner au public quelque jour, et vous y aurez la meilleure part du merite envers la posterité, pour les soins et la peine qu'y aurez contribué. J'ay escript au sr Magy de faire bailler une chasuble à ces bons Peres qui ont si liberalement contribué ce livre (sic) des Canons de l'Eglise, et tascheray de faire tousjours recompenser le mieux qu'il me sera possible tous ceux qui me feront la faveur de me faire part de semblables pièces, et particulierement pour ces libvres abyssins ou ethiopiens, s'ils me les veullent despartir, desquels je tascheray de faire ayder le public, ou je ne pourray, ayant un personnage bien versé en ceste langue, qui s'en acquittera tres dignement. J'avois faict demander les Epistres de sainct Paul et austres Apostres en arabe, et seroys bien ayse de les avoir si on les peult commodement trouver de par delà, comme aussy des livres cophtes, et principalement

(1) Pour *vers la fin*.

le vocabulaire et la grammaire en ceste langue, dont j'entendis qu'il se trouve de par delà plusieurs copies qui ont le texte des Cophtes et la version arabique par colonnes. Si vous faictes le voyage de Sainct Macaire au desert, je ne doubte point que vous n'y trouviez de tres bons livres en toutes langues, non seulement des orientales, mais aussy de la grecque, et si vous en trouviez d'escripts en caràctère grec minuscule, quels qu'ils soient, ils ne peuvent quasi pas manquer d'estre bons, si ce ne sont de simples livres rituels de l'Eglise grecque, où il n'y avoit (*sic*) possible tant à profiter. Je prie à Dieu qu'il vous y conduise et vous en ramene sain et sauve, et qu'il m'ouvre quelque digne moyen de vous servir, comme, Monsr mon R. P., vostre, etc.

DE PEIRESC.

A Aix, ce XV sept. 1634.

LETTRE XXXVIII
P. Gilles de Loches au cardinal Barberini
9 OCTOBRE 1634
(Bibl. d'Inguimbert, Collection Peiresc, tome XLI, folio 207. Copie)

EMINENTISSIMO PRINCIPE (1),

Ritrovandomi in Roma l'anno passato, al mio ritorno di Levante (dove per cagione della missione sono stato in

---

(1) ÉMINENTISSIME PRINCE,
Me trouvant à Rome l'année dernière, à mon retour du Levant, où j'avais été missionnaire pendant environ sept ans, j'eus souvent la pensée d'aller saluer Votre Éminence, et de lui offrir divers volumes en langue arabe, que j'avais apportés avec moi. Ces livres sont d'autant plus rares, qu'ils traitent des principaux points de la loi de Mahomet, et que ceux qui professent celle-ci sont tellement jaloux de dissimuler leur superstition aux chrétiens, qu'il y a défense sous peine de mort, à tout chrétien, de les avoir en sa maison, et, bien plus, de les envoyer en pays

circa di sette anni) hebbe spesso l'instinto d'andar a salutar l'Eminentia Sua, et offerirgli diversi volumi in lingua arabica, da me qua di quelle parti trasportati, i quali sono in tanto più rari, che trattano di principali punti della lege Maomettana, i professori della qual sono in tanto più gelozzi ch'i Christiani viddino la superstisiosittà loro, ch'è diffeso sotto pena della vita, a qual si voglia Christiano, di tenir in casa sua libri simili, molto meno di mandargli in paesi di Christiani. Con tutto ciò, a risicco (*sic*) di morte, n'ho ripportati otto o nove delli più rari e curiosi, et in oltra i Salmi di David in lingua chaldea e charattere nestorino anticho, chiamato volgarmente nel idiomate loro *Estranghetto*, colla versione arabica interlineare, et altri trattati nel fine scritti dalla medesima man e maniera. Di più, in altro volume vi è il Salterio armeno benissime scritto, con altri due volumi di preghi et orationi

de chrétienté. Malgré cela, au péril de ma vie, j'en ai rapporté huit ou neuf des plus rares et des plus curieux; en outre, les Psaumes de David en langue chaldéenne et caractère nestorien antique, appelé vulgairement en leur langue *Estranghetto*, avec une version arabe interlinéaire, puis d'autres traités écrits, à la fin, des mêmes main et manière; un autre volume contenant le Psautier arménien très élégamment peint, et deux autres volumes de prières et oraisons en langue abyssinienne, ou éthiopienne. Bien que j'eusse le plus extrême désir de me présenter à Votre Éminence pour lui offrir tous ces livres, je n'en eus pas le courage, étant homme de trop peu de considération. Ensuite, je passai par Aix, siège du Parlement de Provence, ou j'eus l'honneur de saluer Monseigneur l'abbé de Peiresc, conseiller du Roi audit Parlement. Il m'a dit de quelle bienveillance Votre Éminence l'honorait, et m'a donné l'assurance qu'Elle agréerait que je Lui offre ces livres. Il m'a répété la même chose dans ses lettres; celle-ci m'ont donné la hardiesse de vous faire cette offre, et celle de tout ce en quoi il me serait possible de satisfaire vos goûts. Je vous les enverrai donc par la première commodité que j'en pourrai avoir, si Votre Éminence veut bien m'en faire donner l'ordre. Et je prie Dieu de vous conserver longuement pour l'utilité de sa sainte Église.

Orléans, le 9 octobre 1634.

De Votre Éminence le serviteur très humble et très soumis,

F. GILLES DE LOCHES,
Prédicateur capucin français de la province de Touraine.

nella lingua abyssina, overo ethyopica, Con ciò sia donche ch'io fusse molto spinto di presentarmi a Sua Eminentia per offerirgli detti libri, tutta via non hebbo il ardire, per esser huomo di troppo bassa consideratione. Doppo, hò passato per Aix, la parlamento di Provenza, dove hebbe l'honor di salutar Monsignor l'Abbate di Peiresc, consiliere del Re nel detto parlamento, lo qual me dice in quanto l'Eminenza Sua lo favoriva di sua benevolentia, e che credeva ch' agradirebbe ch' io gli offerisce i sopra detti libri. Lo stesso ma (sic) reiterato per sue lettere, le quali m'hanno mosso ad inardirme per offerirgli detti libri, e tutto ciò che mai potrò per gusto suo. Li quali mandarò con prima commodità, si l'Eminenza Sua me ne farà dar l'ordine, preggando Iddio benedetto che La conservi longamente per utilità di sua santa Chiesa.

In Orleans, alli 9 d'ottobre 1634.

Di Sua Eminentia

Servo humile et abiettissimo,

F. EGIDIO DI LOCHES,
Predicatore capuccino francese della provincia di Turena.

Et au-dessus est escript :

A Monsignore, Monsignore l'Eminentissimo cardinale Barberini, prefetto dalla (sic) Sacra Congregation de fede propaganda, Roma.

(Suit, au folio 208, la copie d'une lettre du card. Barberini, datée de Rome, 2 janvier 1635, et adressée à Peiresc. Il y est question de diverses affaires et notamment de personnages orientaux ou abyssins capables de traduire les livres apportés par le P. Gilles de Loches.)

LETTRE XXXIX
Peiresc au P. Gilles de Loches
14 NOVEMBRE 1634.
(Bibl. d'Inguimbert, *Minutes de Peiresc*, tome H.-I.-L.-M., fol. 356, v.)

Monsieur, ne pouvant avoir loisir, à mon tres grand regret, de vous escrire amplement comme j'eusse desiré en responce de vos despeches des 9 et 15 octobre, je n'ay pourtant pas voulu manquer de vous en accuser la reception, pour vous oster de la peine où vous pourriés estre des lettres de Rome, que je feray tenir seurement par le prochain ordinaire d'Avignon ; mais ce ne pourra pas estre avant la fin de ce moys, car ils ne vont qu'une foys le moys. J'ay aussy receu la boitte des libvres bas bretons et petrifications, où j'ay trouvé de l'exercice et du plaisir tout ensemble, dont je vous remercie tres humblement, en attendant que je vous en puisse entretenir plus à souhait qu'il ne m'est permis à cette heure, que nous sommes dans la reception de Mʳ de Saint-Chaumond (1) en sa charge de gouverneur, et dans le despart de Mʳ le mareschal de Vitry, qui s'en va en cour. Excusés moy, je vous supplie, et faites mes excuses et recommandations très humbles aux RR. PP. Paschal de Loches et Constance de Chasteauneuf, dont je voudroys bien pouvoir meriter les bonnes graces par mes humbles services, tant pour leur propre vertu que pour l'amour de vous et pour l'amitié qui est entre vous. J'ay faict tenir vos lettres à Marseille, et demeure toujours, Mʳ mon R. P..., vostre très humble, etc.

De Peiresc.

A Aix, ce 14 novembre 1634.

J'ay eu une lettre du bon P. Colombin de Nantes, à qui je ne sçauroys aussy faire de responce à ce coup.

(1(Melchior Mitte, marquis de Saint-Chamond, maréchal des camps et armées du roi. Il était fils de Jacques Mitte de Saint-Chamond, fondateur du couvent des Capucins dans la ville de ce nom ; Melchior fit lui-même quelques agrandissements à cette maison, et voulut être enterré dans l'église des Capucins. Comme ceux-ci n'y permettaient aucune œuvre d'art, la jugeant offensante pour leur pauvreté, le monument funéraire fut élevé dans l'église des Minimes. Voir la *Généalogie de la maison de Saint-Chamond*, par Maurice de Boisnieu (Saint-Étienne, 1888, in-8°).

LETTRE XL
Peiresc à M. Seghezzi
6 DÉCEMBRE 1634
(Ibid., ibid.)

..... Io non dubito che V. S. Ill.ma, come console della natione francese, et come devoto all' ordine santissimo de' Capuccini, et di tutti li Francescani, et per i proprii meriti della persona del R. P. Agathangelo, dotata di tanta virtù et sincerità di vita, et d'una pietà accompagnata di somma eruditione, non dubito, dico, ch' Ella non sia per favorirlo et suoi compagni in tutte le miglior maniere che si possa, in ogni occurenza, d'interporvi la sua protettione, et il suo potentissimo credito. Ma egli mi ha prevenuto et colmato di tanta obligatione, che mi sarà sempre charissimo, et a simplice gratia, che per amor mio Ella mostri di portargli ancora qualche affecto di più di quello che potrebbe occorrere alli suoi meriti proprii, et a quelli del suo ordine et della natione, et s' Ella vorrà appogiar la sua curiosità, m'assicuro che si scopriranno cose rarissime et di grandissimo utile per il publico, et per l'honore cosi della personna di V. S. Ill.ma come della nobilissima natione (1).....

(1) Je ne doute pas que Votre Seigneurie Illustrissime, en raison de sa qualité de consul de France, et par l'effet de son dévoûment pour le saint ordre des Capucins et pour tous les Franciscains, comme aussi par égard pour les mérites personnels du P. Agathange, orné de tant de vertu, de pureté de mœurs, et dont la piété est accompagnée de très haute érudition ; je ne doute pas, dis-je, que vous ne lui fassiez, ainsi qu'à ses compagnons, toutes les faveurs qui seront réclamées par les circonstances, et que vous ne les fassiez profiter de votre protection et de votre très puissant crédit. Il m'a prévenu et comblé de tant de sujets d'obligation, qu'il me sera toujours très cher. Je vous demande donc la grâce de vouloir bien, pour l'amour de moi, lui montrer une affection plus grande encore que celle dont il est digne par ses mérites propres et par l'ordre et la nation auxquels il appartient. Et si vous avez la bonté de le protéger dans ses recherches, j'ai la certitude qu'il en résultera la découverte de choses très rares et de grande utilité pour le public, pour l'honneur de Votre Seigneurie Illustrissime, et pour celui de la très noble nation.

LETTRE XLI
Peiresc au P. Agathange de Vendôme
6 DÉCEMBRE 1634
(Ibid., folio 359).

M' mon R. P..., depuis que je receus l'escuellon de boys de cedre qu'il vous a pleu m'envoyer tout remply, et des morceaux de boys de l'arbre de sainct Machaire, il ne s'estoit presenté aulcune commodité d'escripre en Egypte jusques à present, que je n'ay pas voulu manquer de vous en remercier, comme je faicts, mais seullement bien marry de ne me sentir assez digne de posseder de si sainctes reliques et si pretieuses, et de n'avoir encores peu recouvrer les quatre volumes, que j'ay envoyé querir à Milan, du grand *Tresor de la langue arabique*, de l'edition Ambroisienne, que l'on m'a promis de m'envoyer au plus tost, mon exemplaire s'estant par malheur trouvé engagé à vingt lieues d'icy, hors de Provence, dans l'estude d'un grand personnage de mes amys, qui est fort docte et desja fort versé en ces langues orientales, lequel s'en voulut servir, et est allé faire un voyage de cour avant que me le r'envoyer. Car je vous eusse envoyé le mien par ceste bonne commodité. Mais, avant que l'on expedie aulcun aultre vaisseau en Egypte, je m'asseure que je l'auray receu, et ne manqueray de le vous faire tenir incontinent. Comme je voudrois bien sçavoir quels aultres livres je pourrois envoyer à ce bon evesque, qui m'a si liberalement accommodé de la coppie de son vocabulaire et grammaire des Cophtes, lequel je voudrois bien pouvoir servir en revanche de son honnesté. Il me tarde grandement d'ouyr dire que vous ayez faict vostre voyage de Sainct Macaire, me promettant que vous y rencontrerez des merveilles, en matiere de livres principalement. Et vous supplie de vous resoudre, s'il est possible, et de croire que le plus tost sera le meilleur. A ceste heure, le Sr Santo Seghezzi faict la charge de consul. Il vous y pourra assister de son credit, et le fera volontiers, je m'asseure, pour le merite particulier de vostre rare vertu et piété, et, possible encore, pour l'amour de moy, qui seray à jamais, M^r mon R. P..., vostre etc.

DE PEIRESC.

A Aix, ce 6 decembre 1634.

LETTRE XLII
Peiresc au P. Gilles de Loches
30 JANVIER 1635
(Ib., folio 364)

M^r mon R. P., je n'ay point eu de vos lettres plus fraisches que du 15 octobre, ausquelles je respondis le plustost que je peus, et environ la my novembre, si je ne me trompe, ayant advis de M. du Mesnil Aubry de la reception de la lettre que je vous escripvois et qu'il la vous avoit envoyée à Orleans. Mais j'ay sceu que les predications de l'Advent et des festes suyvantes vous avoient occupé à de meilleures affaires et plus dignes de vostre charité. Cependant, j'ay eu responce de l'Em^{me} Cardinal Barberin, lequel a eu pour bien agreable l'offre de vos livres mss arabes, comme vous pourrez voir de l'extraict que je vous envoye de la lettre qu'il m'en escript, estant bien marry de ce peu d'inconvenient que vous y trouverez, en ce qu'il n'avoit pas encore veu vostre lettre lorsqu'il m'a faict responce; non qu'elle ne luy ayt esté asseurement envoyée, car j'ay tres bonne souvenance de l'avoir mise de ma main dans son pacquet, ni qu'elle puisse avoir esté perdüe, attendu qu'il ne se peult rien perdre de semblable allant par la voye soubz les addresses que vont mes despesches, dont les maistres des courriers sont responsables mesme, puisqu'il m'accusa la reception de ma lettre. Mais je devine ce qui en peult estre quasi comme si je l'avois veu, et le luy escriray par le prochain ordinaire, qui passera, Dieu aydant, dans deux jours. Or, c'est lorsque les secretaires de ces princes reçoivent toutes leurs despesches, et en ouvrent non seulement les enveloppes en leur absence, mais aussi les lettres particulières addressées à Leurs Eminences, et puis leur en font leur rapport quand ils en peuvent avoir la commodité, ce qui ne leur est pas gueres facile, et souvent se participent les lettres entre eux, et font choix des plus importantes pour y faire les responces plus tost qu'aux autres. Et d'aultant que je mets de ma main les suscriptions de mes lettres à Son Eminence, et que mon escripture lui est congneue, et aux secretaires, ils n'ouvrent pas les miennes, et les laissent ouvrir à Son Eminence, laquelle reserve parfoys sur sa table mes lettres toutes seules pour y respondre à son loysir, et laisse emporter toutes les autres à ses secretaires sans les avoir veües ; voire bien souvent quand ils voyent des signatures de religieux ; parce quils n'en sont que trop souvent importunez par aulcuns malcontents en leur condition ; cela faict tort aux aultres qui y vont à si bonne foy, comme vous : dont j'ay bien esté mortifié. Mais je suis bien asseuré que vous en aurez la raison, possible par le prochain ordinaire, que le Cardinal aura peu prendre le loysir d'ordonner d'autres responces à ses secretaires, et pour le plus tard ce sera par le suyvant ordinaire, en repliquant à mes prochaines lettres. Tant est que vous n'aviez pas de quoy doubter meshuy de la bonne disposition de S. Eminence en vostre endroict. Et je vous aurois maintenant envoyé l'original de sa lettre, sans qu'elle est de plusieurs chefs, dont il a remply tout [sic] de sa propre main toutes les quatre pages de sa feuille, ausquels chefs il me fault respondre demain, Dieu aydant. Vous verrez qu'il a maintenant en main cest evesque venu d'Alep, qu'il seroit bien ayse d'employer à la traduction de vos livres, s'il les avoit en son pouvoir, et consequemment que, si vous les luy vouliez despartir en ceste saison, il vous en sera plus redevable de beaucoup qu'en une autre où l'on auroit plus de difficulté d'avoir un traducteur si capable et si affectionné à Son Eminence comme est ce bon evesque, puisqu'il m'escript que c'est un sien amy antique. Vous adviserez à ce que vous en aurez à faire, et si vous vous resolvez à luy envoyer vos livres, et que les veuillez addresser à Paris audict Sieur du Mesnil Aubery, ils viendront en toute seureté, et je les envoyerai aussy par voye bien asseurée d'icy à Rome, à Son Eminence, à vostre nom. Que si vous avez commodité de les envoyer à droicture d'Orleans à Lyon, en y faisant vos addresses à M. de Rossy, à l'enseigne du chasteau de Milan, il aura le soing qu'il fault de me les faire tenir icy asseurement; si mieulx vous n'aymez les addresser à Marseille, à quelqu'un de vos amys, pour les faire tenir à Rome. Sur quoy j'attendray qu'il vous plaise me faire entendre vos sentimens, pour m'y conformer et en donner à S. Eminence les relations que vous trouverez bien. Au reste, je crois bien que vous serez aussy fasché que moy d'entendre la mauvaise nouvelle que nous a apporté depuis trois ou quatre jours le capitaine Maillet, venu de Seyde à Marseille, à sçavoir qu'enfin le pauvre esmir Facardin a esté surprins dans une caverne où il s'estoit allé cacher avec dix caisses en chascusne desquelles y avoit quarante mille sequins. On ne sçait encore ce qu'on aura faict de sa personne. Tant est que le deuil en est quasi universel pour toute la ville de Marseille, pour le support qu'ont perdu les François en ce pays-là. Quant au sieur Vermeil, s'il a faict quelque fortune entre les Abyssins, je pense que ces presbtres dont me parle le seigneur cardinal Barberin en pourront dire des nouvelles ; car j'avois prié Son Eminence de les en faire enquerir et de m'en faire sçavoir le resultat, qu'il me promit fort courtoisement de sa grace ; mais il faudra donner loisir aux truchements de se mieux entendre avec ces Abyssins, et pouvez voir, par les termes de la lettre de ce cardinal, qu'il y a bien de la difficulté d'avoir à Rome des gens capables d'y servir d'interpretes en ces langues. Et consequemment la cognoissance que vous en avez peut estre d'un grand fruict à la chrestienté, estant bien asseuré que, dans la Vaticanne, il y a grand nombre de livres en Abyssin, entre lesquels se trouveroient sans doubte de tres rares pieces, et qui pourroient faire grand fruict dans l'Eglise de Dieu, et meriteroient bien que vous employassiez à cella quelques années avant que vous aller sacrifier comme vous voulez faire parmi ces barbares, ce que vous supplie de vouloir considerer. Je ne puis vous entretenir, à mon tres grand regret, à cause de la presse du courrier. J'attends avec impatience l'arrivée du navire *Sainte Anne*, qui me doibt apporter le vocabulaire et la grammaire des Cophtes, et ne seray en repos que je ne les voye arriver à bon port. Ayant neantmoins eu le vent qu'il y a trois ou quatre exemplaires de pareilles grammaires et vocabulaires en un seul lieu, où il faudra bien tascher d'avoir le credit d'en avoir un, si faire se peult. Et sur ce je finis, me recommandant à vos bonnes prieres, et demeurant, M. mon R. P., vostre, etc.

De Peiresc.

A Aix, ce 30 janvier 1635.

LETTRE XLIII
Peiresc au P. Gilles de Loches
6 FÉVRIER 1635
(Ibid., folio 364, verso.)

Monsieur mon R. P., je vous escripvis si à la haste par le precedent ordinaire, que je pense avoir oublié de vous dire que le Caval. del Pozzo m'escript du 2 janvier en ces termes : « Ricevi la lettera per il Padre Procuratore generale de' Cappuccini, al quale fù datta in propria mano, et, flattagli instanza per la riposta, diche che l'havrebbe mandata per la via ordinaria. » Je m'imagine que le prochain ordinaire de Genes, que nous attendons dans huict ou dix jours, m'apportera vostre responce de Son Eminence, et que ses secretaires luy auront parlé de vostre lettre, qu'ils devoient avoir confondue en leur secretairerie, et pour le plus tard que ce sera par l'ordinaire du moys suyvant. Cependant, nous avons eu une relation de la finale ruine du pauvre esmir Facardin, que j'ay bien voulu vous envoyer, m'asseurant que vous y compatirés bien, comme font tous ceux qui cognoissent ses bonnes qualités.

Estant toujours, Monsieur, vostre, etc.

DE PEIRESC.

A Aix, ce 6 febvrier 1635.

LETTRE XLIV
Peiresc au P. Gilles de Loches
13 FÉVRIER 1635
(Ib., folio 365).

Monsieur mon R. P., je vous envoyay dernierement ce que j'avois appris des dernières nouvelles du pays d'Ethiopie. Vous verrez maintenant icy l'extraict des suittes que j'en ay receües despuis lors de la part de l'Em^{me} Cardinal Barberin, et de l'article de sa lettre concernant la mesme matière, où vous apprendrez la necessité où l'on se trouve à Rome de conferer avec ces bonnes gens qui sont venus de si loing, et, faulte de personnes capables de les entendre et de se faire entendre à eux, je vouldrois que vous y fussiez. Car, avec les notices (1) que vous avez en ceste langue abyssine et en l'arabe, vous en tireriez des merveilles, et feriez œuvre bien meritoire. Il me tardera d'avoir responce des dernieres despesches que je fis à Rome par le dernier ordinaire, pour voir si les secretaires de Son Eminence n'auront pas retrouvé vostre lettre, afin qu'il vous puisse faire la responce qu'il vous doibt.

Cependant, je vous supplie de ne pas communiquer ceste relation de l'Ethiopie à personne, de peur que, si les nouvelles en estoient rapportées à Rome à Son Eminence, il ne prinst en mauvaise part que je l'eusse trop librement communiqué à d'autres, et que cella ne nous rendist indignes en la suitte. Mais il importoit trop que vous en eussiez la veüe, pour la vous celer, et manquer de vous tesmoigner en cella, comme en toute autre chose, que je suis absolument et sans reserve, Monsieur, vostre, etc.

De Peiresc.

A Aix, le 13 febvrier 1635.

LETTRE XLV
P. Gilles de Loches au cardinal Barberini
28 FÉVRIER 1635
(Ibid., fol. 378, verso)

Em^{mo} Signore (2), il molto Illmo Signore di Peiresc

---

(1) C'est-à-dire *connaissances*.
(2) On verra plus loin l'explication, par Peiresc, de l'existence de

hauendomi dato d'intendere che l'Eminentia Sua aggraderebbe alcuni libri arabici, ma però che sarebbe bisogno mandargli quanto prima, per rispetto d'un signore vescovo maronitta, lo quale trovandosi adesso in Roma, voltarebbegli in lingua latina, non hò potuto tanto presto ottenere la permissione dal mio provinciale, essendo assente lontano, e però me son' avisato mandar tali libri a Sua Santità, alla quale appartien la proprietà di tutte le cose delle quali habbiamo l'uso, fin che disponendo d'essi a sua voglia, come di cosa sua, l'Eminentia Sua se ne posca servire per mezzo suo : pregandola con ogni humiltà dar d'intendere tal cosa a Nostro Signore per sicurezza della conscientia mia, come ancora d'otto figure di miniatura reale in carta pergamena. L'una è d'una madonna, l'altra

deux versions de cette lettre du P. Gilles. — Nous les traduisons toutes les deux :

Eminentissime Seigneur, le Très Illustre M. de Peiresc m'a donné à entendre que Votre Éminence agréerait quelques livres arabes, et qu'il importe de vous les envoyer le plus tôt possible, à cause de la présence à Rome d'un évêque Maronite qui les traduirait en langue latine. Je n'ai pas pu en obtenir assez promptement la permission de mon Provincial, qui est absent et fort au loin, et je me suis avisé de les envoyer à Sa Sainteté, à qui appartient la propriété de tous les objets dont nous avons l'usage, afin qu'Elle en dispose à son gré comme d'une chose sienne, et que Votre Éminence puisse s'en servir par son moyen. Je vous prie, en toute humilité, de faire entendre cela au S. Père, pour la sécurité de ma conscience. Et de même de huit miniatures sur parchemin. L'une représente la Madone, l'autre un perroquet, et les autres diverses fleurs. Ce sont les ouvrages les plus délicats en ce genre qui se fassent aujourd'hui en France. Les livres sont au nombre de cinq, et concernent tous la loi musulmane. S'il n'existait pas entre Sa Sainteté et Votre Éminence des liens aussi intimes, je ne ferais pas une démarche aussi étrange ; j'aurais attendu l'ordre de mon supérieur, afin de n'imposer aucun ennui à Votre Éminentissime Seigneurie ; mais je me promets que, la charité ayant pour effet de cacher la multitude des péchés, la vôtre couvrira cette mienne faute, d'autant qu'elle a pour but unique celui de témoigner le plus promptement possible à Votre Seigneurie Illustrissime combien je suis désireux d'être toujours son serviteur très humble et très obéissant.

F. GILLES DE LOCHES, prédicateur capucin.

Orléans, 28 février 1635.

d'un parrocquetto, e l'altre da fiori diversi, fattura dalla più suttile man che sia oggidì in Francia in tal materia. I libri sono cinque, tutti della legge mohamedana. Se Sua Santità non fusse quello ch'è à l'Eminentia Sua, non fariai (sic) tal sproposito, et haverai spettato l'ordine dal Superiore mio, per non fastidire la Signoria Sua Em^ma ; ma comprometto mi di charità sua, la qual'opre la moltitudine de' peccati, ch'ancora oprirà questa mia falta, poiche non è per altro sinon per testificargli più pronto quanto sono bramoso d'esser per sempre, di Sua Signoria Em^ma, servo humilissimo et ossequentissimo.

F. Egidio de Loches, *predicator cappuccino*.

In Orleans, alli 28 febr. 1635.

DUPLICATA [1]

Em^mo et R^mo Signore mio et padrone Col^mo.

Havendo io inteso dal Signore di Peiresc che certi libri arabici mss ch'erano in mie mani potrebbono (sic) esser

---

(1) Éminentissime Seigneur et protecteur très honoré.

Ayant appris par M. de Peiresc que certains livres arabes manuscrits qui sont entre mes mains pourraient être agréables à Votre Éminence, surtout s'ils vous arrivaient pendant le séjour à Rome d'un évêque maronite plus capable que personne d'en faire une traduction latine élégante et fidèle, je me suis trouvé en grande anxiété. Mon supérieur était absent d'ici, en voyage aux plus extrêmes limites de sa province, et il ne m'était pas permis d'offrir ces livres à Votre Éminence sans sa permission. Mais j'ai fait la réflexion qu'à Sa Sainteté appartient, comme on dit habituellement, non seulement tout meuble de personne ecclésiastique, mais la propriété pure et simple de tout ce que les religieux peuvent avoir à leur usage. Dès lors je me suis résolu à envoyer ces livres à Sa Sainteté, qui en pourra disposer à son gré ; j'ai la confiance d'espérer qu'elle le fera en faveur de Votre Éminence, vu l'étroitesse de vos liens de parenté, et que par cette précaution ma conscience demeurera en sécurité, en même temps que Votre Éminence ne sera pas privée de l'objet qu'elle désire.

Pour profiter de [l'occ]asion, j'ai fait joindre à cet envoi huit miniatures exquises : l'u[ne représe]nte la Madone, une autre un animal, et les autres diverses fleurs... [so]nt sur parchemin, émanent d'une main très adroite, et sont, parmi le[s œ]uvres de ce genre, des plus estimées en

gradei dall Em^tia vostra, massime si potesse anteciparsene il recapito mentre si trovarà in Roma un signor vescovo maronita, che ne poterà fare la versione latina più fedele et più elegante di qual si voglia altro. Io mi trovai in grande ansietà d'animo, per esser assente il mio superiore molto lontano di quà, anzi ne gli ultimi confini della sua provincia, senza speranza del suo ritorno per qualche tempo, et senza la cui licenza nulladimeno non mi poteva esser lecito di presentar a V. Em^a quei libretti. Ma sendomi accorto che alla Santità di N. S. appartiene, come si suol dire, non solamente qual si voglia spoglio di persone ecclesiastiche, ma la proprietà grossa di quanto puonno (sic) havere i religiosi per suo uso, io mi son risoluto d'inviargli a S. Sta, la quale ne potrà disporre a suo beneplacito, giovandomi credere che habbia da riuscire in favore di V. Eminenza, stante la strettezza di parentadè, et che con tal precautione potrà rimanere in tutto la mia conscientia, senza ch'Ella sia defraudata del suo intento.

L'opportunità dell' occasione vi ha fatto aggiongere otto figurine di miniatura isquisita, d'una Madonna, un animaletto, et certi fiori in carta pergamena di mano assai sottile et delle più preggiate di Francia in questo genere di lavoro, che si sono inserite fra li cinque volumetti della legge mohameddana. V^ra Em^tia si degnarà farli presentare alla Santità di N. S., accettare il buon volere, et condonare l'ardire di suo devoto servo et oratore, et la mancanza dell' ordine, o licenza, delli superiori immediati, di che non mi sarei dispensato senza il timore di

France. Elles sont insérées dans les cinq volumes de la loi mahométane. Votre Éminence daignera les faire présenter au S. Père, lui faire agréer le bon vouloir et pardonner la hardiesse de son dévot serviteur et suppliant, à qui fait défaut l'ordre ou la permission de ses supérieurs immédiats, dont il ne se serait pas dispensé s'il n'avait craint de laisser échapla présente opportunité de la venue en cette cour d'un traducteur de grande capacité et mérite, et l'occasion de témoigner à Votre Éminence son respect et son dévouement....

lasciar perdere l'opportunità presente della venuta in cotesta corte d'un translatore di tanta capacità et merito, et per testificare all' Em^{tia} V^{ra} il mio devoto ossequio : bramoso ch' Ella disponga di me come di servo humilissimo et ossequentissimo a V^{ra} Em^{tia}.

Fr. EGIDIO DE LOCHES, capp^{no}.

In Orleans, alli 28 febr. 1635.

LETTRE XLVI
Peiresc au P. Agathange de Vendôme
28 FÉVRIER 1635
(Ibid., folio 356 verso)

Monsieur mon R. P., ce mot fait à la haste, car j'ay esté surprins de l'advis du partement de la barque du capitaine Baille, en ceste conjoncture que j'estois embarrassé d'une deputation de nostre parlement pour aller au devant de l'Em^{me} Cardinal de Lyon (1) et le saluer de sa part, lequel part aujourd'hui d'Avignon pour s'en venir icy et passer à Rome. Ce mot, dis-je, ne sera que pour vous addresser les quatre volumes du *Tresor de la langue Arabique*, lequel je ne vous avois peu envoyer plus tost, tant pour la longueur qu'il y a eu à les faire venir de Milan à Genes, à cause des pluyes qui ont regné, et de Genes à Marseille, que pour attendre des commoditez de navire qui allast de Marseille en Egypte. Je voudrois vous pouvoir servir plus à point nommé en meilleure occasion, et ces Messieurs les prelats et autres de ceste ville qui sont curieux de libvres. Et vous supplie de les en asseurer de ma part, et me mander librement quelle sorte de libvres

---

(1) C'était Alphonse-Louis du Plessis de Richelieu, le frère du cardinal Armand de Richelieu. Il avait été archevêque d'Aix (1626-1628) avant d'être archevêque de Lyon, ville où il mourut le 23 mars 1653.

ils voudroient avoir de deça, que je vous feray incontinent tenir, me recommandant à vos bonnes et devotes prières, et demeurant, Monsieur mon R. P., vostre, etc.

De Peiresc.

A Aix, ce 28 febvrier 1635.

LETTRE XLVII
Peiresc à M. Santo Seghezzi
28 FÉVRIER 1635
(Ib., folio. 365)

..... pregandola di schusare questo ardire et la raccommandatione che le fò di quattro volumi destinati al R. P. Agathangelo di Vendosme, cappucino, a cui la supplico di fargle capitare, et favorirlo di quanto le sarà possibile, massime quando egli vorrà far il viaggio di S. Macario, et procurarmi d'altrove alcuni libri antiqui di mio gusto, offerendogli in scambio la servitù mia..... (1).

LETTRE XLVIII
Peiresc au P. Gilles de Loches
6 MARS 1635
(Ib., folio 367).

Monsieur mon R. P., ce mot à la haste (car nous avons icy Monseigneur le Cardinal de Lyon, que je ne puis gueres laisser) ne sera que pour vous envoyer la lettre

(1) Je vous prie d'excuser ma hardiesse et la prière que je vous fais au sujet de quatre volumes destinés au P. Agathange de Vendôme, capucin, à qui vous ferez en sorte qu'ils soient remis. Veuillez aussi lui faire toutes les faveurs qui vous seront possibles, surtout lorsqu'il voudra faire le voyage de Saint-Macaire et me procurer, d'autre part, quelques livres anciens comme je les aime. En retour, je vous offre mes services.

ci jointe, que j'ay receue de l'Em^{me} cardinal Barberin par la voye de la mer, avec des livres de la *Roma Sotterranea* (1), où sont toutes les vieilles inscriptions et peintures plus anciennes qui se trouvent faites dans les cimetieres soubsterrains du temps de la primitive Eglise, où il y a grand nombre de figures en taille doulce, et de tres belles recherches et origines des premiers chrestiens et de leur pieté. La lettre est toute escrite de la main de Son Eminence, et vous verrés au bas qu'il a receu vostre lettre, comme j'avois bien deviné d'où procedoit qu'il ne l'eusse pas veue. D'abbord il estime vostre present grandement precieux, comme il l'est en effect, et je pense que vous luy ferez un singulier plaisir. Et luy en feriez bien dadvantage si vouliés aller à Rome travailler à l'edition de quelque belle piece de vos livres, et par occasion serviriez de truchement pour les Abyssins, et pourriez voir les livres du Vatican en ces langues orientales, où vous verriez des merveilles, à ce que je puis juger des livres cophtes dont j'ay enfin faict faire l'inventaire par une personne que je luy avoys recommandée, qui y a trouvé d'excellentes pieces, tenües comme à l'abandon, car on n'y cognoissoit rien. Et j'entends qu'ils y en ont une merveilleuse quantité en langue abyssine, qu'ils entendent encore moings, où vous treuveriés, je m'asseure, tout ce qu'avez veu de plus beau au Cayre. Et pour des Arabes, le nombre y est quasi infini. Enfin, vous n'avez qu'à me lascher le mot de ce que vous trouverez bon, et puis me laissés faire du reste. J'attends vostre responce sur le faict de vos livres mss, pour en pouvoir rendre compte à Son Eminence, et, si bien il ne vous a faict responce, ils sont si pressés d'ailleurs qu'ils n'en ont gueres de moyen ; mais je crois pourtant que le prochain

(1) C'est l'immortel ouvrage d'Ant. Bosio, publié à Rome en 1632 (grand in-folio).

ordinaire ne reviendra point sans en apporter. Cependant, tenés moy tousjours, Mʳ mon R. P., vostre, etc.

DE PEIRESC.

A Aix, ce 6 mars 1635.

N'oubliés pas la relation de ce bois petrifié qui est dans ces..... ou ce bois fossile, dont je vous diray un jour quelque chose de vostre goust, Dieu aydant.

LETTRE XLIX
Peiresc au P. Gilles de Loches
20 MARS 1635
(*Minutes de Peiresc*, tome C.-D.-E.-F.-G., folio 306.)

Pourra-t-on empescher que les choses ne succedent à souhaict... sans que vous vous en mesliez, et sans qu'on puisse recognoistre... que vous y ayez rien contribué, quant mesme vous ne voudrez parler que d'un bienfaict. J'espere que je vous entendray assez bien à demi mot, et comprendray, s'il plait à Dieu, ce qu'il vous fault..., où suppleeray ce qui est du debvoir ou de la bienseance, car je voiz... qu'il vous faudra faire violence pour extorquer aussi de vous aupres... des sainctes resolutions que vous avez d'aller mourir en preschant la saincte foy chrestienne à ces pauvres ames infideles, que vous sçavez si bien ramener à la cognoissance de Dieu et de leur debvoir. Mais il seroit injuste aussy qu'on vous laissast partir sans avoir dressé d'autres disciples qui puissent vous imiter, comme dict ce brave Cardinal, et suivre voz paz et voz ordres, pour y faire les progrez que vous leur pouvez tant faciliter. J'ay pareillement retiré une grande consolation d'entendre le retour de quelques uns de vos pauvres Peres esclaves de Constantinople, et le favorable succez de la nouvelle mission de Canada, où ilz ont acquis tant de creance, et m'en prometz beaucoup de fruict, avec la divine benediction. Mais je me trouve grandement obligé à la courtoisie de ce V. P. Epiphane d'Orleans, qui me daigne escrire si tendrement, sans autre cause que l'amitié et veneration que je vous porte. Et voudroys bien pouvoir correspondre à sa bonne volonté en le dignement servant, comme je feray du meilleur de mon cœur s'il me daigne honnorer de ses commandements ; bien marry de me recognoistre si indigne, comme je suis, de tant de bien et d'honneur. Mais, à ne vous rien dissimuler, quoyque je ne soys pas trop prompt de mon naturel à accepter de telles faveurs, si est ce que je me suis trouvé surprins et tousché d'abord [d']un bien ardent desir d'avoir quelque chose d'une si digne main que la sienne, et aymerois mieux que ce fust un petit St François que tout autre, quand ce ne serait quasi que despuis la ceinture en hault, dans vostre habit de Capucin, qui m'a tousjours esté en singuliere et especiale veneration dès ma plus tendre jeunesse : à tant que, si j'eusse eu un corps aussi robuste et aussi fort que j'avois ma volonté et mon courage, vous pouvez croire que j'aurois voulu vivre et mourir dans vostre sainct habit et institut. Mais je n'entendz nullement que ce bon Pere interrompe rien de ses ordinaires occupations et divertissements, ains tout à son ayse, et quand l'occasion s'en pourra presenter bien opportune. Et me tardera d'entendre que vous soyez venus de compagnie aux bains, où je vous conseille de venir sans plus de remise..., puisqu'il faut songer à vostre santé sur toutes choses, afin de pouvoir faire valloir ce talent, et n'en pas laisser affoiblir la quallité et par consequent la valleur et les moyens d'en ayder le public. Je luy escriray peut estre un petit billet, si je peux ; car on commence à me presser, le courrier voullant anticiper son depart de quelques heures. Et je demeure cependant toujours à plus fort [titre] que devant, M' mon R. P., vostre tres humble et tres obeissant serviteur et plus cordial amy.

De Peiresc.

A Aix, le 20 mars 1634.

LETTRE L
Peiresc au P. Épiphane d'Orléans
20 MARS 1635
(Ibidem.)

M. mon R. P.,

J'avois bien eu quelque vent de l'existence et perfection de voz ouvrages, et de l'admiration qu'ilz laissoient à tous ceux qui estoient capables d'en juger ; mais je n'avois pas encore sceu l'existence et perfection de vostre honnesteté jusques à un tel point que vous affectionniez si tendrement, non seullement voz anciens amis, mais les leurs et les moindres de leurs serviteurs : ne pouvant assez admirer vostre desbonnaireté en mon endroict, sans avoir jamais pu meriter d'estre seulement cogneu de vous, pour la seule quallité que je porte, bien qu'indignement, de fidelle serviteur de vostre bon P. Gilles de Loches, qui me faict trop d'honneur de m'advouer pour tel, veu que je l'ay si mal merité, et que je ne luy en ay sceu rendre aulcunes preuves, que par de simples vœux. Mais, puisque son merite est si surabondant, et que c'est de cest (sic) costé que vous luy ressemblez si fort, aussi bien que de celuy de la courtoisie, je me promets que vous ne ferés pas de difficulté de recevoir, en supplement de mes deffectuositez, ce qu'il y a en luy et en vostre personne de plus recommandable qu'en la plus part des aultres hommes du siecle, à cette fin de me permettre que je l'employe à ma descharge, et que je vous oblige de l'imputer à ce qui me manque : ne doubtant pas que la moindre parcelle de tant de suprerogation ne soit capable de couvrir mes plus grands manquements. C'est de quoy je vous supplie et conjure le plus humblement que je puis, et d'excuser la mesme suitte la trop grande liberté avec quoy j'ose, sans le tirer pourtant à consequence, accepter, comme je faicts, les offres qu'il nous a pleu me faire faire de vostre cordiale affection, et qui plus est de quelque petite piece ou eschantillon de vostre ouvrage, que je souhaiteroys bien pouvoir estre des appartenances de saint François et de vostre ordre sacré, plus tost que d'aultre chose, que ce ne devroit estre que le visage dans vostre habit de Cappucin, accompagné seulement de la poictrine ou des bras, selon vostre commodité, que je vous supplie de prendre, et de ne vous point divertir en façon du monde de voz plus ordinaires divertissements. Car il n'y a rien qui presse ; mais n'oubliez pas de me commander en tout ce que me jugerés propre à vostre service et à vos louables curiosités, comme celuy qui sera à jamais, M. mon R. P., vostre, etc.

De Peiresc.

A Aix, ce 20 mars 1635.

LETTRE LI
Peiresc au P. Épiphane d'Orléans
(Même date).
(Ibidem.)

M. mon R. P., je vous faits ce billet à part pour vous dire que, si vous vouliés accomplir l'un de mes vœux les plus ardents, il fauldroit, s'il vous plaist, sous quelque petit praetexte d'imiter le naturel pour conserver plus de relief à la pourtraicture, affecter de retenir la semblance du visage de nostre bon P. Gilles dans son habit de cappucin, lorsque vous me fairés le pourtraict de saint

François que je vous demande tres humblement ; car, oultre que je n'estime pas qu'il n'y ait peu du rapport du visage de ce bon Pere avec des anciens portraicts que j'ay veus de ce grand sainct, j'auroys un double plaisir de voir conserver le pourtraict d'un si grand personnage entre les plus vertueux de tout vostre ordre sacré. Que si vous craigniés qu'il ne s'en doubtast, et qu'il ne s'y opposast, il fauldroit plustost le desguiser tant soit peu, par la longueur de la barbe ou aultrement, sans rien alterer des lineaments du visage, et particulierement du front, de la veüe et du nez, d'où se tire quasi le pourtraict du genie et de l'esprit, ou principales inclinations ou habitudes.

LETTRE LII
Peiresc au P. Gilles de Loches
9 MARS 1635.
(Minutes de Peiresc, tome H.-I.-L.-M., fº 367, verso)

Monsieur mon R. P., j'ay receu depuis trois jours, soubs une enveloppe du Sʳ Piscatori, de Marseille, du 13 de ce moys de mars, vostre lettre du 15 febvrier, où j'ay esté bien marry d'apprendre que vous n'eussiés pas eu de responce aux lettres que vous dites avoir escriptes par trois foys à Monsʳ du Mesnil Aubery ; car il m'a, ce me semble, mandé vous avoir escript luy mesme, et que, n'ayant point de responce de vostre part, il en estoit en peine, et craignoit que vous ne fussiés ailleurs, dont il desiroit apprendre des nouvelles certaines. Il est vray que, depuis ma despesche du 14 novembre, dont vous m'accusés la reception, j'avois esté quelque temps sans vous escripre, attendant responce de Rome, et suis bien marri de ce trop long retardement. Mais vous aurés, depuis, receu à force (1) miennes lettres ; car, par un petit bordereau que mon homme en a tenu, je viens de voir et verifier qu'il vous en a esté envoyé, soubs les mesmes adresses du Sr du Mesnil Aubery, que vous aurés trouvées dattées du 30 janvier, du 13 fevrier, du 6 de ce moys de mars, en toutes lesquelles vous aurés trouvé des nouvelles de vostre despesche de Rome. Car, dès le commencement, il me semble que je vous donnay advis que le cavalier del Pozzo avoit faict rendre en main propre vostre lettre au R. P. Procureur general de vostre ordre (2), et luy avoit faict demander à l'Em^{me} cardinal Barberin. Il m'escrivit d'abord qu'il recevroit à grande faveur vos beaux livres, mais qu'il n'avoit pas receu vostre lettre, dont il m'accusa pourtant la reception par une subsequente depesche, et ne mandoit point de vo....

La minute est mutilée de toute la suite ; mais celle-ci nous parait ne pas être autre que le fragment ci-devant placé sous le n° XLIX, et dont la minute s'est trouvée heureusement en un autre tome.

LETTRE LIII
Peiresc à M. le Président J.-A. de Thou
15 AVRIL 1635.
(Bibl. d'Inguimbert, tome V des *Minutes de Peiresc*, fol. 440, verso).

Monsieur, j'ay receu par le dernier ordinaire une lettre que M. de Sainct Sauveur (3) prist la peyne de m'escrire de vostre part, concernant les affaires d'Egypte. Pour raison de quoy vous verrez ce qu'on m'escrivoit de Mar-

(1) C'est à dire beaucoup.
(2) Le Procureur général des capucins était alors le P. François de Gênes.
(3) Jacques Dupuy, frère de Christophe et de Pierre, comme nous l'avons déjà rappelé.

seille peu de jours avant la reception de votre advis : ce qui me faict bien juger à l'advance de quelle main estoit venu le coup. J'ay, depuis, veu icy le Sr President de Paule, qui me dict d'abord qu'il avoict entretenu le Sr Cosme Valbelle, son cousin, sur cela, et qu'il desiroit de se disposer à faire pour le Sr Seghezzi, du consentement mesmes des Bermonds, si tost que celluy qui estoit consul sera arrivé, lequel l'on tient enfin estre à Livorne. Car ce seroit trop descrier le negoce en ce pays là et la nation, que d'y envoyer cet homme qui s'y est si mal conduit, ny pas un des siens, qui ne sont pas tant bien dans l'esprit des negociants de Marseille. Et à vostre venüe, vous en verrez assez la verité, et y pourrez contribuer vostre authorité. Il n'y avoit rien de faict entr'icy et là. Il me dict de plus que Mr de Breves (1) eust ce consulat appres avoir supplanté un venitien qui l'avoit possédé plus de dix ans, dont vous pouvez avoir apprins sur les lieux les tenants et aboutissants ; pour dire qu'il n'y auroit rien de nouveau quand un autre venitien l'auroit. J'ay, depuis, veu icy ledit Sr Gela, de quy j'ay apprins de plus que le Sr Seghezzi a payé tout ce que devoit la nation, et faict cesser les grands interests qui s'alloient accumulant à des sommes immenses. De sorte qu'il y escherra de bien plus grands remboursements que ne pensoient ceux qui faisoient ceste poursuite, qui auront, en toute façon, à passer par ses mains. Et vous sçavez comme il est appuyé et authorizé en ce pays-là : de sorte qu'il ne sera pas aisé de luy faire du tort impunement. Si vous trouvez bon d'en faire sentir quelque chose en passant au R. P. Joseph, possible y fera-t-il quelque consideration, estant bien certain que le credit de ce personnage peult beaucoup en ce païs là, pour y conserver la

---

(1) C'est le célèbre diplomate français Savary, comte de Brèves, marquis de Maulivier, né en 1560, ambassadeur à Constantinople de 1591 à 1605, et à Rome, de 1608 à 1614, mort en 1628, à Paris.

liberté de la residance des RR. PP. Capucins, qui pourroient estre en mauvaise posteure s'ils ne sont puissamment maintenus, et s'ils ne s'abstiennent de dogmatiser entre les peuples non chrestiens, leur zèle pouvant bien souvent exceder les bornes de ce qui est compatible dans la liberté du commerce. Car je scay ce qu'on leur avoit imputé du costé de Sayde, et l'affaire de l'esmir Facardin leur à nuy grandement par tout le reste de l'Empire ottoman. Vous verrez les nouvelles du costé de Sayde, où, quoyque vieilles, j'ay trouvé des petites particularités qui n'estoient venues jusques à moy, et ay creu que, possible, les verriez vous bien volontiers, ayant cogneu la plus part de ce monde là.....

DE PEIRESC.

A Aix, ce 27 apvril 1635.

LETTRE LIV
Peiresc à M. le Président J.-A. de Thou
14 MAY 1635
(Ibid., folio 447).

.... J'ay eu une lettre du Caire du Sr Magy, du 2 novembre, avec un libvre cophte nommé *Sulum*, ou l'Eschelle, qui est une espece de grammaire et de vocabulaire entremeslez, dont le texte, en caracteres cophtes, ou grecs majuscules deteriorés, est accompagné de la version arabique. Nous y avons desja deschiffré sur la fin un chapitre entier du desnombrement des mesures et des poids des anciens. Vous pouvez penser si ce m'a esté un dezagreable exercice. Le dict Magy m'escript en son patois la relation d'un certain Alleman, recommandé là à Dammartin par le Sr De La Croix, flamand, lequel s'estoit jetté entre les Cophtes, et y avoit jetté de bien grandes semences d'une nouvelle heresie, où il attiroit tous ces pauvres gens là, ayant gagné le patriarche mesmes, qui l'envoyoit avec un evesque en Ethiopie. Mais un P. Capucin, desguisé en religieux cophte, y accourut assez à temps pour dezabuser ce pauvre patriarche, et en sa presence refuter cet imposteur. De sorte que l'evesque partit sans luy. Je ne sçay ce qu'il sera devenu, et m'en enquerray.....

De Peiresc.

A Aix, ce 14 may 1635.

LETTRE LV
Peiresc à M. Magy, au Caire
17 MAI 1635
(Bibl. d'Inguimbert, *Minutes de Peiresc*, tome H.-I.-L.-M., folio 368)

Monsieur, enfin, par la grace de Dieu, le navire *Saincte Anne* est arrivé à bon port, et, le 12e de ce moys, j'ay receu le livre du vocabulaire des Cophtes fort bien conditionné, dont je me tiens infiniment redevable à vos soings et à la peine qu'y ont prinse les RR. PP. Agathange et Cassien, et les en remercie quant et vous le plus humblement et affectueusement que je puis....

LETTRE LVI
Peiresc au P. Cassien de Nantes
17 MAI 1635
(Ibid., folio 369)

Monsieur mon R. P., la lettre qu'il vous a pleu m'escripre du 25 octobre ne m'a esté rendüe que le 13 de ce moys de may, le navire *Saincte Anne* ayant demeuré six mois en mer, sans entrer, à cause du mauvais temps et des quarantaines qu'il luy a fallu faire en divers lieux, ce qui nous avoit bien donné de la mortification. Mais la resjouissance en a esté tant plus grande quand il a pleu à Dieu le nous ramener, et que nous avons peu voir le livre, que vostre lettre accompagnoit, de ce vocabulaire des Cophtes en forme de grammaire, que l'autheur a eu grande raison de nommer Sulum ou Eschelle, puisque c'est par une espece de gradation qu'il faict monter les lecteurs à la notice de ceste langue : vous asseurant que, de ce peu que nous y avons peu deschiffrer d'abord, nous avons bien ressenty du plaisir et de la consolation, et espere que d'autres plus clairvoyants que moy en sçauront encores mieux faire leur proffit et celluy du public, Dieu aydant, et que vous ne tarderez gueres d'en ouyr des nouvelles. Ne regrettant que le temps qui s'est perdu depuis que la transcription du libvre fut achevée ; car, à ce que j'ay trouvé cotté tout à la fin, ce fut le 27 du moys de may de l'année passée que ce bon presbtre Bactar, que vous y avez employé, y mit sa derniere main. Encores qu'il se serve de la datte de l'an 1350 du Messie, puisqu'il y adjouste l'autre epoque des SS. Martyrs, qui est postérieure de 284 ans, avec lesquels la supputation revient justement à l'année dernière 1634. Or, depuis ce temps là, il estoit parti deux ou trois navires, par lesquels, au lieu de la nouvelle qu'on nous escrivoit, que le livre estoit achevé, nous le pouvions avoir receu, et il seroit achevé d'imprimer à ces heures icy. Mais la datte de la derniere escritture de ce livre me faict presumer que, sur le vieil exemplaire dont il a esté transcript, il y en doibt avoir vraysemblamement une autre du temps qu'il fut pareillement escript, ce que je voudrois bien sçavoir au vray, et avoir coppie des paroles qui peuvent concerner le temps, et le lieu, et l'occasion de la dicte premiere transcription. Et s'il s'en trouvoit d'autres plus vieux exemplaires, je voudrois bien faire transcripre toutes les dattes differentes d'iceux, et tout ce qui peult servir à faire juger en quel temps à peu prez l'ouvraige peult avoir esté composé par son premier autheur, ou du moins en quel temps le plus ancien livre estoit de quelque usaige parmy ceux de ceste nation. Et d'aultant qu'en la preface l'autheur tesmoigne que ce n'est que le choix d'un ample recueil de paroles de ceste langue des Cophtes, que plusieurs avoient trouvé trop prolixe, je vous supplie de vous enquerir si cet aultre livre plus estendu ne se trouveroit point, auquel cas je ferois volontiers la despence de le faire transcripre. J'y ay, entre autres choses, trouvé un chapitre tout entier des noms propres aux mesures et aux poids, selon ce qui s'en trouve en l'Escritture saincte et ailleurs : ce qui m'a esté bien agreable, pour une particuliere curiosité que j'ay de ceste matiere. C'est pourquoy je vous supplie de vous enquerir, de ce bon evesque patriarche, ou autres plus versés en ceste langue, s'ils ont aulcunes instructions plus amples sur cette matière. Et si le livre prolixe (dont celuy-cy n'est que l'epitome) se trouvoit, je vous prie d'en faire transcrire à part tout le chapitre de ces mesures, et des poids, et des monnoyes, ou autres appartenances, et de m'envoyer la coppie de ce chapitre à l'advance, aussy tost que la commodité s'en presentera, sans attendre que le reste du livre soit transcript. Voire, si quelqu'un pouvoit dresser là des instructions bien particulieres de tous les divers noms des mesures et des poids de toute sorte, en toutes les langues qui sont en usaige en ce pays là, je veux dire non seulement en arabe ou moresque, et en cophte ou egyptien, mais en abyssin ou ethiopien, et en langue de Nubie et de l'Hiemen principalement, ensemble du turc et du persan et du grec vulgaire, avec un peu de memoire de leur proportion reciproque, je le recevrois à singulière faveur, et ferois une recognoissance honneste à celuy qui s'en vouldroit donner la peine pour l'amour de moy, en luy envoyant des livres ou autres choses de par deçà, ou bien de l'argent s'il l'ayme mieux qu'autre chose. Je vous prie d'y veiller un peu, et plus tost d'y employer diverses personnes, chascune en sa langue, et puis le faire revoir à des gens qui puissent faire la comparaison de quelques unes des dictes langues les unes aux autres pour le regard, s'ils ne peuvent les comparer toutes. J'ay veu que ce pauvre prebstre Bactar, qui s'est nommé au bas de ce libvre, n'a mis son advertissement qu'en arabe. Je serois bien ayse d'apprendre de vous s'il entend du langage cophte ce qu'il en fauldroit pour le parler, ou bien du turc, ou d'aulcune autre langue que l'arabe, mesme du franc (sic) ou italien, ou provençal abastardy. Car je serois bien ayse de luy escripre ou faire escripre pour l'employer à la transcription de quelque autre piece, et surtout des libvres de l'histoire et chronologie, s'ils en ont aulcunes, et sçaurois volontiers à quelle raison il le faut payer. Comme je sçaurois bien volontiers son âge, ses moyens, et son industrie, et autre chose. Car, s'il estoit homme à vouloir venir par de çà, nous luy trouverions, possible, bien meilleure condition que tout ce qu'il peult avoir ou esperer de par de là. Je serais bien ayse de sçavoir aussy l'age et qualitez principales de ce bon evesque qui exerce la fonction de patriarche, et quelles langues il parle et peult entendre, pour luy pouvoir escripre ou faire escripre en un besoing, et de quoy il se delecte, pour voir si nous luy pourrions rien envoyer d'icy qui fust à son goust, pour acquerir son amitié à la mode de ces païs là, puisque vous l'avez trouvé de si bonne volonté comme vous me dictes. Et vous supplie de sçavoir de luy quels livres ils ont de l'hir e, et specialement de leur Eglise pretendue et de leur s, mesme de la succession de leurs evesques, depuis qu ls se sont soubstraicts de l'obeyssance et plaine communion et correspondance avec les Grecs ; s'ils ont aulcun roolle et succession de leurs evesques ; s'ils ont des chrestiens qui se maintiennent en leur obeissance particuliere, et choses semblables. Les honnestes offres et semonces que vous me faictes de vous employer confidamment, me font abuser ainsy de vostre patience et de vostre desbonnaireté, vous suppliant de m'en excuser, et de me commander en revanche tant plus confidamment, comme, Mr mon R. P., vostre, etc.

De Peiresc.

A Aix, ce 17 may 1635.

LETTRE LVII
Peiresc au P. Agathange de Vendôme
17 MAI 1635
(Ibid., folio 369, verso.)

Mr mon R. P., enfin, le navire *Ste Anne* nous a apporté le vocabulaire des Cophtes, que nous avions tant attendu. Et, si bien il n'a pas esté accompagné d'aulcunes de vos lettres, je ne laisse pas de recongnoistre ingenuement que c'est à vous que j'en ay la principale obligation, et au bon P. Cassien, qui ne s'y est employé, je m'asseure, que par vostre ordre special : ayant eu une lettre de luy que j'ay receüe comme si elle eust esté de vous mesme, jugeant bien que vous estiez, possible, absent lors de l'expedition du *Ste Anne*, ou diverty a de meilleures occupations, et qu'il s'est donné ceste peine pour l'amour de vous, ne pouvant estre pour l'amour de moy, qui n'avois pas l'honneur de sa cognoissance, ny d'avoir rien merité en son endroict. Bien que je n'aye pas d'avantage de vostre part, puisqu'il plaist à Dieu ; mais si est-ce que je m'en pouvois promettre d'avantage sur les honnestetés dont vous aviez daigné me prevenir cy devant pour l'amour du bon P. Gilles et par vostre immense bonté. Donc, je vous remercie de tout mon cœur, vous asseurant que vous ne me pouviez gueres faire de meilleur office qu'en me procurant ce livre, où je me suis entretenu, depuis son arrivée, de tres bonnes heures, et avec un merveilleux plaisir. Vous verrez que je me suis dispensé d'en escrire au R. P. Cassien soubs vostre adveu. Et vous supplie d'aggréer qu'il continue les recherches dont je voudrois bien estre esclaircy par son moyen ou par le vostre, si vos meilleures occupations le vous permettoient. Mais, s'il estoit possible faire une bonne obvervation des moments de l'ecclypse de lune prochaine, qui arrivera le 28me aoust prochain, de grand matin, ce seroit chose memorable à la postérité, et qui pourroit redonder à grand honneur et advantage de vostre personne et des autres que vous trouverez bon y employer, voire de tout vostre ordre, et specialement de vostre mission en ce païs là; parce que cela serviroit grandement pour regler la chronologie, et verifier si le calcul respond bien exactement à celuy que Ptolomée et les autres ont faict sur des pareilles observations au mesme lieu que vous estes, ou bien proche. Et faudroit tascher de voir du dessus des pyramides ou de quelque autre lieu bien elevé, pour en mesme temps voir lever le soleil d'un costé à l'orizon, aussy affin de remarquer en quel estat sera lors le progrez de l'ecclipse, et quelle quantité de son corps sera ecclipsée. Mais il ne se faudra pas fier simplement à vos yeux tous nuds. Il faudra se servir de ces lunettes de longue veüe qu'on appelle des porte veües, mais non des longues, qui seroint trop incommodes et mal propres à cet usage, ains des plus courtes, pourveu qu'elles soint claires, affin de voir le corps de la lune bien despouillé de ses faulx rayons. Car, à plein œil, le globe de la lune illuminé paroit beaucoup plus grand qu'il n'est en effaict, et consequemment la partie ecclipsée paroit plus petite qu'elle n'est reellement, ainsy qu'il se justifie par l'application desdictes lunettes, où vous verrez, par exemple, arriver l'ecclipse ou l'ombre jusques au centre du corps de la lune, et, si vous la regardez sans lesdictes lunettes, il s'en faudra plus d'un poulce que l'ombre n'arrive jusques au centre du globe esclairé, ce qui rend les autres observations grandement faultives quand on ne prend bien garde à cela. Si vous pouviez bien marquer precisement le temps du commencement de ladite ecclipse et celuy de la totale obscurité du globe lunaire, et celuy auquel elle commencera de recouvrer sa lumière, ce sont les principaulx poincts ou mouvements, et plus capables de donner des fondements aux rares consequences qui se peuvent tirer. Mais il ne seroit pas inutile si vous pouvez aussy marquer les temps et les moments que l'ombre couvre aussy un poulce du globe, et puis deux poulces, et ainsin (*sic*) du restant, si vous ou quelque autre se peult donner la patience. La question est de pouvoir marquer ce temps par des horloges si bien adjustées qu'il s'y puisse prendre quelque bon argument de certitude. Mais il seroit meilleur et plus indubitable si vous pouviez avoir quelque instrument pour prendre les haulteurs de quelques estoilles fixes, de celles du levant ou du ponent assez haultes sur l'orizon, et neantmoins assez eloignées du meridien pour y pouvoir asseoir quelque fondement solide. Car sur cela l'on pourroit, après, faire le calcul bien exact des moments du temps que vous les auriez observées, et de l'estat auquel seroit alors vostre ecclipse, et consequemment de la distance des lieux où vous serez d'avec ceux de la chrestienté où pareilles observations seront faictes le mesme jour, et encores de la conformité ou difference des temps que Ptolomée observoit en vos cartiers avec celuy où nous sommes. Il ne faudroit qu'un quart de cercle divisé en quatre-vingt-dix parties, et regarder à travers les pinnules d'iceluy l'estoile que vous choisirez, tandis qu'un plomb pendu du centre monstrera le degré de l'elevation de l'estoile. Et pour le commencement de l'ecclipse, il sera bon de prendre aussy l'elevation du corps de la lune, à le prendre par le haut ou par le bas. Mais il faudra marquer de quel œil vous observez, si ce sera du gauche ou du droit, cela n'estant pas inutile et pouvant causer de l'orreur, et fault y prendre garde bien soigneusement, mesme quand vous regarderez dans la lune et par les pinnules du quarré geometrique, ou aultrement. Vous aurez là cette ecclipse deux heures plus tost que nous, ou environ, et n'y durera pas tant, parce que le jour vous surprendra plus tost. Et ce sera ce qui sera le plus beau à remarquer, car, quand vous ne marqueriez autre chose que le progrez de l'ombre sur le globe de la lune lors du poinct du lever et du coucher du soleil, si vous les pouvez voir en concurrence, comme je l'estime, en ces païs là qui sont si peu montueux, ce sera toujours une observation tres memorable et digne d'en faire tres grand cas à la postérité. C'est pourquoy je vous supplie et conjure de n'y pas espargner un peu de temps et de peine, et de m'en excuser, me commandant, s'il vous plaist, en revanche, comme, Monsieur mon R. P., vostre, etc...

A Aix, ce 17 may 1635.

Depuis avoir escript, je me suis advisé de vous envoyer extraict d'une autre lettre escripte en Levant à une personne de profession religieuse pour tascher de la faire employer à l'observation de ceste ecclypse prochaine, afin que cela serve d'instruction plus particulièrement. Et d'aultant que je luy ay envoyé une petite lunette de porte veüe et un petit quart de cercle pour s'en servir à cet usage, à faulte d'autre plus propre, j'ay creu qu'il vaudroit mieux vous en envoyer aultant, que vous recevrez avec ceste lettre, s'il arrive à temps. Et si quelqu'un de vos amys se rencontroit aller au mont Sinaï environ ce temps là, ou que de ceux qui resident quelqu'un y peusse vacquer ce jour là, vous feriez ledict œuvre plus meritoire que vous ne croyez pas facilement, pour les belles notices et consequences qui s'en peuvent tirer.

Il seroit encore tres bon de faire observer sur lo midy la haulteur du soleil par le moyen de ce quart de cercle, tant les jours precedant l'ecclypse que le jour mesme d'icelle, et le suyvant. Et si vous la pouviez faire observer quelques jours devant, au midy, vers le poinct du solstice tant d'esté que d'hyver, il ne seroit que très bon, et la haulteur du pole pour l'estoille polaire, et marquant l'heure de la nuict par la haulteur de quelque estoille fixe du levant ou du ponent.

LETTRE LVIII
Peiresc à M. Seghezzi, au Caire
21 MAI 1635
(Ibid., folio 370, verso)

(Il semble que M. Seghezzi est en disgrâce, et Peiresc en actives démarches pour lui conserver sa situation)....

...... Assicurandola che il R. P. Gioseppo ricognosce haver particolar obligo grandissimo verso V. S. Illma per la carità et protettione ch' Ella va essercitando verso i Padri della sua missione, et dice non haver cooperato agli ordini datti a pregiudicio de V. S. Illma...... (1).

(1)..... Je vous assure que le R. P. Joseph se reconnaît particulièrement et grandement obligé envers Votre Seigneurie Illustrissime pour la charité et la protection que vous exercez envers les Pères de sa mission, et il dit avoir été étranger aux ordres qui ont été donnés au préjudice de Votre Seigneurie Illustrissime....

LETTRE LIX
Peiresc au P. Agathange de Vendôme
28 MAI 1635
(Ibid., folio 372 verso)

Monsieur, mon R. P. je vous escrivis dernierement, soubz l'adresse du Sr Magy, aprez la reception du livre vocabulaire des Cophtes, et vous envoyay une lunette et un petit quart de cercle pour vous servir de quelque secours à observer l'ecclypse de lune qui se fera la nuict du 27 au 28 aoust prochain, une heure ou deux avant le grand jour. Et d'aultant que l'on est en apprehension que la barque partie la première pour Alexandrie n'ayt rencontré l'armée navale des Espagnolz, je vous faicts, par une autre qui la doibt suivre de prez, un peu de despeche, et ay faict faire un duplicata des memoires que je vous avois lors envoyez, auxquelz j'ay encor adjousté en plus des observations de la derniere ecclipse de lune, faietes le 7 mars dernier à Tubingue par un grand mathematicien (1), pour voir si sa methode ne pourroit point vous faciliter voz observations, que je vouldrois bien que vous puissiez faire plus tost sur la plus haulte pyramide qu'ailleurs, s'il vous peult estre loisible, sinon là où vous pourrez.

De quoy attendant l'issüe, je demeureray, M^r mon R. P., vostre, etc.

DE PEIRESC.

A Aix, le 28 may 1635.

(1) Il s'agit là de Guillaume Schickard, né à Hettemberg, près de Tubingue, le 12 avril 1592, à la fois professeur d'astronomie et d'hébreu à l'Université de Tubingue, mort en catte ville le 24 octobre 1635.

LETTRE LX
Peiresc au P. Gilles de Loches
10 JUILLET 1635
(Ibid., folio 375)

M. mon R. Pere, après une longue cessation du bonheur d'avoir de vos lettres, durant laquelle je n'osois vous escripre, pour ne contrevenir à vos ordres d'attendre vostre retour des bains, j'ay receu par nostre dernier ordinaire vostre lettre du 18 du passé, où j'ay esté infiniment ayse d'apprendre vostre heureux retour des bains. Mais j'ay esté un peu mortifié de ce que vous dictes m'avoir escript de Bourbon, et m'avoir envoyé une boëtte de coquillages et petrifications par la voye de Moulins, que je n'ay pas receüe. Et si en eussiez faict l'addresse à M. de Rossy, de Lyon, qui m'escript d'ordinaire, je n'en serois pas en la mesme peyne; mais je le prieray de s'en enquerir du Sr de Chailly. M. Aubery m'escript, en m'envoyant vostre lettre, qu'il vous a faict tenir celles qu'il avoit de moy si tost qu'il a esté adverty de vostre retour, et qu'il a receu une boëtte assez pesante de vostre part pour moy, laquelle il m'a envoyée à Lyon, et que vous lui avez faict part de quelques curiositez qui se sont bien trouvées de son goust, dont je vous remercie aultant et plus que si ç'avait esté pour moy mesme. Car c'est un digne personnage, et à qui je suis infiniment redevable. Il faudra attendre l'arrivée icy de l'une ou de l'autre de vos boëttes pour vous dire nostre advis de toutes vos petrifications. Cependant, je vous diray bien que je m'estonne un peu de ce que vous dictes des morceaux de bois façonnés et petrifiés, ce qui n'est pas si commun, et merite bien d'estre estimé, s'il est bien verifié; car vous ne dictes pas de l'avoir veu vous mesme. Ceste couleur de terre orengée presuppose des qualités assez malignes, si elle est naturelle, pour ne pas produire des arbres ni autres plantes; mais si ce n'estoit que la brusleure, je ne sçay si cela seroit si exclusif de la fecondité; car la terre bruslée semble estre accompagnée d'un sel grandement fecond, au contraire des pierres, qui se calcinent.

Il faudroit esprouver de faire brusler de la terre des environs, pour voir si elle acquerroit ceste couleur orengée, et si elle seroit si sterile que celle-là.

J'attends dans trois ou quatre jours le retour de l'ordinaire d'Avignon, et qu'il m'apportera des lettres du cardinal Barberin, de qui je n'en ay pas receu ces deux ordinaires precedents, à cause qu'il se purgeoit lors de l'expedition de l'un, dont il me fit faire excuse par le cavalier del Pozzo, et qu'il estoit aux champs lors du partement de l'autre. Mais je fus bien asseuré qu'il a receu tout ce que je luy ay addressé, en bon estat, et pense qu'à ce coup vous aurez sa responce. Il m'escript volontiers de sa main, ce qui est cause que ce n'est pas si à point nommé comme si c'estoient ses secretaires qui respondissent en son nom, comme ils font communement aux autres, et à moy aussy quand ce n'est pas pour affaires de la curiosité particuliere de Son Eminence. Je prie à Dieu que le R. P. Epiphane se trouve bien de l'usage de ses eaux de Pougues (1). Salluez le de ma part, quand vous luy escrirez, et me tenez tousjours, Monsieur mon R. P., etc.

DE PEIRESC.

A Aix, ce 10 juillet 1635.

---

(1) Aujourd'hui chef-lieu de canton de la Nièvre, arrondissement de Nevers, à 12 kilomètres de cette ville.

LETTRE LXI
Peiresc au P. Gilles de Loches
17 JUILLET 1635
(Ib., folio 375, verso).

M' mon R. P., je vous escripvis par le dernier ordinaire de la sepmaine en responce de la vostre du 18 juin. J'ay, depuis, receu, soubz une enveloppe de M. Chailly, de Lyon, du 5 juillet, vostre precedente lettre du 10 may, accompagnée de la boëtte de coquillages fort bien conditionnée, et laquelle j'ay tres volontiers veüe et examinée curieusement, ayant trouvé tres belles toutes ces petrifications maritimes que vous avez trouvées pres de Sainct Amand (1) et de Mouron (2), et specialement ceste coquille que le P. Epiphane a cassée si genereusement, puisqu'il y a trouvé ceste crouste cristalline interne qui est si gentille, et dont je vous feray bien tost comprendre la raison ou la cause, si nous avons jamais le bien de vous revoir icy. Ce que l'on vous a nommé *lapis lyncaeus* est une autre petriffication d'un poisson nommé dactylus. Nous en trouvons, en nos montagnes de Boisgency, qui ont conservé leur crouste, ou coquille naturelle, semblable à ceux de la mer, mais seulement un peu plus longs en leur proportion. Je verrois de bon cœur de vos caillous en forme de figues, que vous dictes estre si frequents en vos quartiers de Losches; mais il faudroit voir par mesme moyen si ez environs ne se trouve pas quelque autre sorte de petriffications ou pierres figurées naturellement, pour en prendre les conjectures qui y peuvent

(1) Saint-Amand-en-Puisaye, ou Les Poteries (Nièvre), chef-lieu de canton de l'arrondissement de Cosne, à 19 kilomètres de cette ville.

(2) Commune de La Nièvre, canton de Corbigny, arrondissement de Clamecy, à 40 kilomètres de cette dernière ville.

escheoir ; car de dire que ç'ayent esté des figues naturelles, encores qu'il ne soit pas impossible, il ne le fault pourtant pas croire trop facilement et sans voir grand nombre de ces figues, et si elles sont enfermées, comme les amandes sucrées, dans une crouste de pierre externe, auquel cas il s'y doibt trouver ez environs et des feuilles de figuier enfermées de mesme sorte, et d'autres fruicts, ou semences, ou feuilles, comme nous en avons de celles de vigne, et coudrier, et saule, et laurier, et pin, et autres semblables en nos mesmes montagnes de Boisgency. Mais il y a une tres grande difference des temps que la nature peult avoir produit les unes et les autres, et celluy qu'elle les a petriffiées. Et y faudroit un peu trop de discours pour une lettre missive. Ces pierres triangulaires et burinées à l'entour dont on vous a fait feste pourroient estre tres curieuses, s'il n'y a point d'equivoque au mot triangulaire pour quelque autre moings impropre à la figure de ceste pierre ; car j'en ay veu plusieurs qui ont des facettes triangulaires, lesquelles composent des figures tetraedriques et autres ; mais, de pierre absolument triangulaire, je n'en ay jamais veu, et en verray tres volontiers une ou deux peur le moings, pour juger du restant par l'eschantillon, et m'en tiendray bien obligé à vostre honnesteté et à ce bon appoticaire qui vous en a offert si liberalement. Je suis grandement redevable à M. de Bourdaloüe de l'honneur de son souvenir, et vouldroys bien luy rendre quelque digne service en revanche, vous suppliant de l'en asseurer si vous le revoyez. Et pour Mr Sarrazin, je ne pense pas avoir l'honneur de le cognoistre ; mais, sur vostre relation, je ne peux que priser et admirer grandement sa vertu et ses loüables curiositez, et desirer, comme je faicts tres ardemment, de luy offrir et rendre des preuves de mon humble service, si j'en avois. Du moins, vous me ferez une singuliere faveur de le luy faire sçavoir et agreer. Je seray attendant que le R. P. Epiphane ayt bien achevé la prinse de ses eaux de Poughes, et avec le succez conforme à ses vœux, et luy suis infiniment redevable de la bonne memoire qu'il luy plaist avoir de moy et de mon S. François, dont je le remercie du meilleur de mon cœur. L'ordinaire de Rome, que nous attendions la sepmaine passée, a esté retardé pour une sepmaine, comme il le faut faire, assez souvent, une fois en l'an, parce qu'il ne faict que XII voyages d'Avignon à Genes; mais il passera dans un jour ou deux au plus tard, et j'espere, par le prochain ordinaire, vous pouvoir esclaircir de tout ce que je vous avois proposé. Ce qu'attendant, je demeureray, Mʳ mon R. P., vostre, etc.,

DE PEIRESC,

A Aix, ce 17 juillet 1635.

Vous avez sceu que le pauvre esmir Facardin a eu la teste tranchée en Constantinople avec deux de ses petits fils. J'ay icy un maronite qui a esté dix ans à Rome et puis trois ans au Liban, neveu de l'evesque Georgio Amira(1), qui a despuis peu esté faict patriarche et subrogé à celuy que vous y avez veu, et qui estoit decedé ce caresme. Il a nom Sergio Gamerio, et est fils d'une sœur du pere du sieur Gabriel Sionita, professeur à Paris (2), lequel il retrouve, ayant fuy la persecution de sa personne ensuite de celle de l'esmir Facardin. Il entend tout plein en l'arabe et..... Je l'ay receu ceans en attendant qu'il y ait responce du Sʳ Gabriel, son cousin. Je luy ay demandé qui estoit cet evesque maronite qui est arrivé despuis quelque temps à Rome. Il m'a dict que c'est Isaac........, evesque de Tripoli, aagé d'environ 50 ans, qui est tenu

---

(1) Ce prélat fut un savant philologue, auquel on doit un ouvrage qui fut longtemps estimé : *Grammatica syriaca, sive Chaldaica* (Rome, 1596, in-4°).

(2) Sur le professorat de Gabriel Sionita (chaire d'arabe et de syriaque), voir le *Mémoire historique et littéraire sur le collège royal de France*, par l'abbé Goujet, 1758, tome III, p. 272-279.

pour homme tres docte en ces langues orientales, et grandement amy du cardinal Barberin, lequel avoit esté son disciple en ces langues orientales. Possible l'auriez vous cogneu? Au reste, j'ay receu un autre volume contenant trois traitez de la musique en arabe, qui pourront un jour servir de supplement de ce petit que vous avez veu seullement un jour, duquel j'estime qu'il se tireroit bien plus de fruict que l'on ne croit, s'il y avait moyen de le bien interpreter, à cause des notes et des figures coloriées qui peuvent suppléer tout plein de secrets de l'ancienne musique des Grecs, dont la memoire et cognoissance sont ensevelies et perdues tout à faict. Si vous pouvez vous donner ceste corvée, vous obligerez grandement le public, car les autres qui s'en sont voulu mesler n'y ont rien advancé qui vaille.

LETTRE LXII
Peiresc au P. Gilles de Loches
23 JUILLET 1635
(Ibid., folio 379)

M. mon R. P., le lendemain du despart de nostre dernier ordinaire de Paris, arriva icy l'ordinaire d'Avignon, de retour de Genes, d'où il apportoit les despesches de Rome, qui me rendit non seulement un pacquet de l'Em^{me} Card. Barberin du 6 juillet, mais encores un precedent du 1er juin, qui estoit demeuré en arriere dès le precedent ordinaire, à cause vraysemblablement d'un livre assez gros que Son Eminence y avoit fait joindre, concernant la representation et la musique de son sainct Alexis en presence du prince de Pologne. Dans ceste vieille despesche, Son Eminence m'accuse la reception et presentation des cinq volumes mss arabes à Sa Sainteté, ensemble des petites images, aux termes que vous pouvez voir en la coppie que je vous en ay faict faire, qui sera cy joincte. Il y a aussy une lettre pour vous de Son Eminence, où je m'asseure qu'il vous en dira, possible, davantage. Sur quoy il fault que je vous die un petit inconvenient qui m'arriva, dont l'importance n'est pas grande, et dont je m'asseure que vous ne ferez pas de difficulté de m'excuser, s'il vous plaist. C'est que, la lettre que vous m'aviez addressée pour faire tenir à Son Eminence avec les livres, estant demeurée dans l'un des volumes que je fis recouldre par mon rellieur, parce que tout estoit descousu, s'esgara dans la chambre de mondit rellieur, de façon que, le jour que le courrier d'Avignon passoit pour aller à Genes, et que je voulus le charger desdicts livres, vostre lettre ne se pouvant retrouver, j'en fis une, sur le credit de ma memoire, à vostre nom, à peu prez selon ce qu'il me souvenoit des termes et intentions de la vostre, et l'envoyay à Son Eminence, comme si vous m'en aviez envoyé la coppie, et que l'original de vostre main eust esté oublié ou envoyé par autre addresse. Et depuis peu l'original de vostre lettre s'est retrouvé, assez à temps pour le vous renvoyer, avec la coppie que j'avois faict retirer de celle qui fut envoyée en vostre nom, dont j'avois oublié de vous advertir dans la longueur du temps que nous attendions des nouvelles de vostre retour des bains. Enfin, je vous crie mercy de la faulte par moy commise, ayant esté bien marry de ce petit desordre. Cependant, je m'asseure qu'au fond vous vous aurez toute sorte de contentement, et pour la mission Ethiopique, et pour le fait de l'impression en langues orientales, dont vous verrez que l'on poursuit le Bref en la plus ample et meilleure forme que faire se pourra. Je ne suis marry que des longueurs de la cour romaine ; mais j'escripray à un amy pour en faire faire un peu de poursuitte. Car, autrement, Dieu sçait quand ces MM. auroient le loysir d'y penser, dans la foulle des affaires qui les accablent quasi incessamment. Je luy feray, par le prochain ordinaire, tous les compliments à moy possibles sur ce subject, et prieray Son Eminence, en cas de longueur, d'envoyer cependant un bref pour vous faire descharger de la predication et de toutes autres fonctions qui vous pourroient destourner de l'ouvraige entreprins concernant l'intelligence des langues estrangeres, ce qui peut estre si utile à toute la chrestienté. Et luy diray, de plus, qu'en attendant que le fait de la mission ethiopique soit en estat de mettre à execution, ou d'en resouldre la forme et les moyens, il pourroit vous faire mander à Rome avec tels compagnons que vous pourrez choysir et juger les plus propres et les plus disposez à une si saincte et loüable entreprinse, afin que, vous ouï, il y soit pourveu plus meurement. Et cependant vostre sesjour y pourra estre bien utile si l'on vous y employe à ceste nouvelle invention d'imprimerie; et si l'on y faict mettre soubs la presse les ouvraiges que vous pourrez donner en ces langues orientales. Je ne sçay si vous le trouverez bon ainsy, ou non ; mais bien sçay je que c'est tout à bonnes fins, et que ce n'est pas en intention de vous desplaire, ni à Messieurs vos superieurs et collegues de vostre province. Au reste, j'ay encore, depuis, receu par l'ordinaire de Paris vostre lettre du 3me de ce mois, soubs l'enveloppe de M. du Mesnil Aubery, qui m'accuse une autre boëtte vostre de petrifications, et la participation de quelque chosette pour luy en mesme matiere, dont je vous remercie tres humblement. Je vous ay desja escript, la sepmaine passée, que j'avois receu, soubs l'addresse de M. Chailly, de Lyon, une boëtte de Bourbon. Je n'ay pas encore eu la seconde; et M. de Rossy, de Lyon, à qui j'en avois donné advis, me mande que le courrier qui s'en est chargé n'estoit pas encore de retour d'un voyage qu'il estoit allé faire à Paris, mais qu'on l'attendoit, et qu'il retireroit ma boëtte pour me la faire tenir incontinent. M. d'Aubery me promet pareillement la troisieme par la premiere commodité, et je suis tout confus de l'excez de vos charitables soings en mon endroict, et des recherches que vous promettez encores plus grandes si l'occasion s'en presente, mesmes pour ce boys de Pruilly, qui est le plus important et le plus digne d'être examiné par vous. Je vous en remercie le plus humblement que je peux, et mesme de la peine que vous voulez prendre d'escripre au bon P. Mercene, pour l'amour de moy, sur ce qui est de la musique pratiquée dans les mosquées des Turcs, ou ailleurs, en leurs prieres. Estant bien fasché que l'on ne print mieux une commodité pour l'expedition du livre arabe que l'on nous fit voir si precipitamment ; car il y avoit moyen d'en tirer de tres belles lumieres, mesmes de cette figure où vous me dittes avoir trouvé les noms des nombres en persien. Car les mesmes noms des nombres servent en leur musique de noms propres aux tons de l'armonie, et ce qu'il y a des noms des signes du zodiaque et autres celestes n'est que pour plus d'ornement et d'affectation de mystere aux termes ordinaires de leur musique, en laquelle science ils entendent bien plus de finesse que nous n'avions creu, ayants eu des vieux autheurs grecs en cette matiere, que nous avons perdus, et qu'ils ont traduicts en leur langue arabique, et ayants entre autres choses conservé des manieres de noter la musique, lesquelles ne se trouvent plus en ce que nous avons des livres grecs ; et c'est ce qui nous rend si difficile la practique de l'ancienne musique, et c'est ce que nous cherchons principalement en ces livres arabes, soit directement ou indirectement. Or, restant que la differance des couleurs y sert grandement, et à faulte de les y observer nous y rencontrons des grandes difficultés ou impossibilités de discerner toutes les differances et qualités que les anciens y prescrivent, et si vous pouvez prendre le loysir d'y travailler un peu à bon esciant, vous feriés œuvre tres meritoire et de bien plus grande utilité que vous n'avez creu, touts ces Messieurs de Paris qui se meslent de langues y ayant perdu leur escrime, et specialement M. Gaulmin, maistre des requestes, aussy bien que M. Hardy et le Sr Gabriel Sionyte, tant à cause de la meslange (1) de quelques termes persans que de ceux de l'art, dont il seroit à desirer que le traducteur eust quelque plus particuliere notice. Comme nous avons icy un Turc naturel, de qui nous avons apprins que la musique, ayant esté anciennement en plus grand regne en Perse qu'au reste du Levant, et ayant esté apprinse des Persans, les termes de l'art y sont demeurés en langage persan, excepté ceux que les Persans mesmes ont empruntés ou retenus du grec, avec leur corruption de langage ou deterioration qui y peult eschoir, comme le nom mesme de la musique s'y est conservé quasi en mesmes syllabes et prononciation que parmi nous. Quant au mss des Epistres de sainct Pol en arabe, j'y doibs bien avoir plus de regret que vous ne pensez; car elles n'ont jamais esté imprimées ny à Rome, ny à Leyde, ains seullement les quatre Evangiles, et le pis est qu'il ne se trouve pas d'exemplaire mss en Europe, que l'on sçache, si ce n'est à Rome dans le Vatican; encore n'en sçait on rien d'asseuré. J'attends en peu de jours les quatre Evangelistes en cophte et en arabe, venus sur un navire anglois qui achevait sa quarantaine à Ligourne le 16 du present moys. Il me tardera bien de l'avoir, et encore plus d'apprendre quelle route vous avez prinze à l'issue de vostre chapittre de Bourges. Et ne voudroys pas qu'on vous eust donné de l'employ qui peust apporter de nouveaux obstacles à ce que nous desirons faire de vous pour le bien du public : tant d'autres

(1) Le mot *mélange* a été longtemps du genre féminin, et a été notamment employé comme tel par Ambroise Paré et par Jacques Amyot.

pourroient suffire à touts ces employs, tout ce qui retarde vostre grammaire ethiopienne estant grandement à desplorer, et tout ce qui peult retarder vostre voyage à Rome, où vous seul pouvez faire valoir le thresor caché qui y est, des livres en langue ethiopienne. Car je ne pense pas que ces Cordeliers qui sont passés en vos cartiers y entendent finesse, et m'estonne de leurs missions, si ce ne sont les PP. Jesuites qui les ayent procurées pour leur interest, n'y pouvant aller eux mesmes depuis qu'ils en ont esté chassés. Je plains bien la perte de ce navire de La Rochelle pour le Canada, où vous avez perdu trois PP. Capucins, et encores le r'allentissement de l'entreprinse et compagnie de la Guinée, et sera malaisé qu'on la remette sus avec cette rupture de guerre entre les deux couronnes, aussy bien que celle de la Floride. Pour les advis de Malte, si vous vous pouvez resoudre à accepter le voyage de Rome, vous les y pourriez donner quasi aussy facilement qu'à Malte mesme, si ne voulez donner jusque là. Et sur ce je finiray en priant Dieu qu'il luy plaise vous donner plus de santé et de vigueur que devant, et à moy plus de moyens de vous bien servir, pour l'honneur et gloire de Dieu et pour vostre satisfaction particuliere, aussy bien que pour l'utilité du public, estant de tout mon cœur, M. mon R. P., vostre, etc.

De Peiresc.

A Aix, ce 23 juillet 1635.

LETTRE LXIII
Peiresc au P. Gilles de Loches
24 JUILLET 1635
(Ib., folio 308).

Monsieur, ce mot n'est que pour le hazarder et le faire envoyer là par où vous aurez prins votre routte, s'il est possible, aprez la tenue de vostre chapitre de Bourges, afin de vous tenir adverty que j'ay faict tenir à Paris, à l'adresse ordinaire, les despesches que j'ay receues pour vous de la part de l'Em^me Card. Barberin, qui desire fort de vous faire employer en la mission Ethiopienne avec ceux que vous trouverez bon de choisir, et de vous voir à l'advance à Rome pour y donner les instructions necessaires à faire valloir ladicte mission, et à faire dresser d'autres subjects qui vous y puissent suyvre de temps à autre, et cependant s'exercer en l'estude de ceste langue et en l'edition des beaux livres qu'on y a et qui sont si mal entendus, m'asseurant que vous ne vous opposerez pas à ces bons et louables desseins, et que vos Peres et parentz [sic] y consentiront, comme ils le doibvent faire pour le plus grand honneur et gloire de Dieu, et pour la manifeste utilité qui en reviendra au public et à la nation françoise, aussy bien qu'à vostre province et à tout vostre ordre. Ces despesches ne vous seront pas envoyées qu'on ne soit asseuré du lieu de vostre residence. Cependant, ce sera icy l'avant coureur, tandis que l'on travaille à l'expedition des Brefs apostoliques. Et je prieray Dieu qu'il vous inspire et anime tousjours de bien en mieux, estant, M. mon R. P., vostre, etc.

DE PEIRESC.

Ce 24 juillet 1635.

LETTRE LXIV
P. Agathange de Vendôme à Peiresc

25 JUILLET 1635

(Bibliothèque nationale, Mss. F.F., *Correspondance de Peiresc*, n° 9543, folios 254 à 257).

—

Du Caire, ce 25 juillet 1635.

MONSIEUR, TRÈS HUMBLE SALUT EN LA CROIX DE N. S. J. C.

J'ay receu les lunettes de porte veüe avec le quarré

de nonante qu'il vous a pleu envoyer avec les vostres du 15 de may, et leur duplicata, et depuis une autre du 28 de may, avec les observations faictes à Tubingue sur l'ecclypse derniere ; lesquelles serviront pour faire, s'il plaist à Dieu, suivre la mesme methode autant que l'on pourra. J'y employeray avec moy quelques personnes de nos amis qui ont quelque cognoissance en cela plus que moy, et mettray peine que la chose se fera le plus exactement que l'on pourra. Pour ce qui est d'aller sur la pyramide, ce n'est pas chose qui se puisse faire, parce que on n'y va là que de jour, et bien accompagné, à cause des larrons qui se trouvent souvent en ce lieu là. Et le lieu est si difficile à monter, que plusieurs ne s'y veulent pas hazarder de peur. Joint que le lieu n'est aucunement commode, car les pyramides sont en lieu bas, et ont, au couchant et au levant, deux montaignes. Celle du couchant ne fait pas grande apparence, parce qu'elle s'esleve doucement; mais cependant, elle n'est guieres moins haulte que la pyramide, et empescheroit de voir le coucher de la lune en son vray horizon. C'est pourquoy il faudra chercher quelque autre lieu plus commode. Je vous envoye par le capitaine Baile un psaultier cophte, armenien, abyssin, arabe et chaldaïque, que nous avons eu d'un des convents de S. Machaire. Le superieur se monstre tres affectionné à nous communiquer ce qu'il a ; c'est le mesme qui donna les conciles. Et comme il n'a point authorité de vendre les livres du convent, ains seulement licence de les commuer en quelque chose necessaire pour le convent, il m'a demandé un calice d'argent et une patene, dont ils ont besoin, le leur s'estant rompu. Je leur en trouve un de verre que un venitien m'avoit donné : ils ont permission de s'en servir dans leurs eglises, faute d'autre. Si ceux que nous avons à nostre usage n'eussent esté trop petits pour eux, je leur en aurois presté un ; mais ils le veulent un peu plus grand et plus large de la coupe que les nostres ordinaires. Par les deux dernieres que je vous ay escrit, je vous en ay descrit la grandeur, particulierement de la patene, qui est comme un plat dont tout le fond est uni et egal, et le bord tout simple, eslevé d'environ un poulce, sans estre puis après renversé : semblable à certains plats de verre dont on se sert quelques fois à l'autel, qui n'ont façon aucune, sinon un peu d'or que l'on met aux bords et au fond. Il suffit que la patene soit dorée par dedans, sans aucune graveure ny ciseleure. Vous recevrez, s'il plaist à Dieu, avec la presente, le livre de Ebn el Bitar. Si vous avez esté si longtemps à l'attendre, l'infidelité de celuy qui l'escrivoit en a esté la cause : il a vendu ce qu'il avoit escrit, et maintenant on ne le peut plus rencontrer. On dit qu'il s'en est fuy avec beaucoup d'autres choses qu'il a emportées. Nous avons trouvé celluy cy tout entier chez un cheif qui s'est contenté de le vendre. Je me suis efforcé de trouver des livres d'astrologie en persien, et n'ay trouvé chose aucune qu'un petit traitté que vous trouverez dans le livre d'Ebn el Bitar. Il y a icy fort peu de livres de ceste langue là, et seroit meilleur de s'addresser en Alep. J'ay conneu là un cheif appelé Mohammed Estacaoni, curieux de mathématiques, qui a une belle bibliotheque de livres de diverses sortes de langues orientales. Nos Peres qui sont là le cognoissent, et vous feront volontiers cet office. Il y a encore, avec Ebn el Bitar, un petit livre de philosophie, que nous avons pris parce qu'il se trouvoit à bon prix et qu'il estoit d'un homme estimé en ce pays pour grand personnage. Pour ce qui est des chroniques des patriarches, j'en ay trouvé un petit recueil fort brief, que je feray escrire, en attendant que l'on trouvera quelque chose plus ample. On m'a promis d'en apporter un autre plus ample, qui est en un convent un peu esloigné ; mais, à dire la vérité, leurs livres sont si plains de mensonges, que c'est chose pitoyable. Il y a quelques années qu'il vint de Flandres ordre de chercher un livre appelé Ebn Calidon el Andaluzi, arabe. Ce livre a esté fort cherché, et n'a esté trouvé, sinon depuis peu, que le dernier flamand qui estoit icy s'en estoit allé. J'ay sceu le lieu où il est. C'est un livre qui a trente volumes, esquels on dict qu'il traitte de toute sorte de sciences. J'ay prié qu'on me le fist voir tome apres tome. Si vous aviez ouï parler de ce livre là, et que vous eussiez desir de l'avoir, vous le ferez sçavoir, s'il vous plaist, au plus tost. Par mes dernieres, envoyées par le capitaine Baile, je vous remerciois, et par la presente je vous remercie encore du Camous arabe qu'il vous pleut nous envoyer : dont Dieu n'a pas permis que nous ayons jouy, le livre ayant esté perdu sur le Nil, ce qui n'empesche pas que je n'en aye toute l'obligation à vostre courtoisie, et prie Dieu qu'il reçoive la charité et qu'il la recompense ; demeurant, Monsieur, vostre très humble serviteur en Jésus-Christ.

F. AGATHANGE DE VENDOSME, *capucin indigne*.

A Monsieur de Peiresc, con^{er} du Roy au Parlement de Provence, à Aix.

LETTRE LXV
P. Cassien de Nantes à Peiresc
27 JUILLET 1635
(Bibliothèque nationale, Mss. F.F., n° 9542, *Correspondance de Peiresc*, folio 196)

MONSIEUR, HUMBLE SALUT EN NOTRE-SEIGNEUR !

J'ay receu la vostre datée du 17 may, laquelle m'a rendu honteux et confus de [tant de] courtoisie, n'ayant jamais merité cela en vostre endroit ; mais je vous peux assurer que j'ay la volonté et desir de la reciproquer en toutes les occasions que jugerez à propos et me ferez l'honneur de m'employer. Pour response à la vostre, je vous diray comme j'ay esté voir ce bon presbtre Bactar, et, leu le contenu de la lettre, il m'a dit que l'on trouveroit le livre entier dont celuy que vous avez est l'abregé, et les dates differentes des temps, lieux, etc., auxquels il a esté faict. Je l'ay prié de nous venir voir et nous apporter lesdicts livres ; mais jusques à present il n'est encore venu, et je crois qu'il ne les a encore trouvés : aussy ne les a il pas, mais seulement m'a dict qu'il sçait quelque bibliotheque où ils se trouvent. Ils sont assez paresseux : le pays y contribue ; mais je le presseray en sorte que je tascheray de les tirer de luy le plus tost qu'il se pourra. Il faut un peu de temps et de patience avec les gens de ce pays icy. Pour ce qui est de son aage, et capacité, et qualité, il est homme de quarante ans, qui a femme et enfants, et sa mère, ce qui l'empesche du tout de vouloir quitter son pays. Pour sa capacité, elle est assez petite : hors de l'arabe, il ne sçait aucune autre langue. Il m'a prié de vous faire ses humbles recommandations. Il m'a dit aussy que l'on trouveroit les divers noms des poids et mesures en cophte et arabe, et cophte [sic].

Pour ce qui est de les trouver en persan [et] turque, cela est fort difficile à trouver en ceste ville. Je crois qu'on les pourroit trouver en Alep, à cause de la frequentation des Persans en ceste ville là. Pour l'ethiopien. il y a quelque temps que je tasche d'apprendre la langue, et il se trouve icy force bons livres, mais peu de gens qui les puissent expliquer, et ce qu'en ay appris, c'est avec grande peine, et presque à tastons, n'ayant aucun livre qui me puisse ayder. Je vous supplie de me faire sçavoir s'il se trouve quelque dictionnaire ethiopien imprimé en chrestienté, et en quel lieu, afin que je puisse donner ordre pour me l'envoyer. Avec l'ayde de ce livre là je pourrois faire quelque chose. Et s'il se trouvoit quelque bon livre en ceste langue, je pourrois vous l'envoyer si vous l'aviez agreable.. Pour ce qui est de l'evesque, c'est un bon vieillard d'environ 70 ans. Il ne sait de langues que l'arabe, et le cophte fort peu. Il ne se trouve en tout le païs de l'Egypte, à ce que je crois, que deux personnes qui le sçachent parfaitement. Il se trouve aussy, des annales qui parlent de leurs patriarches. Voilà tout ce que je vous peux dire pour le present, vous suppliant de me commander en tout ce que me jugerez capable de vous servir, et je m'y employeray de cœur et d'affection, comme celuy qui est et sera à jamais, Monsieur, vostre plus petit, mais plus affectionné serviteur en N. S.

FR. CASSIEN DE NANTES, *pauvre et indigne capucin.*

Au Caire, ce 27 juillet 1635.

LETTRE LXVI
Peiresc à M. le Président J.-A. de Thou
31 JUILLET 1635

(Bibl. d'Inguimbert, *Minutes de Peiresc*, tome V, folio 463.)

...... L'on n'a pas, depuis, parlé icy de l'affaire de Bermond, quelqu'apprehension qu'en eust eu le pauvre Mr Gela. Bien est-il vray qu'ils avoient faict passer en cour un jeune homme qui a nom Portal, et que vous avez veu chez le Sr Jacques d'Albert, soubs pretexte d'y aller porter un pacquet dudict Albert à M. de Charnassé (1), lequel il n'y trouva pas. Mais il a fort entretenu, ce dict-il, le P. Joseph, et fort chargé la main au Sr Santo (2). Comme il est tout de l'autre party, il disoit avoir veu une lettre

(1) Le baron Hercule de Charnacé, né en Anjou, au château de Charnacé, le 3 septembre 1588, fut tué au siège de Bréda (dans les tranchées), le 1er septembre 1637. Voir sur cet habile diplomate le *Dictionnaire histor., géogr. et biographique de Maine-et-Loire*, par Célestin Port, de l'Institut (t. I, 1876, p. 628-629).

(2) Santo Seghezzi.

dudict Sr Santo escrite audict P. Joseph, portant que la mission des Capucins estoit du tout inutile en Levant, et mille plaintes de ceux qui y sont : dont le P. Joseph estoit fort scandalizé. Ce que j'ay bien de la peine à croire, si ce n'est quelque artifice ou faulceté et supposition, car le Sr Gela s'est plainct à moy de plusieurs despesches qui luy ont esté interceptées soubs pretexte du vinaigre et de la purification necessaires depuis la contagion descouverte en Levant. De sorte qu'ils y pourroient bien avoir pris argument de quelque supposition qui ne vous sera pas difficile à descouvrir, si vous le voyez. Car il me semble que ledict Santo escrivit un jour au Sr Gela que des PP. Capucins avoient voulu dogmatiser quelques Turcs, contre les deffences qu'il y en a soubs des peines effroyables, et qu'il les avoit amiablement advertys du danger à quoy ils s'exposoient, et toute la nation, sans gueres d'esperance de faire le fruict et le progrez qui seroit à desirer, et qu'il s'en estoit ouvert au R. P. Joseph pour sa descharge. Mais je ne pense pas que ç'ayt esté en termes subjects à bien sinistre interpretation, puisque, aprez tout cella, il vous avoit parlé en si bonne bouche dudict Sr Santo, comme il vous pleust me le tesmoigner de vostre grace, sans neantmoins que j'en aye jamais donné aucune cognoissance à personne, pour les consequences. C'est pourquoy je ne puis m'imaginer que ce personnage, qui estoit de prudence et de conduicte, ayt faict ce manquement, ny, par mesme moyen, que le R. P. Joseph ayt faict voir de telles lettres à un homme de la qualité de ce Portail, ny qu'il se soit ouvert à luy comme il dict.

Tant est que j'ay creu vous en devoir avertir....

De Peiresc.

A Aix, ce 31 juillet 1635.

LETTRE LXVII
Peiresc au P. Agathange de Vendôme
10 AOUT 1635
(Bibl. d'Inguimbert, *Minutes de Peiresc*, tome H.-I.-L.-M., f. 381)

M' mon R. P., il y aura demain quinze jours que je receus le volume tant attendu des quatre Evangelistes en langage des Cophtes et en arabe, fort bien conditionné. Et peu de jours devant j'avois receu vostre lettre du 18e mars, venue sur le mesme navire anglois qui avoit apporté ce livre, et qui a faict une longue 40ne à Livorne premier que s'en venir à Marseille. Aussy tost que je l'eus veüe, j'envoyay querir un orfevre pour faire travailler au calice et au petit plat d'argent que nous ont demandé ces bons PP. du monastère de St Macaire. Et si vostre lettre m'eust esté envoyée de Livorne, comme un duplicata de celle du Sr Magy du 20 mars, dès l'arrivée du navire, tout seroit faict longtemps il y a, et pourroit aller par cette barque qui doit porter ces lettres icy presentement. Mais vous l'aurez par le premier navire qui partira, et, si ceste barque tardoit encore une sepmaine de plus, elle le pourroit porter. Je fais suivre vostre memoire et vostre mesure le plus ponctuellement que faire se peult ; mais j'eusse bien desiré que vous vous fussiez un peu plus estendu, et que vous eussiez envoyé un peu de griffonnement, ou pourtraict, de la forme principalement du plat ; car nous ne pouvons pas bien comprendre la forme de ce bord que vous dictes devoir estre eslevé d'un poulce, ny s'il fault pas un autre bord interieur qui soit plus comme les bords de nos plats, et puis qu'il y ayt un enfoncement vers le mitan (1) du plat, à peu prez comme le traict que j'en ay

---

(1) Milieu. Ce mot du vieux français est encore de nos jours employé dans le langage populaire.

tiré en profil au marge (sic) de ceste feuille, ou bien si ce n'est que comme le dessoubz d'une boëtte qui contienne le fond plat et esgal comme vous dictes, et des bords à l'entour à la haulteur d'un poulce, comme il sembleroit que se doibvent interpreter les paroles de vostre memoire. C'est pourquoy l'orphevre a esté d'advis de le faire ainsy ; car, s'il y fault adjouter un enfoncement par dedans, il ne sera pas difficile de le faire faire de par delà à coups de marteau, et au pis aller ne s'y perdra que la dorure. Il a trouvé le calice bien bas pour soutenir un plat si large, et à cause de ceste largeur il tiendra la couppe plus large aussy que ne sont celles de nos calices de deçà, et n'y aura rien de gravé ny ciselé par le dedans, qui sera bien esgal, bien doré et bien bruny ; mais par le dehors il n'osera pas y faire de la graveure ny ciseleure, de peur que ce ne feusse chose agreable a ces bons Peres, ne sçachant quelles imaiges leur sont les plus desirables, ou quels ornements plus agreables. Mais nous pourrions bien en faire faire un autre plus enrichy quand il leur plaira, et y faire graver ou ciseler par le dehors l'imaige du Sauveur, ou de la croix, ou de S. Macaire, si nous sçavions comment ils l'habillent et le representent, afin de ne rien faire d'incompatible à leurs usages et ceremonies. Pourveu qu'ils trouvent la forme à leur gré, pour la façon, nous en ferons faire tant qu'il leur plaira, et tascherons de contribuer en autres choses tout ce que nous pourrons à leur satisfaction particuliere, tant pour les commoditez et advantages de leur eglise et de leur bibliothèque, s'il y escheoit, que pour leurs personnes particulieres, soit de leurs superieurs ou de ceux qui y font profession des lettres, s'ils trouvent bon que nous les fassions nommer dans les editions des livres qu'ils nous vouldront despartir, et specialement de ce psaultier en six langues, auxquelles il se pourroit joindre le persan et le turquesque, car il me semble avoir ouï dire au R. P. Gilles de

Loches qu'il l'a en ces deux langues là, et qu'il le trouveroit en la langue de Nubie, en celle de la Georgie et en celle de l'Hieman. Il ne le faudroit pas negliger, à cause de l'accointance qu'elles peuvent avoir retenue, tant de la langue punique ancienne que de l'indienne, qui avoit tant de commerce à Aden et au Moucal [sic].

Cependant, je vous remercie tres humblement de ce beau volume des quatre Evangelistes en langage des Cophtes et des Arabes, qui nous a desjà bien donné de l'entretien, regrettant le premier feuillet du volume, qui est perdu, encore qu'il n'y manque rien du texte des Evangiles que nous ayons peu recongnoistre jusques à present. Mais, devant les trois derniers evangiles, il y a un roolle des tiltres des chapitres particuliers d'un chacun evangile. Et en teste de ce roolle, ou indice, il y a une petite preface et un peu de memoire du temps et du lieu que chacun evangeliste a escript son evangile. A quoy je trouve de tres belles choses à remarquer pour le vray synchronisme (1), et pour concilier les opinions diverses des saincts Peres pour ce regard. Mais il nous manque le commencement du roolle et indice des chapitres de sainct Mathieu jusques au sixième inclusivement, et la preface le concernant, où nous aurions peu apprendre ce que les Cophtes tiennent du temps, du lieu et de la langue en laquelle sainct Matthieu a escript son evangile, de quoy tous les maistres ne sont pas bien d'accord, non plus que des autres. C'est pourquoy, s'il s'en trouve là d'autres exemplaires, je vous supplie de faire transcripre ce premier feuillet de la preface de sainct Matthieu, et de l'index des six ou sept premiers chapitres de son

---

(1) Croyait-on le mot aussi ancien ? Littré ne donne qu'un seul exemple de l'emploi de ce mot, et il l'emprunte à un écrivain bien moderne, le baron de Sainte-Croix, mort membre de l'Institut en 1809. Le *Dictionnaire de Richelet* et le *Dictionnaire de Trévoux* n'ont pas admis le mot *synchronisme*.

evangile, car nous avons le restant, et, si l'edition s'en faict, comme je l'espere, il sera bon que la piece soit bien entiere et bien complette. Voire, si vous pouvez avoir l'autre volume, dont on vous a faict feste, des Epistres de sainct Paul en cophte et arabe, nous les pourrions faire imprimer ensemblement, et n'estimerions pas moins les autres Epistres des Apostres et les Actes de sainct Luc, pour faire l'assortiment du Nouveau Testament, s'il est possible. Que s'il y avoit trop de peine à les recouvrer, nous nous en passerons, et possible en tirerons-nous quelque supplement d'un lieu où l'on en a des bonnes pieces sans qu'on s'en veuille servir comme l'on pourroit. Je vous ay cy devant accusé la reception du vocabulaire des Cophtes, qui en presuppose un autre beaucoup plus ample qui ne seroit pas moins à desirer, s'il estoit possible de l'avoir, comme je l'avois mandé au Père Cassien de Nantes. Mais nous avons esté si malheureux, que le patron Estienne Beaussier s'est laissé prendre à des corsaires turcs sans vouloir s'enfuyr comme il eust peu, et après s'est laissé tout piller quand on luy a rendu la liberté pour luy et pour la plupart des siens. Je ne sçay s'il a de l'espoir de redemander ses papiers, comme firent des autres de sa trouppe, ausquels ils feurent incontinent accordez, mesmes à un certain turc qui me dit que si le sieur Magy luy eust baillé les livres qu'il bailla pour moy audict Beaussier, il les auroit sauvez avec la mesme facilité que ses autres papiers, et faulte de quoy nous y avons perdu ce bel exemplaire des Epistres de saint Paul en arabe qui estoit attendu avec tant d'impatience non-seulement de moy, mais de toute l'Europe. Car l'edition qui se faict à Paris de la grande *Bible Royale* en toutes les langues orientales plus ordinaires, n'est accueillie qu'à faulte d'un exemplaire des Epistres de saint Paul en arabe. Mais je plains bien encore ce libvre des Prophetes en cophte, que vous y aviez joinct, et ce livre d'astronomie en arabe, qui pouvoit nous fournir de bien curieuses notices s'il s'attachoit à l'astronomie plus tost qu'à l'astrologie judiciaire, où il y a plus de vanité. De sorte que je ne seray pas bien en repos d'esprit que je n'aye receu le livre d'Ebn el Bitar et cet autre libvre d'astrologie que vous dictes me faire coppier, avec des petits escripts en persien, m'imaginant que vous aurez trouvé de quoy les juger dignes de passer en chrestienté. Vous remerciant encore un coup de tant de soing, et specialement du courage que vous donnastes au sieur Magy de m'envoyer ces quatre evangiles par le navire anglois, puisqu'il est si bien venu, graces à Dieu. Car j'en eusse eu un regret extreme s'il y eust manqué, puisque je luy avois donné un ordre si exprez de se servir de ceste commodité là, veu que l'addresse de ces Angloys, quoy que rudes en apparence, estoit faite aux sieurs Lambert et de Gastines, et pour leur compte, car il n'en pourroit pas venir faulte si facilement. Nos provençaulx se laissent prendre comme des cannes sans deffence ; mais ces autres là ne se prennent pas sans gantelet, comme l'on dict. Si le sieur Magy eust observé l'ordre precis de mes instructions, qui estoit de m'envoyer par les premieres bonnes commodités ce qu'il auroit de pieces pour moy, j'eusse receu le vocabulaire cophte sept ou huict moys plus tost que je ne l'ay eu, et *Saincte Anne* m'eust apporté à sauvement ces Epistres de saint Pol que Beaussier a laissé perdre avec tant d'autres bonnes et curieuses pieces dont j'auray du regret toute ma vie. Mais, que direz vous de mon indiscretion d'abuser ainsy de vostre patience ? Excusez m'en, je vous supplie, et pardonnez à mon infirmité charitablement, comme à celluy qui est de tout son cœur, Monsieur mon R. P., votre serviteur, etc.

DE PEIRESC.

A Aix, ce 10 août 1635.

J'attends des nouvelles que vous ayez receu les quatre volumes du *Tresor de la langue arabique* que je vous ay envoyez par un navire anglois, ou flamend, nolisé pour le compte du sieur Santo Seghezzi plus de trois moys y a.

Je serois bien aise aussy d'avoir par mesme moyen une coppie bien exacte de la preface mise au devant du Catalogue des chapitres de l'Evangile de S. Jehan, parce que j'ay trouvé de l'equivoque en l'escriture de mon volume mss, tant au nombre des années de Jesus-Christ et de l'empire, qu'au nom de l'Empereur, qui est nommé Tarcos dans le cophte, et neantmoins dans la version arabe il se peult fort bien estre Trajanos, qui est plus conforme à l'histoire, et je seray bien aise d'apprendre les diverses leçons des autres exemplaires anciens de ce pays là. Il y a de semblables volumes à Rome, où j'ay escript pour avoir le supplement de S. Matthieu et la conference de la preface de S. Jehan ; mais possible l'aurons nous plus facilement de vostre main.

LETTRE LXVIII
Peiresc au P. Cassien de Nantes
10 AOÛT 1635
(Ibid., folio 382, verso)

Monsieur mon R. P., encores qu'avec le livre des quatre Evangelistes en cophte je n'aye pas receu de vos lettres, ains seulement du R. P. Agathange de Vendosme, je ne laisse pas de croire que vous devez avoir part à mon obligation, comme je ne doubte pas que vous n'ayez participé à la peyne et à la sollicitude pour me faire avoir ce volume, que j'ay trouvé tres beau et bon, et que j'espere de faire bien mieux valloir que ne font d'autres, qui ne recouvrent des livres que pour les enfermer dans des cachots impenetrables, où ils tombent d'une sorte de tencbres en d'autres plus obscures (1). Mais, d'autant que l'imperfection que nous y avons trouvée du premier feuillet du volume nous mortifie grandement, je voudrois bien qu'il vous pleust moyenner que vostre bon prestre cophte Bactar me voulust transcrire le mesme feuillet de quelqu'aultre pareil volume (car je ne pense pas qu'il ne s'en trouve d'autres de par delà), à cette fin que nous ayons la petite preface mise en teste de l'indice des tiltres des chapitres de l'evangile de S. Matthieu, comme nous avons de pareilles prefaces en teste de l'indice des autres troys evangiles. Et que nous y apprenions aussy par mesme moyen les epoques des temps et des lieux que S. Matthieu a escrit, et en quel langage, selon l'opinion et tradition des Cophtes, comme nous avons les mesmes remarques en ce beau volume pour les autres troys evangelistes, où j'ay desjà trouvé de quoy concilier de tres belles controverses d'entre les anciens et les modernes, le bon card. Baronius s'estant bien tourmenté en vain pour esclaircir ce qui pouvoit concerner S. Luc, et deux lignes de ce livre mettent la chose *in claris* et en termes indubitables, et qui s'accordent avec toutes les plus vrayes histoires. Ce fut ce que je rencontray d'abord à la premiere ouverture de ce volume, qui me console tellement, que je ne vous sçaurois exprimer la joye que j'en receus. Car la 12e année de l'empire de Claude, et la 20e de l'Ascension de Nostre Seigneur, conviennent parfaitement bien, et les autres ne s'en esloignent pas : ce qui me faict presumer que ces Cophtes ont de tres bonnes et fideles histoires, et me faict desirer tant plus ardemment d'en voir quelque volume, soit ancien ou modernement escript à mes despens, soit de la main du prestre Bactar ou autre, à quoy je vous supplie de veiller et faire travailler le plus diligemment que vous pourrez, esperant que de telles histoires, tant ecclesias-

(1) Peiresc n'a-t-il pas bien pittoresquement et spirituellement caractérisé les maniaques qui ont reçu le nom de *bibliotaphes*?

tiques que profanes, il se pourra tirer des merveilles. Et tenez moy tousjours en l'honneur de vos bonnes graces et du souvenir du Venerable P. Agathange, et surtout de vos devotes prieres, tant de l'un que de l'autre et de tous vos collegues, estant de tout mon cœur, M' mon R. P., vostre serviteur, etc.

DE PEIRESC.

A Aix, ce 10 aoust 1635.

LETTRE LXIX
Peiresc au P. Agathange de Vendôme
5 SEPTEMBRE 1635
(Ibid., fol. 386)

Monsieur mon R. P., je vous escrivis dernierement que je fesoys travailler au calice que vous m'avez demandé pour les bons PP. de S. Macaire.

Maintenant qu'il a esté achevé, j'ay incontinent voulu l'envoyer à Marseille pour le faire charger sur la polacre de patron Caillau, qui devoit faire voile, si elle n'est partye. Sinon, ce sera par le vaisseau du capitaine Crozet que vous le recevrez. Je n'ay osé y faire faire des ornements et enrichissements tels que eusse desiré, crainte que les ornements ne se dispensassent de chose qui fusse desagreable à ces messieurs, ou incompatible à leurs usaiges, pour ne sçavoir quelles sortes d'imaiges ils tiennent, et quelles non. Si vous m'en faictes advertir, et si vous m'en envoyez quelque monstre ou petit dessin, nous pourrions nous en servir aux autres besoingnes que nous ferons faire cy aprez pour leur usaige, selon que vous le trouverez bon. Je vous avois mandé que nous estions bien en peyne pour la forme de la patene ou du plat, à cause des bords que vous y demandez, à faulte d'en avoir eu un peu de griffonnement ou de plus particuliere description. Mais, sur les parolles de vostre lettre, des mesures que vous y aviez mises au [*sic*] marge, nous n'avons rien sceu imaginer de plus approchant à ce que vous demandiez. Et, pour justification de nostre dire, je vous envoye une copie de vos propres paroles, que j'ay faict extraire de vostre lettre, avec les mesmes lignes ou mesures du marge, pour les conferer là vous mesme sur la besoigne, et voir si nous avons fally, auquel cas je m'offre de faire refaire toutes choses, et, si là il y avoit des orfevres qui la peussent reparer, j'en payeray fort volontiers la façon et le dommage, ou tout ce qui s'y pourra faire de plus, pour la pleine satisfaction de ces bons Peres, que je desire contenter si je puis. Le R. P. Theophile Minuty m'a dict qu'il y a bon nombre d'orfevres qui ne sont, possible, pas accoustumez à travailler comme les nostres de deçà; mais je pense bien qu'ils pourroient facilement imiter la besoigne qu'en leur montrera, comme vous pouvez faire en leur montrant des vieux calices faicts à l'usage des eglises de ces bonnes gens. Je feray satisfaire à tous les frais necessaires. Au reste, j'ay appris par le frere du Sr Magy, qui est à Marseille, qu'il a des advis d'Alexandrie de l'arrivée en ce pays là du vaisseau par lequel il vous a faict tenir de ma part une mienne depesche accompagnée d'une lunette de porteveue et un petit instrument pour vous servir à observer l'ecclypse de lune qui parut le 28 du mois d'aoust passé sur le matin. Il nous tardera bien de voir ce que vous en aurez peu observer, pour le conferer avec ce que nous en avons observé icy avec ledit P. Theophile, et ce que le cardinal Barberin en a faict observer à Rome à ma requisition, et ce qui s'en sera observé, comme je pense, au Liban, et possible en Hierusalem et ailleurs par le Levant, et en Affrique mesme, aussy bien qu'à Paris, en Hollande et en Allemagne, affin de s'en servir à regler les distances des lieux.

Ce qu'attendant, et que vous ayez reçu les quatre volumés que je vous ay envoyez du *Tresor de la langue arabique* imprimé à Milan, je finiray me recommandant à vos bonnes prieres, etc.

De Peiresc.

A Aix, ce 5 sept. 1635.

LETTRE LXX
P. Cassien de Nantes à Peiresc
7 SEPTEMBRE 1635
(Bibliothèque nationale. Mss., F. F. n° 9542. *Correspondance de Peiresc*, folio 197.)

Monsieur, humble salut en Nostre Seigneur !

Il y a environ un mois que je vous ay escript avec nostre V[enerable] P. Superieur, et vous mandois comme j'avois parlé au Cassis Bactar touschant ce que demandiez : il m'avoit dict que l'on pourroit satisfaire à vostre desir. Je vous fais maintenant ce mot au nom de nostre dict V. P. Superieur et le mien, qui ne le peut faire maintenant, estant incommodé il y a huict jours, et moy ayant trois malades sur les bras, ce qui est cause que je seray brief. Seulement, je vous diray comme par apres nous avons confronté les livres que nous avons peu avec celuy que nous vous avons envoyé, et n'y trouvons peu ou point à dire. Il s'en trouve quelques uns qui ont quelques mots davantage, d'autres moins ; mais cela est si peu, qu'il ne vault pas la peine de s'y mettre. Que si on le vouloit faire, il faudroit avoir quantité de livres de plusieurs endroits, et en tirer quelques mots des uns, et quelques autres des autres ; mais cela requiert un grand temps, car il fault assembler les livres tous ensemble. Pour ce qui est du livre parfaict dont celuy que avez est l'abbregé, il n'y en a point en ceste ville. On nous a dict qu'il y en avoit un en un convent du Laict, qui est à quinze ou vingt journées d'icy ; si l'occasion se presentoit d'aller vers ce pays là, on taschera d'obliger celuy qui nous a obligés et oblige continuellement. Pour ce qui est de Cassis Bactar, outre qu'il n'est pas trop habile, ny en cophte, ny autre langue, excepté l'arabe, il a beaucoup d'empeschement de quitter le pays, car il est marié et a encore sa mère, qui est fort aagée. Le bonhomme evesque est environ aagé de soixante dix ans, qui est aussy sçavant en cophte que les autres. Pour ce qui est du nubien, persan, armenien et ethiopien, il est difficile d'en trouver en ce pays. Pour l'ethiopien, j'ay commencé à l'apprendre; mais, faulte de livres, je ne peux pas m'y advancer beaucoup. Si vous sçaviez quelque lieu, en chrestienté, où il y auroit un dictionnaire en ethiopien, je donnerois ordre pour l'avoir: il n'est pas que les R. P. Jésuites n'en ayent fait quelqu'un. Je vous envoye l'observtion de l'ecclipse de [lune] faite par un armenien, truchement des Venitiens, qui l'a faict le plus exactement qu'il a peu; mais, faulte d'instruments, il n'a peu remarquer les mesures que vous demandiez. Neanmoins il dict que ce qu'il en a faict est suffisant pour en tirer les cognoissances que desirez. Nostre V. P. Superieur l'a assisté en ceste operation. Voilà ce que je peux vous mander pour le present, vous suppliant de me commander en tout ce que je pourray et me jugerez capable de vous servir, et je le feray tres volontiers, comme celuy qui est et sera à jamais, Monsieur, vostre plus petit mais plus affectionné et obligé à vous servir en N. S.

FR. CASSIEN DE NANTES, *capucin indigne.*

Au Caire, ce 7 septembre 1635.

Nostre V. P. Superieur se recommande à vos sainctes prieres.

LETTRE LXXI
Peiresc au P. Agathange de Vendôme
12 SEPTEMBRE 1635
(Ib., folio 387.)

M. mon R. P..., ce mot ne sera que pour vous advertir que, par le cap[itaine] Pierre Caillau, de la barque *Saincte Madeleine*, je vous ay envoyé le calice d'argent que vous aviez daigné me demander pour l'usage des bons PP. de Sainct Macaire, qui ont tant de bonne volonté pour moy, dont je seray bien aise de me pouvoir revancher en quelque plus digne et plus aggreable façon de les servir, vous remerciant par un million de foys de la part que vous m'avez procurée en leurs bonnes graces, et de la peyne que vous prenez à me procurer de touts costez des livres curieux pour le benefice du public, qui vous en sçaura bon gré quant et moy, et vous en rendra, s'il plaist à Dieu, quelque [jour] la reconnoissance publique par vous meritée, tandis que je tascheray de vous en rendre la mienne particuliere. Attendant en bonne devotion le livre d'Ebn el Bitar, des plantes, en arabe, et les supplements que je vous ay demandez de la preface de l'Evangile de sainct Matthieu et de celle de sainct Jean, pour l'accomplissement du beau volume des quatre Evangelistes que vous m'avez faict envoyer cez jours passez, dont je vous reitere mes trez humbles actions de graces, vous asseurant que nous y avons desja acquis de trez belles et de trez bonnes choses pour la gloire de Dieu et de son Eglise, où vous acquerrez bien du merite. Car il faudra qu'un chascun scache que c'est à vos soings qu'on en doibt avoir l'obligation. Je suis attendant des nouvelles que vous ayez receu le *Tresor de la langue arabique* et les petites lunettes avec un autre instrument pour observer l'ecclipse derniere du 28 aoust, et encores plus impatiamment attendons nous vos observations de ladite ecclipse, si vous en aurez eu la commodité, pour en faire la comparaison avec celles de Ptolomée et autres anciens, et aux nostres de deçà, priant Dieu que vous en ayez peu avoir toute la commodité requise, que nous vous puissions un jour servir à souhaict, comme, Monsieur, vostre, etc.

DE PEIRESC.

A Aix, ce 12 sept. 1635.

LETTRE LXXII
P. Gilles de Loches à Peiresc
14 SEPTEMBRE 1635.
(Bibl. Nationale, F. F. *Collection Peiresc*, tome 5, f° 286.)

Monsieur, par nostre dernier ordinaire de Paris à Thoulouse, qui passa icy le disiesme du courant, j'eus l'honneur de recepvoir quatre letres de vostre part, du 10, 12, 23 et 24 juillet. Dans le pli estoit celle qu'à vostre instance il a pleu à Monseigneur l'Eminentissime cardinal Barberin me faire escripre, si plaine et si remplie de temoignages de bienveillance, que j'en suis tout confus. Je vous en ay et en auray d'eternelles obligations; mais je vous prie ne les accroistre plus, car elles sont arrivées à une telle periode, que, si vous continués, elles seroient capables de me causer un excessif ennuy, me voyant privé de l'honneur d'y pouvoir correspondre, mesme de les pouvoir recognoistre par quelque petit service, pour lequel executter, si l'occasion se presenteit, j'employrois jusques à ma propre vie s'il estoit necessaire, ce que je doibs mis à ma part, puisque Dieu ne me donne les moyens de mettre à chef mes bonnes vollontés.

Je respondrai de point en point et par ordre à vos letres.

A la première, du 10 juillet : je vous asseure avoir veu moy mesme, dans la forest de Pruilly, à l'endroict que j'ay specifié par mes precedentes, du bois ouvragé, raboté, faict à fouillages et molleures, petrifié : ce qui m'a faict croire qu'aultrefois il y eust un bastiment en tel lieu, et que les mines de bois se fussent petrifiées. J'en apportay plus de trois livres pesant, que je donnay à plusieurs ; mais il y a desjà 13 ans, si bien qu'il ne me souvient à qui. J'ay un frère qui a sa maison à trois lieues de là, que j'eusse prié s'y transporter, sinon qu'il est allé à l'arrière-ban. Si Dieu nous le ramene, je luy donneray la commission d'en faire les recherches. Si j'estois à moy, j'y ferois un voyage pour vostre satisfaction, et, si mon frère tarde, j'y employray un aultre.

Vous dictes, en vostre seconde du 12 du mesme moys de juillet, que les pierres que je vous ay envoyées, qu'on m'a dict estre *lapides lyncei*, sont poissons nommés *dactyles*. Nos appoticaires de ce pays m'ont encores asseuré que ce sont en effaict *lapides lyncei*. J'en ay encores, lesquelles, par dedans, sont toutes de terre non petrifiée : ce qui me faict croire que ce ne peut estre un poisson. Dans peu, je vous en enverray, avec une aultre pierre quasi en forme de figue, que je rencontray il y a huict jours dans un chemin, estant à la campagne, mais non si bien formée que celles qu'aultrefois j'ay veues à Loches, dans un chemin rond, au millieu de deux vignes, dans lequel il y a bien trente ans que je n'ay pas esté. Mais il me souvient que, par le dessus, elles ont une cotte comme celles des figues, et par le dedans sont luysantes ainsy que des cailloux solides, et non renfermées comme les amandes sucrées ou les pierres d'aigle, qui portent un noyau en dedans. Ce ne peuvent pas estre figues petrifiées, n'y ayant ni fueilles ni branches, et les pepins qui sont au dedans, avec les veines et filamentz, ne sont pas de relief en sorte qu'ilz puissent estre separés ; mais, la figue rompue, elles se voyent dedans comme taches indelebiles, de la forme des pepins et filetz qui naissent dans les figues. Si l'occasion se présente de faire quelque voyage en ce lieu là, je ne manqueray d'en faire plus diligente perquisition. Pour ce qui concerne les pierres rectangulaires et burinées, desquelles on m'a parlé à Bourbon, il ne me fut possible d'en avoir. Si j'en eusse esté adverty quand je passay à Sainct Amand, je m'y fusse transporté; car ce n'est qu'à trois lieues de là, à un chasteau nommé Evé. L'apoticaire qui m'en avoit promis n'a pu tenir sa promesse, non faulte de bonne volonté, mais pour s'estre fié en personnes lesquelles n'ont eu soing de luy en envoyer. J'escripray demain à Sainct Amand, à Monsieur Le Sarazin, ingenieur de Monsieur le Prince, pour m'en faire trouver. Je luy feray sçavoir que c'est pour vous, puisqu'il vous plait me commander de luy faire estat de vostre amitié. Il est fort ami du Reverend Pere Mercené; il est homme de bien et pieux. Despuis huict jours, je luy ay envoyé les dessaingz de quelques machines qu'il a desirées de moy, qui sont souffletz à eaue, laquelle seule engendre le vent, sans aultre attirail, et est capable de fondre le fer aux forges, et par ce moyen on peut faire mille beaux artifices. J'ay apporté l'invention d'Italie, bien qu'avant d'en avoir veu la pratique, j'en avois veu la theorie. Puisque nous sommes sur les machines, je vous envoye une lettre qu'il n'est besoing de me renvoyer, par laquelle vous verrés un nouvel artifice fort utile.

M. de Bourdaloue ne demeure qu'à sept lieues d'icy. Je luy escripray exprès pour le saluer de vostre part. Le R. P. Epiphane paracheve vostre sainct François, pour vous estre envoyé avec ceste letre ce jourd'huy. Je croy aussy qu'il vous escripra et fera offre de pieces qui vous pourront agréer davantage à l'advenir; mais, despuis la letre par laquelle vous luy avés ordonné, il a eu mille empeschementz, aussy bien que moy. Je n'ay point cogneu ce maronitte, nommé Sergio Gamerio, qui a demeuré dix ans à Rome. Il y a neuf ans que j'etois en Alep, quand un jeune maronitte, filz de la belle mère du sieur Gabriel Sionite, s'embarqua pour venir à Paris trouver ledict sieur, qui l'envoya estudier à Orleans; et despuis il est retourné au Mont Liban, en intention de revenir en France. J'ay cogneu le sieur Isaac Sciadreuse, evesque de Tripoli, homme assés letré; mais tous tant qu'ils sont de maronittes ne sont gueres versés en livres escriptz par les Turcz, et en ay veu qui interpretoient tout à rebourz telz livres, quoy qu'ils fussent en arabe, le style et escripture n'estant pas guere conformes des uns avec les aultres pour la plus part du temps. Je voudrois avoir assez de capacité pour la translation de vostre beau livre de musique ; mais, oultre mon insuffisance, c'est qu'il m'est tellement impossible à rien vacquer de cela pour ceste heure, que ma bonne volonté vous prometteroit tout, et mon peu de loysir me feroit trouver menteur. Et vous puis asseurer que, despuis que je suis sorti du Caire, qui fut il y a trois ans, je n'ay peu prendre le temps de mettre rien au net, quelque bonne envie que j'aye eüe de ce faire. Peut estre qu'à aultre temps, Dieu nous en donnera les moyens et la commodité.

Quant à ce qui touche la troisiesme de vos letres, j'ay veu la copie de la letre que Son Eminence vous escript, et suis bien aise qu'elle n'aye trouvé mauvais, ains aye loué le moyen duquel je me suis advisé de luy faire tomber en mains les livres manuscriptz arabiques et les miniatures. Avec le temps, luy et vous serés servis de bien plus excellentes. Quant à l'imprimerie d'Ethiopie, je ne croy pas que jamais les Peres Jesuittes y en ayent parlé ; les Espagnolz ne sont pas trop inventifz en semblables occurences, et, de l'avoir transportée par tant de desertz, il est fort malaisé. Je me contenteray, si j'y vas, d'y porter quelques outils, et de faire là moy mesme, à l'aide de mes compagnons, ce qui sera necessaire à cet effaict. Je vous suis extremnt redevable de la faveur qu'il vous a pleu me faire d'avoir escript à Monseigneur le cardinal Barberin en mon nom, ma letre s'estant esgarée; de quoy je loue Dieu à mon possible, et puis m'escrier et dire : « O Felix culpa, quæ talem meruit habere reparatorem (1). » Car l'elegance de vostre stile, en italien, a suppléé l'ineptie du mien, ne m'estant jamais exercé d'escripre en ceste langue. Et mesme, lorsque j'escripvis celle à Son Eminence, je futz si precipité, qu'à peine sçavois je ce que j'escripvois, bien que ce fust à personne de telle consideration; mais j'aimois mieux manquer au bien dire qu'en l'accomplissement du desir qu'il avoit. Je seray fort aise si, par vostre entremise, nous pouvons avoir un bref pour l'Ethiopie, tant pour moy que pour ceux que je voudrois choisir en telles provinces que ce puisse estre, bien que maintenant les affaires d'Ethiopie soient fort embarrassées, ainsy que vous sçavés, et le comprendrés de rechef par une copie de letre que je vous envoye, sur l'original que j'ay receu du Caire, dont voyci la teneur : « Despuis la mort de Sozennios, qui fut il y a deux ans, les affaires d'Ethiopie ont esté en pauvre estat ; car, comme vous sçavés, son filz, successeur de l'empire, s'est declaré cophte, à la suscitation de sa mère. Et, non contant de cela, il a faict prendre un sien oncle paternel, nommé Raz Zela Christos, qui estoit la colonne des catholicques, et l'a fait mettre en prison, où il luy veult faire finir ses jours. Plusieurs des grands du pays, qui estoient demeurés hereticques, et s'en estoient fuis pour crainte du defunt, sont revenus en cour, et ont procuré qu'on chassast les Portugais et tous les R. P. Jesuittes. Le Roy donna charge à

---

(1) C'est la phrase si souvent citée de saint Augustin, et introduite par la liturgie dans le *Præconé in pascale*.

un gouverneur de les conduire jusques à leur vaisseau sans leur faire aucun mal, avec permission d'emporter ce qu'ilz ont voullu de leur bagage. En ce mesme temps là, un chrestien cophte, de la ville de Giergé, arriva en Ethiopie et se dict archevesque, envoyé du patriarche d'Alexandrie pour gouverner les Abyssins, comme on faisoit jadis, et a esté receu tel, quoy qu'il n'eust point de letres, qu'il fit entendre luy avoir esté ostées par les Arabes qui l'avoient despouillé. Il a interdit tous les prestres qui avoient esté consacrés par les Francs, les a tous chassés des eglises, et en a establi d'aultres, combien que luy mesme ne fust seullement clerc. Car il s'est trouvé là un aultre cophte, qui, voyant ses manieres de faire, tant ès messes qu'ès ordinations des prestres, toutes differentes de ce qui se faict en Egypte, l'a jugé imposteur, et l'a dist à quelqu'un. Tellement que le bruict en est venu aux aureilles du Roy, qui envoya icy, au patriarche, un ambassadeur pour sçavoir la verité de cet affaire, et pour demander un aultre archevesque, au cas que cesluy là ne le fust... Le Roy escripvit aussy au pacha de Suaquin, pour le prier de luy faire avoir promptement cet archevesque. Le pacha escripvit au sangiat de Giergé, en la terre duquel estoit le patriarche, et le sangiat, aussy tost, força ledict patriarche a faire archevesque un vieil prestre cophte fort ignorant. Mais Dieu en disposa aultrement, et ne fut pas envoyé en Ethiopie; mais ce fut un religieux, superieur du monastère de Sainct Anthoine au desert, homme de bon jugement. Il partit environ le 15 d'octobre l'an passé; il desiroit fort des livres de la Bible pour porter avec soy. — Le religieux abyssin nommé Beciera n'est plus icy; il est retourné en Ethiopie. C'est pourquoy nous ne vous le pouvons envoyer; mais, prevenant vostre demande, nous vous avons addressé un prestre ethiopien nommé Tenel Imanoé, et luy avons donné une letre pour vous aller trouver. Il alloit à Romme, et, selon que les affaires lui permettront, il vous ira voir, ou bien il retournera droict en Ethiopie, et repassera par icy. Il est homme de bien et fort bon catholique, et entend bien l'arabe. Depuis vostre despart de ceste ville, est veneu en ce pays un lutherien, allemand de nation, lequel, ayant appris avec assés de facilité la langue arabique, a tasché de semer son erreur; mais ses dessaingz aiantz esté rompus, il a passé en Ethiopie pour voir de pervertir de plus en plus ce pauvre peuple, et empescher que les catholiques n'y puissent retourner. Aujourd'huy sont venuës letres des trois Peres Jesuites detenus prisonniers à Suaquin; ils prient le consul de France de s'employer pour leur delivrance. Ils disent qu'ils estoient vingt, dont 17 se sont rembarqués pour retourner aux Indes. On a priz tout ce qu'ilz avoient, qui pouvoit valloir huict à neuf mille piastres, et on a faict esclaves tous leurs serviteurs, qui estoient près de quarante, partie libres, partie esclaves. On les a encores obligés de payer trois mille piastres pour leur cafare, et d'autant qu'ils n'avoient plus rien, on a pris ceste somme de marchands indiens qui sont là, avec obligation aux Peres de la faire restituer, en gage de quoy on les a dèteneus tous trois. Au Caire, ce 9 mars 1635. »

Et en la suscription :

« Au R. P. Gilles de Loches, *predicateur capucin*, à Orleans. »

D'icy est aisé à voir le pitoyable estat de cet empire, quant au faict de la religion catholique, et comme il faudroit y pourvoir par remedes efficaces. Si le bref dont vous nous parlés estoit expedié pour faire le voyage, il seroit besoing de traiter l'affaire pour empescher ce lutherien de faire ses progrés. Mais, pour ce qui concerne ce bref, pour que les superieurs me dispensent de tout, c'est ce qu'il ne fault pas faire, s'il vous plaict : cela ne seroit bien trouvé de personne d'eux, et croiroient que je les voudrois faire violenter dans l'exercice de leur charge. Je vous ay autant d'obligation que s'il estoit faict. Touchant l'imprimerie de Romme, je m'y porterois assés volontiers, et croy avoir assez de praticque pour cela, m'estant estudié à faire poinçons, letres, figures en taille doulce, et recherché beaucoup de gentillesses que beaucoup d'aultres n'ont encores praticquées ; mais c'est une mort de travailler à Romme, pour diverses considerations que vous pouvés assés sçavoir. Si toutesfois l'obedience vient pour y aller, avec le bref pour l'Ethiopie ou autre païs des infidelles, je m'y transporteray le plustost que je pourray ; mais, estant gardien, je ne le pourray faire si aisement que si je l'estois pas. C'est pourquoy la chose eust esté plus facile auparavant nostre chapitre, où je resistay tant que je peus à ceste charge, prevoyant bien quelle pourroit divertir toutes mes intentions. Touchant les Epistres de sainct Paul en arabe, que vous avés perdues sur un vaisseau pris par les corsaires, je vous reittere que cela ne vous doit beaucoup soucier, et qu'elles sont imprimées à Seyde avec tout le reste du Nouveau Testament, sçavoir les quatre Evangelistes, les Actes, toutes les Epistres de S. Paul et aultres canoniques, et l'Apocalipse de S. Jehan. Le volume est in-4°, divisé en chapitres et versetz, à nostre mode, par Erpenius (1), qui aussy y a laissé les sections, ou § des anciens, pour la commodité des Orientaux. Il est tout en arabe, sans latin à costé ny sur les lignes, de très bon papier et beau charactere. L'original manuscript en est venu à Joseph Scaliger (2) du monastère de Sainct Jehan en Thebaïde ; mais, comme il estoit calviniste, il a corrompu

---

(1) Thomas Van Erpen, célèbre orientaliste hollandais, né à Gorkum en 1584, mourut de la peste, à Leyde, le 13 novembre 1624.

(2) Joseph Jules Scaliger, le plus grand philologue du xvi° siècle, naquit à Agen le 4 août 1540, et mourut à Leyde le 21 janvier 1609.

son original suivant les depravations de Genève, si bien que, là dessus, Erpenius, aussy calviniste, l'a imprimé. Le style en est beau et elegant. De mesme, et par le mesme, en semblable volume et manière, avec aussy les corrections hereticques, a esté imprimé le Pentateuche de Moyse ; mais le style ressent la barbarie, et les motz sont assez differentz du commun d'Egypte et aultres lieux où la langue est plus polie. J'ay eu ces volumes là plus de dix ans entre les mains, et enfin je les ay laissés au Caire quand j'en partis, et, estant à Seïde, j'en donnay un à l'emir Phacardin, et un jour, à Tripoli de Syrie, j'en donnay un à Jehan Heoronitte, pour lors evesque de là, auquel par mort a succedé le sieur Isaac Sciadreuse, qui est à present à Romme. Vostre derniere letre du 24 juillet est une recapitulation des precedentes, à laquelle je ne puis dire aultre chose, sinon que je vous suis très obligé ; et, pour correspondre au mieux qu'il me sera possible à telle obligation, je vous serviray toutes et quantes fois qu'il vous plaira me commander. Je partiray dans deux jours pour aller à six lieues d'icy chercher les pierres, qu'on m'a dict s'y trouver, figurées de formes humaines et d'animaux, ainsy que desjà je vous ay escript, il y a trois semaines. Avec le S. François que le R. P. Epiphane vous envoye icy joinct, il y a un petit echantillon de taffetas qu'il a taint à la façon de la Chine, qui m'a semblé fort beau : c'est ce qui m'a obligé de le vous envoyer, pour qu'il vous plaise juger si la curiosité n'est pas gentille. Pardonnés, s'il vous plaist, à ma prolixité ; nos entretiens sont si doux, qu'imperceptiblement on y passe le temps avec tant de contentement, que les heures ne semblent que momentz. Je m'oubliois de vous dire, au cas que le bref vint de Romme, que, l'envoyant à Monsieur Aubery (1), il vous plaise luy recom-

---

(1) Aubery, qui fut un des mille correspondants de Peiresc, avait un emploi dans la chancellerie romaine, ce qui lui permettait de rendre force services à ses amis de France.

mander de me l'envoyer icy par homme exprès : nous ne sommes distantz que de trois journées de Paris. Il ne sera besoing de specifier ce que c'est, si ce n'estoit que vous la jugeassiés à propos pour quelques considerations ; mais, pour mon chef, je me suis tousjours bien trouvé de ne communiquer les affaires qu'à ceux ou qui en eussent interest ou qui les pouvoient advenir ; car, pour amis que soient les aultres, les choses leur estant indiferentes, aussy ne se soucient pas de les sçavoir. Il y auroit danger que, faisant aultrement, et les envoyant par la poste, elles allassent jusques à Thoulouse, car nostre ordinaire va jusques là, et ne faict que passer par icy, où peut estre il s'oubliroit de nous laisser les letres. Enfin, je finis avec paine. Je vous prie que mon affection excuse ma longueur, et me commandés, s'il vous plaict, en ce que vous me jugés propre pour vostre contentement, et je vous serviray d'aussy bon cœur, comme je croy estre obligé de le faire à la personne que j'honore le plus, estant, Monsieur, vostre plus petit serviteur.

     F. GILLES DE LOCHES, *capucin*.

Romorantin, 14 septembre 1635.

LETTRE LXXIII
Peiresc au P. Gilles de Loches
14 SEPTEMBRE 1635
(Bibl. d'Inguimbert, *Minutes de Peiresc*, tome H.-I.-L.-M. f° 387, verso).

Monsieur mon R. P., vostre lettre du 15 d'aoust m'a bien donné du subjet de vous rendre des compliments de differente sorte, pour me condoloir comme je faicts trez humblement avec vous de la perte de ce gentil-homme, qui a esté si miserablement et à contre temps tué en dueil, le lendemain d'une si celebre bataille, et de ce que, contre les vœux de voz amys et serviteurs, vous avez esté embarrassé dans l'exercice non seulement d'une charge de gardien à Romorantin, qui est si loin de tout commerce, mais dans la subjection de tant de predications, qui ne vous sçauroient laisser prendre aulcun temps pour voz estudes, auxquelles le public avoit tant d'interest. J'espere que cela ne tardera pas de trouver remede, Dieu aydant, comme vous aurez peu voir par les lettres que Mʳ du Mesnil Aubery vous avoit gardées jusques à present, ou au moins jusques au 7 de ce moys, auquel temps il m'escript qu'ayant sceu des nouvelles de vostre retraicte à Romorantin, il les vous avoit envoyées au nombre de quatre. Il me tardera que le prochain ordinaire de Rome passe, pour pouvoir faire une recharge telle qu'il fault pour abbreger le temps perdu. Cependant, pour venir aux autres compliments contraires, je me conjouys avec vous de vostre bonne santé, et de celle du R. P. Epiphane, moyennant quoy tout ira bien, Dieu aydant, quoy qu'on aye voullu faire, parce que on a compté sans l'hoste. Je vous suis trop redevable à tous deux de l'honneur de vostre souvenir, et attendray en bonne devotion le sainct François, où j'eusse bien esté de l'advis de l'ouvrier, si j'eusse esté sur les lieux, pour le laisser travailler plus tost sur le naturel emprunté que sur le labeur d'autruy; mais, de sa main, quoy que ce puisse estre, ce sera tousjours chose conforme à noz vœux. Au reste, j'ay receu, par Mʳ Chailly, de Lyon, une boëtte de coquillages fort bien conditionnée, et n'ay pas manqué de vous en accuser la reception, comme aussy des gros morceaux de boys petrifié, dont je vous remercie tres humblement, n'ayant encore eu la pierre estoilée. Mais je ne vous sçaurois exprimer avec combien d'impatiance je suis attendant que vous ayez peu visiter les lieux où l'on vous faict esperer de trouver des pierres figurées des images de divers animaulx ; car si ce ne sont que des animaulx de mer, comme poissons ou coquillages, il n'y a rien d'estrange ; mais, de figures humaines, c'est ce qui a grand besoing d'une affectation (sic) sans reproche comme la vostre, ou celle du bon P. Epiphane, si vous n'en pouviez trouver tant de commodité comme luy. Je feray tenir vostre lettre pour Rome par le prochain ordinaire, qui passera dans quinze jours, et ay envoyé à Marseille celle du Sʳ Piscatoris.

Demeurant, Mʳ, vostre, etc.

DE PEIRESC

A Aix, ce 14 sept. 1635.

Avant le partement de l'ordinaire de Lyon, l'armée navale des Espagnols est venue faire descente en l'isle de Lerins et de Saincte Marguerite. Mʳ le Mareschal de Vittry y est accouru en diligence ; mais nous n'avons pas de quoy les battre en mer. Pour la terre ferme, ils ne nous pourront pas faire grand mal ; mais nous nous serions bien passez de leur visite, et tousjours nous en coustera t il bien. Ce 18.

LETTRE LXXIV
Peiresc au P. Gilles de Loches
24 SEPTEMBRE 1635
(Ibid., folio 387, verso).

Monsieur mon R. P., depuis la despeche que je vous fis la semaine passée soubs l'addresse ordinaire de Mʳ du Mesnil Aubery, aussy tost que je sceus vostre retraicte à Romorantin, je n'ay pas voulu manquer de vous tenir adverty de ce que m'escript le cardinal Barberin, concernant vostre employ, par une lettre du 25 aoust, arrivée depuis mercredy seulement, pour avoir esté envoyée à la poste 15 [jours] devant l'expedition de l'ordinaire(1). Je lui

(1) On appelait l'*ordinaire* le courrier qui faisait régulièrement le service postal à des intervalles périodiques.

feray une recharge telle que je doibs, et ne doubte point que les propositions ne succedent à souhaict, Dieu aydant. L'on m'escript du Levant que l'evesque Georgio Amira a esté esleu patriarche d'Antioche pour les Maronites du mont Liban, d'où il m'a fait faire [des remercîments] de quelque petit service [que je] luy avois rendu à Rome avant son patriarcat, pour luy faire restablir une pension qu'il y avoit eue assez longtemps, dont il eut contentement lorsque luy et moy ne nous y attendions plus. Au reste, les Espagnols, qui s'estoient emparez de noz isles de Saincte Marguerite et de Sainct Honoré de Lerins, n'ont pas depuis faict d'autre progrez, une tour de terre ferme leur ostant l'usaige du port de Saincte Marguerite. La saison ne les pourra gueres souffrir meshuy en nos mers pour les galeres, et nous ne tarderons pas de les tirer de là, Dieu aydant, avec les appareils qui se font à la mer. Sur quoy je demeure, M⁵ mon R. P., vostre, etc.

DE PEIRESC.

A Aix, ce 24 septembre 1635.

LETTRE LXXV
Peiresc au P. Agathange de Vendôme
29 SEPTEMBRE 1635
(Ibid., folio 388, verso)

M. mon R. P..., par vostre lettre du 25 juillet, venue par la barque de patron Louys Lombard depuis quatre jours, nous avons appris de bien bonnes et bien mauvaises nouvelles tout ensemble, quand nous avons sceu l'arrivée à bon port du livre d'Ebn el Bitar et des aultres petites pieces que vous y avez joinctes d'une part, et que d'ailleurs vous aviez chargé le volume des pseaulmes en tant de langues sur la barque de patron Baille, que nous sçavions desja estre perdue par la grande lascheté du patron, qui, voyant approcher les corsaires, abbandonna sa barque et se sauva dans l'esquif, sans avoir seullement sceu qui c'est qui avoit prins ses moyens (1). Croyant bien qu'il n'aura pas songé de mettre la caisse dans l'esquif pour sauver ses papiers, auquel cas mon pauvre libvre auroit peu se sauver. Mais, puisqu'il avoit esté malheureux en allant, il y avoit quelque fatalité de l'estre encore en revenant. Ayant esté bien mortifié d'entendre que les quatre volumes du *Tresor arabibique* que je vous envoyois par luy se soient perdus sur le Nil, où je n'avais jamais ouï dire qu'on ne puisse repescher ce qui y allait à fond, la riviere n'estant pas rapide. Car j'ay retiré du fond de la mer des coffres de livres qui y avoient demeuré douze ou quinze jours sans qu'ilz ayent esté tachés, et les faisant relaver dans l'eau claire, et puis mettre en presse. Le pis est que la rupture de nostre commerce d'Espagne et la venüe des ennemys en nos mers nous ostent la liberté d'en faire venir un aultre exemplaire de Milan, qu'il ne faille bien du temps à attendre commodité de passage asseuré. Or, comme vous ne laissez pas de me sçavoir gré de ma bonne volonté et de me remercier de ce libvre comme si vous l'aviez receu bien conditionné, je ne vous suis pas moins obligé du soing qu'aviez eu de recouvrer ce psaultier que si je l'avois receu en bonne forme, sachant bien qu'il n'a pas tenu à vous que je ne l'aye receu, puisque, lors de la venue du navire anglois, vous en aviez desjà faict le traicté moyennant un calice, m'asseurant que par ceste voye là, que j'avois moy mesme indiquée et choisie, vous me l'auriez envoyé tout aussy volontiers que vous fistes le volume des quatre Evangelistes, qui est venu si seurement. Car les Anglois ne se laissent pas faire peur

---

(1) Moyens, c'est-à-dire ressources, ce que l'on possède.

comme nos Provençaulx. Et je ne pense pas que j'eusse jamais rien receu de ce païs là, si la bonne mine des capitaines des navires n'eust autant faict apprehender les corsaires par eulx rencontrés, comme eux pourroient apprehender lesdits corsaires. C'estoit mon malheur, dont il se fault consoler et dire que nous n'estions pas dignes de jouir d'une si curieuse piece. Il avoit couru un bruit qu'un navire de Livourne armé en guerre avoit reprins le corsaire avec toute sa prinse; mais cela s'est trouvé tout vain, à mon grand regret. Je n'ay pas laissé de vous envoyer le calice, que nous avons fait faire sur vos propres instructions et mesmoires, au moins mal que nous le pouvions comprendre. Mais, à ce que je puis voir par vos dernieres, nous avions mieux rencontré que nous ne pensions; car nous avons fait tenir la couppe plus large, et n'avions fait renverser aulcun rebord sur les orles de la patene. Je pensois que le patron Pierre Caillau, qui s'en est chargé, fusse party long temps y a, car il fist voile un jour ou deux jours aprez avoir receu le dit calice; mais je viens d'apprendre que le mauvais temps l'a contraint de reculer à Marseille, et aussy tost j'ay bien voulu vous escripre de rechef en responce de vos dernieres, et vous remercier, comme je faicts tres humblement, de la continuation de vos soings à tout ce qui me peult toucher, dont je vous seray à jamais redevable, et vous rendray toute la recongnoissance à moy possible, mais principalement de la peine qu'il vous plaist me promettre pour l'observation de l'ecclipse derniere du 28 aoust, dont nous attendrons en bonne devotion, m'asseurant que les nuées ne vous en auront pas desrobé la veüe, comme elles firent en plusieurs lieux de par deçà. Il est vray qu'icy elle fut veüe fort à souhaict pour le mauvais temps qui regnoit, et, si nous avons les vostres, on determinera bien les distances d'icy là, et de là à Rome, et à Paris, et autres lieux où l'on aura peu observer. J'escripray en Alep pour sçavoir de vostre cheif Mahomet el Lacaoni, puisque vous dictes qu'il est curieux des mathématiques. S'il a des livres rares en ceste science là, specialement pour les observations celestes, et de la vraye astronomie, ou bien de la geographie, car pour le restant, on se peult bien passer des aultres livres; mais pour cella (sic) s'ils ont veu et descript des païs à nous incogneus, ou s'ils ont observé des ecclipses ou autres phenomenes en des siecles que les sciences florissoient parmy eux et que nous croupissions dans la barbarie, il s'en pourroit tirer bien du fruit et de l'utilité. Quant à vostre grand ouvrage en trente volumes de cet Eben Calidon el Andaluz, arabe, que l'on vous dict avoir esté tant cherché et que vous avez trouvé à vendre, vous nous eussiez bien obligé de nous mander à quel prix on le tenoit, et si les trente volumes sont in fol., grands, à feuille entiere, ou in-4° à feuille ployée, ou bien in-8°, et s'il y a des figures, soit des mathematiques ou des plantes et autres simples, afin que nous peussions juger à peu prez de la proportion du prix. La patrie de l'autheur, en l'Andalousie, me faict doubter qu'il ne soit pas tant ancien, ny possible exact comme il seroit à desirer mesmes dans cette grande multiplicité de volumes, comme ce Tostat, espagnol, et autres de pareille qualité à peu prez, car je n'ay pas de cognoissance particuliere de cet autheur ny de ses ouvrages; mais, s'il traicte à fond quelques partyes de mathematiques, et aucunement par simples regles et generalitez, il ne pourroit estre que bon, et enfin le prix fera le tout, et si on le tient à prix modéré, il ne me sera pas difficile d'y entendre; mais si on le tenoit à quelque prix extraordinaire, et de somme fort considerable, je n'aurois possible pas bien de quoy l'acquerir. C'est pour quoy il fault laisser le tout à vostre prudente conduite. Mais, pour ces chroniques des Cophtes, tant les plus amples que les abregées, il ne peult estre que trez utile d'y mettre le nez, quelques incertitudes qui y puissent estre meslées avec les veritez. Car tousjours y a-t-il quelque moyen d'en distinguer quelques unes et d'en tirer des bonnes consequences. Sur quoy je finiray, priant Dieu qu'il vous tienne en sa saincte garde, demeurant, mon R. P..., vostre, etc.

DE PEIRESC.

A Aix, ce 29 septembre 1635.

Si vous pouviez faire quelque bonne observation de la vraye latitude du Cayre et d'Alexandrie, ce seroit une digne entreprinse, et capable de vous faire acquerir bien du renom par toute l'Europe, principalement pour celle d'Alexandrie; si vous alliez faire vostre voyage par occasion environ le temps du solstice, soit d'hiver ou d'esté, pour prendre durant quelques jours sur le midy la haulteur du soleil sur l'orizon, et la haulteur de l'estoile polaire, et celle de quelque estoile bien cogneue, quand elle est bien au droict du midy ; car cela n'a pas esté faict depuis le temps de Ptolomée, et pourroit grandement servir à touts les siecles futurs pour le reglement de la Pasque. Au deffault de cela, on peut observer toute l'année, quand on a le loisir, la haulteur du soleil à midy, et marquer le lieu, l'an, le moys, le jour, l'heure, pour en tirer les consequences. Vous verrez un petit memoiré, tant pour ces observations de la latitude ou de la haulteur du pole, du soleil et des estoiles, que pour celles des ecclipses capables de regler la longitude, où il fault suyvre à peu prez ce que je vous avois cy devant marqué aux instructions du moys d'avril et de may, que vous avez receues, et ce qui est adjousté au memoire cy joinct, sans oublier qu'il est bon de mesurer, quant on peult, le diametre de la lune en divers temps de l'ecclipse, pour mieux juger de la quantité ecclipsée ou non. J'estime que des bons astronomes de delà ont des bons instruments pour cela, et que vous y en pourriez faire faire en un besoing sur le baston de Jacob et sur le quarré que vous avez desjà, pour suppléer la petitesse. Il y aura, l'année prochaine, deux autres petites ecclipses de lune, le 20 feb[vrier] et 16 aoust 1636, qui n'entameront que fort peu dans le bord de la lune. C'est pourquoy, selon que vous les pourrez observer, elles pourroient bien se rendre memorables aultant que les plus grandes.

LETTRE LXXVI
Peiresc au P. Cassien de Nantes
29 SEPTEMBRE 1635.
(Ibid., folio 390.)

Monsieur mon R. P., j'ay aujourd'huy receu vostre lettre du 27 juillet, venue avec un duplicata du S' Magy du 23 du mesme moys, sur la barque *Sainct André*, et ay appris en mesme temps que le patron Pierre Caillau, qui avoit faict voile quelques jours y a, estoit reculé pour le mauvais temps, et prest à repartir au premier bon vent : ce qui m'a faict incontinent mettre la main à la plume pour vous remercier de vos honnestetez et de la peine qu'avez prinse de revoir le bon presbtre Bactar et d'en tirer les instructions que je vous demandois, ne doubtant pas qu'il ne vous fasse trouver, s'il veult, touts ces livres qu'il vous promet. Et voudrois bien qu'il vous puisse faire prendre quelque cognoissance de ceux qui ont à [leu]r disposition les bibliothèques dont il vous a parlé, m'asseurant que vous y trouveriez des merveilles. Car, durant que les souldans d'Egypte estoient en leur grande puissance, et que le Cayre florissoit, les lettres y avoient esté en si grande recommandation, qu'il s'y est escript une infinité de bons livres, dont il fault qu'il soit demeuré encores bon nombre, quelque barbarie et ignorance qui s'y soit depuis introduicte. Je vous prie de luy rendre de ma part les salutations qu'il vous avoit chargé de me faire de la sienne, et l'asseurer que si je pouvois le servir je le ferois de tout mon cœur. Et, puisque son aage et sa famille ne luy permettent pas de quitter le païs, si quelqu'un de ses enfants ou de ses parents se vouloit un peu dresser à la langue cophte, et puis s'en venir de par deçà, nous travaillerions à sa fortune, et possible trouveroit il mieux son compte qu'il ne le croyroit. Mais je suis ravy de ce que vous dictes qu'il n'y a pas là deux personnes bien versées en ce langage. Vous verrez qu'il faudra que cette langue se cultive et fasse revivre en l'Europe, pour d'icy envoyer là des gens qui l'enseignent à ceux qui ont besoing de la sçavoir, et possible ne tardera t il pas. Car je crois bien que le vulgaire qui souloit parler ce langage l'a tellement changé, qu'à peine le sçauroit il entendre, non plus que les Grecs naturels, qui parlent le vulgaire, n'entendent pas le grec des livres s'ils ne l'estudient avec grande peine. J'entends mesme qu'il y a dans les montaignes d'Egypte un langage vulgaire parmy des peuples qui se nomme Forma,

FORMA ÆGYPTIOR.

AZ Kawa
BE" Bach
CN Triricuzai
DT Brach

lequel tient, se dict on, quelque peu du nubien et de l'ethiopien, et qu'il se trouve des Pseaulmes et autres livres escripts en ce langage, et d'un charactere tout different de celluy des Cophtes, et plus approchant à l'ethiopien. Je vous supplie de vous en enquerir soigneusement, et de nous en donner quelque relation, la plus exacte que vous pourrez, et de nous en faire voir quelques petits livrets, s'il s'en trouve. Mais je n'en verrois pas moins volontiers en langage nubien, s'il s'en pouvoit avoir, et à faulte de livres, quand on aurait que la moindre petite lettre missive, ou contract, ou autre escripture, avec sa version arabique ou en autre langue cogneue, ou en franc, vous nous feriez faveur de la nous procurer. On dict qu'ils celebrent leurs liturgies en ethiopien, tel que celluy qui se void en l'edition ethiopienne d'un Nouveau Testament, qui n'est quasi qu'un idiome syriaque corrompu, qu'ils ont receu vraysemblablement avec la religion chrestienne. Mais on dict aussy que leur langage vulgaire est beaucoup plus conforme à à l'ethiopien, et plus different du cophte : de quoy je voudrois bien que vous nous peussiez esclaircir, esperant qu'il s'en tireroit de trez excellentes notices, et capables de faire juger de la verité des primitives origines de la langue des ethiopiens. Je ne sçache point qu'il se soit jamais imprimé de vocabulaire ethiopien ; mais je m'en informeray plus curieusement pour l'amour de vous, et voudrois bien vous avoir bien servy en cella et en toute autre chose digne de vostre goust. Les ethiopiens qui sont maintenant à Rome ont encores bien de la peine de s'y faire entendre avec tout ce peu qu'ils scavent de l'arabe, et l'on y est en cherche de touts costés de quelqu'un qui puisse bien entendre ce langage et une infinité de bons livres qu'ils ont en ceste langue là. Comme je ne doubte pas qu'il n'y en ayt au Caire de trez bons aussy, et j'en avois donné le memoire d'ailleurs à Mr Magy, que je serois bien aise d'avoir, sauf de retrouver quelqu'un un jour qui s'y peusse cognoistre plus que ceux qu'on peult avoir maintenant. Le P. Gilles de Loches y avoit acquis quelque notice qui pourroit en un besoing donner bien des services, si on luy laissoit le loysir d'y travailler ; mais on le charge de tant de predications, qu'il n'y sçauroit vacquer, à ce que m'a dict un gentilhomme de sa congnoissance. Il fault pourtant essayer de l'animer à donner quelque chose sur cela, en attendant quelqu'autre qui ayt plus de temps et de moyen de s'en acquitter mieux. L'une des choses qui me faict plus regretter la perte de ce volume du Psaultier en tant de divers langages, est la commodité qu'il y eust eu de voir *à regione* (1) le cophte, avec sa version abyssine, parmy l'arabe, la chaldaïque et l'armenienne, à ce que m'en dict le bon P. Agathange, car deux y adjoustoient *(sic)* deux autres langues qui me faisoient esperer que la nubienne, ou celle des liturgies ethiopiennes impropres, en seroit l'une : à quoy nous eussions trouvé une bonne partie de ce que nous demandons. Mais Dieu n'avoit pas permis que nous pussions avoir ce contentement avec advantage, et Dieu sçait s'il se trouvera plus en ce païs là de semblable volume en tant de differentes langues, si ce n'est qu'on eusse affecté de faire un pareil assemblage de diverses versions d'autres parties de la Saincte Escripture comme desdicts pseaulmes, auquel cas il faudroit essayer d'en avoir quelqu'un. Mais il fault bien mieux choisir le porteur qui s'en devra charger, qui soit homme de valleur et de bon esprit, et qui ne soit pas desja dans le descry et le malheur pour imprudence, comme estoit ce capitaine Baille, qui a laissé perdre sur le Nil les livres que j'envoyois au P. Agathange, et puis tous ses moyens, qu'il laissa en proye, sans faire le moindre semblant du monde de se vouloir deffendre. Au reste, j'admire ce que vous me dictes de la simplicité de ce bon vieillard de 70 ans, evesque des Cophtes, qu'il aye si peu de congnoissance du langage mesme des Cophtes, et qu'il ne fasse eslever personne en la congnoissance de ceste langue, pour pouvoir donner l'exposition quand ce ne seroit que des liturgies qu'il leur fault reciter aux bonnes festes, qui sont tirées de la Saincte Escripture et de leurs SS. Peres. Il ne seroit toujours que tres bon de voir les

(1) C'est-à-dire en regard, vis-à-vis.

annales qu'ils ont de leur Eglise et de la suitte et succession de leurs patriarches.

Et si ce vocabulaire des Cophtes plus ample se trouve encore à vendre à prix tolerable, j'en ferois de bon cœur la despense, combien qu'il y en a un exemplaire à Rome, chez le S^r P^{ro} della Valle, qui a esté traduict par un Pere Jesuitte à mon indication. Mais je ne sçay si l'on se sçaura resouldre en ce pays là de l'imprimer si tost, comme l'œuvre le meriteroit. Aydez vous y de vostre costé, je vous prie, et ne negligez pas, dans vos estudes, puisque vous vous delectez des langues, de prendre quelque bonne teincture de celle des Cophtes : vous ne sçauriez croire le plaisir et l'advantage que vous y aurez (si j'estois là, ce seroit la premiere de mes pensées et le plus fort de mes soings), quand ce ne seroit que pour l'amour de vos amys, pour leur pouvoir rendre quelque bon office en cela. Je me le promets de vostre bon naturel, et vous supplie de faire estat de moy comme, M. mon R. P., de vostre tres humble et tres obeissant serviteur.

De Peiresc.

A Aix, ce 29 sept. 1635.

Si vous avez des nouvelles d'Ethiopie, je vous prie de m'en faire part à vostre commodité, et de celles du païs de la mer Rouge, et de celles du mont de Sinaï, quand l'occasion s'en presentera.

LETTRE LXXVII
Peiresc au P. Gilles de Loches
30 SEPTEMBRE 1635
(Ibid., folio 291, verso.)

Monsieur mon R. P., il ne seroit pas à propos de laisser passer si prez de nous le Sr Rabias, maronite, qui vous a servy trois ans au Levant, et qui s'en va passer en vos cartiers pour avoir l'honneur de vous voir, sans l'accompagner d'un mot de lettre pour vous asseurer de la continuation de mes vœux à vostre service et de touts vos amys, n'ayant pas manqué de luy offrir tout ce qui seroit de ma disposition, pour l'amour de vous ; mais il a desiré de faire plus de diligence que je n'eusse creu, veu le long sejour qu'il avoit faict à Marseille, estimant que ce soit pour profiter la beauté de la saison presente, à quoy je ne pouvois pas trouver à redire. Je receus hier, par l'ordinaire de Paris, vostre pacquet du 14 de ce moys, fort bien conditionné, avec tout ce que vous y aviez mis de la part du bon P. Epiphaine, que j'ay trouvé merveilleusement digne de sa pieté et de l'excellence de son esprit. Sur quoy j'auray l'honneur de vous entretenir plus amplement, Dieu aydant, par nostre courrier ordinaire. Si ce n'est apres demain, parce que je me trouve grandement pressé presentement, ce sera, Dieu aydant, la semaine suyvante, que j'espere m'en pouvoir acquitter avec un peu plus de loysir et de commodité. Cependant je me recommande à vos bonnes et devotes prieres et à celles du R. P. Epiphaine, demeurant, Mr mon R. P., vostre, etc.

DE PEIRESC.

A Aix, ce 30 sept. 1635.

LETTRE LXXVIII
Peiresc au P. Gilles de Loches
1er OCTOBRE 1635
(Ibid., folio 391, verso)

Monsieur mon R. P., en vous accusant la reception de vostre depesche du 14 septembre avec celle du R. P. Epiphaine, fort bien conditionnée, et admirée selon son merite, je vous diray que nous avons veu icy le bon homme Rabias, maronite, qui a eu le bien de vous servir troys années entieres, et a desiré vous porter un mot de lettre de ma part, faisant estat d'aller prendre la riviere à Roanne jusques à Orleans, pour de là revenir sur ses pas jusques à Romorantin, afin de vous y voir et prendre langue de vous sur son voyage à Paris. Il y a desja ans [*sic*] qu'il est revenu de Levant, ayant sesjourné 15 moys à Rome, et veu quasi toute l'Italie, et a sesjourné à Marseille deux moys chez le Sr Piscatoris, de qui il m'a apporté une lettre, que je vous envoye pour vous faire part des nouvelles du Levant que vous y trouverez. Jugeant bien que vous aurez plus tost cette despeche icy par la poste de Paris que celle dont il est porteur, pour peu qu'il s'arreste par les chemins, avec le mauvais temps des pluyes qui commence de se mettre sus. Je luy ay offert la maison, s'il se vouloit arrester, et tout ce qui pouvoit estre à ma petite disposition, et de bon cœur, pour l'amour de vous, puis qu'il a eu l'honneur d'estre [vostre] serviteur; mais il ne veult pas perdre la saison opportune, et je trouve qu'il a raison. J'ay pris plaisir de l'entretenir de ce qui est de sa cognoissance en ces païs loingtains, et l'ay voulu mettre sur les livres; mais il a tesmoigné de n'en avoir pas faict grande recherche, et d'avoir eu d'autres objects et d'autres desseins. Vous aurez veu, par une mienne precedente lettre, l'extraict d'un article d'une des dernieres que j'ay receues du card. Barberin, à laquelle je feray la repartie qui y peult escheoir, pour y faire expedier le bref requis en meilleure forme que je ne l'avois demandé, pour ne sçavoir bien toutes choses comme à present. Et, de faict, j'estime qu'il vauldroit [mieux] laisser à vostre choix et à vostre nomination ceux que vous trouveriez bon de prendre, jugeant bien que, si le bon P. Protais en vouloit estre, ce seroit un des plus dignes membres que vous sçauriez choisir, ayant bien admiré ses inventions, et vous conjurant de l'animer et de luy donner courage de les esclorre pour le bien du public, et d'empescher [que] des choses si nobles ne demeurent ensevelies dans des humilités et mortifications religieuses avec tant de prejudice au genre humain : cez dons de la nature et du ciel ne devant pas estre negligez, ains cultivez et fecondez tant que faire se peult par ceux qui ont droit et authorité de leur ordonner quelque chose. J'ay bien veu des choses en mon temps, et, si j'avois jamais le bien de le voir, possible lui ferois je voir quelque chose de son goust : ce qui ne seroit peult estre pas inutile au progrez et advancement de ses inventions. J'ay icy un parent qui en a executé tout plein de toutes nouvelles, à force d'esprit, qui n'ont pas mal reussy en grand comme en petit, et tousjours est aprez quelqu'autre, comm'il y a certaine continuation qui fait arriver [d']un degré à l'autre successivement. Cependant j'estime bien vostre propre invention ou meilloration des soufflets d'eau, qui produisent le vent d'eux mesmes. J'en ay autres fois veu en un martinet ; mais il y avoit quelques manquements et defectuositez. Et si vous redigez le vostre par escript, je seray bien aise de le voir, ne doubtant pas que vous ne l'ayez grandement facilité et reduict à plus de perfection que touts autres. La teincture de ce taffetas blanc ondoyé comme le papier de la Chine me semble bien gentil. Il se void des estoffes de soye aussy bien que des toiles imprimées, comme les images en taille de bois, avec diverses teinctures et desseins de fleurons, feuillages, damasquineures, qui se feroient bien mieux en cez païs de deçà, si l'usage s'y pouvoit introduire. J'ay ouy parler de M. Sarrazin au bon P. Mercene, qui en faict grand cas comme vous. Je voudrois bien avoir le moyen de le servir, et M. de Bourdaloüe encores, qui me faict trop d'honneur de se souvenir de moy. Si je sçavois de quelle façon rencontrer son goust et son plaisir, je ne m'espagnerois pas à le procurer, et n'y espargnerois rien de mon foible credit, je vis trez volontiers voz advis de l'Ethiopie. Par les dernieres lettres du Cayre du 24 juillet, on ne dit pas grande chose pour ce regard, si ce n'est que les Abyssins font la guerre au roy de Fongis, idolastre, et que cela a fermé les passages et rompu le commerce qu'ils avoient en Egypte. On adjouste que les Anglois ont pris touts les navires des Indes qui venoient à la mer Rouge, et ruiné le commerce de ce coste là. Les nouvelles qu'on avoit dictes de Camson Bascha ne se sont pas trouvées veritables, qu'il est encore assiégé par Liemen dans la ville de Sibet, et que les rebelles sont en la ville de Camaran, si puissants qu'ils ne laissent passer aucun navire dans la mer Rouge, où ils achevent de ruiner tout ce qui y estoit de commerce. La santé estoit bonne au Caire, et la paix, Dieu mercy. Quant aux petrifications, nous attendrons de bon cœur vostre relation des pierres qui vous sont plus proches, façonnées comme des figures humaines et d'aultres animaux, pour raison de quoy il faudra voir si l'effet respondra à l'explication, comme de cez triangulaires et de celles qui ressemblent des figues, lorsqu'il s'en pourra voir, et de bois façonné, aprez le retour de M. vostre frère, que je prie à Dieu debvoir estre heureux et conforme à ses genereux souhaicts. Cependant, vous nous permettrés de suspendre nostre opinion, car il se voit des petrifications façonnées à feuillages, à damasquineures, qui sont naturelles, et portions des grands coquillages marins, aussy incogneus et aussy rares en ce siecle que des corps de geants vivants, dont on ne voit plus que les carcasses. Pour cette pierre de linx, ou plus tost la coquille ou la crouste pleine de terre, je n'en verrois pas moins volontiers que de celles qui sont farcies de matieres petrifiées. C'est tout ce que je puis vous dire presentement de principal dans la presse où je me trouve, et que suis de tout mon cœur et de toute mon affection, M., vostre, etc.   De Peiresc

A Aix, ce 1ᵉʳ octobre 1635.

LETTRE LXXIX
Peiresc au P. Épiphane d'Orléans
1ᵉʳ OCTOBRE 1635
(Ibid., folio 392, verso.)

Monsieur mon R. P., j'ay receu vostre lettre du 14, avec cette belle petite image de sainct François, à laquelle j'ay incontinent faict l'application de toutes les plus riches benedictions et indulgences de nostre S. P. le Pape, pour la garder et reverer tant que je vivray, pour l'amour de vous, en ayant usé ainsin *(sic)* pour me consoler de ce que vous n'avez pas trouvé bon de le faire de vostre invention. Je l'ay montrée à des galants hommes, qui se cognoissent bien en la peincture, qui m'ont incontinent envoyé icy touts les plus curieux de la ville, au jugement desquels il ne s'est rien veu en ce païs icy de si artistement elabouré en matière de miniature, encore que nous ayons eu ces moys passez le R. P. Salian, des Augustins (1), de qui je m'asseure que vous aurez veu de bien belle besogne au crayon. Les quatre petites fleurs que vous y avez adjoustées aux encogneures ne sont pas moins admirées que la figure. Enfin, je ne vous sçaurois exprimer l'estime qu'on en faict, ne consequemment l'obligation que je vous en ay. Priant Dieu qu'il vous rende le centuple, et qu'il me donne les moyens de vous servir à souhaict, et de vous en tesmoigner la recongnoissance que vous en devra à jamais, Mʳ mon R. P., vostre tres humble et tres obeissant serviteur.

DE PEIRESC.

A Aix, ce 1ᵉʳ octobre 1635.

(1) Voir sur ce moine artiste le fascicule des *Correspondants de Peiresc* consacré au notaire collectionneur d'Aix-en-Provence, *Boniface Borrelly*, dont le riche cabinet contenait, entre mille objets d'art et rares curiosités, deux toiles du P. Salian.

LETTRE LXXX
Peiresc au P. Agathange de Vendôme
7 octobre 1635
(Ibid., folio 393, verso.)

Monsieur mon R. P., ce mot, au cas qu'il puisse arriver à temps, sera pour vous accuser la reception du fagot de livres dont le Sr Magy avoit chargé patron Lombard, qui est arrivé fort bien conditionné : y ayant trouvé le volume d'Ebn el Bitar avec les feuillets que vous aviez mis dedans, et l'autre petit volume de philosophie, dont je vous rends mille actions de graces ; ayant desja envoyé à Paris celluy d'Ebn el Bitar, qu'on y avoit affaire. Mais je crains bien que ce ne soit le simple abbregé au lieu du texte tout au long. Nous en serons bien esclaircys, Dieu aydant. Dont je vous demeureray grandement redevable, et ne tiendra pas à moy que je m'en revanche par toute sorte de services dont je me pourray adviser, estant tousjours de tout mon cœur, M^r mon R. P., vostre, etc.

De Peiresc.

A Aix, ce 7 octobre 1635.

LETTRE LXXXI
Peiresc à M. Magy, au Caire
26 octobre 1635
(Ibid., f° 395.)

..... Au reste, je ne suis pas encore tout hors d'esperance de recouvrer tost ou tard le livre dont vous aviez chargé le Sr Firsan, que l'on me dict estre demeuré à Tripoly ez mains du Bassa, à qui je l'ay envoyé demander à rançon. Et, parce qu'on dict qu'il est homme qui ressent bien la qualité de gentilhomme, estant issu de la maison de Justinian de Genes, de Scio, l'on me faict esperer que, si le livre n'est deschiré, ou s'il n'a changé de main, il y aura moyen de le rachepter : ce que je desirerois bien, pour vostre consolation et pour celle des RR. PP. Agathange et Cassien, aussy bien que pour la mienne, vous suppliant de leur faire mes tres humbles recommandations, et leur dire que je (*sic*) confie tant en leurs bonnes et sainctes prieres pour le recouvrement de ce livre, qu'elles seront enfin exaucées, s'il plaist à Dieu. Mais, quand Sa divine Majesté l'auroit aucunement permis, nous ne laisrons (*sic*) pas de le prendre en patience de sa main, comme nous devons faire toutes choses qui nous adviennent par sa permission, et que je ne regretteray pas pourtant la despense du calice que je vous ay envoyé par le patron Pierre Caillot, pour la recompense de ces bon Peres, qui m'avoient desparty ledict livre de si bonne foy...

(Choses semblables, mais moins étendues, dans une lettre au même, du 14 novembre suivant, folio 397, verso).

LETTRE LXXXII
Peiresc au P. Gilles de Loches
19 NOVEMBRE 1635.
(Ibid., folio 398, verso.)

Monsieur mon R. P., je vous ay trouvé si disposé à toute sorte de charitables offices, sans que les interets particuliers, qui sont si capables d'arrester les autres hommes, vous puissent toucher ni divertir de vos inclinations à bien faire, qui tiennent je ne sçay quoy du divin, ou du moins de l'heroïque, et qui surpasse les termes ordinaires de l'humanité, que, comme vous avez si liberalement deferé à ce que je vous ay prié de faire en faveur de M. Schikard pour l'amour de sa vertu, sans considerer le party où il se trouvoit attaché (1), ainsy que vous aviez si dignement commencé de le pratiquer parmy cez peuples orientaulx, vous ne prendrez pas maintenant en mauvaise part la supplication que je vous faicts en faveur du plus docte personnage de nostre siecle, sans faire tort aux autres, puisque chascun luy en cede sans controverse la prerogative, et que ceux mesme qui ont voulu escrire contre luy ont esté constraincts de l'advouer enfin. C'est M. de Saulmaise, de qui la rare vertu et erudition ne vous peuvent pas estre incogneües, lequel m'a de si longue main honnoré de sa bienveillance, qu'il m'a obligé d'aller au devant de toute sorte d'occasions de le servir sans attendre mesmes ses commandements, quand je les ay prevenus comme à ce coup, qu'ayant sceu la grande estude qu'il a faicte depuis cez dernieres années aux langues orientales, et particulierement en l'arabique, en la persienne, et maintenant en celle des Cophtes, où il a descouvert des merveilles, où il voudroit bien joindre quelque notice de l'ethiopienne, qui peult avoir bien de la liaison ou dependance avec celle des Cophtes en beaucoup de paroles ou de façons de parler. J'ay creu que vous ne prendriez en mauvaise part la trez humble supplication que je vous faicts de le vouloir resoudre sur quelques propositions qu'il vous pourra faire sur ce subject, et luy vouloir despartir quelques petites notices en cette langue, en ce qu'elle peult avoir de commun avec celle des Cophtes, ou du moins avec le langage usité entre plusieurs peuples de la profession des Cophtes : dont je m'asseure qu'il ne vous desrobera pas l'honneur et la gloire qui vous en pourra escheoir, et qu'il sçaura bien faire valloir le merite que vous y acquerrez envers le

(1) Le party, c'est-à-dire la religion. Le grand érudit dont il va être question, et auquel Peiresc va donner les plus beaux éloges, appartenait au protestantisme.

public, et possible avec plus de fruict qu'on ne scauroit penser. Je luy envoye donc cette lettre pour la vous faire tenir s'il ne peult vous aller voir luy mesme, et pour l'accompagner de quelque petite proposition. A quoy je vous supplie de vouloir rendre la plus favorable response que vous pourrez, et de croire qu'en obligeant un si grand personnage, et si digne de voz bienfaicts, je prendray grande part à son obligation, comme son serviteur particulier, me promettant une grande consolation de l'honneur de cette mienne entremise, si je puis avoir esté bon instrument de l'establissement de quelque correspondance entre vous, pour le bien qui en reviendra à la posterité, et pour le soulagement que vous y trouverez au bout du compte, si vous pouvez vous descharger sur luy d'une partye du labeur que voz autres plus pieuses et plus meritoires occupations ne vous peuvent pas laisser employer à cette sorte d'estude selon le souhaict de voz amys et serviteurs. J'attendray impatiemment vostre response à la presente et le succez de vostre commune entreveüe ou communication. Et cependant je prieray Dieu qu'il vous inspire à l'un et à l'autre ce que j'ay souhaicté le plus ardemment. Demeurant, Monsieur, vostre, etc.

De Peiresc.

A Aix, ce 19 novembre 1635.

LETTRE LXXXIII
Peiresc au P. Michelange de Nantes
22 NOVEMBRE 1635
(Ibidem, folio 401)

M. mon R. P., comme vous n'avez pas laissé de me vouloir obliger sans que j'eusse l'honneur d'estre cogneu de vous ni d'avoir rien merité en vostre endroit par mes services, vous ne debvrez pas trouver estrange que je vous en tesmoigne ma gratitude, et que je vous en remercie, comme je faits trez humblement, me recognoissant bien fort redevable à voz charitables offices d'avoir voulu vous donner la peine de faire pour l'amour de moy un si penible et si perilleux voyage qu'estoit celluy du mont Casius (1), que vous avez si bien commencé, et qu'il n'a pas tenu à vous que ne l'ayez achevé, et d'avoir passé une si mauvaise nuict que fut celle du 27 aoust dernier pour me faire avoir l'observation de l'eclypse, que j'attends de vostre courtoisie, vous suppliant de me la faire avoir le plus tost que vous pourrez, sans vous arrester aux equivoques ou faultes que vous y pourriez avoir apperceu depuis, et qu'il y faille avoir du regret, car c'est chose qui arrive aux plus habiles hommes bien souvent, lesquels ne font aucun scrupule d'en faire acte eux mêmes ingenument quand ils le recognoissent, et n'en sont pas moins estimez. Au contraire, ceux du mestier y trouvent bien souvent de quoy faire bien du proffict, attendu que souvent ce qui nous semble faulte n'est rien moins que cela quand tout est bien pesé et examiné. C'est pourquoy je vous supplie et conjure par vostre bonne foy de me vouloir despartir vostre observation en la façon mesme que vous l'avez redigée par escript en vostre plumitif, ou primitive minute, sauf d'y ajouster par apostille ou par appendice toutes les autres marques ou modifications et corrections que vous voudrez; mais que j'aye, s'il vous plaist, les choses comme elles vous ont paru d'abord, quelque equivoque que vous y puissiez attendre, ou qui y puisse estre veritablement. Car je n'abuseray pas, et n'y feray rien paroistre soubs vostre nom à quoy vous puissiez avoir du regret. Mais tout ce qui vous sembleroit estre inutile ne le sera pas au fond de l'examen et du calcul qu'il en fault faire pour s'en ac-

---

(1) Probablement Djebel-Kasioum, montagne voisine de Damas. (*Reclus*, tome IX, p. 791).

quitter comme il appartient. Et c'est bien là veritablement que, si vous n'avez marqué les minutes que par estimation et conjecture prise sur vos horloges à roüe, c'est un bien foible fondement ; mais si vous avez pris la haulteur de quelque estoile fixe, elle peult reparer tout ce deffault avec grand advantage. Et si vous en avez faict plusieurs pareilles, et marqué en mesme temps la difference des phases de la lune, il y aura de quoy suppleer toutes choses à souhaict, mesmes si vous avez pris la haulteur de la lune en mesme temps, et marqué par quel bout vous en avez pris la mesure, si c'est par le limbe superieur ou par l'inferieur. Aux estoiles mesmes, quand vous serez en quelque donbte du nom de celle que vous aurez mesuré, si vous avès reiteré le mesurage, et de quelque autre plus cogneüe, l'une pourra ayder à recognoistre et reparer l'equivoque, s'il y en avoit eu. C'est pourquoy vous ne debvez avoir aulcun regret de nous communiquer librement tout ce que vous en aurez mis par escript, d'où nous ne prendrons que ce qu'il fauldra, Dieu aydant. Et fauldra nous marquer, s'il vous plaist, de quelle grandeur et qualité sont vos instruments, et que vous les ayez esprouvés à mesurer quelques aultres estoiles fixes en mesme temps, pour en examiner d'icy la justesse. Et faudroit prendre aussy la haulteur du soleil meridien quelques fois, principalement aux solstices, quelques jours devant et aprez, et de l'estoile polaire, en marquant en mesme temps la haulteur de quelque autre estoile fixe bien cogneüe, et la haulteur de la lune, si elle paroit. Que si vous aviez un bon rayon à mesurer les distances d'une estoile à autre, il en fauldroit faire l'essay au mesurage de la distance d'entre deux ou trois estoiles fixes, pour recognoistre s'il est bien court, ou bien juste, ou non, et en mesurer la distance de la lune avec des estoiles fixes les plus prochaines, à les prendre de divers endroicts deson limbe, et mesurer encores la largeur de son diametre d'un limbe à l'autre. Et si toutes ces choses se pouvoient observer quand on attend une ecclypse, comme il y en aura d'aultres au 20 febvrier et 16 aoust de l'année prochaine, quoyque petites, l'usaige ne laisseroit pas d'en estre de grand fruict. Le R. P. Agathange de Vendosme et le R. P. Cassien de Nantes, qui sont de mes bons amys, m'avoient promis d'observer au Cayre la mesme ecclypse que vous avez observée à Alep, et j'en attends les observations de jour à autre. Je les supplieray de vous prier de m'envoyer les vostres, afin que, si je n'en ay merité la faveur de mon chef, vous ayez plus de subject de le faire pour l'amour d'eux. Et, si besoing estoit, possible aurois je le credit de vous en faire prier par le R. P. Joseph, qui m'a autres fois advoué pour son serviteur. Mais je me promets tant de la bonté de vostre naturel, que vous ne m'en voudrez pas esconduire, et que vous voudrez prevenir toutes mes intercessions pour gaigner du temps et augmenter d'aultant mon obligation. C'est de quoy je vous supplie tres humblement, et d'en prendre la revanche sur moy, en me commandant avec toute authorité par tout où vous me jugerez propre à vostre service, comme, M. mon R. P., vostre tres humble et tres obeissant serviteur.

DE PEIRESC,

A Aix, ce 22 novembre 1635.

Il faudra, s'il vous plaist, marquer de quel œil vous avez regardé par les pinnules de vos instruments, quand vous aurez prins la haulteur de quelque estoille fixe ou de quelque endroict certain du limbe de la lune, si c'est du droict ou du gaulche, et par quel œil vous aurez pareillement regardé dans la lunette de porte veüe, quand vous vous en servez, car cela n'est pas inutile comme il sembleroit.

LETTRE LXXXIV
Peiresc au P. Gilles de Loches
8 DÉCEMBRE 1635
(Ibidem, folio 405.)

Monsieur mon R. P., j'ay receu ce matin vostre pacquet du 24 novembre, avec les petrifications y conteneües, que vous teniez de la main de Mʳ Sarrazin, dont je vous remercie tres humblement, ayant prins grand plaisir à voir ce petit limasson que Mʳ Sarrazin appelle metaliffié (1) au lieu de petriffié. Sur quoy, j'ay à vous dire que tout le contenu en vostre pacquet, tant les pierres, estoilles, que cette autre que vous nommez *lapis linceus*, sont toutes relliques d'animaux marins petriffiées, et mesmes ce que vous appellez un morceau de chenille, qui n'est qu'une portion d'un limasson quasi pareil à celluy que vous croyez estre de metal demy petriffié. Et la terre que vous voyez attachée soubs la base de vostre pierre lincée, en forme pyramidale, ne peult pas destruire l'opinion que j'ay conceüe, que c'est d'un animal de mer.

Car nous avons des montaignes, à Boisgency, prez de Toulon, qui en sont toutes semées et remplies, où l'on distingue bien souvent la coquille de l'animal d'avec le noyeau petriffié, qui s'y est formé dedans de ceste figure conique pyramidale, comme dans un moulle de ceste forme, tout de mesme que, dans les limassons et coquillages, les pierres se forment semblables aux limassons et autres coquillages, comme l'echinus et l'escrevice mesmes reçoivent de la matiere susceptible de la dureté des pierres, qui en retiennent les figures. Et d'aultant que ces

---

(1) Le néologisme de M. Sarrazin n'a pas fait fortune, et tout le monde a préféré, à la forme *métaliffiée*, la forme *métallisée*, qui a été employée, dès le xviᵉ siècle, par un homme qui n'a pas moins de valeur comme écrivain que comme artiste, Bernard Palissy.

animaux se tiennent communement au fond de la mer, parmy la boue, souvent la pierre qui s'y est formée prend la teincture du noir, ou de la boüe, ou autre, et c'est pour cela que vostre pierre lincée est si noire. Car, si sa coquille y estoit demeurée, vous la verriez blanche. Or, le metail que vous voyez reluire en ce limasson n'est autre chose que la qualité de la matiere metallique, laquelle estoit incorporée dans la matiere disposée à petrification, qui neantmoins estoit encore liquide quand ce limasson s'y trouva engagé. Tout de mesmes qu'il s'en trouve de semblables qui sont remplis de matiere petriffiée d'autre nature, voire j'en ay de vraye chalcedoine fine et dure comme le saphir, car, de ces coquillages, il s'en trouve partout et dans toute sorte de nature de pierres, aussy bien dans le marbre et dans les mines de metaux que dans les quarrieres de pierres communes. Il se faict des colonnes admirables d'un certain marbre venant d'Hybernie, qui est tout parsemé de limassons et coquillages de mer. Ces estoiles mesmes sont le modelle de certains lombrics marins, dont les divers estages, ou replis, ou annelets qu'ils ont en leur longueur, sont aultant d'estoiles separables l'une de l'autre. Ce que vous ne debvez pas trouver estrange, puisque les lombrics terrestres se farcissent de terre naturellement, dont ils se nourrissent en certain temps, en sorte que, si l'on en donne à manger au poisson sans les faire desgorger de leur terre, le poisson qui les devore en meurt incontinent : ceux qui ayment la pesche le sçavent. Mais ce sont des conceptions miennes, dont j'ay acquis la notice par de longues et assez penibles experiences, dont je donneray possible un jour quelque petit discours, pour la satisfaction de mes amys particuliers (1). C'est pour quoy je vous prie de ne pas divulguer

(1) Peiresc n'a malheureusement pas tenu parole, et nous avons également à déplorer qu'il n'ait pas publié le résultat de ses recherches sur l'archéologie et l'histoire, et de ses recherches sur l'histoire naturelle.

ce que je vous escrips, afin que je ne sois prevenu par quelque autre en la publication de ces miennes pensées, comme je l'ay esté en plusieurs autres aultant et plus curieuses que celle là, dont il fault que je vous entretienne plus à loysir tost ou tard, principalement si vous faictes de ces voyages loingtains, afin que vous y puissiez observer mille choses admirables que l'on neglige communement, et dont je ne vous sçaurois bailler des instructions par escript qui ne fussent trop longues et trop ennuyeuses. C'est pour quoy il fault, s'il vous plaist, que vous vous resolviez au voyage de Rome en toute façon, afin que j'aye le bien de vous voir en passant, vous osant asseurer que pour rien du monde vous ne voudriez avoir obmis cette courvée, quand vous verrez et entendrez de ma bouche ce que j'ay à vous dire sur ce subject et sur infinité d'autres, dont le public se pense prevaloir par vostre charitable entremise. Vous suppliant de ne vous point rebutter de vos sainctes entreprinses et loüables desseins pour les longueurs des expeditions de cour de Rome, et de ne pas prendre en mauvaise part ce que l'Em^{me} card. Barberin m'escript, de vouloir charger quelque sien de vostre affaire ; car ce n'est pas l'abandonner, mais parce que les grandes affaires dont ils sont accablez ne peuvent pas comporter qu'ils en retiennent le soing, si l'on ne veut que tout demeure à l'abandon. C'est moy qui l'ay supplié d'en user ainsy, comme vous verrez par la replique qu'il me fit dernierement ; attendu que cela n'empeschera pas qu'il ne s'en mesle à bon effect quand celluy qu'il en aura chargé le fera souvenir d'en parler soit au Pape ou aux ministres de la chancellerie. Je loue vostre bonté de vouloir associer vostre provincial *qui pro tempore fuerit ;* mais je crains bien que cela ne fasse naistre des obstacles sur le subject du billet que vous verrez... Sur quoy nous aurons possible quelque bonne responce dans 15 jours par le prochain ordinaire, dont je vous feray part incontinent. Et si vous me pouvez fournir quelques bonnes instructions du faict sur le subject dudict billet, vous me ferez plaisir. Car vous pouvez sçavoir des tenants et aboutissants d'importance qui ne soient pas de nostre notice. En effect, le prefect est si diverty à tant d'autres affaires plus pressantes que celles des missions orientales, et peult avoir soubs luy d'autres collegues interessez à d'autres dependances si difficiles à gouverner, que je crois que le moyen de mieux faire ceste affaire sera de la luy endosser. Comme je crois que les meilleures affaires du monde se gastent en cour de Rome en les endossant sur un neveu de pape, si ce n'est chose qui se puisse achever au premier mot que l'on en dict. Car, quand cela doibt passer par la Congregation, il y a d'autres formalitez et longueurs bien grandes aussy, et qui ne se peuvent vaincre qu'en se laissant entendre tout à loisir aux uns et aux autres. Je ne suis marry que de vostre indisposition, louant Dieu de la guerison qu'il luy a pleu vous donner, qui est un argument de sa divine volonté et de la destination qu'il a faict de vostre personne à cez bonnes œuvres, dont attendant les effects conformes à vos vœux et aux miens, je finiray demeurant, M^r mon R. P., vostre, etc. DE PEIRESC.

A Aix, ce 8 décembre 1635.

LETTRE LXXXV
P. Agathange de Vendôme à Peiresc
20 DÉCEMBRE 1635
(Bibliothèque nationale, Mss., F. F., n° 9,543, folios 254 à 257)

Du Caire, ce 20 décembre 1635.

MONSIEUR, HUMBLE SALUT EN LA CROIX DE N. S. J. C.

J'ay receu le calice et la patene d'argent qu'il vous a pleu envoyer, le tout bien conditionné. Je l'ay presenté au superieur du convent pour lequel il a esté faict, dont il a esté tres content. La façon et la grandeur de l'un et de l'autre se trouvent fort bien. Ils ont désiré, pour plus grand ornement, que l'on fist mettre un peu d'or sur les pommes du pied du calice, et un peu au bas du pied : ce que M. Magy et moy leur avons accordé, pour leur donner l'entier contentement qu'ils desirent, et y escrire sept ou huit paroles qu'ils ont demandé que l'on y mist sur le pied. Le R. P. Cassian alla, ce mois d'octobre dernier, ès deserts de S. Machaire, et visita les quatre convents et les librairies de trois seulement, car, au quatriesme, ils ne peurent ou feignirent de ne pouvoir trouver la clef. Il n'a veu là, à mon advis, chose rare. Il a apporté le memoire de la plus grande part. Ce sont livres ecclesiastiques, grand nombre de psaultiers, evangiles, expositions de divers autheurs, entre lesquels il s'en trouve un, tres beau grand livre arabe, en fort beau caractere, qui est un commentaire de S. Jean Chrisostome sur les Evangiles. Il y a des homelies attribuées à S. Simeon Stilite, quelques livres de S. Basile et de S. Gregoire surnommé le Theologien. Je les ay priés de m'apporter les homelies de S. Simeon Stilite, les œuvres de S. Pachome, abbé. Ils ont encores S. Ephrem dans le convent de la Vierge, qui estoit jadis le convent des Syriens, et est l'un des quatre qui restent aujourd'huy entiers ès deserts de S. Machaire. Il y a tres grande quantité de livres syriaques ; mais il n'y a plus personne qui estudie ceste langue là, les religieux qui y estoient l'ayant abandonné aux cophtes. Leurs livres sont jettés à terre, et tenus en fort peu d'estime.

Cependant il y a des livres fort grands, escripts en tres elegant caractere, et en grand nombre. Pour ce qui est du nubien, que vous demandez, je vous diray qu'il n'est pas tres aisé d'en recouvrer icy. La langue arabe a tellement prevalu en touts ces pays, laquelle a estouffé la nubienne, sinon quant au parler, au moins quant a l'escrire. Car, depuis que ces peuples ont receu le mahometisme, ils ont commancé à lire l'Alcoran en arabe, et petit à petit ont laissé leur langue, specialement ceux qui sont ès quartiers proche d'Egypte et y frequentent. Peut estre ceux qui demeurent plus avant la conservent encore. Il doibt venir bien tost icy une caravane où il y aura peut estre quelqu'un qui nous en donnera plus de cognoissance que ceux qui sont aujourd'huy icy, qui ne sçavent pas lire. Pour ce qui est de ceux que vous appelés *Forma Egyptiorum*, qui sont habitants dans des montaignes d'Egypte vers la mer Rouge, je vous asseure qu'ils ne cognoissent autre langue que l'arabe bien corrompu, et ceux de Syammay (?) pareillement. Bien est vray que plus avant, approchant des Abyssins, on y parle une langue qui semble estre un meslange d'ethiopien et arabe, et se faict entendre facilement des Abyssins et des Arabes. Le supplement que vous demandez de la preface de S. Matthieu m'a esté promis par un prestre qui est fort paresseux; il me le promet de jour en jour, et ne me l'a pas encore donné. La preface de l'Evangile de S. Jehan qui se retrouve en un volume qui est icy, n'est pas conforme à celle que vous avez : il n'y a que six ou sept lignes, et ne faict aucune mention de TARCOS ni de TRAIANOS; aussy ce livre icy est fort recent à comparaison du vostre, qui est d'un caractere qui ne se faict plus. Quand à ce que vous demandez de la latitude du Caire, j'ay pour ce subject faict cognoissance avec un astrologue qui a perdu tous ses instruments, qui luy feurent pris dernierement, et maintenant il ne se sert que de ce qu'il trouve escrit dans les livres. Il dit que le Caire a 30 degrés, et Alexandrie 31. Je luy ay objecté que les anciens ont mis Alexandrie au 30, et, ne pouvant pas accorder cela, il m'a conseillé de faire faire un grand quart de cercle, par le moyen duquel cela se pourra determiner icy, et, pour Alexandrie je prieray un capitaine anglois qui est icy, que, quand il y sera de retour, il veuille prendre la peine de le faire : il est entendu en cela, et il a ses instruments dans son vaisseau. Pour les livres d'astrologie que je vous promettois bien tost par mes precedentes, il nous est arrivé [cette] digrace, que, un more granatin (1), duquel ces Messieurs les marchands se servoient ordinairement, et qui me servoit aussy pour me faire trouver et escrire les livres que je vous ay envoyé, s'en est fuy de ce pays, et a emporté les livres qu'il avoit empruntés de nostre maison, et beaucoup d'autres choses de divers autres lieux. Nous avons nouvelle que, allant de Damiate (2) en Jaffa, ils ont esté rencontrés par des corsaires chrestiens, et que il ne s'est sauvé de ce vaisseau là que six mores, le reste estant venu entre les mains des corsaires. Je ne sçay s'ils sont de Malte ou de Florence : il seroit bon de s'en enquester, car peut estre trouveroit on les livres qu'il a emportés, dont il y a un d'astrologie qui est de grande valeur. Ce sont des instructions generales pour la science d'astrologie ; puis, venant au particulier, il descrit les mouvements des cieux et des estoilles et planetes, et conclud par des ephemerides. Et le mal est qu'il a emporté l'original avec l'exemplaire. Vous aurez, s'il plaist à Dieu, bien tost les Epistres de saint Paul en cophte et en arabe. Il seroit bon que vous envoyassiez icy du papier gros et bon, dont on se pust servir quand on vous fait transcrire des livres, car tout ce qui vient icy de chrestienté ne vaut rien, et couste fort cher. On nous escrit les Epistres en un papier dont un feuillet est aussy grand que la feuille entiere du present papier, et couste une piastre la main : encore n'en pouvons nous plus trouver, et ainsi qu'il nous faille coller deux feuilles de petit ensemble pour achever ce qui

---

(1) C'est-à-dire de Grenade.
(2) On a reconnu le nom de Damiette, autrefois *Thamiatis*.

reste. Il y a desja presque quatre mains employées, et la disette de papier empeschera d'escrire les Actes des Apostres, les Epistres canoniques et l'Apocalypse. Je me recommande à vos prieres et demeure votre tres humble serviteur

F. AGATHANGE DE VENDOSME, *capucin indigne.*

A Monsieur de Peiresc, conseiller du Roy au Parlement de Provence, à Aix.

LETTRE LXXXVI
Peiresc au P. Agathange de Vendôme
24 DÉCEMBRE 1635
(Bibl. d'Inguimbert, *Minutes de Peiresc*, tome H.-I.-L.-M., folio 407).

Monsieur mon Rever. Pere, je receus yer au soir une lettre du Sr Magy du 3 et 10 septembre, par le navire anglois du Sr Gella, où j'appris une bien affligeante nouvelle pour moy, que vous estiez tombé malade, et deux de vos collegues, dont je suis en extreme apprehension, et prie à Dieu qu'il vous aye voulleu bien assister et preserver, pour le bien de son service et pour le salut des ames, où vous estes si utile avec toute vostre devote compagnie, espérant que nos vœux auront esté exaucez et preservez pour le regard de ce costé là. Je pensois avoir par ceste voye le resultat de vostre observation de l'ecclypse de lune du 28 aoust, suivant les esperances que vous m'aviez données par vos dernieres lettres, venues par patron Lombard conjoinctement avec l'Ebn el Bitar, comme je vous reitere mes tres humbles remerciments. Mais il y a eu trop peu d'intervalle entre la dite observation et le temps de l'expedition du navire anglois. J'espere que la despeche du Sr Magy du 3e septembre et que par son apostille du 10ᵉ du mesme mois y me donne advis que, depuis sa lettre escripte, vous estiez tombé malade, dont je seray en peyne et en inquiétude d'esprit jusques à tant que j'appreigne vostre guerison et de toute vostre saincte compagnie (1). Les RR. PP. vos collegues d'Alep ont faict la mesme observation de la dite ecclypse, et particulierement le bon P. Michelange, sur la semonce que luy en avoit faict de ma part le bon P. Celestin de Saincte Liduine (2), des Carmes deschaussez; mais ils ont, apres, faict quelques scrupules de me renvoyer la coppie, sous pretexte qu'il craignoit quelques petites equivoques, ou qu'elle ne fusse pas sy exactement faicte et calcullée comme il eusse desiré. En quoy ils m'ont donné une bien grande mortification. Car, en disant leur scrupule et les occasions qu'ils pouvoient avoir de [doubter de] la certitude de leur calcul, ou escriture, ils pouvoient estre vallablement deschargez, et nous laisser la liberté d'en juger et d'y choisir ce qui nous seroit semblé plus vraysemblable, et, possible, de leur rectifier mieux qu'ils ne se laisseroient promettre (sic). J'en ay escript au R. P. Michelange pour l'en supplier, et me suis dispensé de faire que vous l'en prierez encore pour l'amour de moy, ce que je vous supplie tres humblement de voulloir faire, et de luy dire qu'il ne fasse pas de difficulté de m'en escrire punctuellement toute la suitte de son observation, telle qu'il l'aura couchée par

(1) Cette phrase embrouillée est exactement reproduite de la minute.

(2) C'était Pierre Golius, le frère aîné du savant orientaliste Jacques Golius, Pierre fut lui-même un habile orientaliste. On peut voir la liste de ses ouvrages dans la *Bibliotheca Carmelitana*, du P. Cosme de Villiers. Etienne-Evodius Assemani a trouvé, dans la Bibliothèque palatine de Florence, une traduction manuscrite en arabe de l'*Imitation de Jésus-Christ*, faite à Alep, en 1638, par le P. Ignace d'Orléans, capucin missionnaire. Il l'a comparée et reconnue identique à celle que le P. Célestin de Sainte-Lidwine a fait imprimer sous son propre nom à Rome en 1663, à l'imprimerie de la Propagande (V. le *Catal. de la Palatine*, p. 133, cod. 81).

escript sur le champ, avec les mesmes doubtes et equivoques qu'il pensera y avoir commis : car je faicts mon profict de toutes choses, et en ces matieres là bien souvent ce quy semble faulte ou equivoque est veritablement ce qu'il fault choisir ; c'est pourquoy il ne fault rien negliger, ne rien blasmer. Cette ecclipse a esté heureusement observée à Rome, Naples, Padoue, Paris, en Hollande et tout plein d'autres lieux, aussy bien qu'icy ; de sorte qu'en joignant les observations d'Alep et du Cayre, il s'en peult tirer bien du fruict, et dont il sera memoire venerable à la posterité. Et si vous pouviez joindre une autre observation des deux prochaines ecclipses de lune de febvrier et d'aoust, et quelques observations de la haulteur du soleil meridien durant les plus prochains jours du soltice, il n'y auroit plus rien à desirer pour convaincre [sic] et arrester le calcul des vrayes distances des lieux d'icy là, et la proportion et rapport qu'il y peult avoir de la presente constitution du ciel à celles des siecles passés de Ptolomée, d'Hipparque et des autres anciens : en quoy la posterité vous aura une bien grande obligation, et à tout vostre ordre, de luy avoir rendu ce petit office, qui ne laisse pas de servir à la verité de l'histoire saincte et des computs astronomiques necessaires au reglement de la Pasque, aussy bien qu'à l'histoire prophane, et au reglement pollitique et du calendrier. Vous suppliant y tenir la main, pour l'honneur de Dieu et pour l'amour de vostre serviteur, et de songer surtout à la conservation de vostre santé, pour la pouvoir employer au salut des ames conformement à vos louables souhaicts. J'ay escript à Rome à l'Em^{me} cardinal Barberin les grands services que vous avez rendus à l'Eglise, à vostre voyage de Sainct Anthoine, dont on vous sçait le gré que merite vostre grand zele et vostre incomparable pieté, et pense que vous verrez bientost les effects, et possible quelque digne condition pour mieux faire valoir vostre talent et de vos bons collegues. Sur quoy je suis constrainct de clorre pour ne perdre.....

Le reste de la lettre manque ; mais elle est forcément contemporaine de celles qui precedent et qui suivent immédiatement dans la Collection. Par conséquent, elle est du 24 décembre 1635.

LETTRE LXXXVII
Peiresc au P. Cassien de Nantes
24 DÉCEMBRE 1635
(Ibidem, folio 407 *bis*, verso.)

Monsieur mon R. P., j'ay escript ce matin au R. P. Agathange, vostre digne superieur, sur l'advis de l'arrivée du navire anglois et la reception d'une lettre du bon M. Magy du 1er septembre, dans une grande mortification de n'en point avoir de sa part ou de la vostre, et encores plus de la nouvelle qu'il m'escrivpit de sa maladie et de deux autres de ses confreres, dont je craignois bien que vous ne fussiez du nombre ; mais, graces à Dieu, j'ay esté bien consolé à ce soir, à la reception de vostre depesche du septieme du mesme moys, accompagnée d'une du Sr Santo Seghezzi du trentieme, ayant apprins par mesme moyen, sur la relation de ceux du mesme navire, que la maladie de ce bon Pere, graces à Dieu, n'estoit pas si dangereuse, et qu'il se portoit mieux, et que vous en avez esté exempt bien à propos pour les pouvoir servir au besoing, dont je loue tant que je peux la divine Providence, et vous felicite de tout mon cœur. Ayant prins un grand plaisir de voir l'observation de l'ecclipse, laquelle ne laissera pas de bien servir, bien que l'on y ait obmis ce que je vous avois le plus recommandé, concernant la dimension de la haulteur de quelque estoile fixe congneue, qui n'eust pas esté plus dificile que de prendre la haulteur du corps de la lune, à quoy pouvoit suffire et l'astrolabe et le petit quart de cercle que je vous avois envoyé, à faulte d'avoir meilleur instrument : car, en ces matieres, on ne sçauroit aller trop exactement. Cependant, je vous rends mille tres humbles graces, et au R. P. Agathange, de la peine que vous y avez prinse, et vous estant bien plus redevable que vous ne pensez, vous suppliant de ne vous pas lasser en vos charitables offices pour la posterité, dont ce n'est pas là une si petite preuve, et de peu de consequence comme il semble. Il faut tascher de passer encores un peu plus oultre, et de faire faire quelque autre observation, si exacte qu'on y puisse establir un fondement aussy certain que sur les observations des plus grands mathematiciens de l'antiquité, soit Hipparque ou Ptolomée. Ce que je demande n'estant pas pour en dresser simplement une figure celeste, ny seulement pour regler les distances des lieux d'entre cy et là, quoy que cela ne soit pas sans bon usage, mais principalement pour avoir de quoy poser des epoques du temps de telles observations, qui soient si bien appuyées et veriffiées par diverses observations et dimensions des estoiles fixes, en concordance de celles des corps luminaires, qu'il ne s'en puisse rien revoquer en doubte ; à cette fin que sur cela on puisse comparer l'observation des mieux (*sic*) et regler l'entretemps, en sorte qu'il n'y puisse rester aulcun scrupule : ce qui ne se fera pas sans de grandissime fruict pour la posterité, et sans bien de l'honneur pour les entremetteurs, et encores plus pour les observateurs, qui meriteront une tres honorable memoire et veneration de la posterité aussy bien que du siecle present. C'est pourquoy, comme vostre bon armenien a voulu nommer au bas de son observation le R. P. Agathange et son trucheman venitien, le Sr Jean Malin, je vous supplie de le nommer aussy, et de me mander de quelle grandeur estoit l'astrolabe sur quoy il a prins les haulteurs de la lune, et les heures et les minutes qu'il a cottées si précises. Car il faudroit que l'instrument fusse bien grand pour les rendre sensibles à l'œil. Et je voudrois sçavoir aussy de quel endroit du bord de la lune il a mesuré la haulteur d'icelle sur l'horison; et si c'estoit du limbe superieur ou bien de l'inferieur; et si quelqu'un ne cognoissoit pas aulcune des estoiles fixes qui pouvoient estre lors sur nostre hemisphere, vers l'orient ou le ponant, non trop prez de l'horizon ou du meridien, en lieu où le progrez feusse bien apparent, pour y pouvoir bien marquer le vray moment de l'heure. Et seroit besoing que nous sceussions avec quoy il a mesuré les heures et les minutes; et sur quoy il a prins la supposition qu'il a faicte de la haulteur du pole à 29 degrez 50 minutes pour le Cayre; si c'est par quelques siennes observations particulieres, ou bien par simple traditisme (1) des astronomes du païs, soit ancienne ou recente. Car il seroit bien à desirer d'en faire exprez des observations particulieres s'il n'y a eu aulcune observation depuis ce qu'ont escript de leur temps Ptolomée et les autres plus anciens, plusieurs des modernes l'ayant voulu regler à 29 degrez 24 minutes. Et si vous vouliez prendre la peine de l'observer par la haulteur du soleil meridien durant les cinq ou six jours plus voisins de l'un et de l'autre solstice, l'utilité n'en seroit pas moindre que des ecclipses. Je vous en avois cy devant prié, et le R. P. Agathange, et vous en supplie de tout mon cœur derechef, et ne pas obmettre d'observer les prochaines ecclipses de lune du moys de febvrier et d'aoust. Mais il ne fault pas oublier de marquer si ç'a esté en regardant par la lunette que vous auriez marqué le point du commencement de l'obscurité et celluy de la totalle obscurité, ou bien si c'estoit à plein œil, car les

---

(1) Ce mot n'est pas donné dans nos anciens dictionnaires, qui ne connaissent que la forme *traditive*, usitée au XVIe siècle au sens de tradition.

moments en sont fort differents, et capables de faire commettre de grandes faultes. C'est pourquoy je vous en avois adverti à l'advance, et vous avois envoyé une lunette exprez, avec priere de regarder à travers quand on voudroit marquer les epoques plus notables. Car il y a plus d'un poulce de faulse lumiere autour du globe de la lune, qui s'esvanouyt dans la lunette, ce qui fait qu'à plein œil on voit commencer l'ecclipse assez longtemps avant que l'ombre puisse atteindre le vray corps de la lune, despouillé de sa faulse bordure de rayons, ce qui ne se peult recognoistre qu'avec l'ayde des lunettes. Je vous ay trop importuné meshuy d'une matiere qui n'est, possible, pas trop de vostre goust. Excusez m'en, je vous supplie. Je n'ay point de dictionnaire ethiopien. Je m'enquerray s'il y auroit aulcun moyen de vous en ayder, vous exhortant de confiance à prendre les bonnes instructions que vous avez prinses en cette langue et autres orientales. Mais ne negligez pas celle des Cophtes, s'il y a aulcun qui vous en puisse donner de la tablature. Et nommez moy, je vous supplie, ce bon evesque septuagenaire que vous ne m'avez point encore nommé, et sa patrie, et la demeure principale qu'il a faict à S. Macaire, me commandant, s'il vous plaist, absolument par tout où vous me jugerez propre a vostre service, comme, M. mon R. P., vostre, etc.

De Peiresc.

A Aix, ce 24 décembre au soir.

Dieu vous donne bonnes festes et bonne année, et à vostre Venerable Pere superieur et toute vostre saincte compagnie !

Le R. P. Michelange a observé l'ecclipse dans Alep pour l'amour de moy, à la priere du R. P. Celestin de saincte Liduine, des Carmes deschaussez ; mais il a faict difficulté de luy bailler ou m'envoyer ses observations, à cause de quelque scrupule qu'il avoit de n'y avoir pas

assez exactement faict son calcul. Je vous prie de luy
escripre ou faire escripre de me l'envoyer tout au long
comme il l'a faict sur le champ, sans considerer ce qui
luy semblera subject à contradiction. Au contraire, je
verray volontiers les regrets qu'il pourroit avoir eu d'y
avoir failly; car souvent ce que l'on estime faulte vault
mieux en ces matières que ce dont on pense estre le plus
asseuré. Et vous prie d'en user ainsy vous mesmes, si
vous vous en meslez, et de le faire faire par ceux qui y
vouldront travailler.

LETTRE LXXXVIII
Peiresc au P. Gilles de Loches
12 JANVIER 1636
(Ibidem, folio 409).

M^r mon R. P., j'ay receu, par voye extraordinaire du
costé d'Avignon, une lettre de l'Em^{me} cardinal Barberin, qui ne contient pas certainement grand'chose; mais,
parce qu'elle peult verifier qu'il ne perd pas la souvenance de nos propositions, je pense que c'est beaucoup
des difficultés qui pouvoient venir tant de deçà les monts
que de delà, principalement pour guerir les scrupules
et consequences, qui embarrassent si souvent tout ce
monde là. Au reste, j'ay receu une petite observation de
la derniere ecclipse du moys d'aoust faict [sic] au Cayre par
le bon P. Agathange de Vendosme, assisté du P. Cassien
de Nantes, dont la peyne aura, je m'asseure, esté mieulx
employée qu'ils ne croyoient, esperant qu'il s'en tirera
encore quelque fruict pour le public. Et s'en tireroit bien
davantage si le P. Michelange eusse voulu m'envoyer la
sienne d'Alep, puisqu'il l'avoit faicte pour l'amour de
moy, à la requisition du sieur Contour et d'un bon
Pere carme deschaussé nommé le P. Celestin de Saincte

Liduine. Si vous avez des habitudes avec le P. Michelange, vous m'obligerez bien de luy escrire un mot pour le prier de m'envoyer la relation de tout ce qu'il en a observé. Et, si vous pouviez me (*sic*) donner la patience de faire quelque pareille observation des ecclipses prochaines du moys de febvrier et d'aoust, vous ne sçauriés croire l'utilité qui s'en peut retirer, si vous en pouvez faire un jour quelques autres dans l'Ethiopie. Vous suppliant et vous conjurant de vous y vouloir exercer, ou d'y faire exercer quelqu'un de ceux que vous estimés pour vos collegues, et de croire que la chose merite bien mieulx ceste peine que l'on ne sçaurait se le persuader. Excusez-moi de ceste liberté, et me continuez, je vous supplie, la participation de vos bonnes prieres et oraisons, et vos bonnes graces, comme à celui qui est et sera à jamais, Monsieur, mon R. P., vostre, etc.

DE PEIRESC.

A Aix, ce 7 janvier 1636.

Le P. Agathange estoit malade, et l'estoit encore lorsque le P. Cassien m'escrit du 7 septembre. Mais les lettres du 1er et du 12 octobre portent son entiere guerison.

LETTRE DU CARDINAL BARBERINI A PEIRESC

MOLTO ILLUSTRE SIGNORE,

Mi pensavi d'haver più abondanza di tempo per scrivere à V. S. con l'occasione dell'ordinario ; ma è cosi grande la scarzezza che ne hó, che solo mi basta per avvisare à V. S. come s'è stimato meglio aspettare la voluntà del P. Generale dei Cappuccini per trattare del affare del P. Gilles de Loches, mentre qu'ella s'attende in breve, e se stima più proficuo per l'adempimento di quanto si desidera. Mi sono sopragiunte tante occupationi, che non posso soggiungere ne scrivere d'avantaggio, et à V. S. confermo la mia prontezza nel suo servitio.

Di V. S.....

Rome, 8 dicembre 1635.

Et au-dessus : Al molto Illustre Signore di Peiresc. Aix.

C'est-à-dire : Très illustre Monsieur, je pensais avoir plus de loisir pour écrire à Votre Seigneurie par la voie de l'ordinaire ; mais j'ai si peu d'instants, qu'il me reste seulement la facilité d'aviser Votre Seigneurie de ceci : Nous avons pensé qu'il était mieux d'attendre que le P. Général des Capucins voulût bien prendre, pour l'affaire du P. Gilles, une décision qu'il nous fera connaître très prochainement : ce moyen paraît plus avantageux au résultat désiré. Tant d'occupations me sont survenues, que je ne puis rien vous dire ni écrire de plus, et j'assure Votre Seigneurie de mon empressement à son service.

LETTRE LXXXIX
Peiresc au P. Gilles de Loches
5 FÉVRIER 1636
(Ibidem, folio 411.)

Monsieur mon R. P., vostre petit pacquet du 12 janvier me fut apporté de Marseille par Mʳ Lambert, le jour de l'arrivée de l'ordinaire de Paris, tout à temps pour envoyer, comme je fis, à Rome, la lettre que vous y addressiez, et pour faire une recharge par l'ordinaire d'Avignon, qui doibt passer d'heure à autre, à Mgr l'Em^{me} Card. Barberin, à qui j'ay dressé un memorial sur voz instructions, pour rabbattre toutes les difficultez qui y pourroient escheoir, et que nous eussions sans doubte prevenues si plus tost vous m'eussiez adverty de ces particularitez dont j'estois en juste ignorance. Et possible que ces Mʳˢ de Rome, qui en avoyent ouy parler de ma part, n'en sçavoient gueres plus que moy, esperant qu'à ce coup l'on prendra quelque resolution tout à bon (1), puisque nous leur en mettons le marché à la main, et que nous leur en ouvrons de si faciles moyens et exemples, sur lesquels, à Rome, tout est faisable. Vous verrez le regret qu'il en a

(1) Nous dirions aujourd'hui *tout de bon*.

et le juste subject qu'il en croict avoir, par ce que j'ay fait extraire de sa derniere, qui sera cy joincte, des nouvelles du Cayre qui ne sont pas incompatibles à cela. Et tiens fermement que dezhormais tant s'en fault qu'il nous les faille plus solliciter pour cette expedition, qu'ils seront bien ayses de courir aprez nous, et nous en solliciter eux mesmes, en la necessité presente. Au reste, je m'estonne de la despeche que vous dictes s'estre perdue, où vous parlez du Sr Ingoly, et m'envoyez ces petrifications en forme de figues, que je n'ay pas receües ; mais vous ne me dictes pas d'en avoir faict l'addresse à Mr du Mesnil Aubery, ne à quel autre, ne en quel temps. Il est bien vray qu'il y a une balle en chemin, de Paris icy, depuis plus de deux mois, où sont demeurés en arriere quelques miens fagots de livres, auxquels on pourroit bien avoir joinct vostre pacquet, s'il estoit de trop de volume et de poids pour la poste ; auquel cas il n'y aura rien de perdu, Dieu aydant, et ne pourra plus gueres meshuy tarder de comparoistre. J'en escriray audict Sr Aubery, qui a esté assez longtemps malade depuis un moys ou deux en çà, pour voir si sa maladie ne pourroit pas avoir causé ce desordre, et faict demeurer ce pacquet chez luy, en quelque coing destourné de la veüe. Si vous l'avez addressé à d'autres, j'en feray faire la perquisition. Quant à cet Ingoly, je luy ay autrefois escript d'une affaire trez favorable, qu'il traversa quand je la faisois poursuyvre, et, aprez plus de deux ans que je n'y songeois plus, l'affaire s'acheva, et j'en receus les remerciments et advis du mont Liban, avant qu'en estre adverty de Rome, tant ils estoient honteux de me l'avoir refusée et d'avoir, aprez, cogneu la necessité de la faire. Je suis un peu trop pressé à present pour vous pouvoir entretenir plus à souhaict, et vous prie m'excuser si je finis, estant, M^r mon R. P., vostre, etc.

DE PEIRESC.

A Aix, ce 5 febvrier 1636.

LETTRE XC
P. Agathange de Vendôme à Peiresc
8 FÉVRIER 1636
(Bibliothèque nationale, Mss., F. F., n° 9,543, folios 254 à 257)

Monsieur, humble salut en la croix de N. S. J. C.!

J'ay recouvré ce jourd'huy un livre cophte et arabe par le moyen de M. Aubert, qui me le donne fort volontiers pour le vous envoyer. Je n'ay pas gueres eu de loisir de le considerer, car le capitaine Chaalon, qui le doibt porter, est prest de partir pour Alexandrie. J'espere pourtant que vous y pourrez rencontrer quelque chose qui contentera votre curiosité. Je suis fort aise d'avoir recogneu l'affection que M. Aubert a pour votre service, de laquelle je me serviray, aux occasions, avec d'autant plus de confiance qu'il me fait entendre qu'il en aura de l'obligation. Je vous envoye ce que vous me demandez pour l'accomplissement de votre livre des Evangiles. Il nous a fallu tirer cela de divers livres, parce que tous les livres qui sont icy sont rompus au commancement, et n'ont gueres que l'Evangile ; encore s'en trouve il peut d'entiers. Je suis mary que je ne vous puis envoyer les Epistres cophtes et arabes de S. Paul. La faulte est que nostre escrivain est fort paresseux. Il a aussy beaucoup d'autres livres à escrire, et, pour ne mecontenter ses gens, il travaille un peu aux uns et aux autres : il fault avoir patience. La crainte que j'ay qu'il ne face beaucoup de fautes, escrivant ainsy à la haste, et pressé de besogne comme je le voy, m'avoit faict penser que vous auriez plus agreable, et qu'il seroit plus utile de tascher d'avoir le vieil exemplaire sur lequel il escrit, laissant le nouveau en la place, lequel nous ferions relier. Mais, n'ayant pas votre consentement sur cela, j'ay de la peine de me resoudre à ce conseil, lequel pourtant je prendrois volontiers si je n'avois à contenter que mon goust, qui se plaist beaucoup plus aux livres anciens que aux modernes, specialement ès manuscrits. Pour ce qui est de l'elevation du pole et de la hauteur du soleil, que vous desirez avoir de ce pays, j'ay eu une fascheuse maladie, quoique brieve, qui m'a empesché de faire ce que je desirois pour vostre service; mais ce qui est differé n'est pas perdu. Le V. P. Cassien vous salue, comme je fais aussy, qui suis, Monsieur, vostre tres humble et obeissant serviteur.

F. Agathange de Vendosme, *capucin indigne*.

Du Caire, ce 8 febvrier 1636.

LETTRE XCI
Le P. Agathange de Vendôme aux PP. Pierre de Guingamp et Agathange de Morlaix
22 AVRIL 1636
(Bibl. d'Inguimbert, t. XLI, 2e partie, de la Collect. Peiresc, fº 68)

Mes venerables et tres chers Peres, humble salut en Nostre Seigneur Jesus Christ!

J'apprends, par les lettres du R. P. Joseph, qu'il doibt bien tost faire partir deux religieux pour venir icy. J'envoye ceste lettre au rencontre (1) pour vous saluer et pour vous donner advis de quelques choses necessaires. Quasi tous les Peres qui viennent icy apportent avec soy des choses inutiles, et ne pensent pas à ce qui feroit plus de besoing. Ils se sont chargez de sermonaires, de marteaux, tenailles, cyseaux, cousteaux, alesnes, images, Agnus Dei, aiguilles, et autres fatras dont nous pourrions

---

(1) Littré, *Dictionnaire de la langue française*, a rapporté que Marguerite Buffet, en ses *Observations* (1668) déclare que *rencontre* est des deux genres.

lever boutique. Si le R. P. Joseph donne quelque chose pour le viatique et accomodement, il sera bon d'apporter icy quelques bons livres arabes et latins ; mais il fault laisser les grammaires arabes, car elles sont tout à faict inutiles, comme aussy les turquesques, et doctrines chrestiennes grecques, dont nous avons grande quantité qui ne sert de rien. Que si on vous en avoit donné, il vaudroit mieux tascher de les changer. Je voudrois que vous peussiez trouver deux tomes de Baronius au long, touchant les cinq ou six siecles qui commencerent les heresies de Dioscorus et d'Eutiches. Je sçay que rarement on peut trouver deux tomes separez à vendre ; mais il fault chercher, et peut estre on trouvera. Et quand il ne s'en trouveroit qu'à emprunter, vous pouvez promettre de les renvoier dans ung an par quelque seure commodité qui se presentera. Et au pis j'aymerois mieux achepter toutes les *Annales ecclesiastiques* de Baronius pour avoir ces deux tomes, qui nous sont fort necessaires, les abregez n'estant pas suffisantz pour esclaircir plusieurs difficultez qui se rencontrent en ceste matiere. Deux livres de Clavius (1), dont l'un est *Ratio restituendi Calendarium*, et l'autre *Apologia Clavii* (2), où il traitte du mesme subject. Et si la presente vous trouvoit à Marseille, où vous feussiez constrainctz de sejourner attendant commodité de vaisseau, mettez peine de trouver quelque mathematicien, ou astrologue, duquel vous puissiez vous bien instruire touchant ceste matiere de la reformation du Calendrier : qui consiste premierement à recongnoistre quand est veritablement l'equinoxe de

(1) Christophe Clavius, appelé l'Euclide de son siècle, naquit à Bamberg en 1538, entra dans la Compagnie de Jésus en 1555, fut employé par Grégoire XIII à la réforme du Calendrier, et mourut à Rome le 6 février 1612.

(2) Voir sur ces deux traités, et sur les autres œuvres de Clavius, la *Bibliothèque des Écrivains de la Compagnie de Jésus* par les PP. de Backer et C. Sommervogel, tome II, in-f°, 1869, col. 1291-1296.

mars. Et fault tascher de tirer quelques demonstrations grossieres et palpables pour veriffier la determination de l'Eglise sur cela. Que s'il faut faire faire quelques instrumentz pour cet effect, ne craignez pas d'y despencer. Quand vous n'auriez pas de quoy, ne craignez pas de faire donner de l'argent par M. Lambert, ou autre. Secondement, il fault s'instruire sur les cicles solaires et lunaires modernes et anciens, tascher de recongnoistre et bien remarquer en quoy consiste l'erreur et fausseté des uns et la verité des autres. Specialement, examinez celluy des Juifs, celluy des Epactes anciennes et nouvelles, et taschez de vous rendre capables de tout ce qui concerne cette matiere, tres necessaire icy. Que si le temps ne vous permettoit de pouvoir apprendre cela, il seroit exexpedient de retarder plus tost et attendre un autre vaisseau, car vous n'aurez jamais commodité d'apprendre cela icy sans maistre, sinon avec un long temps et grand travail, encore que vous apportassiez des livres. Il y a, au Parlement de Provence, ung conseiller fort docte, zelé au bien des ames, curieux de toutes sortes de livres et de sciences, et qui monstre estre fort nostre [ami]; ainsy addressez vous à luy. Il se nomme M. de Peiresc. Je sçay qu'il aura agreable de vous assister en ce dessein, qui pourra encore servir pour vous rendre plus capables de le servir en la loüable curiosité qu'il a sur ce mesme subject. Et que par son moyen vous trouverez des hommes et des livres qui vous seront necessaires. Ne venez pas sans le voir, s'il est possible. J'espere que le R^d P. Joseph n'aura pas desagreable que vous retardiez quelque temps pour ce subject. Taschez de recouvrer le livre de Palladius, appelé *Opus Lausiacum* (1), en latin, ou italien, ou françois, les *Collations* de Cas-

---

(1) *Palladii historia Lausiaca SS. Patrum qui vitam degebant in solitudine*, cum notis Jo. *Meursii* (Leyde, 1616, in-4º).

sien (1), Climachus (2), les vies de Peres du desert, un livre ou deux de la *Methode d'Oraison* du R⁴ P. Joseph (3), les *Meditations* de du Pont (4), Rodriguez, *De la Perfection religieuse* (5), Thomas a Kempis *De Imitatione Christi*, les œuvres de S. Leon, pape (6), de S. Cyril-

(1) Cassien, formé à l'école des Solitaires de l'Orient, apporta leurs institutions à Marseille, vers l'an 430, et composa des *Conférences* qui ont fait de lui un des maîtres de la vie spirituelle.

(2) S. Jean Climaque, un des Pères du désert, abbé du mont Sinaï, en 580, a laissé un livre célèbre, intitulé *Échelle* (*Climax* en la langue originale).

(3) La *Méthode d'Oraison* du P. Joseph de Paris semble avoir été le premier ouvrage qu'il ait donné au public. Il est d'une rareté telle aujourd'hui, qu'il n'a été rencontré ni par nous, pendant trente années de recherches bibliographiques, ni par les innombrables bibliographes que nous avons consultés.

(4) Louis du Pont, jésuite espagnol, né le 11 novembre 1554, mort à Valladolid, sa ville natale, le 16 février 1624, fut auteur de plusieurs ouvrages, dont le plus répandu a été ses *Méditations sur les Mystères*. Feller en signale une édition de Cologne, 1612, in-8°, sans dire en quelle langue elle fut imprimée; il n'indique des traductions françaises que pour une époque très postérieure. Celle-ci, cependant, pouvait en être une, ou bien il en existait déjà d'autres, car le P. Agathange vient d'exclure implicitement de sa commande les livres espagnols.

(5) Alphonse Rodriguez, jésuite espagnol, qu'il ne faut pas confondre avec son homonyme et contemporain récemment béatifié, naquit à Valladolid, en 1526, et mourut à Séville, le 21 février 1616, en odeur de sainteté. Il s'est immortalisé par son *Traité de la perfection chrétienne*, qui est devenu classique dans tous les ordres religieux. Les bibliographes lui en contestent la paternité, et prétendent que c'avait été l'œuvre d'un de ses parents franciscain. Il est certain que tous les passages où il y est question de la Compagnie de Jésus, de son fondateur et de ses saints, paraissent surajoutés : toutefois, cette présomption n'est pas absolue; nous aimerions que le doute exprimé par certains savants fût plus solidement établi. En existait-il une traduction française à l'époque où le P. Agathange demandait ce livre ? Nous le croyons. Les bibliographes n'en signalent pourtant que de postérieures.

(6). S. Léon, 1ᵉʳ du nom, créé pape en 440, mort en 461, eut un règne particulièrement glorieux, qui lui mérita le surnom de *Grand*. On se rappelle surtout sa merveilleuse et pacifique victoire sur Attila, qu'il refoula vers ses forêts du Nord, et sur Genseric, plus redoutable encore, duquel

le (1), de S. Athanase (2), un *Lexicon* grec et latin, Suarez (3), ou quelque autre bon livre, *De Trinitate et Incarnatione*, un bon commentaire sur les Evangiles, Cornelius a Lapide sur les *Actes des Apôtres*, les *Epistres canoniques* et le *Penthateuque* ; nous l'avons sur les *Epistres de S. Paul* (4) ; ou quelques autres bons livres. Et n'ap-

il obtint que, dans le sac de Rome, il ne serait commis ni meurtre, ni incendie, et que les trois principales basiliques demeureraient intactes. Il a laissé des œuvres fort remarquables, qui lui assurent un rang parmi les Pères de l'Église. Elles ont été réimprimées plusieurs fois ; mais nous ignorons les éditions qui en existaient dans la première moitié du XVIIe siècle.

(1) Deux Pères de l'Église ont porté ce nom. Le premier, né vers l'an 315, fut évêque de Jérusalem, en 350, et mourut en 386. Il a laissé vingt-trois *Catéchèses*. Le second fut patriarche d'Alexandrie, en 412, et mourut en 444, après avoir rendu d'immenses services à l'Église. Il a laissé des *Œuvres* assez nombreuses, dont nous ne connaissons que les éditions postérieures au temps qui nous occupe.

(2). S. Athanase, créé patriarche d'Alexandrie en 326, mort le 2 mai 373, après quarante-six ans d'un épiscopat traversé par toute sorte de persécutions, que ce grand homme soutint avec une merveilleuse constance. Il combattit, par ses discours et ses écrits, les Ariens, inspirateurs des mauvais traitements qu'il eût à subir pendant sa vie presque entière, et défendit si bien les saines doctrines, que l'Église tout entière, a-t-on toujours dit, s'est trouvée personnifiée dans Athanase. Il a laissé des *Œuvres* qui lui assignent un des premiers rangs parmi les Pères grecs de l'Église. Il en existait deux éditions au temps où les demandait le P. Agathange : celle de Commelin, donnée en 1600, et celle de Paris, 1627, avec les corrections de Nannius.

(3) François Suarez, né à Grenade en 1548, mort à Lisbonne en 1671, fut un des plus grands théologiens de la Compagnie de Jésus. Ses *Œuvres*, dans leurs premières éditions (Lyon et Mayence), ne comprenaient pas moins de 23 volumes in-folio. Elles offrent des trésors incomparables à toutes les personnes qui s'occupent de la science sacrée.

(4) Corneille Cornelissen van den Steen, uniformément appelé Corneille de La Pierre dans le monde savant, né à Bockholt, dans le pays de Liège, en 1566, devint une des plus hautes illustrations de la Compagnie de Jésus, par ses *Commentaires*, qui embrassent l'Écriture sainte tout entière, à l'exception du livre des Psaumes. Il mourut à Rome, le 12 mars 1637, en grande odeur de sainteté. Nous ne connaissons de son *Œuvre* immense, que les éditions postérieures à sa mort.

portez point de meubles pour l'accommodement de la maison, ny drap, ny toile, ny voiles de calices pretieux. Et donnez nous advis de vostre arrivée quand vous serez en Alexandrie, faisant aussy sçavoir ce que vous apportez, afin que l'on puisse donner ordre à vous faire venir icy promptement et seurement. Nous vous attendons avec affection, et prions Dieu qu'il vous veuille amener bien tost. Et je demeureray, mes Venerables Peres, vostre petit serviteur en Nostre Seigneur Jesus Christ.

F. AGATHANGE DE VENDOSME, *capucin indigne*.

Du Caire, le 22 avril 1636.

Surtout n'oubliez pas le *Camous Arabe*, le livre d'Avicenne arabe (1), et taschez d'avoir une bible arabe, de celles que l'on dict se faire à Paris, ou de celles de Rome. Un archevesque grec m'a demandé un livre de *Ephemerides* nouveau, des meilleurs qui se puissent trouver : faictes, s'il vous plaist, diligence pour le trouver.

Et au dessus est escript :

Aux Venerables Peres Pierre de Guingamp, et Agathange de Morlaix, predicateurs capucins.

A Marseille, ou ailleurs, la part où ils seront.

LETTRE XCII
Peiresc au P. Césaire de Rosgoff
6 MAI 1636
(Bibl. d'Inguimbert, *Minutes de Peiresc*, tome H.-I.-L.-M., folio 415)

Monsieur mon R. P., j'ay receu la lettre qu'il vous a pleu m'escripre du 28 mars depuis 2 jours seulement,

(1) *Libri V canonis medicinæ, arabice* (Rome, 1598, in-f°).

accompagnée d'une despesche de Mgr le duc de Retz (1) que vous avez daigné me procurer par des offices plus charitables que je ne les pouvois avoir meritez en vostre endroict, et beaucoup moins au sien, n'ayant jamais eu d'occasion ny de moyens de luy rendre que de simples vœux hereditaires [*sic*] de mon fidele service. Mais, comme il m'a prevenu par des œuvres si grandes de supererogation, il ne tiendra pas à moy que je ne fasse toute sorte d'efforts pour faire naistre quelque digne occasion de le servir ou de contribuer quelque chose à ses louables entretiens et curiosités. Ne pouvant vous exprimer le sentiment des obligations qu'il a acquises sur moy par des soins si particuliers de me faire part de la description du plus beau lieu de l'Europe, que je sçache, et qui doibt tenir lieu de l'image d'un petit monde, où je voudrois bien avoir eu l'honneur de le salluer et entretenir quelques jours, pour jouir de la veue et du favorable accueil d'un seigneur qui a de si grandes et si eminentes parties, et d'un lieu si digne d'un nom que vous jugez luy avoir esté si bien mis (2). Mais l'aage et les incommoditez qui commencent de m'accueillir (3) ne me permettent pas d'aspirer à tant de bien ; il nous faudra contenter de ceste admirable relation que vous m'en avez faict avoir. Il est vray que, comme il n'y a rien à desirer en la description de la forteresse, et de tout ce qui est de ses appartenances principales, il y a d'autres choses aussy où nous desirerions bien de pouvoir estre esclaircis de quelque chose de plus, non

---

(1) Henri de Gondi, duc de Retz, pair de France, chevalier des ordres du Roi, né en 1593, mourut le 12 août 1659. Il était fils de Charles de Gondi, marquis de Belle-Isle, général des galères, et d'Antoinette d'Orléans-Longueville.

(2) Allusion à la première partie du nom du magnifique domaine du duc de Retz : *Belle-Isle en mer*.

(3) Pour *m'assaillir*.

seulement pour les circonstances des temps que cet homme marin se laissa voir en ces costes là, mais pour d'autres choses qui regardent la qualité des lieux, et ce qui s'en pourroit tirer le fruict d'une plus particulière expression, et des observations qui s'y pourroient faire, tant des marées et des vents que des phenomenes celestes capables de bien ayder le publiq, et de rendre ce lieu aussy celebre que celluy que le Roy de Danemarq avoit faict affecter à ces curiositez pour l'amour de Tycho-Brahé, le restaurateur des mathematiques plus nobles (1) en ce siecle. Surtout, nous desirerions quelques instructions des antiquitez plus memorables de ces lieux là, et principalement pour desterrer, si faire se pouvoit, leurs origines primitives par l'examen de l'etymologie des noms propres plus anciens. A quoy vous pourriez, je m'asseure, contribuer, si vous vouliez, plus que tout autre, non seulement par la cognoissance que vous avez de vostre langue nationale bas bretonne, mais aussy par l'employ que vous y pourriez faire d'autres personnes de plus de loysir que vous, pour y vacquer pour vostre soulagement, et pour les bonnes addresses et salutaires conseils que vous pourriez donner à ceux de vos RR. PP. qui vont à ces missions en pays estrangers, soit en Terre Neuve et Canada, ou bien de la coste d'Afrique et de la Guynée, où il se pourroit observer des merveilles, tant du ciel et de la situation des lieux, que des effects de ce flux et reflux de la mer, et des vents, dont il semble que le monde veuille estre en perpetuelle ignorance, pour ne pas se donner le soing d'en rechercher les causes, ou du moins les plus veritables effects, dans l'experience et dans le libvre des libvres, qui est celuy de la nature mesme, où il se trouve bien d'autres choses que tout ce qui se void dans les libvres plus ordinaires. Aydez vous y donc, je

---

(1) C'est-à-dire de ce qui est la partie la plus élevée des sciences mathématiques.

vous prie, mon R. P., et à me faire avoir l'excuse et le pardon qui peult escheoir à la liberté que j'ay osé prendre soubs vostre adveu, non seulement d'escripre à Mgr le duc de Retz, mais de le supplier, comme je faicts tres humblement, de vouloir interposer son authorité pour faire observer quelque chose de ce grand nombre qu'il y a de couché dans les memoires et instructions cy joinctes, où vous verrez que j'ay commencé de faire prendre goust aux Em^mes Cardinaux, neveu et autres (1), de contribuer de leur costé quelque chose pour animer vos missionnaires à faire des observations tant celestes que terrestres, qui sont capables de produire de si beaux et utiles moyens d'ayder le public, que de toute l'antiquité profane il ne reste rien de plus digne ou plus memorable aujourd'huy que ce peu d'observations celestes qu'ont autres fois mises par escript Hipparque et quelques autres, qui nous ont donné des eschelles pour monter, s'il se peut dire, dans les cieux et en mesurer les distances de la terre et des ondes, aussy bien que des cieux mesmes. Je ne pense pas que ce beau lieu de Belle Isle soit sans un ingénieur ordinaire pour l'entretien et perfection des fortifications, qui y sont si importantes, et consequemment qu'il luy seroit bien aysé de faire quelque observation celeste, à tout le moins de la haulteur du soleil meridienne, à quelques divers jours, et principalement si faire se peult, aux jours voisins du solstice, pour en determiner l'elevation polaire. Et, par ce qu'il n'y aura pas d'ecclipses de quelques années, on a fait un petit memoire de la rencontre de la lune avec quelques obstacles, avec quoy l'on feroit quasi le mesme effect qu'avec des ecclipses, pourveu que l'on puisse avoir quelque quart de cercle de grandeur considerable pour marquer le temps par la mesure de haulteur

(1) Les cardinaux neveux du pape Urbain VIII étaient Ant[oine] et François Barberin.

tant de la lune que de quelque autre estoile, tandis qu'avec des lunettes de porte veuë l'on observera le moment de la conjonction. Il ne tiendra qu'à vous de faire valloir tout cela, et de le faire mettre à execution, et nous tascherons de moyenner que le public en sçache le bon gré qu'il debvra principalement au digne seigneur et puis à vostre charité. Attendant que je puisse (vous) servir quelque jour à souhaict, comme, Monsieur mon R. P., vostre tres humble et tres obeissant, etc.

De Peiresc.

A Aix, en haste, ce 6 may 1636.

La presse du courrier ne me permet pas de faire relisre ces memoires et instructions, où je crains bien que mon homme ayt laissé de lourdes faultes; mais vous les suppleerez, s'il vous plaist.

LETTRE XCIII
Peiresc au P. Agathange de Morlaix, à Marseille
16 JUILLET 1636
(Ibidem, folio 419.)

Monsieur mon R. P., j'ay aujourd'huy receu la vostre du 5, et rendu le billet à Tarras, qui travaille à ce que vous luy ordonnez. Je pensois que Corberan (1) vous eust

---

(1) Siméon Corberan était à la fois le relieur et l'homme de confiance de Peiresc. Il fut un des témoins du testament de son maître. Voir le *Testament inédit de Peiresc*, publié par Ph. Tamizey de Larroque, à la suite de la belle étude de M. Léopold Delisle, membre de l'Institut, sur *un grand amateur français du* xviie *siècle : Fabri de Peiresc* (Toulouse, 1889, grand in-8°). Voir encore une *lettre inédite de Peiresc à Corberan*, communiquée par Tamizey de Larroque à la Société de l'Histoire de France, lue dans la réunion solennelle de cette Société (6 mai 1890), et publiée dans son *Annuaire-Bulletin*.

rendu le petit quart de cercle achevé avant vostre despart, comme je l'en avois chargé, et l'en ay bien tancé. J'ay faict tirer de mon estude les deux tomes de Baronius VI et VIImes, que vous me demandez pour le R. P. Agathange de Vendosme, n'ayant rien qui ne soit plus à la disposition de mes amis qu'à la mienne propre. Quand ils n'auroient jamais servy à d'autre usage qu'à l'estude que ce bon Pere y veult faire, ils auroient bien satisfaict celluy qui les avoit acheptez, quand bien ils ne reviendroient jamais du Levant. Pour les *Ephemerides* d'Origanus (1), qui sont les meilleures ou les moins faultives de toutes, j'escrips à Mr Cassaignes, qui vous donnera, je m'asseure, volontiers les deux premiers tomes, et crois bien qu'il voudra retenir le dernier, dont il se sert d'ordinaire (2). Mais si vous vous arrestez quelque peu à Marseille, vous en pourriez extraire les eccliptes de quelques années à venir, et puis luy rendre le troisième tome, où elles sont. Et du premier vous pourrez vous en servir pour la plupart des instructions que demandoit le R. P. Agathange pour les... et les reglements des Calendriers, qui y sont bien exactement et succinctement deduicts, et assez fideles, quoy que l'autheur ne fusse pas catholique. J'en ay envoyé querir deux autres exemplaires pour remplacer celluy de Mr Cassaignes et le mien, auquel cas je vous feray, aprez, tenir le 3e tome dudict sieur Cassaignes. Mais les guerres d'Allemagne me font craindre de ne les pas recouvrer si tost que j'eusse desiré. Et ont bien faict un plus grand mal, car le gendre de Keplerus

---

(1) *Elenchus Calendarii gregoriani ex editione Davidis Origani.* Francofurti, 1612; in-4°. Cet ouvrage, le seul où nous ayons rencontré le nom d'Origanus, nous paraît être un abrégé de ses *Ephémérides astronomiques.*

(2) M. Cassagne était un médecin de Marseille. Il figurera, avec plusieurs de ses confrères, dans un des prochains fascicules de la collection des *Correspondants de Peiresc: Lettres inédites du docteur Movel et de quelques autres médecins provençaux.*

vouloit imprimer la continuation des plus modernes Ephemerides dudict Kepler (car elles finissent la presente année 1636), lesquelles eussent esté bien meilleures que celles d'Origanus au centuple, car elles sont faictes sur les tables Rudolphines, qui n'estoient pas en lumiere du temps dudict Origanus. Mais le desordre des guerres d'Allemagne a ruiné tout le commerce des livres, et faict avorter ce beau dessein, avec une infinité d'autres encore plus dignes. Garrat (1) est si estourdy, qu'il ne sçavoit ce qu'il avoit faict de la petite lunette que vous luy aviez remise, lorsqu'elle fit besoing à Mʳ Gassend (2), qui en vouloit faire une observation importante sur le coucher de la lune; mais, le lendemain au jour, ce jeune fou la retrouva où il l'avoit entreposée, sans y penser, et où il n'avoit pas eu l'esprit de l'aller chercher au besoing. Je suis marry que cela vous ayt donné de la sollicitude. Je faicts transcripre quelque petit resultat des observations de M. Gassend, tant des ecclipses que des fruicts qu'il s'en tire en la solution des difficultez des fausses routtes de la navigation plus à gauche que disent les cartes marines, et la vous envoyeray, avec les lettres que j'escrips en Egypte, avant le temps de vostre embarquement, Dieu aydant. Cependant, souvenez-vous de nous en vos sainctes prieres, et me tenez tousjours, Monsieur mon R. P., pour vostre tres humble et tres obeissant serviteur.

De Peiresc.

A Aix, ce 16 juillet 1636.

S'il se trouve demain de mulletier pour vous porter ces

(1) Garrat (Antoine), était un des serviteurs de Peiresc, et il aida souvent son maître dans ses recherches d'amateur-astronome. Il est au nombre des légataires de Peiresc (Voir le *Testament* déjà cité, p. 31).

(2) Garrat aida aussi Gassendi dans ses opérations astronomiques. Voir le témoignage que rend à son humble collaborateur le savant biographe de Peiresc (*De vita Peireskii*, liber sextus, p. 573 de l'édition de La Haye, 1651).

volumes, vous les aurez ; sinon, ce sera vendredy, que le commerce y est plus ordinaire d'icy, Dieu aydant.

Mʳ Gassend, à qui j'ay faict vos salutations, vous ressalue de tout son cœur, et le bon F. Pierre, aussy bien que moy.

Vous aurez, avec la presente, les deux tomes de Baronius, le Palladius, le Thomas a Kempis et un bon P. Diadochus, du mesme subject à peu prez que vous demande le bon P. Agathange de Vendosme.

LETTRE XCIV
Peiresc au P. Agathange de Vendôme
18 JUILLET 1636
(Ibid., folio 419, verso)

Monsieur mon R. P., je n'ay pas esté adverty à point nommé, comme l'on m'avoit promis, du partement des barques ou navires qui sont allés à Alexandrie depuis quelques moys, assez à temps pour vous pouvoir donner de nos nouvelles, et specialement pour vous remercier, comme je doibs, du dernier volume cophte qui me fut envoyé de vostre part par le Sʳ Bermond, de Marseille, quelque temps y a, venu par le vaisseau du capitaine Chaillon, sans aulcune lettre vostre, quoy que le Sʳ Magy m'eust escript par la mesme voye qu'il croyoit que vous m'escripviez pour me donner advis de ce volume, lequel me fut rendu bien conservé, Dieu mercy. Mais il avoit pourtant couru grande fortune de se mouiller et de se gaster bien prez d'icy, par la negligence d'un jeune enfant qui me l'apporta du faulx bourg jusques chez moy, ayant rencontré d'autres enfants qui le luy firent tomber dans un bourbier, où il ne se mouilla que les enveloppes, la couverture mesme du libvre s'estant garantie. Mais le garçon, n'osant me faire voir les enveloppes si salles de la bouë, les osta et ne me rendit que le livre tout nud, un peu moitte par le dehors, et une lettre dudict S⁺ Bermond, de Marseille, toute gastée de la mesme bouë. Et possible que, si vous m'aviez escript, vostre lettre demeura dans le mesme bourbier : de quoy je ne manquay pas d'advertir ledict S⁺ Bresmond, pour m'esclaircir s'il y avoit joinct aulcune lettre vostre, outre la sienne ; mais il ne me fit aulcune responce, et depuis s'en alla en cour, où il est encores. Je trouvay dans le mesme volume une feuille à part, repliée et fourrée parmy les feuillets d'icelluy, où estoit le supplement de la preface à l'Evangile de sainct Matthieu, que je fus infiniment ayse de voir, avec la correspondance qui y estoit enoncée, avec le temps des epoques des autres prefaces des autres evangiles, et ne fut pas moins bien ayse d'y trouver aussy la version cophte et arabe des Cantiques de Moyse et autres, et tout plein de curieuses pieces en ce langage, dont je vous remercie tres humblement. Et esperant que vous aurez votre part de plaisir quelque jour, Dieu aydant, quand vous en verrez tirer le fruict qui s'en tirera tost ou tard. Et si nous avions le volume des Epistres de sainct Paul et autres canoniques, avec les Actes des Apostres et l'Apocalypse, nous en ferions bien mieux nostre proffict. Mais, comme j'ay souvent mandé au S⁺ Magy, et reiteré en divers articles de ses instructions, et, si je ne vous (sic) trompe, à vous aussy, quand vous me ferez transcripre des livres, il fault tousjours tascher d'achepter l'original de plus vieille escriture, et rendre en eschange la copie modernement transcripte, qui sera meilleure pour l'usage de ceux de delà, et de plus de durée que les vieux volumes usez et deschirez la plus part. Mais je trouveray mieux mon compte aux plus anciens, parce qu'ils sont de plus d'authorité et de credit, encore qu'il y manque des feuilles, qui se peuvent suppléer le plus proprement que faire se pourra, aprez d'autres pareils exemplaires. Que s'il y a trop de temps à perdre pour attendre qu'on ayt transcript les feuilles ou lagunes deffectueuses (sic), et que cependant il se presente de bonnes commoditez de me faire tenir lesdicts volumes anciens, je vous supplie de faire retenir le memoire des feuillets et chapitres qu'il fauldroit transcripre, pour les perfectionner et les faire transcripre tout à loysir, sans retardation de l'envoy des vieux volumes quand les opportunitez s'en presentent. Car, de ceste façon, je seray tousjours tres content, quelque succez que la chose puisse prendre par aprez, soit de bonne et heureuse arrivée, ou au contraire. Au reste, nous avons icy gouverné quelques jours le R. P. Ahathange de Morlaix, avec le P. Pierre de... (1), qui s'en vont en vos quartiers, et leur avons faict voir le fruict qui s'est tiré de vostre observation de l'ecclipse du 28 aoust, jointe à celle du R. P. Michelange de Nantes, faicte à Alep en mesme temps, où il y a de quoy faire admirer les consequences inesperées qui s'en colligent, et les moyens de corriger toutes les chartes marines, et de rendre raison des inconvenients que trouvoient tous les meilleurs mariniers en leur route et navigation du Levant, où ils estoient constraincts de se donner un quart de veüe à la gauche de Malte, en Candie, et deux quarts de Candie en Cypre, et aultant au retour, tousjours à la gaulche, sans comprendre pour quoy. Ce qui se demonstre à ceste heure fort clairement par le discours et la figure que vous en trouverez cy jointe. Je luy ay baillé les deux volumes de Baronius VI et VII que vous desiriez, ensemble le Palladius et deux autres petits livres de devotion. Et n'auray jamais rien qui soit entierement desvoué à vostre service et de tous les vostres. J'ay tasché de faire encores voir à ces bons Peres la maniere d'observer la haulteur du soleil à midy, et celle des estoilles

(1) Peiresc avait oublié qu'il était de Guingamp ; bientôt, son oubli deviendra une confusion, et il l'appellera Pierre de Morlaix.

fixes, et l'ay fort exhorté (sic) de faire des observations le plus souvent qu'il pourra, pour s'exercer à les sçavoir faire bien exactes au besoing, mais principalement d'en faire quelques unes en Alexandrie, et, s'il est possible, en faire faire en mesme temps au Cayre, pour regler la vraye distance d'un lieu à l'autre, et le comparer aux observations celestes des anciens. Je luy ay faict voir un libvre pour les Kalendriers et le comput des années arabiques, lequel est le plus exact de tous et le plus bref. Et voudrois bien avoir eu de meilleur moyen de le servir et son collegue, ensemble le R. P. Ephrem et son collegue aussy, qui sont allez à Seyde, estant tout desvoué à vostre ordre et specialement à vostre personne, et de tous vos bons amys. Sur quoy je me recommande à vos bonnes graces et devotes prieres, demeurant, Monsieur mon R. P., vostre serviteur, etc.

DE PEIRESC.

A Aix, ce 18 juillet 1636.

LETTRE XCV
Peiresc au P. Agathange de Morlaix, à Marseille
20 JUILLET 1636
(Ibidem, folio 420)

Monsieur mon R. P., je receus hier vostre billet du 18me, de la main du R. P. Denis, lecteur. Ayant esté bien ayse que les livres vous ayent esté rendus bien conditionnez, j'attendray le succez du traité de ceux de Mr Cassaigne, et de vous pouvoir envoyer nos despesches pour le Cayre, qui ne sont pas encore achevées. Cependant, je vous envoye le quart de cercle et la regle de la mesure du pied du Roy, bien marri que l'ouvrier, qui l'eusse peu faire en lotton (1) ne s'en soit pas voulu charger dans la sepmaine que nous entrons, comme je le desirois pour vostre satisfaction, et pour ne manquer à l'assignation que vous avez prinse pour vostre despart. Mais je sçay bien que vous ne laissez pas d'agréer la bonne volonté en attendant de meilleurs effects, Monsieur, de vostre, etc.

DE PEIRESC.

A Aix, ce 20 juillet 1636.

Monsieur Gassend vous ressalue de tout son cœur, et le bon Fr. Pierre.

LETTRE XCVI
Peiresc au P. Cassien de Nantes
22 JUILLET 1636
(Ibidem, folio 420, verso)

Monsieur mon R. P., il ne seroit pas bien seant ne pardonnable, si j'avois escript au Venerable P. Agathange de Vendosme, vostre digne superieur, sans vous salluer aussy, et encore moins de laisser partir d'icy le R. P. Agathange de Morlaix avec Fr. Pierre du mesme lieu, son collegue, avec de mes lettres pour l'un et non pour l'autre, puisque j'ay tant d'obligations à tous les deux, et que vos communs bons offices en mon endroict sont quasi inseparables, par le concours qu'il y a de vostre bonne volonté à contribuer l'un et l'autre tout ce que vous avez peu pour m'obliger en toutes les occasions qui s'en sont presentées, soit pour me faire transcrire des libvres cophtes, ou pour m'en procurer les vieux origi-

---

(1) Le *laiton* a souvent été appelé autrefois *loton*, comme le rappelle Littré, dans cette phrase de son *Dictionnaire* : « D'après M. Rossignol, *laiton, loton*, etc, vient de *luteum, œs luteum*, cuivre jaune. »

naux mss (qui me sont tousjours plus chers que les coppies), tesmoing la peine que vous avez prinse pour me faire avoir l'original de ce vocabulaire cophte dont le possesseur ne voulut pas se deffaire, car je ne vous en demeureray pas moins redevable de la bonne volonté. Et encores plus de la recherche que vous avez faicte depuis d'un autre vocabulaire plus ample, dont celluy là n'estoit que l'abbregé. En quoy vous m'obligerez bien fort, s'il y avoit moyen d'en renouer le traicté, dont un bon cophte vous donnoit quelque esperance, la derniere fois que vous m'escrivistes. Et si celluy à qui est le volume des Epistres de S. Pol et autres canoniques, et des Actes des Apostres et Apocalipse veult recevoir la coppie et vendre l'original, j'en auray bien plus de plaisir que d'avoir la coppie recente. Et crois bien que vous mesnagerez cela à souhaict comme vous avez faict des autres volumes, tant des quatre Evangelistes que de l'Ebn el Bitar. Je ne suis marry que de ce que j'ay esté si malheureux quand il a esté question de vous servir, n'ayant peu vous procurer aulcun vocabulaire ethiopien, ny apprendre qu'il en aye esté compilé ne imprimé aulcun en chrestienté. Et quand j'envoyois pour l'usage vostre et des bons Peres de vostre mission les 4 volumes du Camous, qui avoient eschappé des mains des corsaires d'icy en Alexandrie, il a fallu qu'ils ayent faict naufrage sur la riviere du Nil, pour ma mortification, et que les guerres d'Italie m'ayent empesché jusques à ceste heure d'en tirer un autre exemplaire de Milan pour remplacer celluy là. Mon malheur s'estant estendu encores en la perte d'un semblable livre du Camous que j'envoyais en Alep par le patron Lombardon, que les Corsaires prindrent l'automne passé, avec tout plein d'autres livres que j'envoyois en mesme temps au mesme lieu. Mais je ne desespere pas de trouver encore des occasions de vous servir en autre chose de vostre goust, s'il plaist à Dieu, et si vous m'honorez de vos commandements en choses qui soient mieux à ma disposition. Au reste, ces bons Peres qui s'en von^t vous trouver vous diront mes petites infirmités et foiblesses d'esprit; mais je crois bien que ce ne sera pas qu'avec des excuses charitables de mon ingenuité, et vous pourront faire voir par mesme moyen le fruict qui s'est commencé de tirer de vostre premier essay en l'observation de l'eclipse du mois d'aoust passé, qui eust esté au centuple si vous eussiez peu vous astreindre à y apporter un peu plus d'exactesse. Mais pleust à Dieu que vous eussiez encore observé, depuis, l'ecclipse derniere du moys de febvrier, quand ce n'auroit pas esté avec plus de ponctualité; car nous ne laisrions pas de nous en bien prevalloir, et encore plus du roolle *(sic)* du mois d'aoust prochain, si vous en pouvez voir les restes au lever de la pleine lune, à mesure que le soleil se couchera le..... *(sic)*, il s'en tireroit bien de plus excellentes consequences que des autres. Mais n'oubliez pas, je vous supplie, de vous servir de la lunette de porte veüe, pour estre plus asseuré du commencement, ou de la fin, ou autres phases des ecclipses de lune. Et vous souvenez de satisfaire, s'il vous plaist, aux autres petites particularitez que je vous demanday concernant vostre dicte observation du 28 aoust de l'année passée, lorsque je vous en accusay la reception. Me tenant, s'il vous plaist, toujours, M^r mon R. P., pour vostre, etc.   De Peiresc

A Aix, ce.....

LETTRE XCVII
Peiresc au P. Agathange de Vendôme
VERS LE 22 JUILLET 1636
(Ibidem, folio 421)

M^r mon R. P., depuis vous avoir escript, il s'est trouvé des despeches reiterées par duplicata, venues les unes par Malte, les autres par Livourne, de la part du Sr Magy, et avec lesquelles j'ay receu une letre vostre du 20 decembre. Mais ce ne peult pas estre celle dont me parlait le dict Sʳ Magy par la sienne du 29 mars, laquelle debvoit accompagner le dernier volume cophte des Cantiques [de Moyse et autres que j'avois demandés au Sʳ Bermond, de Marseille. J'y appris avec un grand plaisir la satisfaction que le superieur du convent des Cophtes a receue de la qualité et commodité du calice, et le soing que vous avez pris d'y faire adjouster de la dorure et de l'escripture. Je verrois volontiers une coppie bien exacte de ladicte escripture, et un peu de description de la dorure qu'ils y ont voullue; car il se pourroit presenter une autre occasion de leur en envoyer un autre, si besoing estoit, à S.ᵗ Macaire mesmes, que nous envoyerions d'icy tout faict, avec toutes les façons et enrichissements qu'ils y pourroient desirer. Mais j'ay bien eu plus de plaisir d'apprendre le voyage du R. Pere Cassien de Nantes et la visite qu'il a faict des livres de trois bibliotheques, bien marry qu'il n'eusse peu voir la quatriesme, et qu'il n'aye trouvé personne qui entendist la langue syriaque dans ce convent, où il y a tant de livres de cette langue, entre lesquels il pourroit bien s'en trouver quelqu'un de rare. Si vous nous eussiez envoyé le catalogue ou coppie des inventaires qu'en a tirez le bon P. Cassien, vous nous auriez bien obligez. Cependant, je vous remercie bien humblement de ce peu que vous m'en avez daigné dire, et crois bien que, puisqu'il y a tant de volumes de Pseautiers et d'Evangiles, comme vous dictes, il ne seroit pas malaisé d'y trouver la preface de l'Evangile de S. Jean plus correcte que celle de mon volume, et possible quelque Pseautier en plusieurs langues, à peu prez pareil ou approchant à celluy qui s'est perdu sur la barque du patron Baille, à faulte que je ne fus pas adverti, et que le Sʳ Magy ne peut se resoudre de le charger sur le navire anglois avec le volume des Evangiles, sur lequel navire il pouvoit venir si seurement et si conformement à mon ordre, puisque j'avois mandé qu'on n'en perdisse pas l'occasion, que j'estimois bien meilleure que celle de nos navires françois, qui se laissent prendre sans combat. Voire, l'on eusse peu charger sur mesme navire anglois, si l'on eusse voulu, ce livre arabe d'ephemerides, et les autres que le granatin a depuis emporté de si mauvaise foy, et que je regrette infiniment. Vous avez tres bien faict de vous faire apporter ces homelies de S. Simon Stilite, et crois bien qu'entre ces œuvres de S. Chrysostome, et de S. Basile, et de sainct Gregoire, voire de S. Ephrem, et de S. Pachome, il se pourra trouver des pieces non comprises en ce que nous avons de leurs œuvres. Mais, pour ce que nous en avons desjà, la simple relation arabique ne peult pas estre de si grande importance comme seroit le cophte : cela vous servira d'advis au cas que les puissiez avoir, surtout s'il se trouve soit des Pseautiers ou du reste de la Bible, ou des Evangiles, ou des expositions en diverses colonnes et langues assemblées. Quand mesme ce seroit entre les syriaques, en differentes langues et caracteres, il y auroit tousjours bien fort à proffiter, et n'en faudroit pas perdre l'occasion, s'il y a moyen d'en tirer quelque nombre tandis que la cherté n'y est pas, et qu'il n'y a pas de gents qui en sçachent user ; car cela courra fortune de se perdre ou de tomber en mauvaises mains des pirates, qui en abuseront, ou les condamneront en des bibliotheques où ils ne seront non plus visibles à ceux qui en pourroyent ayder le public, que ceux du Roy de Maroc qui sont dans l'Escurial, et ceux mesmes du Vatican, tant l'ignorance de ceux qui entretiennent les choses les rend defiants et jaloux, faulte d'y employer des personnes bien intelligentes et bien intentionnées d'entre lez gens de letres. Un maronite qui a esté depuis peu en Egypte, en a tiré bon nombre des livres cophtes, entre autres d'histoire et sur le subject mesme des lettres hieroglifiques des obelisques, et asseure d'en avoir veu des pareils en diverses bibliotheques du Cayre, et de bien plus amples que les siens; il n'a pas voulu nommer le lieu mesme, à dessein de prevenir le monde; mais, comme ce n'est que pour rançonner le tiers et le quart de beaucoup plus que les choses ne valent, ce seroit quasi œuvre meritoire que de les acquerir à l'advance, s'il est possible, en faveur des gens qui n'en veulent pas abuser comme luy, ains en ayder le public. Faictes en, je vous supplie, la perquisition, surtout des livres concernant les interpretations hierogliphiques des obelisques, et ne vous arrestez pas à quelque meslange qui y pourroit estre (comme dans le Barachias que j'avois demandé cy devant) de quelque chosette qui vous peusse laisser quelque scrupule ou petit regret, parce que cela n'est par pour des gens qui n'en usent avec les precautions requises et telles que vous y apporteriez vous mesmes, dont j'ay dict un mot au bon P. Agathange de Morlaix. Je procureray de vous faire envoyer du papier de la grande forme que vous desirez, afin qu'il ne tienne pas à cela que vous ne contentiez ceux auxquels vous pouvez bailler des copies recentes en eschange des anciennes, tant des Epistres canoniques, des Actes et Apocalypse que de celles de Sainct Pol. Cependant, je finis et me recommande à vos oraisons, comme M^r mon R. P., vostre humble, etc.

LETTRE XCVIII
Peiresc au P. Agathange de Morlaix
28 JUILLET 1636
(Ibidem, folio 423, verso).

M^r mon R. P., j'ay enfin escript au venerable P. Agathange de Vendosme et au R. P. Cassien de Nantes, au

Cayre, et leur envoye des coppies de tout plein de petits memoires et instructions qui vous pourront estre communs, et vous servir au cas que vous trouverez bien de vous employer à quelques observations celestes : à quoy je vous supplie et conjure de tout mon cœur de ne pas vous espargner quand vous en aurez la commodité, soit en allant ou sesjournant par les chemins, ou sur les lieux, mais surtout quand vous serez en Alexandrie, où il importeroit bien de faire quelque bonne observation de la haulteur du pole et du soleil, et encore plus de quelque eclypse ou de quelque passage de la lune contre quelque estoille fixe ; car cela vauldrait aultant et plus qu'une ecclypse. Mais il faudrait une lunette de porte veüe pour s'en mieux asseurer que ne peult faire la simple veüe. J'envoye deux rames de papier au bon P. Agathange, qui m'en demande, et du plus beau que nous ayons peu trouver icy, afin qu'il ne tienne pas à cela qu'il ne fasse travailler ses coppistes à transcripre les livres qu'il desire pour l'amour de moy. Il s'en seroit bien trouvé de plus grand, mais non pas qui fust propre à l'escripture comme à l'imprimerie. C'est pourquoy il a fallu choisir de celluy qui n'estoit pas si grand. Et je crois qu'il sera propre à estre battu et lissé à la mode de ces païs là du Levant. M. Cassagne m'a escript que vous ne luy avez demandé que le troisiesme tome des Ephemerides, et qu'il vous baillera les premiers volumes, où il y a des generalitez fort succinctes et fort essentielles pour les principaulx fondements des kalendriers et de la chronologie. Sur quoy, je me recommande à vos bonnes graces et à vos devotes prieres et oraisons, demeurant, Monsieur mon R. P., à V. R^{ce} et au bon Frere Pierre de Morlaix vostre collegue, vostre.

DE PEIRESC.

A Aix, ce 28 juillet 1636.

LETTRE XCIX
Peiresc au P. Gilles de Loches
29 JUILLET 1636
(Ibidem, folio 429, verso).

Monsieur mon R. P., je viens de recepvoir une lettre vostre du 2 de ce moys soubs une enveloppe du S⁁r Piscatoris, de Marseille, du 27ᵐᵉ, un peu trop tard pour luy faire tenir ma responce, qu'il me demandoit assez à temps pour se servir de la voye du present ordinaire, qui doibt partir à ce soir pour Lyon. C'est pourquoy je vous en fais l'addresse moy mesme, par la voye de Paris, chez le S⁁r de Lappe, que vous me nommez en vostre lettre, bien marry que la mort inopinée de nostre bon Mons⁁r du Mesnil Aubery ayt interrompu nostre commerce, qui s'estoit si bien entretenu par sa fidelle entremise. Je n'ay pas receu de lettre vostre de plus recente datte avant celle cy, que du 12 janvier, à laquelle je ne manquay pas de respondre incontinent. Je m'estois imaginé que les predications des caresmes vous avoient empeché de songer à nous, estant bien marri de n'avoir receu aulcune des 4 ou 5 lettres que vous dictes m'avoir escriptes depuis. Et toutes foys je suis bien memoratif que Mons⁁r de Vallavez, mon frere, qui estoit à Paris lors du decez de Mons⁁r Aubery, m'escrivit que le sieur Duplexis, son nepveu, avoit pris soin de vous faire tenir de mes lettres, qui s'estoient lors trouvées chez luy. Et je vous escripvis aussy tost pour vous donner advis de ce funeste accident, et vous prier d'addresser vos lettres à mon dict frere, qui y a sesjourné assez longtemps. Il n'en est revenu que depuis 7 ou 8 jours ; mais il n'y a point eu de voz nouvelles, ni ceulx de la maison de Mons⁁r Aubery. Et quelques uns de vos PP. dirent que vous estiez en quelque petit voyage, sans sçavoir me dire où c'estoit. Enfin, j'ay esté bien aise d'apprendre le bon estat de vostre santé, mais bien marry que vous soyez engagé de rechef à des charges de l'ordre si subjectes, mesmes en ceste ville de Bourges, si esloignée du commerce plus ordinaire de Paris, qui est bien plus reglé que ne sçauroit estre celuy de Lyon à Bourges à droicture. Je feray pourtant un duplicata pour tascher de le faire aller tout droict à vous sans le destour de Paris, s'il est possible, pour ne perdre tant de temps. J'ay receu des lettres du Venerable Pere Cesarée de Rosgoff, et conjointement de Mons' le duc de Retz, accompagnées de fort curieuses instructions de la Belle Isle de Retz et de ce monstre marin en forme humaine qui y parut autres fois, dont je suis bien redevable à sa courtoisie, et consequemment à la vostre, puisque ce fust vous qui luy fistes seurement tenir mes lettres sur ce subject. Je leur ay, depuis, rescrit et fourny de la nouvelle matiere de faire de bien curieuses recherches en ce païs là, d'où nous avons veu venir icy le bon Pere Agathange de Morlaix, avec son compagnon Frere Pierre de Morlaix, de la mission d'Egypte, lesquels sont allez voir Sainct Maximin (1), avec la Ste Magdeleine, la Ste Baulme et Ste Anne d'At (2), et je les attends dans un jour ou deux pour les gouverner encore à souhaict deux ou trois jours, comme je fis dernierement avec le bon P. Effrein [sic] de Nevers et Frere Alexandre d'Angouleme, son collegue, qui partirent un mois y a de Marseille pour Seide, apres avoir rendu quelques tesmoignages de s'en aller bien satisfaits des petites instructions que nous leur avions données icy durant deux ou trois jours tant aux uns qu'aux aultres, quoy que trop

---

(1) Aujourd'hui chef-lieu de canton du Var, arrondissement de Brignolles. Voir sur ce lieu de pèlerinage, ainsi que sur la Sainte-Madeleine et la Sainte-Baume, le livre si célèbre de l'abbé Faillon.

(2) *Sis* pour Apt (Vaucluse), où la chapelle souterraine de Sainte-Anne, sous l'ancienne cathédrale, attire depuis si longtemps un grand concours de pieux visiteurs.

en presse à mon gré. Et de faict, le bon P. Agathange n'estant pas encore parti, ne en esperance de partir si tost, m'avoit promis de revenir exprez. Pouvez bien penser que ce n'a pas esté sans parler souvent de vous, mon Pere, et des obligations que vous avoit le public, et moy en mon particulier. Ce sont des hommes qu'on ne scauroit jamais assez loüer, non plus que vous. Nous vismes bien icy en passant le R. P. Pierre de Guingamp, qui s'en est allé à Seide pour passer en Alep ; mais je ne le sceus jamais arrester seulement un demi jour, tant il estoit pressé de passer oultre à Marseille. Nous en attendons trois ou quatre autres qui viennent, se disent ils, aprez eux, tant de la basse Bretaigne que d'ailleurs : tous lesquels je seray bien aise de servir icy en passant, si je le puis. Mais il n'y en a pas un, sans leur faire tort, que je visse plus volontiers que vous, si nous pouvions avoir le bien de vous y retenir encore une foys ; car il n'y a pas de commerce de lettres qui puisse arriver au supplement de ce qui se peult profiter en ses entreveües dans la conversation, quand ce ne seroit que de 2 ou 3 jours, attendu que, parmi les discours, nous y meslons quelques petites observations recles (*sic* pour *recueillies*) dans le livre mesme de la nature, qui est bien d'autre credit et authorité que ce qui s'en peult lire chez ceulx qui nous ont devancez. Je prie à Dieu qu'il en fasse naistre bien tost des occasions bien opportunes, et que vos souhaicts se puissent confirmer. J'avoys attendu quelque resolution des propositions que je vous disois avoir faictes à Rome, et ay receu tout plein de fois des excuses de la main de l'Em^{me} card. Barberin du retardement de cette expedition ; mais je n'en vois point aulcun effect, à mon grand regret. Et fault que je luy en fasse une forte recharge à la premiere despeche. Et cependant, apres vous avoir dict que vous pourrez adresser vos lettres à Lyon, chez Monsr de Rossi, au chasteau de Milan, ou plus tost à Monsr

du Lieu, conseiller du Roy et M° des courriers ordinaires de Sa Majesté, qui aura plus de soin que tout autre de me faire tenir vos lettres, s'il y a des messagers ordinaires, je demeurerai, Mons' mon R. P., vostre, etc.

DE PEIRESC.

A Aix, ce 29 juillet 1636.

LETTRE C
Peiresc au P. Agathange de Morlaix
2 AOUT 1636
(Ibidem, folio 424)

M' mon R. P., je n'ay receu qu'à ce matin vostre billet du 29. Je verray aujourd'huy, si je puis, les PP. Recollets, pour essayer d'avoir leur 3° volume, et escripts à M. Cassagne pour vous bailler les deux premiers, m'asseurant qu'il le fera sans difficulté, et pour cet effect je vous envoie ma lettre ouverte. Le memoire faict pour le R. P. Ephrem n'est qu'un duplicata de l'original qui luy fut delivré, afin qu'il vous serve d'instruction en cas pareil à vous mesmes. J'ay receu vostre autre lettre, et vous remercie de tant de bonne volonté, priant Dieu pour la prosperité de vostre voyage. Si vous avez les deux premiers volumes de M. Cassaigne, il fauldroit tenter d'emporter le 3° des PP. Recollets. M' Gassend vous ressalue par un million de foys. Et je demeure, Monsieur mon R. P., vostre, etc.

DE PEIRESC.

A Aix, ce 2 aoust 1636.

Je vous prie d'escripre au R. P. Michelange en Alep, pour le persuader à nous envoyer son plumetif des memoires de l'ecclypse du 28 aoust 1635, quelques scrupules qu'il y puisse faire, dont nous n'abuserons pas.

J'ay escript au P. Thomas de Grangear *(sic)*, gardien du couvent des Recollets de Marseille, de vous bailler les trois volumes de l'*Origanus*.

LETTRE CI
Peiresc au P. Agathange de Morlaix
4 AOUST 1636
(Ibidem, folio 424).

Mr mon R. P., suyvant vostre desir j'escrivis et fis escrire au R. P. Thomas Graniat *(sic)*, gardien des Recollets de Marseille, pour vous faire bailler les 3 volumes de son *Origanus*, ou du moins le 3e, si M. Cassaigne vous remettoit les deux premiers. Il a respondu au gardien de ceste ville ce que vous verrez en la lettre cy joincte; de sorte que, si n'estiez desja en la pleine disposition desdicts livres, vous le pouvez aller voir, et luy monstrer sa propre lettre, et luy dire que ses livres sont entre vos mains [*sic*], car je me suis chargé de les luy remplacer, et vous deschargera envers celluy de la main de quy vous les avez receuz. J'ay eu lettre du Cayre du 29 may, portant que le R. P. Agathange de Vendosme estoit party pour Sainct Anthoine, et pour y faire du sesjour, ayant laissé en sa place le R. P. Cassien de Nantes. Sur quoy, me trouvant pressé, je finiray, demeurant, Monsieur, vostre. DE PEIRESC

A Aix, ce 4 aoust 1636.

LETTRE CII
Peiresc au P. Agathange de Morlaix
6 AOUST 1636
(Ibidem, folio 424).

Mr mon R. P., je receus hier vostre lettre du 3, où je fus bien ayse d'apprendre le retardement de vostre despart, puis que la negociation des livres d'Origan n'avoit pas encore esté finie à vostre contentement. Vous aurez, depuis, veu la lettre du R. P. Gardien des Recollets, bien differente de ce que vous me mandiez, et l'aurez bien mis en bredouilles si luy avez portée. Car, puisque vous estes saisy de ces trois volumes, il ne peult pas se desdire de les vous laisser emporter, sauf d'avoir par aprez tout à loysir le consentement ou licence de son provincial. Que si vous jugez que ce sc un pretexte pour s'en desdire, il faut les laisser là, et ne pas faire de difficulté de recourir encore à Mʳ Cassagne, qui est plus honneste qu'il ne dict et qu'il ne veult paroistre, et j'ay trouvé de quoy l'indemniser, par un autre exemplaire mieux rellié que les siens; mais je n'en ay, pour encores, que le dernier volume, dont il se sert le plus, et me charge de luy faire avoir les 2 premiers dans la sepmaine prochaine, de sorte qu'il ne sçauroit plus se desdire de vous bailler tous les siens. Au reste, j'ay esté bien estonné que ces autres bons PP. missionnaires qui sont passez par icy, ne m'ayent esté addressez, tandis qu'ils y estoient et qu'ils y eussent trouvé encore M. Gassend, qui partit hier d'icy, rappelé à son eglise de Digne, à mon grand regret, puis qu'ils ont prins la peine de m'aller chercher, comme vous dictes, à Boisgency. Ils pourront bien revenir de Marseille icy comme vous, s'il leur plaist, et comme je les en supplie et vous prie de les en supplier de ma part, esperant que nous leur ferons voir Venus toute cornüe beaucoup mieux que nous ne la peusmes faire paroistre à vous. Enfin, au regret d'estre à charge à leur convent de ceste ville, ils pourront venir tout droict chez nous et y demeurer tant qu'il leur plaira, tandis que je ne pense pas que leur embarquement soit si prest pour Alep. Je receus hier la lettre du R. P. Chrysostome du Puy, vostre gardien de Marseille, et fis tenir à Bordeaux par le courrier de hier au soir celle qui y estoit addressée par le R. P. Gregoire d'Avignon. Je vous prie de l'en advertir, ne pouvant lay escripre dans la presse où je suis, et de l'asseurer de mon humble service, ensemble le bon Frere Pierre de Morlaix vostre collegue. Demeurant, Monsieur mon R. P., vostre, etc.

De Peiresc.

A Aix, ce 6 aoust 1636.

LETTRE CIII
Peiresc au P. Agathange de Vendôme
8 AOUT 1636
(Ibidem., folio 424, verso.)

Monsieur mon R. P., j'ay receu par le navire flamand abordé à Ligourne, et par les addresses du Sr de Beaulieu venu dessus iceluy, une lettre du Sr Magy du 19 et 29 may portant advis que les Epistres de S. Pol estoient embarquées sur le mesme navire, dont j'ay esté infiniment ayse, et encores plus d'apprendre que vous estiez party du 18 pour S. Anthoine avec pouvoir d'y sesjourner. Ne doubtant nullement que ce sesjour ne vous y soit de tres grand fruict et à l'Eglise de Dieu, et esperant aussy par vos charitables offices quelque bon livre de ces deserts, dont le public se prevaudra quelque jour, et dont je vous seray humblement redevable. Ledict Sr Magy me mande que vous m'aviez escript, et que le R. P. Cassien me vouloit aussy escripre par la mesme voye; mais je n'ay pas receu vos lettres, qui seront demeurées ez mains de ceulx auxquels vous en aurez faict l'adresse, à autres (sic) que vos RR. PP. de Marseille, auxquels je les ay faict demander en vain, car ils ne les ont pas receüs. Je les ay aussy faict demander aux Srs Bremonds; mais je n'en ay pas encore la responce, et, le navire de Chailon voulant faire voille, par qui je vous avoys jà escript, je n'ay pas veuleu differer de vous faire ce petit appendice, et vous y reiterer les assurances de mon tres humble service en tout ce que je pourray, vous estant tout desvoué, comme le vous dira plus particulierement le R. P. Agathange de Morlaix, qui s'est chargé de mes precedentes, et à qui j'addresse la presente, estant de tout mon cœur, Monsieur mon R. P., vostre, etc.

DE PEIRESC.

A Aix, ce 8 aoust 1636.

LETTRE CIV
Peiresc au P. Agathange de Morlaix
8 AOUST 1636
(Ibidem., folio 425.)

Monsieur mon R. P., j'ay receu la vostre du 6, avec celle que vous m'avez envoyé de ce P. Thomas, qui s'est si mal acquitté des paroles couchées en sa lettre. J'ay mis ordre pour vous faire avoir les volumes de Mr Cassaigne sans que vous vous en mesliez plus, et j'espère que, d'une façon ou d'autre, vous aurez contentement. Et suis bien ayse qu'on vous ayt chargé de ma lettre au Sr Seghezzi, et vous supplie d'avoir soing de luy faire tenir seurement. Car, avec les jalousies que vous sçavez, j'aurois bien quelque regret qu'elle se perdist. J'escrips encore un mot au R. P. Agathange de Vendosme, et au R. P. Cassien de Nantes en son absence, comme aussy au Sr Jean Magy, qui est de mes amis, lequel je vous recommande, et demeure de toute mon affection, Monsieur mon R. P., vostre, etc.

DE PEIRESC.

A Aix, ce 8 aoust 1636.

Les RR. PP. Capuchins d'icy n'ont point veu ou recongneu ces bons PP. missionnaires d'Alep. Je regrette bien qu'ils me soient allé chercher à Boisgency au lieu de venir icy, et vous prie de les induire à revenir icy pour leur consolation.

Le pacquet de ces lettres est addressé à Mʳ Grange.

LETTRE CV
Peiresc au P. Michelange de Nantes
21 AOUT 1686
(Ibidem, folio 426.)

Monsieur mon R. P., si je n'ay peu me rendre digne de l'honneur de vos bonnes graces et de la participation que j'avois esperée de vos observations faictes l'année derniere pour l'amour de moy, à la requeste du Venerable P. Celestin de Sᵗᵉ Liduine (tant j'ay esté malheureux en l'addresse des lettres que je vous avois escriptes sur ce subject, qui ne sont parvenues entre vos mains), je pense que, ce coup cy, l'intercession presente des RR. PP. Zacharie de Nogent et Charles François d'Angers, que nous avons eu le bien de gouverner icy quelques jours à leur passage, vous pourra plus tost vaincre que toute autre consideration, attendu les anciennes habitudes que vous aviez contractées par ensemble, et les tesmoignages qu'ils vous pourront donner de ma devotion sincere à vostre service et à tout vostre sainct ordre. A quoy le public prendra encores plus de part que vostre modestie ne voudroit, possible, pas advouer, ainsy qu'il apparoistra à l'advance par le resultat de la comparaison de ce peu que nous avions appris de vostre observation avec celles de quelques autres, qui nous ont faict descouvrir dans les cartes marines l'une des plus grandes erreurs qu'on y eust peu imaginer, et les moyens de remedier avec moins d'incertitude aux inconvenints qui en provenoient, et qui faisoient tant de tort à la practique de la navigation depuis tant de siecles. J'estime que les RR. PP. Agathange de Vendosme et Cassien de Nantes, qui n'ont pas esté si scrupuleux que vous à me communiquer leurs observations, vous en auront desja requis, si leurs lettres ont esté plus seurement rendues que les miennes, et depuis le R. P. Ephrem de Nevers, à son arrivée à Seyde avec son collegue, et possible aussy le R. P. de Guingamp, encores que je n'aye eu le moyen de le voir qu'à la desrobée. Comme je suis bien asseuré que le R. P. Agathange de Morlaix, avec son collegue, ne s'y espargneront pas, s'ils peuvent, et si vous jugiez que besoing fust. Mais j'espere que vous franchirez toute sorte de scrupules et de difficultez, s'il en restoit, et que vous ne voudrez pas esconduire touts cez bons PP. qui se rendront volontiers mes garants en vostre endroict de toute la gratitude qui y peult eschoir, et de tout le trez humble service qui pourra dependre de moy et des miens, là et quand il vous plaira m'honorer de voz commandements en revanche de vos bienfaicts. Je vous supplie donques bien humblement de me voulloir faire part, s'il vous plaist, de tout le resultat de vostre observation de cette ecclipse du 28 aoust 1635, sans reserve quelconque, encores que vous y ayez eu quelque soubçon d'avoir pris equivoque, soit d'une estoille pour autre, ou d'un degré pour autre de vos instruments. Car l'examen que nous en ferons aura bientost esclaircy le doubte, et mis toutes choses hors de regret. Vous asseurant que personne n'en verra rien que ce qu'il fault, et que vous aurez un jour de la consolation d'avoir esté instrument de belles consequences qui s'en tireront à l'advenir. Que si vous aviez observé l'ecclipse suivante du moys de febvrier dernier, ou quelques restes de celle du present moys, je vous supplie de nous les octroyer encores, et de faire estat de mon humble service, dont je vous supplie de voulloir disposer, estant, M⁹ mon R. P., vostre, etc.

De Peiresc.

A Aix, ce 21 aoust 1636.

Je vous supplie d'observer en toutes les façons que vous pourrez la haulteur meridienne du soleil et, s'il est possible sans vous incommoder, la haulteur de l'estoille polaire, et nous envoyer incontinent le resultat, pour juger de la vraye latitude d'Alep, en attendant que vous le puissiez faire plus exactement en l'un et en l'autre solstice, et lorsque l'estoille polaire se peult voir matin et soir, en son midy, plus hault et plus bas.

LETTRE CVI
Peiresc au P. Bonaventure du Lude, supérieur de la Mission d'Alep
21 AOUT 1636
(Ibid., folio 426, verso.)

Monsieur mon R. P., j'ay supplié les Venerables PP. Zacharie de Nogent et Charles François d'Angers de m'ayder auprez de Vostre Reverence pour y faire admettre les offres que je vous faicts de mon trez humble service et mes actions de graces de ce qu'il vous avoit pleu interposer vostre indulgence et authorité pour me faire obtenir du R. P. Michelange de Nantes les observations qu'il daigna faire l'année passée pour l'amour de moy, à la priere du bon P. Celestin de Ste Liduine, dont je vous suis et seray à jamais infiniment redevable. Mais il fault, s'il vous plaist, achever le bon œuvre, et disposer le bon P. Michelange à m'envoyer librement tout ce qu'il en avoit redigé par escript, sans s'arrester aux scrupules et difficultez qu'il y pouvoit faire, dont nous n'abuserons pas, et n'alleguerons que ce qui sera absolument necessaire pour la verification de ce qu'on cherche de plus noble et de plus utile en cette sorte d'estude. Je m'asseure que vous ne voudrez pas esconduire ces bons PP. et moy de chose dont le public se

peult tant prevalloir. Je vous en conjure de tout mon
cœur, et de m'advouer, M' mon R. P., pour vostre

DE PEIRESC

A Aix, ce 22 aoust 1636.

LETTRE CVII
Peiresc aux PP. Zacharie de Nogent et Charles-François d'Angers
22 AOUT 1636
(Ibid., folio 427 verso)

Messieurs mes RR. PP., je vous envoye mes lettres pour Alep, que je vous recommande ; mais surtout je vous supplie et conjure de veuloir me procurer le bien et l'honneur des bonnes graces du R. P. Michelange de Nantes, et le disposer à me communiquer confidemment tout ce qu'il a redigé par escript de l'ecclipse du 28 aoust de l'année passée 1635, avec tous les subjects qu'il a eu de doubter de la certitude de ses observations. Car nous sçaurons bien profiter de tout ce qui pourra ayder au public sans luy faire tort, et sans en rien publier que ce qui sera absolument necessaire pour l'establissement de la verité pure et simple. Il m'obligera grandement, et le R. P. Bonaventure du Lude, son superieur, d'y interposer son authorité, si besoing est, et Vos Reverences encores de n'y pas espargner le credit et la creance que vous pouvez avoir acquis sur l'un et sur l'autre. Je me promets de vostre bonté que vous n'y oublierez rien, comme je vous en supplie, et d'une autre chose que j'avois oublié de vous dire de vive voix, sçavoir, qu'il vous plaise d'aymer, pour l'amour de moy aussy bien que pour ses grands merites, le R. P. Celestin de Ste Liduine, des Carmes deschaussez, qui est à Alep, à qui j'ay de trez grandes obligations, et à M' son frere, qui est un des plus grands hommes et des plus doctes du siecle (1). Vous y aurez bien de la consolation, et m'obligerez infiniment. Sur quoy, je prieray Dieu pour la prosperité de vostre voyage, et demeureray à jamais, Messieurs mes RR. PP., vostre tres humble, etc.

DE PEIRESC

A Aix, ce 21 aoust 1636.

Si vous pouviez commancer quelque observation de la haulteur du soleil, à Marseille mesme, tandis que vous attendez l'embarquement, et nous en envoyer le resultat, nous vous dirions ce qu'il y auroit à adjouter ou non, pour servir aux autres que vous pourrez faire en autres lieux plus necessaires.

LETTRE CVIII
Peiresc au P. Agathange de Morlaix
25 AOUT 1636
(Ibidem, folio 427.)

Monsieur mon R. P., les Venerables Peres Zacharie de Nogent et Charles François d'Angers eurent tant de presse de partir, et je prenois tant de plaisir à les gouverner et entretenir au moins mal qu'il m'estoit possible, qu'ils s'en allerent sans vous porter de mes lettres, à mon grand regret. Et, depuis leur despart, j'ay esté diverty si extraordinairement, que je n'ay sceu plus tost m'acquitter de mon debvoir et vous remercier, comme je faicts tres humblement, de la faveur que vous m'avez procurée de leur bienveillance, que je ne sçaurois jamais avoir meritée, et dont je vous seray, comme à eulx, eter-

---

(1) Cet hommage est à rapprocher de celui qui a été rendu à Jacques Golius par un de nos plus grands orientalistes, Silvestre de Sacy, dans la *Biographie universelle*. Peiresc fut en correspondance avec les deux frères.

nellement redevable. Mais je feray tout ce qui me sera possible pour m'en rendre moins indigne à l'advenir, en vous servant, et eulx aussy, partout où vous me commanderez. J'ay esté bien ayse que M. Cassaigne vous ayt enfin donné contentement pour ses libvres. Quand aux volumes de Baronius, n'y ayez pas de regret : la matiere que desire le bon P. Agathange de Vendosme y est traictée à fond depuis le mitan du VIe volume jusques au mitan, ou environ, du VIIe, et consequemment tout ce qui estoit le plus important, les autres suittes n'estant pas differentes de l'estat present, que vous trouverez sur les lieux, comme je pense ; et s'il vous fault autre chose, tout est à vostre service. Tout ce qui me reste à vous dire est de prier ces bon Peres d'extorquer du R. P. Michelange de Nantes toutes ses observations de l'ecclipse du 28 aoust 1635, et autres, s'il en a faict aulcune de plus, et de les conjurer tous d'aymer pour l'amour de moy (mais principalement pour sa rare vertu et jugement) le R. P. Celestin de Saincte Liduine, des Carmes deschaussez, lequel je vous recommande aussy. Car, advenant qu'il fist le voyage d'Egypte, vous cognoistrez un grand personnage et de trez rare condition, auquel j'ay de si estroites obligations, que je voudrois bien que mes amys luy peussent estre utiles, là où mon service ne pourra agir personnellement. Excusez moy de tant de privaulté, et me tenez tousjours, Monsieur mon R. P., pour vostre tres humble, etc."

De Peiresc

A Aix, ce 21 aoust 1636.

Si vous ne partiez encores, et que vous voulussiez essayer de faire quelque observation de la haulteur du soleil à Marseille à l'heure de midy, la nous envoyant nous pourrions vous dire si vous avez bien rencontré avec celles qu'on y a desja faictes, pour juger de ce que vous pourrez faire ailleurs.

LETTRE CIX
Peiresc au P. Césaire de Roscoff
1ᵉʳ SEPTEMBRE 1635
(Ibid., folio 428.)

Monsieur mon R. P., vostre lettre du 29 juillet ne m'a esté rendue qu'à ce jourd'huy sur le midy, à l'heure mesme que le carrosse ordinaire de Marseille partoit, n'ayant peu que faire faire une enveloppe à la lettre que vous addressiez au R. P. Agathange de Morlaix, sans luy pouvoir escripre, de crainte de perdre la commodité de la luy faire tenir avant son partement. Car il est embarqué depuis quelques jours, et n'attend que le vent pour s'en aller en Egypte. Ayant eu le bien de le voir et gouverner icy quelques jours, avec une grande satisfaction reciproque, avant son embarquement, où il m'avoit faict une ample et bien honorable relation de la grande et rare erudition du R. P. Anastase de Nantes, confirmée par les RR. PP. Ephrem de Nevers, Zacharie de Nogent et Charles François d'Angers, tous lesquels se sont laissé voir à leur passage et entretenir quelque peu, au moins mal qu'il nous a esté possible, non sans parler de vous et de vostre grand zele au bien du salut des ames et à la gloire de Dieu. Ils m'avoient faict naistre une grande envie d'acquerir l'honneur de la congnoissance du R. P. Anastase, pour le pouvoir consulter, principalement sur son estude aux origines de la langue bas bretonne, en laquelle il y a de si belles choses à apprendre pour l'esclaircissement des etymologies et des noms primitifs des villes et contrées de ce royaulme, dont on m'a asseuré qu'il a descouvert d'excellents secrets, et qui meriteroient bien qu'il en laissast eschapper quelque chose. Maintenant, vous m'avez bien mieux attaché à luy par la relation particuliere que vous me faictes de sa longue estude de vingt années aux mathematiques plus nobles, et de ses merveilleuses inventions pour faciliter les observations celestes, que je ne sçaurois assez admirer, mais surtout par les asseurances que vous me donnez des tesmoignages d'affection dont il luy a pleu me prevenir, et que je suis bien honteux de n'avoir peu meriter par des bonnes preuves de mon humble et fidele service. Mais, s'il m'a prevenu avec tant d'advantage, et que je n'aye pas de quoy respondre à la bonne opinion que vous luy avez faict concevoir de moy, ce ne sera jamais à faulte de bonne volonté de ma part, ains de forces et de moyens conformes à mes souhaicts comme à mes debvoirs en son endroict. Et vous, qui en avez voullu estre l'entremetteur, debvrez suppléer les defectuositez de mon impuissance et de ma foiblesse, soubs laquelle confiance je me dispense de luy escrire un mot pour le remercier de son honnesteté, que vous accompagnerez, s'il vous plaist, des excuses qui y peuvent eschoir, tandis que je chercheray de la matiere de son goust, si je le puis recognoistre, pour tascher de faire naistre des occasions de le servir, et respondre au mieux que je pourray à sa beneficence par toute la gratitude que je pourray exercer sur luy. J'ay donq grandement admiré la description que vous me faictes de ce dipthypque dont il se sert pour ses observations celestes. Et me tardera bien d'apprendre s'il n'a pas reellement pris des observations sur la veüe des astres mesmes avec des instruments de competente grandeur, pour verifier si l'effect en est bien conforme à celluy de ces petites tablettes. Car, comme Hipparque et les autres anciens ont observé reellement les astres aussy bien que les modernes, pour en tirer les fondements de leur calcul, il fault de necessité revoir et reprendre, ou reiterer les dimensions des mesmes astres, si l'on veult s'asseurer que le calcul des autres soit fidele ou faultif. Autrement, il seroit bien malaisé de rien persuader sur le simple resultat d'un calcul plus ou moins exact, attendu que chascun peut calculer à sa mode et parvenir à un mesme but par diverses voyes. Mais les fondements s'en doibvent prendre en des vrayes realitez et apparences, principalement quand il se parle de reformer aultruy, ne pouvant pas suffire de s'en fier à aucunes pressuppositions et principes, s'ils ne subsistent sur les phenomenes et apparences plus reelles qu'elles s'y puissent apporter. Aprex quoy, certainement, il est permis de suppléer, sans voir le ciel, tout ce qui y doibt paroistre ; mais jusques alors il n'est pas bien loisible de contredire, par exemple, l'observation que Tichon (1) a faicte, en l'an 1890, de l'estoille polaire dont vous me parlez, trouvée au 23ᵉ degré et deux minutes et demy du signe de Gemini, qui revient, au temps present, ou en fin de la presente année courante, à 23 d., 33 b., et y adjouster, comme vous dictes, 7 minutes de plus, ou 7 et demy à peu prez, s'il n'y a des observations reelles en regardant le ciel, qui fassent cognoistre que le calcul de Tichon ne soit pas si juste qu'il debvroit : tout ce qui s'en peult dire dans un cabinet ne pouvant destruire ce qui a esté veu par luy et par tant d'autres qui l'ont assisté et qui ont travaillé aprex lui. Ce que vous adjoustez aussy des longitudes sur le globe terrestre est encore plus difficile à comprendre, attendu la grande incertitude de tout ce que les geographes en ont escript, qui ne se peut veriffier que par de bonnes et reelles observations celestes comparées aux distances ordinaires des lieux et dimensions des chemins. Tout ce qu'il s'en peult dire par voye de calcul pouvant estre destruict p. r la moindre observation reelle qui se fasse, comme il est advenu de la distance d'entre Marseille et la Palestine, où toutes les cartes marines supposaient 2700 milles, ou 900 lieues, et toutes fois, par

---

(1) Pour Tycha-Brahé.

le rapport de la derniere eclipse du 28 aoust de l'année 1635 observée par vos RR. PP. d'Alep et du Cayre en mesme temps que Mr Gassend l'observoit en ce pays, et que d'autres de nos amys l'observoient à Rome et à Naples, il s'est trouvé que la distance estoit plus courte d'un tiers pour le moins, et, pour y remedier, la routtine des mariniers faisoit tenir une faulse routte et descliner à gaulche, tant en allant qu'en venant, ce qui leur faisoit trouver, sans y penser, le lieu qu'ils cherchoient au vray lieu de sa situation, bien plus proche que ne le faisoient les cartes marines, comme vous le verrez en la coppie cy joincte, dont vous pourrez faire part, s'il vous plaist, au R. P. Anastase, à qui je deffereray tousjours comme je doibs. Mais, en ces matieres là, il me permettra, s'il luy plaist, de luy remonstrer qu'il ne se peult presupposer aucun principe sans que l'experience passe devant et qu'elle s'en puisse encores reiterer par aprez sur le livre mesme de la nature. Ce fut un grand malheur pour nous que l'indisposition l'empeschast de venir icy prescher un caresme, où nous eussions esté merveilleusement consolez de l'entendre et apprendre de luy ce qu'il eust daigné nous remonstrer, tant pour nostre salut et edification, que pour nostre instruction particulière dans quelques unes de ces belles notices qu'il a. Mais nous n'avons pas merité tant de bien que cela, et crois bien que, s'il estoit en la volonté qu'il estoit lors, de se donner cette peine, il y auroit quelque moyen d'en renouer le traicté. Mais l'on s'est engagé, comme j'entends, pour deux années, à nostre grand regret, qui nous seront deux siecles entiers dans l'impatience où vous m'avez mis. Et vous supplie de moyenner que, sans attendre cela, nous ayons, s'il est possible, quelque petit eschantillon de ce qu'il vous a pleu m'offrir de sa part, dont je ne vous seray gueres moins redevable qu'à luy, et vous rendray toute la recognoissance qui pourra dependre de mon foible credict, d'aussy bon cœur que je seray à jamais, M' mon R. P., vostre, etc.

De Peiresc.

A Aix, ce 1er septembre 1636.

LETTRE CX
Peiresc au P. Anastase de Nantes
1er SEPTEMBRE 1636
(Ibidem, folio 429)

Monsieur mon R. P., les offres et asseurances que le R. P. Cesarée de Rosgoff a daigné me faire de l'honneur de vos bonnes graces, m'ont tellement capturé à vostre service, que je n'auray jamais rien tant à cœur au monde que de tascher de m'en acquitter en toutes les façons qu'il me sera possible, et d'aller au devant de toutes occasions de meriter l'honneur de vos commandements et l'advantage de vous donner des effects de mon obeissance, dont je vous supplie tres humblement de vouloir faire estat. J'ay appris les grandes lumieres que vous avez faict paroistre dans les recherches des plus anciennes origines de la langue bas'bretonne, et des speculations plus relevées de toute l'astronomie, dont je suis demeuré tout ravy en admiration, et voudrois bien qu'il nous fust loisible d'en voir quelque petit eschantillon, tant de l'un que de l'autre, si faire se pouvoit. C'est ce que vostre incomparable courtoisie et la puissante intervention du Venerable P. Cesarée me font esperer de vostre bonté, quoy que j'en sois indigne. Et c'est aussy de quoy je vous supplie et conjure en toute humilité, et que vous veuilliez vous servir de moy, comme, Monsieur mon R. P., vostre tres humble et tres obeissant serviteur.

De Peiresc.

A Aix, ce 1er septembre 1636.

LETTRE CXI
Peiresc au P. Zacharie de Nogent
7 SEPTEMBRE 1636
(Ibidem, folio 429 verso)

Monsieur mon R. P., je receus hier au soir vostre lettre du jour precedent, que le bon P. Denis m'envoya par M⁰ le chanoine de Bariamont (1) sur l'entrée de la nuict. Je ne laissay pas d'envoyer incontinent tout de mesme chez tous nos marchands de cette ville pour tascher d'avoir un calice de la qualité que vous le demandez. Mais il ne s'en trouva aulcun, à mon grand regret. J'envoyay encores chez quelques amys, pour tascher d'avoir par emprunt un calice de ceux du service ordinaire; mais il ne s'en est trouvé aulcun, qui peussent (sic) aller faire un si long voyage. Si j'en eusse presentement un chez moy, je le vous eusse envoyé de bon cœur; mais il me l'avoit fallu employer, quelque temps y a, à un usage necessaire au service divin. Il eust fallu s'adviser un peu plus tost de ceste pensée, car il y eust eu moyen de satisfaire à vostre louable devotion et de ces Messieurs qui font le voyage quant et vous. Estant bien marry de n'avoir peu vous servir plus à souhaict en ceste petite occasion, m'asseurant que vous eussiez profitté ceste occasion pour aller descendre à la Lampedouse (1), où vous eussiez sans doubte rencontré de quoy faire quelque belle observation, soit de choses antiques ou modernes, sur l'esperance d'y celebrer la saincte messe. J'ay esté bien ayse d'apprendre que le R. P. Agathange de Morlaix ayt faict voile, et espere que le vent qui s'est à present mis sur luy aura bien aydé à son voyage, s'il a trouvé son na-

(1) Probablement pour *Barjemont*.
(2) Lampedusa, île entre la Sicile et la Tunisie.

vire prez d'icy. Craignant que vostre capitaine n'en ayt voulu proffitter l'occasion pour vous faire desmarer, et que ma lettre n'arrive trop tard pour vous retrouver à Marseille, s'il estoit vray qu'il ne tinsse plus qu'au vent favorable, car il ne le peut estre gueres plus. Priant Dieu qu'il vous veuille bien conduire et benir vos pieuses intentions. Demeurant, M' mon R. P., et au R. P. Charles François, vostre, etc.

De Peiresc.

A Aix, ce 7 septembre 1636.

LETTRE CXII
Peiresc au P. Gilles de Loches
23 SEPTEMBRE 1636
(Ibidem, folio 430, verso.)

Monsieur mon R. P., j'avois attendu par les derniers ordinaires de Rome quelque responce categorique de la part de l'Em^{me} card. Barberin ; mais il ne me faict que des excuses de ce qu'il est accablé d'affaires, et qu'il ne me peult satisfaire comme il voudroit. Je luy en feray une recharge. Cependant, depuis mes dernieres lettres, tous voz bons PP. se sont embarqués pour le Levant, jusques au Sr Piscatoris, qui accompagne les RR. PP. Zacharie de Nogent et Charles François, qui s'en vont en Alep, et possible en Perse : lesquels j'ay gouverné icy quelques jours bien paisiblement, et ils s'en vont grandement bien disposez à faire de bonnes observations. L'on m'a envoyé de Rome le *Prodromus* du R. P. Athanase Kircher, jesuite allemand, sur la grammaire des Cophtes, in-4°, où il y aura de bonnes choses (1). Il promet le vocabulaire à

---

(1) *Prodromus coptus, sive ægyptiacus*. L'ouvrage, dédié au cardinal Fr. Barberin, sortit des presses de la Congrégation de la Progagande.

la suitte, qui sera encore meilleur. Je l'avois embarqué à cet ouvrage insensiblement, par mes addresses au cardinal Barberin et au cavalliere Pietro della Valle, qui avoit le livre Mss. J'en ay, depuis, recouvré un semblable à peu prez, sur lequel un autre entreprendra de travailler, qui ne laisra pas de glaner de bonnes choses aprez ce bon Pere. Mais je suis bien fasché que vous en soyez si loing, et voudrois bien avoir des moyens de vous entretenir et servir bien à souhaict. Demeurant, Mʳ, vostre, etc.

De Peiresc.

A Aix, ce 23 septembre 1636.

LETTRE CXIII
Peiresc à M. Magy, au Caire
8 OCTOBRE 1636
(Ibidem, folio 431).

Monsieur, je viens tout presentement de recepvoir le duplicata d'une lettre vostre du cinquiesme aoust, avec une lettre de Mʳ vostre frere du jour de hier le 7 octobre, par laquelle il me mande d'avoir receu la vostre du costé de Ligourne, et qu'il y avoit tout presentement la commodité à Marseille, pour vous respondre, de patron Jean Dumas, qui estoit prest de faire voile. C'est pourquoy je n'ay pas voulu manquer de vous escripre incontinent, pour vous remercier, comme je fais de tres bon cœur, de la continuation de voz soings à m'obliger en toute occasion, trouvant bien estrange ce que vous me dictes, d'avoir demeuré six mois sans recepvoir de mes lettres ; car je vous ay escript par toutes les commodités qui se sont presentées et particulierement par le R. P. Agathange de Morlaix. Mais, à ce que j'entends, le navire ou ce (sic) qu'il s'estoit embarqué avoit esté longtemps aux Isles sans faire partance, à faulte de vent. Je vous accusay par luy la reception de la lettre qui devoit accompagner les Epistres de S. Pol. Et vous ay depuis escript par un navire qui suivit de bien pres celuy là, pour vous accuser la reception du volume des Epistres que je receus de la main du S' Vignon, qui s'en estoit chargé à Ligourne : dont je vous reitere mes tres humbles remerciements, ensemble des nouvelles de ce païs de delà, que j'ay esté bien ayse d'apprendre par vostre moyen, et encore plus que vous ayez entre voz [mains] un livre abyssin, que nous attendrons en bonne devotion ; mais nous eussions bien desiré que l'on vous eust peu donner un peu de memoire de ce que c'est à peu prez. Esperant que le sesjour que font à S. Anthoine les RR. PP. Agathange de Vendosme et Benoit ne sera pas inutile, et nous ouvrira le moyen de recouvrement de quelque libvre curieux. Ce Père Agathange de Morlaix, par qui je vous ay escript, est homme fort paisible. Il sera bien aise de vous servir en tout ce qu'il pourra, et me l'a ainsi promis. Sur quoy je finiray, pour ne perdre la commodité de la presente aujourd'huy mesme. Je demeureray à jamais, Mons', vostre, etc.

De Peiresc.

A Aix, ce 8 octobre 1636.

LETTRE CXIV
Peiresc au P. Cassien de Nantes
1er NOVEMBRE 1636
(Ibidem, folio 432.)

M' mon R. P., j'ay à ce soir receu de Marseille vostre lettre du 8 may et 27 juin, accompagnée d'une autre du S' Gio. Moluco, armenien, qu'il datte du 27 genaio ; mais je vois qu'il veult dire 27 giugno ; ensemble du S' Magy, du 30 septembre, et d'une du S' Jean-Baptiste Magy, son frere, de Marseille, du jourd'huy 1ᵉʳ de novembre, avec advis de l'arrivée à bon port de patron Antoine Dellerbi, de Cassis, qui est chargé du volume abyssin, dont je vous suis bien redevable, et de la continuation de vos bons offices envers le R. P. Michelange de Nantes, pour le disposer à nous faire part de son observation, que j'estimeray bien plus que tout le reste. Attendant en bonne devotion de voz nouvelles et sa responce, et encores plus celles du succez du voyage que le R. P. Agathange de Vendosme est allé faire à S. Anthoine. Vostre lettre à M. le president Cappeau luy sera envoyée et remise seurement dez demain, car il est à Marseille puis quelques jours. Je voudrois bien vous pouvoir rendre de meilleurs services. Les Epistres de S. Pol arriverent bien conditionnées. Je jugeay bien, ne voyant pas de lettre vostre, que le despart du navire flamand vous devoit avoir surprins, et le pauvre Mʳ Magy aussy, qui n'eut pas loysir de me faire grand discours par ceste voye là. Je les receus de la main du sieur Vignon, qui s'en estoit chargé à Livourne, et s'y en est despuis retourné en intention de passer en Egypte. S'il execute son dessein, et que vous trouviez occasion de l'obliger et favoriser de par de là, vous me ferez un singulier plaisir, car je l'ayme et honore de tout mon cœur, et l'ay recongneu grandement franc et cordial. Je crois bien, comme vous, que ce livre abyssin doibt tenir de l'apocryphe, ou fabuleux ; mais je seray pourtant bien ayse de voir ce que ce peult estre, et me tardera que le patron Dellerby me l'ayt envoyé de Marseille. Si le R. P. Agathange de Vendosme se donne le loysir et la peine de voir les livres de ces 4 bibliotheques du desert, il y trouvera sans doubte de meilleures pieces qu'on ne croid : ce pourra bien obliger le public quant et nous, en nous en procurant la participation, pour peu qu'il y ayt de la matiere à faire valoir. J'ay veu la diversité des relations que vous me faictes [sur] les Nubiens du Cayre, et incline tousjours du costé de ceux qui tiennent qu'ils ont quelque caractere et langage particulier different de l'arabe, quoy qu'on vous peusse dire au contraire. Bien crois je que ce sheiq (*sic*) qui le vous a soustenu de la sorte ne sçait que son arabe, et ne s'est, possible, pas soucié de s'enquerir s'il y a autre chose, voire que ceux qui sont les plus voysins de l'Egypte n'ont, possible, pas autre langue ni caractere en usage ; mais ceux qui en sont plus esloignez et plus voysins de l'Ethiopie en ont sans doubte eu, et vraysemblablement conservé des reliques. Esperant que vous en ferez quelque jour la pleine verification. Et si jamais aulcun de vos Peres passoit en cez païs là, je m'asseure qu'il y trouveroit des merveilles, en matiere de livres cophtes ou abyssins, dans les mosquées où ils auront esté jettez et meslez parmy les arabes. Il a esté apporté depuis peu à Rome un livre arabe de l'histoire d'Egypte d'un Gelaldinus Asiati, qui vivoit du temps de S. Loys, où l'on dict qu'il se trouve de bien belles curiositez. Et crois que, qui chercheroit les bibliotheques du Cayre, il y trouveroit facilement et le Barachias Nephi et aultres, qui traictent des hieroglyphiques (*sic*) où il s'apprendroit de trez belles choses, principalement si les cophtes ont aulcuns livres d'histoire, soit ecclesiastique ou profane, laquelle seroit bien plus ancienne que celle des Arabes, et de meilleure note, leur version de l'Evangile estant d'une tres venerable antiquité à ce que nous avons peu descouvrir de ce qui nous en est tombé en main. Et voudrois bien avoir les Actes des Apostres, et l'Apocalypse, et les autres Epistres canoniques oultre celles de S. Pol. Et si les faictes transcripre, et que puissiez obtenir le vieil exemplaire en rendant le nouveau, je l'aymeray beaucoup mieux, estimant que, si eussiez voulu, l'on vous eust laissé volontiers le volume de S. Pol, en leur baillant celuy que vous m'avez envoyé. Quant au bon armenien, je pense qu'il soit à ceste heure à Rome, puisqu'il vouloit partir en aoust pour s'y acheminer. Et si je l'y puis servir, ou ailleurs, je le feray de bon cœur. S'il sçavoit le langage des cophtes et l'arabe, il y auroit beau de luy procurer honorable employ ; mais, pour le simple armenien, il n'est pas si en usage et si sortable à nostre curiosité. Je vous faicts la presente avec haste, pour vous accuser la reception des vostres, ayant advis que le patron Daumas n'avoit encore peu faire voile, à faulte de mistral, que je pense pouvoir venir bien tost aprez les grandes pluyes qui ont regné jusques à present. C'est pourquoy je finiray, priant Dieu qu'il vous conserve et vous fasse promptement jouir de la presence tant du bon P. Agathange de Vendosme que du R. P. Agathange de Morlaix, qui debvroit à ces heures heures estre en voz cartiers. Auquel cas je vous supplie de luy faire mes tres humbles recommandations, et à son collegue, et les assurer de mon trez humble service. Ils observeront bien le solstice de meilleure façon que le bon armenien, et avec des instruments plus grands et moins subjects à erreur ou equivoque, selon qu'ils ont veu faire de pardeçà. Cependant, servez vous de moy et en disposez absolument comme, M. mon R. P., de vostre trez humble et trez obeissant serviteur.

DE PEIRESC.

A Aix, ce 1er novembre 1636, en haste.

LETTRE CXV
Peiresc au P. Gilles de Loches
4 NOVEMBRE 1636
(Ibidem. folio 433).

Monsieur mon R. P., je receus la semaine passée vostre lettre du 16 de ce moys par la voye de Lyon, directement, sur le point du partement de l'ordinaire pour Paris, de sorte que je ne peus vous respondre, et ne manquay de m'enquerir, de l'orfevre Aillot, qu'estoit devenu son compagnon La Tour Pierre Augier, et appris de luy qu'il y avoit bien quinze jours qu'il estoit party avec l'homme que son pere luy avoit envoyé exprez, de sorte qu'il pourroit estre arrivé chez luy à cez heures cy (1). Par le dernier ordinaire de Paris, j'ay reçeu la vostre precedente du 24 septembre, soubs une enveloppe du Sr de Lappe du 24 octobre, où j'ay esté bien ayse d'apprendre vostre bonne santé, mais bien mortiffié de voir le desplaisir que vous avez eu de l'interruption de nostre commerce, qu'il ne fault imputer qu'à la mauvaise foy de quelques personnes qui soubstrayent les lettres d'autruy, principalement les religieux, qui en font quasi moins de scrupule que les autres, ainsy qu'il est advenu à mon duplicata dernier. Car M. de Rossy, de Lyon, à qui je l'avois recommandé, m'a mandé qu'il s'estoit confié à de voz Peres : dont je luy fis des reproches ; et de faict il ne le fera plus. De toutes les six lettres que vous dictes m'avoir escriptes depuis le moys de janvier jusques en may, je ne pense pas en avoir receu plus de deux, et vous advoüe ingenuement que j'ay failly de ne m'estre plus aheurté à vous escripre, nonobstant vostre silence. Mais j'ay esté longtemps malade, et embarrassé aussy de bien importantes affaires domestiques, dont le discours vous seroit trop ennuyeux (2). Au reste, il faudra voir quelque jour un eschantillon de vostre marbre serpentin et de vostre belle ...... de Bourges, et vous remettre petit à petit dans vostre premier train de ces louables curiositez, où vous estes plus heureux que vous ne pensez. Quand vous ver-

(1) Cette phrase n'est pas claire, mais elle est copiée exactement.

(2) Sur ces affaires, qui furent bien douloureuses pour Peiresc, car elles lui prouvèrent toute l'ingratitude d'un neveu qu'il avait comblé de ses bienfaits, le baron (plus tard marquis) de Rians, voir (*passim*) la seconde moitié du tome IIIe des *Lettres aux frères Dupuy*.

rez M. de Bourdaloue, je vous prie de le salluer de ma part, et l'asseurer de la continuation de mes vœux à son service et à ses contentements, que je luy souhaicte les plus grands qu'il ne les sçauroit desirer. J'ay veu des pieces de Flud (1) qui m'ont faict priser sa curiosité en quelque chose ; mais il passe à des extremitez bien mal tolerables. Il ne fault que voir une epistre qu'en a escripte M. Gassend au bon P. Mercene, où vous verrez ce qu'il y a principalement à redire (2). Pour l'opinion de Copernicus, vous n'en sçauriez voir rien de plus exprez que ce qu'en escript le Galilée (3), et si vous n'avez veu cella, il ne fault pas trouver estrange que vous ayez tant de peine à vous laisser persuader : la solidité des lieux ne se peut plus soustenir, quoy qu'on die ; au contraire. Les Ephemerides d'Argolus (4) sont si faultives, qu'il ne se fault pas soucier beaucoup de l'edition de son second volume. Kepler en avoit faict imprimer des meilleures de toutes ; mais elles finissent en la presente année 1636. Il ne reste plus personne des siens qui les puisse continuer, comme promettoit Barthius, son gendre, parmy les guerres et desordres d'Allemagne. Restent celles d'Origanus, qui sont les moins incorrectes, de la derniere edition de Francfort, ou là auprez, in-4º ; mais elles sont de requeste à ceste heure (5), depuis que celles de Kepler expirent. J'attends encore la response de Rome des dernieres semonces que j'ay faictes au cardinal Barberin, et ne pense pas que la

(1) Robert Fludd, médecin anglais, né à Milgate (comté de Kent), en 1579, mourut à Londres le 8 septembre 1637.

(2) *Exercitatio in Fluddanam philosophiam* (Paris, 1630, in-12).

(3) *Dialogo sopra i duo sistemi del mondo, tolemaico e copernicano* (Florence, 1632, in-4º).

(4) André Argoli, né en 1570 à Tagliacozzo (ancien royaume de Naples), fut professeur de mathématiques en l'Université de Padoue (1632), et mourut en 1653. Ses *Éphémérides* parurent à Venise (1638, in-4º) et furent réimprimées à Padoue et à Lyon.

(5) C'est-à-dire très recherchées.

chose soit si desplorée (1) comme vous croyez. Il fault, en ce monde, se donner un peu plus de patience pour vivre sans desplaisir. Si vous nous eussiez faict voir vostre Campus, possible eussions trouvé moyen d'en faire employer l'usage du canon en noz petites guerres contre l'Espagnol en nos isles. Mais, pour la langue ethiopienne, vous auriez grand tort de l'avoir abandonnée : y ayant plus de subject que jamais de la faire valloir et de... [mot effacé par une tache d'encre] les errements, car le volume des revelations d'Enoch... est [même tache] tombé entre mes mains, et je l'ay originellement, et je l'ay... [mesme tache] receu ce jourd'huy de Marseille, au lendemain de la reception de vostre lettre où vous tesmoignez vostre desgoust si sensible : tellement que vous voillà engagé d'y vacquer pour vous acquitter de la parolle que vous m'avez donnée de le traduire. Nous avons gouverné icy, ces jours passez, le R. P. Leonard de La Tour, qui revenoit de Scio, où il a esté huict ans, aprez avoir esté autres quattre ailleurs par cette Grece. Je luy parlay de vous, comme je faicts à touts ceux que je vois, soit qu'ils aillent ou qu'ils viennent du Levant. Mais je n'ay ouvert la bouche à personne du monde autre qu'au cardinal B[arberin] de l'affaire que m'avez communiquée. N'en ayez aucun regret, et, si vous n'avez laissé perdre de noz lettres propres parmy les vostres, il me semble que vous m'avez accusé la reception de toutes celles des miennes où j'en pouvois toucher quelque mot, excepté le duplicata dernier, qui, possible, ne sera pas encore du tout perdu. Je plains bien la mort du S.' de Rosilles (2), et ne doubte pas qu'elle ne frappe un mauvais coup en toutes ces missions de Canada. Dieu fera naistre quelque autre, Dieu aydant (*sic*),

(1) *Déplorée* pour *désespérée*.
(2) Probablement le vice-amiral Isaac de Rasilly, commandeur de Malte et marin du plus haut mérite, qui avait conduit une mission de Capucins à Maranhao en 1612, et une autre au Maroc en 1624. Une communication

capable de suppléer son deffault. Et aprez vous avoir reconjuré de reprendre le train de votre grammaire arabe, et d'entreprendre la version de ce livre d'Enoch, demeurant, Monsieur mon R. P., vostre, etc.

DE PEIRESC.

A Aix, ce 4 novembre 1636.

très gracieuse de M. le marquis de Rasilly nous fournit sur ce personnage et les siens l'indication que voici :

« Les trois Rasilly qui firent partie de l'essai de colonisation à Maragnan étaient :

« 1° François de Rasilly II° du nom, chevalier de l'ordre du roi, seigneur de Rasilly, Oiseaumelle, Vaux-en-Cuon, etc., gentilhomme de la chambre du roi, maréchal des camps et armées de Sa Majesté, et son ambassadeur en Savoie, lieutenant général aux Indes occidentales et au Brésil.

« Il avait épousé Marie-Marguerite de Clermont, fille de Gabriel de Clermont, baron de Thoury en Sologne, capitaine de cinquante hommes d'armes des ordonnances, conseiller du roi en ses conseils d'état et privé, gentilhomme de la chambre de Henri III, et de Françoise de Noailles.

« 2° Isaac de Rasilly, chevalier de Malte en 1605, commandeur de l'Ile-Bouchard, premier capitaine de la marine de France, chef d'escadre des vaisseaux du roi, vice-amiral de ses armées navales, lieutenant général et vice-roi de la Nouvelle-France. Il est connu sous le nom du « commandeur de Rasilly. »

« 3° Claude de Rasilly II° du nom, chevalier, seigneur de Launay, puis de Rasilly, Oiseaumelle, Beaumont, Velort, Fontenay, etc., premier chef d'escadre des vaisseaux du roi en Bretagne et vice-amiral de ses armées navales, lieutenant général au gouvernement de Brouage et commandant des îles et forts d'Oléron, ambassadeur d'Angleterre en 1628. Il est connu sous le nom de « Launay-Rasilly. »

« Ils étaient tous trois fils de François de Rasilly Ier du nom, chevalier de l'ordre du roi, seigneur de Rasilly, Oiseaumelle, Vaux-en-Cuon, etc., gentilhomme de la maison du roi, maître d'hôtel et premier conseil de la reine Louise de Lorraine, gouverneur de Loudun, et de Catherine de Villiers de Lauberdière, de la maison de Villiers-de-l'Isle-Adam. »

Sur l'expédition d'Isaac de Rasilly et des capucins au Brésil, voir la collection d'imprimés contemporains conservée à la Bibliothèque nationale, Lk 12, n°s 876 à 882. Sur l'expédition du Maroc, voir *l'Histoire de la Mission des PP. Capucins de Touraine au royaume de Maroque en Afrique*, par le P. François d'Angers. Nyort, 1664, in-8°, dont nous avons donné une nouvelle édition (Rome, archives des Capucins, 1888, in-16).

LETTRE CXVI
Peiresc au P. Gilles de Loches
16 DÉCEMBRE 1636.
(Ibidem, folio 435, verso.)

Monsieur mon R. P., vostre despeche du 23 du passé, avec le beau mss. du *Pelerinage de la Mecque* et les morceaux de serpentine que vous y aviez joints arriverent en fort bon estat par le courier ordinaire de Lyon en ce païs, soubs bonne adresse de M. du Lieu, maistre des courriers du Roy, qui est de mes amys. Je suis infiniment ayse d'apprendre des bonnes nouvelles de vostre santé; mais j'eus grande compassion de voir que vous vous laissiez accabler d'affaires jusques à un point de si grand excez que vous ayez esté quinze jours sans vous coucher aux heures qu'il falloit dormir, et que vous ne laissiez pas de vous endosser la predication de l'advent et caresme. Et vous respons que je fus bien mortifié de me voir deceu de l'esperance que j'avois conceüe d'avoir de vostre main la version de ce livre d'Henoch. J'ay attendu que l'année de vostre fonction de gardien fust finie. J'avois mesme escript à l'Em^{me} cardinal Barberin que je n'attendois qu'une responce pour sçavoir l'estat de vostre santé et de voz affaires, pour vous faire à ces fins tenir mon livre. Mais il faudra se consoler en Dieu. Et cependant je feray exercer quelqu'un à l'escripture du caractère ethiopien pour tascher de le faire transcrire de diverse main, afin de pouvoir choisir la plus approchante, et que, s'il en fault envoyer en divers lieux, l'original ne coure point de fortune de se perdre, sauf d'y avoir recours en cas de besoing, quand on travaillera à la traduction. J'ay esté bien honteux de voir que vous me preveniez de tant d'honnesteté, et d'un si beau present que j'estime estre ce livre de la Mecque, sans que je vous aye peu rendre aucun service effectif, non certainement à faulte de bonne volonté, qui vous est toute desvouée, mais d'assez de bonheur et de credit, que je ne suis pas resolu d'espargner à l'advenir, non plus que par le passé ; mais les occupations de la cour romaine sont si difficiles à surmonter, que, sans y estre, il est malaisé de rien faire d'important. Il faut que l'occasion de ce livre d'Enoch fasse rompre la glace et resouldre vostre obedience particuliere pour aller traicter de l'autre plus ample expedition ethiopique de tous voz collegues (*sic*). J'en escripray fortement par le prochain ordinaire, Dieu aydant, et, s'il y avoit moyen que vous vinssiez faire icy deux ou trois moys de sesjour pour travailler à cette version, vous y trouveriez *benevolos receptores*, soit en vostre convent de ceste ville, ou en quelque maison des champs, pour y pouvoir travailler avec encore plus de quietude. Et ne vous manqueroit pas de livres et autres secours que nostre chetif pays vous pourroit fournir. Vous y auriez, par mesme moyen, des habitudes telles que vous voudriez avec Mʳ Gassend, pour voir proceder aux observations celestes et autres, dont la practique, en ces pays estrangers, peut estre si fructueuse, et que voz bons PP. Effrain et Agathange de Morlaix ont grandement admirées à leur passage en Levant, dont je viens de recevoir nouvelles de leur arrivée en bonne santé, et qu'ils sont bien resolus de nous envoyer de belles observations de partout. Je serois bien marry que vous eussiez diminué tant soit peu le plaisir de toute sorte de loisir au bon P. Pascal de Loches, en l'estude qu'il a voulu prendre sur voz livres arabes de musique et d'histoire, et aismerois bien mieux qu'il luy eusse pris l'envie d'en traduire quelque eschantillon en langue soit françoise ou latine, ou autre plus intelligible en chrestienté que l'arabe, et quand je les aurois, je les envoyerois de bon cœur pour toute sorte d'usage qu'il en pourroit prendre, voire pour sa disposition entiere à plus forte raison, puisqu'il s'en trouve saisy de si bonne main que la vostre. C'est pourquoy je vous supplie autant que je puis de les luy laisser, et ne vous en demeure pas moins redevable que si je les avois retirez et si je les avois receus, vous en remerciant, et du *Pelerinage de la Mecque*, de tout mon cœur. J'avois eu de grandes mortiffications du volume du Psaultier exaple en six ou sept langues, qui estoit tombé ez mains des corsaires ; mais je l'ay suyvy à la piste de tant de costés, que Dieu l'a faict trouver et recouvrer aprez avoir passé par plus de dix mains aprez sa capture. Enfin, il a esté mis à ranson et rachepté sur le champ. Je ne suis en peine que du hasard qu'il recourra une seconde fois sur la mer ; mais je confie en la priere des gens de bien, qui obtiendront de la Providence divine qu'il puisse estre sauvé et apporté jusques icy, esperant de l'avoir dans un moys ou deux, s'il plaist à Dieu, et que, si vous pouviez venir faire icy un peu de sesjour, il ne vous seroit pas inutile à la version d'Enoc. Je feray polir les fragments de serpentine pour voir comment elle reussiroit, et vous remercie de vos soings en cella, aussy bien que du Role, et encores plus de mes tres humbles saluts à M*r* de Bourdaloue, à qui je seray serviteur trez humble toute ma vie, et trez obligé à sa courtoisie et à la participation de ces curiositez, et particulierement des antiques trouvées à Vierson (*sic* pour *Vierzon*), vingt ans y a, d'un plein muy, dont il me fit avoir bonne part. Et voudrois bien m'en pouvoir estre revanché à souhaict et selon mes obligations. Reverrois volontiers la lettre de M*r* Sarrasin et contre... encore volontiers quelque chose de son goust si je le pouvois. Je viens de recevoir des lettres du R. P. de Rosgoff du 4 novembre, accompagnées d'une du R. P. Anastase de Nantes sur le subject des origines de la langue bas bretonne ; remplye d'une trez rare erudition. C'est à vous, Monsieur mon R. P., à qui primitivement je seray redevable de l'amitié de tant de grands hommes, qui me fera estre tousjours à plus juste titre, Mʳ mon R. P., vostre, etc. DE PEIRESC.

A Aix, ce 16 décembre 1636.

J'ay faict portraire la premiere page du livre d'Enoc, que je vous envoye avec supplication de nous envoyer la traduction à vostre commodité, avec quelques eschantillons de vostre grammaire, si faire se peult, estant bien marry d'adjouster ce surcroy aux importunitez qui troublent tout vostre repos. Mais puisque, ainsy comme ainsy, vous laissez au pillage et à l'interest du tiers et du quart tout vostre loisir, laissez nous en desrober à nostre tour ce peu qu'il faudra pour cella, n'y ayant, à possible, pas d'autre inconvenient que de faire remettre au lendemain ou à quelque sepmaine suyvante l'affaire de quelque autre, qui ne pressoit, possible, davantage que celle là, où la faveur de l'interest public peut concourir au mien.

LETTRE CXVII
Peiresc au P. Anastase de Nantes
27 DÉCEMBRE 1636
(Ibid., folio 437.)

Monsieur mon R. P., vous m'avez comblé tout d'un coup de tant d'honneur et d'advantage, et consequemment de joye, de la part qu'il vous plaist me faire en voz bonnes graces, que je ne vous en sçaurois exprimer assez dignement à mon gré les sentiments que j'en ay et que j'en auray tout le temps de ma vie, non plus que les remerciments trez humbles que je vous en doibs et que je vous en rends, cependant, les plus affectueux que je puis, attendant les occasions et les moyens de vous rendre un jour des preuves de ma gratitude et de ma recongnoissance telles que la foiblesse de mes forces et de mon credit vous en pourront produire tost ou tard : dont je vous supplie et conjure de vouloir faire estat et disposer absolument en toute liberté. J'ay prins un indicible plaisir à voir la singularité et excellence de vos remarques en l'etimologie fixée si à souhaict de la langue bas bretonne pour ces vieux mots dont les Romains avoient retenu l'usage, et pense qu'il y en ayt plusieurs qui ne sçauroient souffrir de contredict vallable, ains qui meritent toute la louange qui peut escheoir aux inventions humaines les plus plausibles. Comme cest Urbain, ce Quirites, Titan, Vestan et autres, qui quadrent si apparemment à la nature des choses qu'on a voulu designer par leurs propres noms. Et ay tousjours esté d'advis de recevoir toutes celles de ceste qualité, quand le Camdenus (1), l'Isaacius Pontanus (2), le Cluverius (3), le Goropius (4), l'Hadrianus Scrickius (5) et autres, qui y ont voulu employer les raci-

---

(1) Guillaume Camden, un des meilleurs archéologues et historiens de l'Angleterre, naquit à Londres en 1551, et mourut le 9 novembre 1623, ayant mérité l'honneur d'être enterré en l'abbaye de Westminster, à côté d'un autre admirable travailleur, Isaac Casaubon. Camden fut un des correspondants de Peiresc : on a imprimé une vingtaine de lettres de ce dernier, dans le recueil intitulé : *Guill. Camdeni et ad Camdenum epistolæ* (Londres, 1691, in-4º).

(2) Jean-Isaac Pontanus, né le 21 janvier 1571 à Elseneur, dans l'île de Seeland, mourut le 6 octobre 1639. Il était historiographe du roi de Danemarck. Voir la liste de ses travaux dans les tomes XIX et XLI des *Mémoires* du P. Niceron.

(3) Philippe Cluvier, né à Dantzick en 1580, mourut prématurément en 1623. Il fut à la fois docte géographe et docte philologue. On raconte qu'il parlait dix langues avec facilité.

(4) Van Gorp, plus connu sous le nom de Jean Becan, et encore plus sous le nom de Goropius Becanus, naquit en Brabant (1518), et mourut en 1572. Il s'est rendu célèbre par ses fantastiques étymologies et par la bizarre thèse qu'il soutint avec tant d'intrépidité au sujet de la langue parlée dans le Paradis terrestre, laquelle, selon lui, n'était autre que la langue flamande.

(5) Par ce nom, que nous reproduisons exactement d'après l'orthographe de la minute, nous estimons que Peiresc entend désigner Corneille Scryver, que l'on appelait aussi Scribonius et Grapheus, né à Alost en 1482, mort à Anvers en 1558, poète latin, musicien, archéologue et philologue de grand renom.

nes de leurs langues wallonne et belgique, se sont contentez d'y chercher l'étymologie des parolles qui y pourroient avoir prins leur vraye origine, mais soubs leur correction; quand ils y ont voulu indifferemment prendre toutes choses et en toutes langues, ils n'ont pas trouvé l'approbation commune, et se sont eulx mesmes soustraict la meilleure partie. Car, pour moy, je seray tousiours d'advis de leur sçavoir bon gré des bonnes ouvertures qu'ils nous en ont faict, et de leur en rendre toute sorte de tesmoignages, sans considerer les autres moins recevables, ou les refuter, quelque incompatibilité qu'il y puisse avoir en la reduction et division de toute sorte de paroles en monosyllabes, au moyen de quoy le bon Scrickius nous a rendu tout le pur texte d'un pseaume en langue hebraïque, dans une version wallonne ou flamande qui ne signiffioit quasi autre chose que le pur hebreu. J'ay autrefois eu la curiosité de faire le voyage d'Angleterre quasi exprez pour y en aller apprendre quelque chose, et d'y gouverner pour cet effect non seulement le bon vieillard Guill. Camdenus, mais un doctor Tatus, son intime amy, qui avoit faict une estude toute particuliere en sa langue maternelle de la principauté de Walles, dont il estoit natif, et dont les peuples n'avoient jamais esté subjuguez ny par les Romains, ny par les Anglois, ou Saxons, ou Normands, jusques au temps de nos peres, que leur Roy Henri VII s'est rendu le maistre. Ce qui avoit bien aydé à leur faire conserver leur primitifve langue bretonne, ou galloise, ou gauloise, moins alterée de la meslange des autres des peuples vainqueurs qui s'estoient emparez des Gaules et de l'Angleterre mesme. Ce fut là que ces Messieurs me deschiffrerent les noms de noz villes d'Arles et de Tollon, en la maniere que ledict Camdenus les a inserez dans sa Topographie de la grande Bretagne, où ils rencontrerent si heureusement la situation marescageuse d'Arles, et si prosperement le nom que les Grecs avoient donné au promontoire de Cytharistes, prez de Tollon, en traduisant le nom Gaulois primitif de pareille signification. Mais il n'en rend pas la raison, que j'allay despuis veriffier sur les lieux, ayant trouvé qu'en veue de ce promontoire, aujourd'huy nommé par les mariniers le cap de Sisciers (1), il y a un autre cap moins advancé dans la mer, dont la cime, ayant esté abbattue par quelque tremblement de terre et retenue quasi en l'air sur l'appuy d'un autre pignonc de roc joignant, faict la monstre de loing d'un object qui ressemble en quelque façon une lyre, ou guitarre ancienne, aussy bien qu'un aigle aux aisles ployées (omme les rives ressemblent ou approchent souvent des figures capables de leur donner divers noms soit d'animaux ou d'autres corps plus solides qu'elles ne peuvent avoir); ce qui a occasionné les mariniers des siecles posterieurs de nommer, comme ils font, ce cap vulgairement le cap de l'Aigle. Mais cela n'a pas empesché que le territoire des environs d'icelluy, et un village qu'il y a assez prez n'ayt retenu le nom vulgaire de Cereste (2), et en latin des derniers siecles Cesarista, dont le port joignant a enfin esté habité sous le nom de La Ciotat (3). Ce qui a si grand rapport à l'ancien nom grec Citharistes, que la dependance en est indubitable, aussy bien que celle du mot plus ancien de Tollon, ou Tolen (car les voyelles estoient quasi indifferentes en ces siecles là, dans cez langues celtiques, de mesme qu'en l'hebraïque, en l'arabique et autres orientales), sans que l'esloignement de la ville de Tollon, tant du cap de Sisciers que du cap de l'Aigle, puisse nuire à ceste conjecture, attendu

(1) C'est maintenant le cap *Sicier*.

(2) Céreste est une commune des Basses-Alpes, canton de Reillanne, arrondissement de Forcalquier, à 24 kilomètres de cette ville; il ne paraît pas que ce soit le lieu dont Peiresc parle ici, c'est plutôt le village de Céreste, au nord-est et à peu de distance de La Ciotat.

(3) Chef-lieu de canton des Bouches-du-Rhône, arrondissement de Marseille, à 35 kilomètres de cette ville.

que, du cap de Sisciers, où je suis autresfois monté exprez, l'on voit le grand port de Tollon, qui est derriere ledict cap, et va laver quasi les racines de ceste montagne, quoy que la ville ne soit qu'au fond de ce grand port, et consequemment esloignée de plus d'une grande lieue. Et, du mesme cap, l'on voict, au costé du ponant, le cap de l'Aigle beaucoup plus enfoncé dans la terre ferme, ou moins advancé dans la mer Mediterranée, dans laquelle rien n'abouttit plus loin de la terre ferme de toutes noz Gaules que le cap de Sisciers, qui n'a rien de remarquable de loing, ni autre figure que d'une simple pointe de pyramide d'un angle plus tost obtus qu'aigu. C'est pourquoy le voysinage d'un autre cap, quoy que moins advancé dans la mer, luy a facilement servy pour en emprunter le nom, à cause d'une figure si particuliere, si extraordinairement remarquable que celle d'une guittare, qui sembloit y avoir esté mise dessus d'une main plus qu'humaine, et qui estoit si recongnoissable, si immuable et si peu subjecte à equivoque ou supposition d'aulcun autre cap que celluy-là, comme il s'en rencontre d'autres sur les costes marines, capables de faire faillir souvent les mariniers en y abordant à faulte de marques bien propres et qui ne puissent quadrer à d'autres bien esloignez. Or, qui voudroit diviser ces mots de Sisciers, de Cereste, ou Cerreste, et de La Ciottat en divers monosyllabes de la langue wallone ou bas bretonne, ou bien les plus anciens Cesarista et Cytharistes, au lieu de suyvre la source et occasion du nom, s'en esloigneroit sans doubte plus tost que de s'en approcher, s'il se pensoit astreindre à la moderne signification bas bretonne de tels monosyllabes, et y rencontreroit des choses bien differentes de la primitive intention de ceux qui peuvent avoir faict l'imposition de ses anciens noms, ou de ceux qui, successivement, peu à peu, en ont corrompu et alteré insensiblement la prononciation. De façon que j'estime qu'il y fault aller avec grande circonspection et retenue pour distinguer les matrices langues, qui ne doibvent pas estre facilement confondues les unes dans les autres, et pour laisser à chacun ce qui luy doibt appartenir privativement aux autres, si l'on ne veult tomber en de grandes improprietez et inconvenients. Je ne voudrois pas estre si scrupuleux, aussi, comme l'a affecté le Cluverius, qui, à la moindre difference de prononciation ou d'orthographe, a voulu induire de tres grandes differences des peuples et des langages, qui, neantmoins, soubz divers dialectes, pouvoient estre comprins en la dependance d'une mesme nation et d'une mesme langue matrice. Et loueray tousjours d'avantage tous ceux qui se tiendront dans l'entre deux de l'une et l'autre de ces extremitez (1), et qui se contenteront d'admettre ce qui sera apparemment bien admissible, sans se charger de toutes choses indifferentes, comme le Goropius, le Scrickius et autres l'ont voulu faire un peu trop confidemment à mon gré, ce qui ne leur a pas reussy bien à souhaict, ce me semble. Et pense que surtout il faut considerer les consonnantes plus tost que les voyelles, et le changé plus naturel des unes aux autres, comme quand on a dict et escript Walles, ou Wallons, pour Galles et Gallons, ou Gaules et Gaulois, ou Galates et Celtes. Et souffrirois encore patiemment (quoy que je n'en aye pas d'exemple bien formel) que l'Haspiration [sic] de la premiere syllabe du mot Helvetia peusse avoir esté subrogée au Gamma ou au Kappa, ou au Vau, ou au double W germanique, et autres equivallents, pour reprendre la concordance avec vostre etymologie d'Helvetia. Mais, pour celle de vostre Alpen, j'aurois de la peine, bien que je vous advoue fort ingenuement que la derniere syllabe puisse

(1) *In medio stat veritas.*

veritablement dependre de la qualité et haulteur des sommitez de ces montagnes, voire beaucoup mieux au mot d'Apenninus, dont la duplication de la lettre N N aprez la seconde syllabe est si naturelle et propre à vostre langue bas bretonne. Car le seul A de la premiere syllabe d'Apenninus, et nostre AL de celle d'Alpen peult quadrer à trop d'autres choses qu'au nom de Gallia, puisque les Alpes bornent l'Italie non seulement du costé des Gaules, mais aussy du costé des Allemagnes, et que l'Apennin traverse non seulement l'ancienne Gaule cisalpine, mais penetre, jusques au fond de la Calabre, toute la Magna Grecia d'Italie. Et si le tesmoignage du viel scholiastre de Juvenal peut estre de mise, quand il rend l'etymologie du mot d'Allobroges, s'il l'en fault croire lorsqu'il veult que Broq des Gaulois soit Ayre, il ne le faudroit pas moins croire quand il veut que Alla des Gaulois soit Alius, veu mesmes que Camdenus atteste que Bro, en son breton, signifie *Regio*, et Alla *extra*, ce dict-il : ce qui monstre une bien longue continuation de cest usage. Or, quand les anciens ont prins la peine de nous interpreter quelque parolle des langues qui ne leur estoient pas familieres, et qu'ils en attestent l'usaige de leur temps entre ceux qui parloient telles langues, je faits grand scrupule de les en desdire et de leur opposer un usage posterieur de plus d'un millier d'années. Vous me pardonnerez, s'il vous plaist, Monsieur mon R. P., si je vous en parle avec ceste mesme liberté gauloise, me soubmettant neantmoins de bon cœur à voz sentiments, et cela en toute autre chose, quand, aprez m'avoir ouy, vous persisterez en vos premiers advis. Mais les ames plus genereuses, comme la vostre, sont celles qui se tournent le plus tost aux vrayes raisons du plus loing qu'elles les appercoivent. En effet, si l'on veult presupposer que les Alpes ayent autres fois bordé les Celtes Gaullois et Germaniques dans l'Italie, les Alpes, tant du Piedmont que des Grisons, pouvoient avoir esté censées comme extérieures à tout le païs qui leur demeureroit derriere dans les Gaules et dans l'Allemagne, et l'Apennin avoit esté un diminutif des autres plus haultes montagnes, et avoit encores à son tour servy de bornes aux premieres conquestes de la Gaule Cisalpine Insubrique. J'ay pourtant eu grande peine de me persuader que ces peuples aborigenes qui avaient habité l'Italie au delà des histoires de ceux qui les en ont depossedez, fussent aultres que les Celtes, dans quelque dialecte seulement qui en fisse la difference. Voire, je me doubte fort que les Etrusques n'en feussent gueres differents, quelque mesintelligence ou usurpation qu'il y puisse avoir eu des uns sur les autres. Et pense que si vous vous pouviez donner le temps d'examiner un peu exactement, sur voz notices de la langue bas bretonne, ces inscriptions etrusques trouvées en la ville d'Eugubium, de l'Umbria, depuis prez de 200 ans, et qui y sont publiquement conservées (il en a esté inséré l'une dans le *Recueil des Inscriptions* de Grutherus (1) en charactere estrange, pag. CXLII, qu'un bon homme a voulu reduire aux regles de la langue hebraïque, sur lesquelles à peu prez il y a formé je ne sçay quel sens, non du tout descousu. Mais j'estime que vostre langue bas bretonne y penetreroit bien plus avant. Il en a esté imprimé une autre au mesme lieu en caractere latin, où vous trouverez, possible, d'avantage d'accez pour la deschiffrer), et si vous y pouviez mordre, j'envoyerois transcripre sur les lieux toutes les autres qui sont en l'hostel de ville, jusques à huit pieces, et trouverois bien de l'exercice à vous donner en ceste matiere, ayant quantité de medailles antiques des Etrusques, avec diverses ins-

---

(1) Jean Gruter, né à Anvers le 3 décembre 1560, mort le 20 septembre 1627, s'est immortalisé par son *Corpus inscriptionum* (Heidelberg, 1601, in-f°), dont Grevius donna une édition fort augmentée en 1707. (4 vol. in-f°).

criptions, mesme pareillement etrusques, dont je vous feray portraire les dessins si vous voulez.

Mais il fault aller avec un peu de retenue, sans se vouloir obliger precisement à deschiffrer le tout; n'estant pas inconvenient qu'il en puisse demeurer quelque chosette incogneue, la grande longueur du temps ayant fait tant d'alteration en toute lettre de langage, qu'ils se rendent quasi mescoignoissables. Tesmoing cette inscription latine de L. SCIPIO BARBATE, que je fis imprimer autre fois à Paris avec un si beau commentaire du R. P. Sirmond (1),

HONC OINO PLOIROME COSENTIONT R.....
DVONORO OPTVMO FVISSE VIRO
L. SCIPION E FILIOS BARRATI
COSOL CENSOR AIDILES HEIC FVET
HEIC CEPIT CORSICA ALEMRIQ. VRBE
DEDE TEMPESTATEBVS EDE MERETO.

HVNC VNVM PLVRIMI CONSENTIVNT Romae
BONORVM OPTIMVM FVISSE VIRVM
L. SCIPIONEM FILIVS BARBATI
CONSVL CENSOR ÆDILIS HIC FVIT
HIC CEPIT CORSICAM ALERIAMQVE VRBEM
DEDIT TEMPESTATIBVS ÆDEM MERITO.

où toutes les incongnitez (2) sont essentielles et necessaires pour faire subsister la piece dans la vraye maniere du temps. Je vous dicts cela pour vous faire passer un

---

(1) Jacques Sirmond naquit à Riom en 1591, et mourut à Paris le 12 janvier 1643. Voir la liste des œuvres si nombreuses de ce grand travailleur dans le tome III de la *Bibliothèque des écrivains de la Compagnie de Jésus*, où il est appelé (p. 801) « un des plus savants hommes dont s'honore la Compagnie. »

(2) Ce synonyme de choses inconnues ne se trouve dans aucun de nos vieux dictionnaires.

peu plus legerement sur ceste besoigne, et vous empescher de vous promettre le tout trop facilement, et de reduire toutes les parolles et toutes les syllabes de chacune parolle dans la necessité de vous en laisser penetrer l'intelligence entiere ; ou il faudroit avoir le genie de ces deschiffreurs de chiffres decuples en langues mesmes barbares et incogneües, dont feu M. de Villeroy (1) avoit eu un si brave, et à qui rien ne pouvoit eschapper. Surtout je souhaicterais que vous eussiez voulu prendre la peine d'examiner l'etymologie des noms propres des lieux de vostre coste marine de Bretagne, et d'en conferer la vraye scituation naturelle avec la rencontre et l'etymologie de son nom. Les seuls noms propres des lieux et des personnes feroient, je m'asseure, un juste volume, des plus curieux qui en ayent esté mis au jour de long temps, avec leur etymologie, et qui seroit grandement bien receu. Et par succession de temps vous y pourriez joindre un semblable vocabulaire des autres noms propres des villes et autres lieux celebres des Gaules, dont l'etymologie pourroit estre convenable à la nature des choses. Et non seulement des Gaules, mais de l'Italie, où les vestiges des noms latins ne paroistroient visiblement : comme qui chercheroit dans l'etymologie du nom de Frejus autre chose que *Forum Julii*, se discrediteroit, quelque rencontre qu'il peusse trouver, en chemin faisant, sur les syllabes du mot vulgaire plus modernement en usage ; et qui chercheroit dans nostre nom d'Aix autre chose que le latin *Aquis* perdroit sa peine. Ce que vous me dictes des paroles affectées, quoy que barbares, dans le Caton *De Re Rustica*, pour remettre la luxation des

---

(1) Nicolas de Neufville, seigneur de Villeroi, né en 1542, succéda en 1567, dans la charge de secrétaire d'État, à son beau père Claude de l'Aubépine, et mourut à Rouen le 12 novembre 1617. Savait-on que cet homme d'État eût été un aussi habile devineur des secrets cachés dans les chiffres ?

membres rompuz, peu à peu, bout contre bout, me semble si heureusement rencontré, que je ne pense pas qu'on vous puisse presenter du vieil etrusque si saulvage que vous ne le deschiffriez, vous suppliant de ne vous y point vouloir espargner, et de conceder au public et à vos amis et serviteurs ce que personne du monde ne leur sçauroit donner comme vous pour ce regard. Je voudrois bien avoir peu me rendre instrument, quoy que trop importun en vostre endroict, pour vous faire enfanter un si digne part, comme je l'ay esté au S.r Samuel Petit pour donner l'interpretation du texte punique inseré dans le Plaute, qui avoit esté ignoré tant de siecles : où la routtine qu'il a des langues orientales luy a ouvert le chemin (en escripvant en hebreu les syllabes qui y estoient registrées en characteres latins) à deschiffrer les demandes et responces respectivement des acteurs de la comedie, en sorte qu'elles ont leur rapport et correspondance bien convenable, quoy qu'il y soit demeuré quelque chosette en arriere pour ceux qui y pourront regarder de plus prez ou avec un plus grand fonds des langues, et, possible, pour luy mesme, à mesure qu'il en acquiert plus de cognoissance. Cependant, cet essay a esté bien receu par toute l'Europe, car avant luy personne n'avoit sceu y mordre et trouver la moindre construction du monde. Et ne nous renvoyez point, je vous prie, au bon P. Cesarée, quoy que, possible, plus versé en sa langue bas bretoune ; car il n'a pas son genie à cela comme vous, et ne s'en pourroit, je m'asseure, donner la patience, que vous ne sçaurez espargner, du naturel que je vous voys, ce me semble, puisque vous advouez si ingenuement et de si bonne grace que nous sommes nez pour nous et pour les autres.

Quant à vos autres observations, celestes et topographiques, je seray bien facilement d'accord avec vous que, malaisement, toutes les observations faictes par

Tychon et Copernicus soient si justes qu'elles n'ayent de besoing de secours et de benigne interpretation bien souvent. Et si j'accordais à Lansbergius (1) d'avoir peu surprendre le bon Tychon en quelque besveüe, je vous accorderois bien plus facilement, à vous, M' mon R. P., que Lansbergius a luy mesme failly quasi plus lourdement aux choses mesmes où il a pensé de... le plus, ainsy qu'il y a esté surprins de la part du sieur Joseph Gaultier, seigneur de la Valette (2), au lieu où il croyoit d'avoir trouvé la febve au gasteau (3), et suppléé dans le Ptolomée la demonstration des vrayes dimensions des corps solaire, lunaire et terrestre, que ledict sieur de la Valette a demonstré enfin de tous poincts et suppléé à ce qui defailloit à Lansbergius, aussi bien que ce que ledict Lansbergius pensoit avoir suppléé au Ptolomée et aux autres. Et ne me voudrois pas tant fier audict Lansbergius comme à Tychon, d'aultant qu'il a beaucoup moins observé que luy, et à trop defferé à la pretendue justesse de son calcul. Je vous accorde encores que les astronomes du temps, principalement et surtout Lansbergius, ne biaisent que trop souvent de 3 et 4 minutes, et possible de plus, pour venir à leur point ; mais c'est aussy ce que j'y trouve le plus à dire, et qui a le plus de besoing de re-

---

(1) Philippe Lansberg, mathématicien et astronome, naquit en 1561 dans la Zélande ; il mourut en novembre 1632.

(2) Ce savant ecclésiastique, né à Rians le 24 novembre 1564, mort à Aix le 7 septembre 1647, fut un des vicaires généraux de trois archevêques d'Aix. Voir le fascicule IV des *Correspondants de Peiresc* (Aix, 1881). J. Gaultier ne mourut ni le 5 décembre, comme l'a cru Bougerel, p. 804, ni le premier de ce mois, comme on peut le lire dans le *Dictionnaire* d'Achard, mais bien le 5 septembre, ainsi que Gassendi nous l'apprend dans sa lettre à Wendelin du 1er novembre. Voir la récente brochure de M. de Berluc-Perussis sur Wendelin en Provence (Digne, 1890, in-8° p. 31.)

(3) Expression que l'on aimait beaucoup au bon vieux temps. Montaigne a dit : « Vantez-vous d'avoir trouvé la fève au gâteau, à voir tout le tintamarre de tant de cervelles philosophiques. »

formation, qui ne peult venir que de reformations (*sic*) reiterées et continuées. Ne vous pouvant dissimuler que ce m'a esté une grande mortiffication de voir dans vostre lettre la protestation que vous me faictes de n'avoir jamais rien (*sic*) entreprins de rien observer dans le ciel, mesmes directement, par aulcuns instruments grands ou petits, et que vous aimez mieux croire les mathematiciens en ce qu'ils disent de la longitude, latitude, grandeur des estoilles, et autres notices necessaires, que de vous amuser à rien examiner de la verité de leurs suppositions ou de l'incompatibilité d'icelles avec ce que la nature nous exhibe journellement et regulierement, quelque irregularité qui y puisse paroistre de temps à autre. Il y a certainement tant de peine et de subjection à telles observations directes dans le ciel, pour les rendre bien exactement justes, que, s'il y a moyen d'y parvenir par autre voye si facile que celle que vous proposez, ce seroit un merveilleux secours aux siecles advenir, et une grande gloire à vous de l'avoir descouvert le premier. Et vous asseure que vous nous avez bien mis en resverie à deviner de quelle qualité peuvent estre ces effects qui vous donnent si precisement les mouvements de toutes choses. Vous avez touché un mot d'un quadran bien juste, et, s'il n'estoit question que de ce qu'on peult tirer des rayons du soleil, on se pourroit bien figurer quelque chose approchante d'une parcelle de ce que vous en escripvez. Et si vous vous restreignez au soleil et en la lune, encores se pourroit il imaginer que les mouvements des marées peussent fournir quelques petites notices, au cas qu'on les peusse observer assez exactement pour cela. Mais quand vous nous alleguez le temps trop nubileux en vos cartiers pour y prendre du ciel les phenomenes requis et necessaires, et que vous nous parlez d'avoir observé, tandis que vous escripviez ma lettre, dans une heure, le vray lieu et situation ponctuelle des autres planetes, excepté Mars et la lune, dont Mars ne vous a pas eschappé en finissant, vous nous faictes, comme on dict en Italie, *strasecolare*, et nous mettez en si grande peine et confusion, que je ne sçaurois rien comprendre de tout ce que vous dictes m'avoir insensiblement descouvert, sans y penser, de vostre invention, où je vous advoüe que je ne vois goutte quelconque, et ne puis comprendre à quoy se peuvent reduire les observations que vous dictes avoir faictes plus de dix mille foys, et les effects que vous rendez recongnoissables en leur difference relative à tous ces divers (*sic*) planettes et en la diversité des lieux de Nantes, de Rennes et du Mans, jusques à tel point d'exactesse qu'ils vous puissent donner des differences de dix minutes de lieu à autre, et de cinq et six minutes de temps à autre dans un mesme lieu. Tout cela m'estant un enigme le plus obscur qui me tomba jamais en main, et où je ne pense pas qu'Œdipe mesme, s'il revenoit au monde, peusse trouver aulcun esclaircissement, si vous ne nous faictes la charité entiere de nous faire voir quelque eschantillon de voz tablettes, s'il est loisible d'aspirer à ce bonheur. Il y a bien des personnes qui, par le mouvement de leur artere, en se tastant le poulx, mesurent de bien petits espaces de temps ; mais la diversité des personnes et des habitudes en rend l'espreuve bien differente d'une personne à autre. D'autres mesurent en continuant la suitte d'une numeration prononcée ; mais difficilement se peut-il faire aussy viste par les uns que par les autres. Le feu sieur Ferier, ingenieur du Roy (1), avoit basti une sorte d'horloge à corde et contrepoids qui marquoit les minutes par les coches d'une vis sans fin,

(1) Le *Moréri* vante beaucoup un habile mécanicien qui portait à peu près le même nom *(Ferrier)* et qu'il appelle « célèbre ouvrier en instruments de mathématiques ; » mais on ne peut identifier ce collaborateur de Descartes avec l'*ingénieur du Roy* dont parle ici Peiresc, puisque ledit ingénieur était déjà mort en 1636, tandis que son quasi-homonyme vivait encore en 1640.

assez bien en apparence et mechaniquement ; mais la diversité du temps, plus ou moins humide ou plus ou moins sec, en changeoit la proportion evidemment, comme de toutes les autres horloges grandes ou petites, tant à contre-poids qu'à ressort ; voire celles de sable et d'eau n'en peuvent pas estre plus uniformes et plus exactes. Les horloges, mesmes par les ombres des rayons solaires, ne sont pas exemptes des fallaces des autres, et sont subjectes à de grands inconvenients et erreurs difficiles à remedier. C'est pourquoy je ne puis rien voir qui soit humainement capable de nous fournir de regle sur quoy nous puissions prendre de bien solide confiance, pour le mesurage du temps qui peut escheoir à quel que ce soit des mouvements celestes tout seul, et encores moins pour les comprendre et discerner..... touts ensemblement, si ce n'est par un simple calcul de trop faible garentie, puisque c'est sur des fondements incertains et des suppositions où il s'est tousjours trouvé à redire et à corriger et suppléer de temps à autre. Car, si vous avez voulu prendre les tables jà faictes pour y fonder voz regles, comment pouvez vous corriger les tables mesmes par les suppositions que vous y avez empruntées, puisque vous les soutenez faultives, comme de faict elles le sont bien asseurement en plusieurs choses, principalement en ce qui est des mouvements du Mercure, où les observations reelles du Sr Pierre Gassend, prevost de l'eglise cathedrale et theologal de Digne, ont trouvé des erreurs et anticipations ou retardements de plusieurs heures entieres, non que des minutes ? Dans les mouvements mesmes du soleil, feu M. Guillaume Schikard (1), par des longues et trez exactes observations, y avoit trouvé des moyens excellentz pour en mieux regler à l'advenir les mouvements que par le passé ; mais

---

(1) Nous avons vu que ce savant astronome de Tubingue était mort le 24 octobre 1635.

la mort a prevenu tous les fruicts que le public s'en promettoit, et qu'il fauldra tirer comme l'on pourra d'un sien frere dressé de sa main à ces nobles estudes. Jupiter se trouve accompagné de quatre autres satellites, ou planettes, nouvellement descouvertz par le Galilée, en l'an 1610 seulement, qui roullent incessamment à l'entour de son corps quasi comme à l'entour d'un centre, et sont de differentes couleurs et grandeurs comme de différent esloignement de son dict corps, où ils se joignent assez souvent, et debvroient bien alterer les influences ordinaires joviales, si elles sont cappables de produire aulcuns effects sensibles. Saturne, qui va si lentement, que difficilement l'aage d'un seul homme peut suffire à le voir deux ou trois foys en mesme degré du zodiaque, paroit avec des ances percées d'une si estrange façon, d'aulcunes foys, plus et moins apparentes en d'autres temps, qu'il ne se sçauroit rien concevoir d'approchant à cela, et ne sçauroit produire des effectz si pareils qu'on les puisse juger recognoissables 30 ans aprez, s'ils le doibvent restablir en un lieu certain du zodiaque plus tost qu'en un autre, quoy que, si l'on considere sa relation ou [sic] autres planetes, et sa latitude aussy bien que sa longitude, il ne revient jamais, non plus que les autres, en un temps et saison ou en un lieu du ciel semblable à aulcun des precedents, pour en tirer la consequence de quelque pareil effect. Auquel cas je demeurerois facilement d'accord avec vous que la voye plus asseurée seroit de monter à la cause par les effects, plus tost que de descendre à l'effect par les causes, la plus saine philosophie passant par là. Mais vostre bonté me permettra bien, s'il luy plaist, de luy protester que ma petite suffisance ne se peut pas estendre jusque là de comprendre la possibilité de discerner et recognoistre la difference de ces effects procedantz plus tost de l'un que d'un autre planete, plus tost d'un lieu du ciel que d'un autre, pour pouvoir si precisement determiner, sur 21600 minutes de la commune division du zodiaque, que ce soit plus tost de l'une que d'aulcune des autres, et que ceste division ayt esté plus convenable au progrez ou mouvement d'icelles que celle qui se commence à introduire maintenant pour la division de chascun degré en 100 minutes, chascune minute en 100 secondes, et chascune seconde en 100 tierces. Ne voyant pas de caractere avec quoy je puisse imprimer tels effects pour en faire distinguer les diverses causes et qualités, principalement à huys clos, comme l'on dict, et quand les planettes se rencontrent soubz nostre hemisphere. Il ne s'est pas rencontré qu'on aye faict céans des observations celestes du mesme jour et de la mesme heure à peu prez de la date de vostre lettre du 20 octobre, où vous aviez oublié l'heure aussy; mais, par les observations faictes quelques jours auparavant et aprez, il a bien apparu fort evidemment que les planettes se sont trouvez notablement esloignées de la place que vous leur assignez le mesme jour par vostre calcul. Et d'aultant que vous avez particulierement remarqué, pour celle seulement de Jupiter, qu'elle s'estoit rencontrée si juste, lors de vostre epoque, tant dans les tables que dans vostre calcul et dans voz observations, j'ay voulu faire examiner toutes les observations reelles qui s'en estoient faictes céans peu de jours devant et aprez vostre epoque; et, par le resultat de cet examen, il s'est trouvé plus advancé que les tables ne le supposent de 9 minutes en longitude, et plus reculé de 5 minutes en latitude que ne le mettent lesdictes tables. Et je me doubte bien que difficilement y peut il avoir de l'erreur où de l'equivoque, puis que, devant et aprez, le progrez continué quelque temps se trouve fort uniforme et proportionné, en sorte que ce qui s'est passé entre deux ne sçauroit avoir esté compatible à la regularité et justesse que vous y avez trouvé en ce point là. Or, ces observations qui se font dans le ciel mesme, qui est le vray libvre de la nature, ont un grand advantage sur toute autre sorte d'operation. Et s'en faict d'aulcunes qui sont si indubitables, qu'il n'y a pas de moyen de rien admettre au contraire. Par exemple, quand M⁰ Gassend a observé Mercure dans le globe du soleil, où il faisoit une ecclipse d'une petitesse inimaginable, avec le progrez de son juste cours, quoy que puissent dire les tables au contraire, il fault qu'elles ceddent toutes, et y fault chercher de nouveaux fondementz qui n'ayent rien d'incompatible à ceste observation et à plus de mille autres du mesme planete, qui n'ont quasi rapport quelconque à ce qu'il y en a dans les tables. De mesme, quand on a mesuré Vénus avec le soleil et la lune ensemble (car on la trouve à ceste heure, de jour, quasi quand on veult), que l'on a marqué des conjonctions de planetes avec des estoilles fixes, et autres choses pareilles, il n'y a pas de moyen d'en eschapper, et fault de necessité que les tables ceddent absolument à ce qui se void si apparemment dans le ciel, sauf les reserves qui y peuvent escheoir, soit des refractions ou des autres inconvenients ordinaires ou extraordinaires. C'est là ce que nous y cherchons, et voudrois bien que vous eussiez peu faire le voyage que vous aviez promis en ce païs à M⁰ nostre Archevesque (1), principalement ceste année, que nous n'avons eu qu'un predicateur cordelier de douzaine, où nous avions grand besoing d'un personnage de vostre sorte, ayant maintenant M. Gassend, qui est des plus experimentez et plus exactz en ceste nature d'estudes et d'observations. Nous vous y aurions peu faire voir avec quelle commodité et facilité l'on tasche de remedier aux plus grosses difficultez qu'il y peult avoir en telles observations, et le plaisir qu'il y a de voir les rares notices et consequences qui s'en tirent. Nous y avons

---

(1) L'archevêque d'Aix était alors Louis de Bretel, lequel siégea de 1630 à 1645.

parfois tenu de vos Peres allant au Levant 4 et 5 jours et aultant de nuitz, qui ne s'en pouvoient rassasier, et si nous avions le bien de vous y tenir, vous y seriez encores plus facilement acharné qu'eux, sçaichant, comme vous faictes, l'importance du fruict qui s'en peult tirer pour le public, et goustant la consolation particuliere qui en est inseparable. Vous y pourriez, sans doubte, appliquer vostre maniere d'observer, et la faire valoir au centuple, sur des fondements plus certains que tout ce qu'on en avoit prins jusqu'à present, et n'auriez plus besoing d'aiguillon pour vous y animer. Voyez, je vous supplie, s'il n'y aurait plus de moyen de renouer ceste partie ; car je feray agir tous les ressorts humains à mon possible, et sera bien difficile si je n'en viens pas à bout dez que vous m'aurez lasché la parolle de vostre adveu, sans laquelle je n'oserois rien entreprendre.

Cependant, ne perdez point de temps, je vous supplie, pour les observations bas bretonnes, de peur que, si vous veniez de par deçà trop tost, vostre absence ne fist perdre l'advantage que le public peut retirer de vostre charitable labeur en cela. Et me pardonnez, je vous supplie, tant d'importune prolixité et d'indiscrete liberté, me commandant, s'il vous plaist, en revanche, comme, Monsieur mon Reverend Pere, vostre tres humble et tres obeissant serviteur

De Peiresc.

A Aix, ce 27 décembre 1636.

LETTRE CXVIII
Peiresc au P. Cesaire de Roscoff
27 DÉCEMBRE 1636
(Ibidem, folio 439, verso.)

Monsieur mon R. P., je reçois (*sic*, probablement pour *Je repond*) à l'une des plus grandes obligations que

RELIURE SERREE
Absence de marges
intérieures

je vous peusse avoir : l'honneur et la part que vous m'aves daigné procurer aux bonnes graces du R. P. Anastase de Nantes. Et le tiens à grand bonheur, ayant prins un singulier plaisir à la lecture de sa lettre et de ses curieuses recherches qu'il a faictes dans vostre langue bas bretonne, de laquelle j'avois, dez longtemps y a, conceu tres bonne opinion ; mais, à ceste heure, il m'en a faict voir des preuves et des fruicts si admirables, que j'en suis tout ravy. Et ne fault pas laisser eschapper ceste belle opportunité de la faire valloir au monde selon sa juste valeur et son merite, puisque ce grand homme a tesmoigné ceste bonne inclination d'en ayder le public et d'y faire les reflexions requises. C'est pourquoy je vous supplie et conjure de l'en prier et de me mander confidemment quel ressort on y pourroit faire joüer pour l'y engager, en sorte qu'il ne puisse pas s'en desdire et s'en excuser. Car je le voids dans un mespris de ses ouvrages et dans un habit qui me faict apprehender de nous en voir esconduire, par surabondance de modestie et par ses infirmitez ou autres incommoditez, et, possible, par d'autres occupations plus dignes et plus apparemment utiles, quoy que le travail ne soit que pour reuscir à tres grande utilité en ceste matiere icy tost ou tard. S'il se peult donner le temps et la patience d'y vacquer tant soit peu, donnez-luy le courage de l'entreprendre, et, si faire se peult, offrez luy plus tost de le seconder en une si noble entreprinse, puisqu'il prend pretexte qu'il n'est pas naturel bas breton comme vous, et que vous pourrez avoir plus de cognoissance que luy de ceste langue : ce qui ne seroit pas inconvenient, puisque vous y estes né et y avez esté eslevé. Et en effect, c'est toute autre chose que ce qu'il faut acquerir par l'estude à vive force, au lieu que dans le bas aage la pratique s'en acquiert si doucement et insensiblement, et avec des notices tant de la prononciation et de l'orthographe que des doubles sens des mesmes paroles, et aures particularitez de bien difficile disquisition par art de grammaire ou par la simple lecture des libvres. Mais, quand vous en auriez au centuple, cela ne suffiroit pourtant pas pour vous en faire sortir vous seul, n'ayant pas le goust et l'inclination à cela comme luy, ni les habitudes qu'il y a prises, non plus que les observations qu'il y a faictes, et qui luy ont si bien reussy, qu'il est quasi impossible que, par le plaisir qu'il y a prins, et par de si heureuses et quasi inesperées et inimaginables rencontres, il n'ayt comme contracté une obligation et une resolution d'y travailler à bon escient. Tellement que, si vous y pouviez agir conjointement, je m'en promettrois des merveilles. Songez y bien, je vous supplie, et taschez d'y contribuer ce qui peut dependre de vous, ou du moins de me dire sans ceremonie quelle voye vous jugerez que je puisse tenir pour promouvoir et faire reussir à souhaict ceste belle entreprinse Vous verrez ce que je luy en dicts, et ayderez, je m'asseure, à nature pour l'animer comme il fault. Ce qu'attendant, je vous rends mes trez humbles actions de graces de ce que vous y avez desjà operé, et des belles observations que vous y avez adjoustées de vostre creu et de vostre propre mouvement : lesquelles j'estime bien fort. Je veux dire cette reduplication de la lettre N finale qui se prononce si fortement parmy vous, et qui a produict sans doubte la qualité du diminutif du mot Apennin aprez celluy d'Alpen, les païs circonvoisins de Rome ayant confirmé certain usaige quasi pareil au vostre, de prononcer, pour la negative Non, le mot Nonne, et ainsy de plusieurs autres semblables : ce qui merite bien de n'estre pas negligé, non plus que la retenue du charactere double FF finale, sans qu'en la prononciation il paroisse rien d'approchant à celle de vostre lettre F consonante. Ce qui nous faict juger selon que (*sic* pour *que selon*.) l'usage primitif parmy vous, ce charactere avoit quelque chose de pareil à la valleur du *Digamma Eolicum*, qui tient le lieu du Vau en l'ordre des lettres de l'alphabeth plus ancien, et consequemment qu'il pourroit faire office d'un simple accessoire à la prononciation de la voyelle precedente, comme font les diphtongues, pour representer, par exemple, parmy vous une prononciation, que nous avons fort ordinaire en nostre langue vulgaire provençale, de certaines diphtongues AU et OU, que nous prononçons tout autrement que celles que nous rencontrons dans les autres langues où elles sont employées. Lequel usage se peult estre addoucy insensiblement par succession de temps, et enfin reduict à ne plus prononcer ces deux voyelles en forme de diphtongue, ains comme si la premiere y estoit restée toute seule. La longueur des siecles produisant de bien plus grandes alterations que cela dans les langues, principalement quand on neglige de les rediger par escript, comme celle là avoit esté vraysemblablement bien longtemps, ou que ce n'est que bien rarement, comme nostre vulgaire provençal, que l'on ne sçauroit meshuy quasi plus escripre, tant il a esté negligé depuis nostre reunion à la couronne de France, au prix du lustre où il avoit esté durant deux ou trois siecles precedentz. Je vous supplie donc de vous enquerir particulierement s'il n'y auroit pas quelque baillage ou contrée de vostre Basse Bretagne, où ce digamma, ou double FF final eust retenu plus de vestiges de la prononciation primitive qu'aux autres, pour veriffier si ma conjecture est vaine, ou non, et de ne pas negliger de faire des notes de ces petites choses là, quand il vous arrivera de vous en souvenir et d'en rencontrer l'employ ou l'usaige, pour conserver vrayes notices de ceste ancienne langue, puisque vous voyez le plaisir qu'en peuvent recevoir voz amys et serviteurs, et le fruict qui s'en peult extorquer lorsqu'on y penseroit le moins. Vous serez cause d'une œuvre trez meritoire dans le monde, dont l'occasion ne se presentera jamais si belle qu'à ceste heure, que de si grands personnages que vous deux vous en pouvez mesler à si bonnes enseignes. J'ay esté instrument pour faire desterrer la langue des Cophtes, ou anciens Egyptiens, dont j'ay faict venir les grammaires et vocabulaires du Levant; et y a des plus grandz hommes du siecle desjà bien advancés en besoigne, le R. P. Athanase Kircher ayant fait à mon instigation le voyage de Rome pour cest effect, où il y a desja imprimé un beau volume sur ce subject, qui sera bien tost suyvy d'autres d'importance, de mesme matiere et d'autres personnes. Je l'ay esté aussy pour l'edition d'une traduction latine du texte carthaginois, ou punique, inséré dans le Plaute, où depuis 12 ou 15 siecles personne n'avoit entendu note quelconque. Je suis aprez à extorquer du R. P. Gilles de Loches sa grammaire Ethiopienne, desja bien advancée comme vous savez, et de plus une version de luy de cet ancien volume des Revelations d'Enoch, que j'ay enfin tiré du Levant, aprez luy avoir faict l'amour 3 ou 4 ans, dont vous avez bien ouy parler : esperant bien du fruict au public de la notice de ces trois langues, et surtout de l'Egyptienne, qui peut fournir des origines aussy excellentes que toute autre. Mais je n'en espere pas moins de la vostre, si elle est traictée de si bonne main que celles du R. P. Anastase et les vostres. Voire je m'en promettrois un beaucoup plus grand fruict, et bien plus general, estimant que la notice seulement de l'ethimologie des noms propres des pays et des villes de ce royaulme est capable de nous donner de trez grandes lumieres et satisfactions, non seulement [dans] l'ancienne langue gauloise, ou bretonne, mais, possible, dans l'etrusque, dans laquelle les Romains souloient pescher les origines de leurs mysteres plus anciens et plus venerables, et quasi de nous fournir des tesmoings du temps des siecles anterieurs à toute l'histoire qui en peut avoir esté escripte. Ce qui m'est un bien fort aiguillon pour me laisser emporter jusques à vous en importuner, aussi bien que le bon P. Anastase, en toutes les façons tollerables ou pardonnables. Vous suppliant, à ces fins, de ne le prendre pas en mauvaise part, et d'excuser le zele et la liberté, Monsieur mon R. P., de vostre tres humble, etc.

De Peiresc.

A Aix, ce 27 décembre 1636.

S'il y avoit moyen de renoüer la partie pour faire que le R. P. Anastase vint icy prescher un advent et caresme, je vous prie de me le mander, et qu'est-ce qu'il nous faudroit faire pour en venir à bout. Car j'aurois une grande passion de le gouverner un peu plus à souhaict que nous ne pouvons par lettres. Et, s'il y a moyen de voir quelque eschantillon de ces tablettes pour les observations, procurez nous en, je vous en supplie, la communication.

LETTRE CXIX
M. Conteny à Peiresc
6 JANVIER 1637
(Bibliothèque nationale, FF., 9,540, folio 139).

Monsieur, j'ay receu la vostre ; les assurances qu'elle me donne de vostre affection me font souhaiter de pouvoir meriter l'honneur que vous me faictes de me vouloir aymer, et, si je pouvois ce que je desire, vous jugeriés que je ne suis ingrat que pour ne pouvoir recognoistre ceste faveur. Le dessein que j'ay de vous obeir vous asseurera l'estime que j'en fais, et de quelle affection je reçoy ceste faveur, puisque aucun respect n'est capable de me retenir que je ne face ce que vous desirés.

J'ay bien jugé qu'escrivant au P. Michelange, vos lectres seroient bien plus puissantes que mes prieres ; mais, puisque vous m'y obligés par vostre lectre, je me suis adressé à luy, et je vis l'affection qu'il avoit de vous contenter et de m'obliger. Car mantenant (*sic*) il se mit en peine de chercher ce qu'il avoit escript de ceste eclipse, et apprist que, durant son absence qu'il a esté au Mont Liban, on se souvenoit de l'avoir bruslé avec quelques autres papiers qu'ils croyoient inutilles. Il a souffert mille peynes de ne l'avoir pas. Il a prié ceux qui estoient avec luy lors de ceste action de luy donner ce qu'ils en avoient escrit. C'est ce que je vous envoye, avec les observations qui ont esté faictes le 19 aoust. Vous verrés le tout en sa letire.

Je l'ay prié de trouver ce livre de musique, et qu'il fust tel que vous le desirés. On luy en a promis un fort ancien, tiré sur celuy qui a mieux remonstré en la musique ; mais, comme il est à un homme d'authorité, qui a grande quantité de livres sans ordre, ne sçait où le rencontrer, et, comme il ne veut le vendre que pour l'affection qu'il a aux Capucins, nous avons moins de facilité pour le presser. Et, encore que le Pere Michelange soit sur son despart pour Bagdad, le Reverend Pere Bonaventure fera toutes les diligences à ce que nous l'ayons promptement, et ne manqueray à l'envoyer par la premiere facilité que j'auray.

J'ay tiré parollé du P. Michelange que toutes les raretés qu'il verra, et que tout ce qu'il jugera vous pouvoir donner du plaisir, qu'il me l'escripve. J'espere cela de luy, et de vous servir en qualité de celuy qui est veritablement, Monsieur, vostre, etc.

Conteny.

D'Alep, le 6 janvier 1687.

LETTRE CXX
Peiresc à M. de Bourdaloue
20 JANVIER 1637
(Bibl. d'Inguimbert, Minutes de Peiresc. tome H-I-L-M, fol. 640, verso).

Monsieur, je n'avois pas merité l'honneur de vostre souvenir et de vostre si bonne part en l'honneur de vos bonnes graces que celle qu'il vous plaist me tesmoigner par vostre lettre, dont je vous remercie le plus humblement et affectueusement que je puis, et voudrois bien m'en pouvoir rendre digne par mes services ; mais Dieu sçait si nous serons jamais assez heureux pour en rencontrer des occasions à souhaict. Bien voudrois vous avoir encore une obligation bien insigne, si vostre entremise pouvoit operer que nous eussions icy le R. P. Gilles de Loches pour quelque temps, pour avoir moyen de le gouverner un peu et de nous prevalloir des grandes notices qu'il a des langues orientales pour l'interpretation de certains livres de grand'importance de l'Histoire Saincte, qu'on ne sçauroit esperer que de sa main, et qu'il ne se resoudroit pas facilement d'entreprendre sans une sollicitation comme la nostre et le secours d'autres livres que nous luy pourrions fournir mieux qu'ailleurs. Je vous supplie d'y agir et nous mander quelles voyes nous pourrions tenir pour en venir à bout. Car ceux de ceste province le recevront bien facilement parmy eux, et s'en tiendroient bien honorez et bien heureux. Ce ne sera que pour autant de temps qu'il luy plaira, et non plus. Et je vous serviray en revanche, comme, Monsieur, vostre, etc.

DE PEIRESC

A Aix, ce 20 janvier 1637.

LETTRE CXXI
Peiresc au P. Gilles de Loches
20 JANVIER 1637
(Ibidem, folio 440, verso.)

Monsieur mon R. P., j'ay receu, par le dernier ordinaire de Lyon, vos deux lettres du 29 decembre et 3 janvier soubs l'enveloppe de M. du Lieu, où j'ay esté bien ayse d'apprendre vostre heureux retour de la predication de l'advent. J'ay, par mesme moyen, receu celle que vous y avez joincte du Sʳ de Bourdaloüe, dont je n'ay pas merité le souvenir, et voudrois bien avoir moyen de m'en rendre plus digne cy aprez en le servant selon mes vœux et mes souhaicts. Je suis bien marry de la peine où vous estiez d'avoir responce sur la reception de vostre livre du Voyage de la Mecque, dont je n'avois pas manqué de vous accuser la reception incontinent ; mais, comme nos lettres vont faire le grand tour de Paris, elles perdent bien du temps, et les grandes eaux et autres incommoditez des chemins de la Bourgogne avoient detraqué tout l'ordre des courriers, et reculé leur arrivée à Paris de plus d'une semaine entiere, qui est ce qui vous a empesché d'avoir ma responce plus à temps. Mais je crois que vous l'avez à cez heures icy pour le moins, ou que vous ne tarderez pas de l'avoir, si elle n'est tombée en mauvaises mains, à faulte des precaultions que vous me dictes à present, lesquelles je feray observer deshormais punctuellement. Cependant, mes humbles remerciements de vostre Voyage de la Mecque, et suis bien marry de ne m'estre peu rencre plus digne de voz bienfaicts en les prevenant par mes services, et d'avoir esté si malheureux jusques à cest'heure en l'entreprinse ethiopique. Mais je n'en desespere pas pourtant, les choses de Rome ayant leur temps plus long que les autres. J'en attends quelque resolution formelle par le prochain ordinaire, quoy que l'on vous en puisse avoir escript, et quelqu'obstacle que le sieur Ingoly y pourroit apporter : esperant de surmonter toute sorte de difficultez, Dieu aydant. Mais, si vous pouviez entreprendre la version d'Enoch, nous triompherions de tous ces obstacles, et vous rendrions si considerable, qu'ils n'auroient pas de bouche à parler. Je vous prie de vous y resoudre, et au plus tost, et à vostre Grammaire Ethiopique, puisque vous l'avez tant advancée, où vous pourrez acquerir un si grand nom et un si grand advantage sur touts ceux qui vous portent de l'envie ou de la jalousie, et tant de merite euvers le public. J'attends d'heure à autre le volume du Psaultier hexaple par colonnes, où je m'asseure que la langue ethiopique n'aura pas esté oubliée. Je pense que je vous avois mandé le malheur qui l'avoit faict tomber ez mains des corsaires. Je l'ay faict suyvre à la piste avec tant de soing, qu'enfin il a esté retrouvé à Tripoly de Barbarie, et remis à rançon, et recouvré par un honneste homme qui s'est chargé de me le faire tenir par son frere. Il me tardera bien de l'avoir; mais je voudrois bien aussy vous pouvoir tenir icy pour vous en servir, s'il y estoit propre à faciliter l'accomplissement de vostre grammaire ethiopique et de cette version d'Enoch. Si cela se pouvoit faire, ouvrez m'en, je vous prie, les expediants. Cela n'empeschera pas vos desseins de la mission ethiopique ou de Guinée, quand vous y insisterez; au contraire, j'estime qu'il servira bien à l'acheminement, tandis qu'il fault un peu laisser appaiser les guerres qui peuvent reculer les entreprinses des marchands qui y doibvent concourir à voz loüables desseins. Sur quoy, attendant de voz nouvelles, je finiray, priant Dieu qu'il vous conserve et vous amene plus tost que plus tard. Demeurant, Monsieur mon R. P., vostre.   De Peiresc

A Aix, ce 20 janvier 1637.

LETTRE CXXII
Peiresc au P. Léonard de La Tour
20 JANVIER 1637
(Ibidem, folio 440 bis, verso).

Monsieur mon R. P., je n'ay rien faict pour le Sʳ Stef. Giustiniani que son merite et vostre recommandation ne m'obligeassent au centuple, si je le pouvois, et n'y espargneray rien qui soit à ma dispsition, non plus que toute autre chose qu'il vous plaira me commander. Nous eusmes le bien de voir icy à leur passage, quoy que à la desrobée, cez deux bons Peres qui s'en allaient en Levant, et qui vous avaient veu assez prez d'icy : vous remerciant de l'adresse que vous nous en aviez faict. Mais nous y avons, depuis, veu encore celluy dont je vous avois parlé, qui revient de Constantinople, et qui se tenoit clos et couvert. Mais nous ne laissâmes pas de l'examiner, en sorte qu'il ne peut nous dissimuler une bonne partye de son dessein pour l'edition d'une version grecque vulgaire du Nouveau Testament, accommodée au sens de Geneve. A qnoy je m'asseure que l'on ne tardera pas de mettre la main en diligence, si jà l'ouvrage n'est soubs la presse. C'est pourquoy il importeroit grandement d'en entreprendre une plus fidelle au plus tost, s'il estoit possible, de peur d'estre prevenus en chose capable de frapper un si grand coup. Et je ne vois pas que personne le puisse entreprendre plus dignement que vous, qui avez acquis une si grande notice du grec vulgaire. Esperant que Dieu benira vostre travail selon le souhaict des gens de bien. Et je demeureray, Monsieur, votre.

DE PEIRESC.

A Aix, ce 20 janvier 1637.

LETTRE CXXIII
Peiresc au P. Gilles de Loches
9 FÉVRIER 1637
(Ibidem, folio 440 bis, verso)

Monsieur mon R. P., j'ay receu depuis hier vostre derniere du 19 janvier, accompagnée de celle que vous escriviez au Sr Piscatoris, que je ne manqueray pas de luy faire tenir par la premiere commodité, et de celle que vous escript Mr Sarrasin sur un subject qu'il a si bien pris, et où il a si judicieusement desduict les principaulx moyens et preuves d'où l'on peult tirer l'eclaircissement, que cest'epistre, quoy que la modestie de son autheur en puisse dire, est non seulement comparable, mais peult prevalloir sur les plus gros volumes publiez en cette matiere. Et m'a faict concevoir une trez bonne opinion de la gentillesse et de l'eminence de l'esprit et du genie de ce personnage, que je voudrois bien pouvoir servir : le vous renvoyant avec mille remerciements trez humbles de la participation. J'ay esté bien ayse d'apprendre que l'inexperience du peintre qui avoit transcript le feuillet d'Henoch ne vous ayt pas desgouté, et encores que vous vous soyez resolu de le traduire. Et non seulement m'envoyer la traduction que vous me promettez, mais d'y joindre le premier livre de vostre grammaire ethiopique, dont je vous remercie trez humblement à l'advance. Et voudrois bien me pouvoir rendre digne, en vous servant, de l'honneur qu'il vous plaist me faire, ne prenant pas en mauvaise part la proposition que je vous faisois d'un peu de sesjour icy sur vostre passage pour Rome, afin d'y achever cette traduction et tout ce que vous sçauriez entreprendre de plus, dont je vous baillerois de bon cœur toutes les commoditez à moy possibles en nostre petite maison des champs, à Boisgency, où vous ne seriez pas dans une abbaye ; mais, quand vous voudriez vous aller promener ou recueillir en une chartreuse, des plus anciennes de l'ordre, vous n'en seriez qu'à demy lieue (1). Et, si la fantaisie vous prenoit de vous y tenir plus tost qu'ailleurs, cez bons Peres n'en seroient pas moins bien ayses que moy, et y trouveriez du fraiz en plein esté, autant qu'en vostre province, dans les montagnes toutes garnies d'arbrisseaux du styrax, que vous avez veu, je m'asseure, en Levant. Vous verrez, au billet cy joinct, ce que m'escrivoit l'Em^{me} card. Barberin par le dernier ordinaire, et ce que je luy avois respondu à tout hasard, sans rien sçavoir au [vray] de vostre disposition, que je ne receuz sinon le lendemain du passage du courrier. Si j'eusse esté asseuré de ne vous pas desplaire en cella, j'eusse bien faict l'office plus gaillard et plus fortement. Et ne manqueray de suppléer par le prochain, Dieu aydant, esperant que ce premier pas jusques icy sera plus facile, en ceste sorte, que toute autre proposition, et que, quand il sera faict, ils ne pourront pas se desdire du voyage de Rome, et enfin du reste. Et procureray que vous puissiez avoir le R. P. Paschal et tels autres qu'il vous plaira, et cependant la faculté de faire porter et, s'il est possible, disposer de tout ce qui pourra escheoir, tant en l'acceptation que distribution, si besoin est, de tout ce qui y sera desirable (2). Si vous vous resolvez à cette saincte entreprise, il faudra bien faire apporter quant et vous, ou tost aprez, tout l'attirail de l'assortiment de vos livres, escripts, planches, et toutes autres choses dont vous vous servirez pour les langues, sinon jusques à Rome de

(1) C'était la chartreuse de Montrieux, dont il est souvent question dans la correspondance de Peiresc, qui, pendant qu'il habitait la campagne, aimait à *voisiner* avec les bons religieux.

(2) Cette phrase confuse est copiée avec une exactitude absolue.

plein sault, au moins jusques icy, où vous en aurez peut estre plus de besoing à ceste traduction, ou autre composition, que partout ailleurs. Et, quand vous irez à Rome, vous en ferez charrier ce que vous jugerez ne pouvoir trouver là, et le reste vous attendra icy à vostre retour, où il vous sera fidelement gardé si vous le nous laissez en depost, ou chez les bons PP. Chartreux, nos voysins, ou en quelqu'un de vos conventz de ceste province, dont vous retirerez et ferez suyvre, ou porter ailleurs, tout ce que bon vous semblera. Et nous prendrons le soing de vous en faire descharger du soing (*sic*) et des fraiz de voiture. Par ce moyen, nous pourrions avoir la veüe, en passant, de vostre psaultier en caractère babylonien avec la glose interlineaire arabique, et vos grammaires et vocabulaires en sept langues orientales, et adviser s'il y auroit aulcun moyen d'en faire ayder le public de vostre bon adveu. De quoy nous serions bien plus friandz que de vostre beau crucifix, lequel je suis bien d'advis que vous conserviez religieusement à l'usage que vous l'avez primitivement destiné. Je n'ay pas ouy dire que le psaultier heptaple que j'attends en bonne devotion ayt appartenu à un evesque jacobite, ouy bien à un evesque des Cophtes, à qui j'envoyay un calice et patene d'argent de la forme qu'il les desira pour l'usage de son eglise. Mais, possible, estoit ce par equivoque qu'il vous avoit esté allegué evesque jacobite pour cophte. Tant est que vous me feriez bien plaisir de me faire la description de celluy là, si l'avez veu, pour y avoir recours, si ce n'estoit le mesme : cela ne meritant pas d'estre negligé, non plus que vos rares observations sur le psaultier en tant de langues orientales, comme vous dictes, où je voudrois bien vous voir travailler à la composition selon vostre genie, tandis que le bon P. Paschal s'attacheroit selon le sien aux versions des langues de sa congnoissance, pour laisser par aprez entreprendre avec moins de regret vostre plus loingtaine peregrination, quand le public auroit tiré de vous par anticipation ce qu'il ne sçauroit tenir d'autres mains, en ce siecle, que des vostres. Et si l'occasion s'en perdoit, vous me permettriez bien de vous dire que vous en seriez grandement responsable devant Dieu, pour le benefice qui en peut redonder à son Eglise et à toute la chrestienté, laquelle seroit dans la barbarie à faulte de gentz qui se puissent competemment instruire aux langues qu'il ne faudroit ignorer en allant s'exposer parmy eux. J'ay eu des lettres du R. P. Agathange de Vendosme aprez son retour de Sainct Anthoine, où il a esté quelques moys, n'y ayant pas trouvé des livres curieux comme il s'estoit promis. Il a esté à l'hermitage de S. Paul pour Ar..., où il ne trouva plus d'habitans. Le R. P. Cassien devoit aller visiter à son tour quelques autres monasteres loingtains. Le Reverend P. Agathange de Morlaix y estoit arrrivé à bon sauvement, avec les livres qu'il avoit prins chez nous, d'où il nous promet quelques bonnes observations celestes. Le R. P. Ephrem m'a pareillement escript de Seyde, et les RR. PP. d'Alep, entr'autres le P. Michelange de Nantes, qui faict dessein de passer en Perse, et, possible, plus oultre, et d'y observer aussy, comme il le peut plus facilement que les autres. Sur quoy je finiray, priant Dieu qu'il vous inspire ce qui sera pour sa plus grande gloire, et vous descharge de voz predications quotidiennes, que d'autres pourroient suppleer, lesquels ne peuvent pas faire ce que vous feriez en ces langues incongneües. Reservez vous y, je vous supplie, de bonne heure, et disposez absolument de moy, comme, M. mon R. P., de vostre tres humble et tres obeissant serviteur.

DE PEIRESC.

A Aix, ce 9 febvrier 1637.

LETTRE CXXIV
Peiresc au P. Gilles de Loches
14 AVRIL 1637
(Ibidem, folio 448.)

Monsieur mon R. P., je n'ay receu vostre lettre du 14 mars que par le dernier ordinaire de Lyon, venu samedy, soubs l'enveloppe du sieur de Lappe, du 30me. Et suis en grande apprehension que vous ne puissiez pas avoir ma responce à temps avant vostre chappitre, puisqu'il est assigné à Tours au 8 du prochain, où vous ne sçauriez pas vous rendre sans estre parti de Bourges dans le present moys, et ma presente despeche ne seroit (*sic* pour *sçauroit* ou *pourroit*) estre à Paris que dans dix jours, ne pouvant pas rester assez de temps pour aller de Paris à Bourges puis le 24me jusques au dernier, si le messager ne part incontinent et en poste. C'est pourquoy je le prieray de la vous envoyer à Tours, pour vous y attendre au chappitre, et feray un dupplicata. Je prieray Mr de Rossi, de Lyon, de vous le faire tenir à droicture à Bourges, lequel pourroit vous rattaindre encores là, s'il trouve de commodité opportune. Je vous diray donc, Monsieur mon R. P., que je me tiens grandement honoré, et vostre obligé, du tesmoignage qu'il vous plaist me donner de ne pas avoir d'aversion au voyage de ceste province, dont je vous remercie tres humblement, et avec tout aultant de sentiment d'obligation et de redevance que si vous en aviez accepté le party et executé le dessein : bien marry de me recognoistre indigne de tant de bien et d'honneur, et des incommoditez que vous y pourrez rencontrer. Mais, puisque vous y (*sic*) avez un si grand zele à la gloire de Dieu et au bien du public, je ne doubte nullement que vous n'excusiez ma foiblesse, et que vous ne condescendiez volontiers à nos supplications en chose que le public n'obtiendra jamais d'un autre avec tant d'advantage que de vous. Tout ce qui m'a blessé d'abord, à la reception de la derniere de l'Em^me card. Barberin, a esté de voir qu'il n'ayt pas voulu s'ingerer d'user de son droict à vous donner l'obedience comme il le pouvoit, et qu'il ayt voulu s'en remettre au Procureur general de vostre ordre, comme vous verrez par l'obedience qu'il m'en a envoyée, laquelle fut expediée un jour trop tard pour venir par le precedent ordinaire, qui nous eust faict gaigner un moys de temps. Et le pis est qu'au lieu de vous laisser le choix d'un collegue, comme je l'eusse desiré, et c'estoit du debvoir, il le donne à vostre provincial, et le restrainct à un trop petit nombre pour vous laisser aulcune fonction bien libre et bien commode : ce qui me faict juger que vous n'y trouverez pas bien vos mesures. Toutefoys, si vous trouvez bon de vous en servir, à tout le moings pour vous faire descharger de l'employ des predications et des charges de gardien, ou autres conventuelles, ce ne sera pas un petit coup advancé pour vous donner quelque peu de loysir à recueillir voz memoires et dresser voz instructions tout à vostre aise ; tandis que nous solliciterons une pareille obedience pour le R. P. Paschal de Loches, s'il l'a agreable, et pour tel autre qu'il vous plaira me faire nommer. Et si vous voulez venir à l'advance, encores mieux : vous y serez le tres bien venu, n'estimant pas que la nomination de ceste ville d'Aix, où vous estes assigné pour affaires expedier, vous puisse exclure de la residence de Boisgency, où elles pourront expedier plus tost et plus commodement qu'en tout autre lieu, les livres y estant sur lesquelz vous avez à travailler. Et si bien il n'y a pas là de convent de vostre ordre plus prochain qu'à Tollon, qui est à 3 lieües, il y a pourtant une chartreuse à demy licüe seulement, où vous pourrez aller faire tels exercices spirituels que vous vouldrez, et, en un besoing, y resider, si le lieu et l'air ne vous estoient pas desagreables : m'asseurant que ce bon Pere s'en tiendra fort heureux et content, pour le respect de vostre vertu et pieté, et pour l'amour de moy. Bien estimé je que, si vous venez, il sera à propos de faire apporter, si non quant et vous, au moins bientost aprez, touts vos papiers, livres, outils, planches et aultres choses qui peuvent faciliter l'ouvraige que l'on desire avoir de vostre main, non seulement en l'edition d'un livre si exquis que celuy dont on attend vostre version, mais pour les autres que vous pouvez bailler au public en cez langues orientales dont vous avez acquis de si rares notices. En passant par Lyon, Monsieur de Rossi faira acquitter tout ce que vous ordonnerez, et sur vos ordres, soit pour les fraiz de la voiture des balles que vous luy ferez adresser, ou pour les autres choses dont vous pourriez avoir affaire, icy ou bien là mesme où vous serez, quelque part que ce soit, m'asseurant qu'il trouvera des correspondances partout. Ou bien, si Monsieur de Lappe le veut faire, je l'en feray rembourser et indemniser par ledict sieur de Rossi, à qui vous pourrez faire les adresses de tout ce qu'il vous plaira, et les faire tenir icy ou ailleurs, partout où vous leur ordonnerez, et fort fidellement. Quant à la mission d'Ethiopie, c'est la verité que ces messieurs de Rome l'ont fort goustée ; mais, comme les guerres presentes ont diminué leurs revenus de la bonne moitié, tant en general qu'en particulier ceux du cardinal Barberin, ils craignent la touche [sic] d'une estrange façon, et apprehendent si fort que leur bource ne soit attainte, qu'ils sont cappables d'abandonner toutes les choses les plus honorables et advantageuses pour eux, m'asseurant que ce n'est que cela seul qui a accroché toute ceste proposition, qui avoit esté fort au goust de nostre Sainct Pere, comme je l'ay sceu de bon lieu. Mais, si les choses peuvent prendre quelque bon chemin de paix par la bonne guerre qui se prepare, mesmes si nous venons à bout de la reconqueste, qui est desjà bien advancée, ayant tout subject de l'esperer bientost, avec l'ayde de Dieu, il y a de l'apparence que touts ses genereux desseins pourront mieux esclore, et reussir plus à souhaict. Et vous vous trouverez ici tout porté sur le chemin de Rome, pour le premier passage des galleres ou autre plus opportun. Et il sera tousjours bien plus aysé de vous tirer d'icy pour cela que de vostre province, où vous ne sçauriez eviter des employs qui ne se peuvent pas intermettre comme ceulx que vous pourrez prendre icy, tels que bon vous semblera. J'ay autrefois tenu, à nostre petite maison de Boisgency, des bons PP. Chartreux qui y trouvoient de la consolation aultant que d'entretien innocent, et des plus habiles gents de leur ordre. Il y a maintenant un bon P. Minime qui a faict deux voyages en Levant, le P. Theophile Minuty, qui m'a fait recouvrer de si beaux livres Mss, lequel y a passé l'hyver depuis la Noel, et y a laissé les fiebvres quartes qu'il y avoit portées, des la premiere octave de son arrivée, quoy qu'à contre saison de les perdre. Mais je croys bien qu'il n'y voudra pas sesjourner gueres d'advantage, estant surtout appelé à Rome, où je ne consens pas volontiers qu'il aille avant l'automne ; et s'il m'en croit, il n'y ira pas sur le champ, s'il n'y veut laisser les os. Je suis bien en peine de vostre fiebvre tierce, si opiniastre comme vous dictes, et de vostre exuberance (1) de bonne volonté à continuer, nonobstant icelle, vos exercices aux predications et autres occupations de vostre charge. Et me permettrez bien de vous donner le tort qu'il vous en fault donner, et de vous semondre à penser à vostre santé avant toute œuvre. Nous avons icy Monsieur de Champigny, maistre des requestes et intendant

---

(1) Le mot *exubérance* a été rarement employé avant le xvii° siècle. Littré n'en cite qu'un seul exemple au xvi° siècle, exemple qu'il tire d'Ambroise Paré.

de la Justice (1), qui en avoit eu 10 ou 12 accez, et puis, aprez l'intermission de quelque semaine, avoit eu une recheutte et cinq ou six nouveaux accez, dont il s'est heureusement delivré par un petit breuvage du païs bien facile : de la racine de violettes de mars bien pilée, jusques à la quantité de la grosseur d'un œuf, mise en infusion dans du vin blanc qui le surpasse d'un petit doigt, et aprez 12 heures d'infusion on les presse et faict passer à travers un linge, et l'on boit cette liqueur une heure avant le temps que l'accez de fiebvre tierce a de coustume de venir. Il s'en faict tous les jours l'espreuve qui reussissent [sic] fort bien : cela ne sçauroit nuire. Je vouldroys bien que ce remede fust bien propre pour vous en delivrer, afin que vous ne vous mettiez pas en chemin malade, dont j'auroys trop de regret. Et sur ce, priant Dieu pour vostre santé et pleine satisfaction, je demeure, Monsieur, mon R. P., vostre, etc.

De Peiresc.

A Aix, ce 14 avril 1637.

LETTRE CXXV

Peiresc au P. Gilles de Loches

26 MAI 1637

(Ibidem, folio 446).

Monsieur mon R. P., j'ay esté bien ayse que ma derniere despeche vous ayt esté fidellement rendüe, mais un peu mortifié de voir que le retardement de vostre chapitre aye tant adjousté d'inconvenient à vostre obedience.

---

(1) François Bochart, dit de Champigny, seigneur de Saron, un des grands amis de Gassendi, qui l'a immortalisé en ses ouvrages, devint intendant en Dauphiné, puis à Lyon, où il se noya en 1665. Il était fils de Jean Bochart, V^e du nom, premier président au Parlement de Paris, et neveu du Vén. Honoré de Paris (Charles Bochart), capucin, dont la cause de béatification est actuellement poursuivie en Cour de Rome.

J'escripray à Rome dans 8 ou 10 jours pour tascher de la faire reformer, et y comprendray le R. P. Charles de Cosne, croyant que, si on l'y eust incisté *(sic)*, il n'y auroit pas eu plus de difficulté qu'en vostre nomination. Nous en serons bientost esclaircis, et cependant les grandes chaleurs se pourront escouler, durant lesquelles j'avois plus apprehendé vostre venue en ce mauvais païs que sur l'hyver, qui n'est pas si mal supportable que l'esté aux personnes de votre païs. J'escripray à Rome ce que vous me dictes, que vous pouvez vous passer de leurs fournitures ; car je crois fermement que ce n'est que cela seul qui leur avoit faict peur. Je loüe fort que vous commenciez par l'accomplissement de vostre grammaire et dictionnaire avant que vous appliquer au reste, puisque le trouvez bon. Et ne trouve pas estrange qu'ayez trouvé des faultes et equivoques des lettres les unes pour les autres, attendu que le coppiste n'estoit qu'un peintre qui n'y cognoissoit rien, puis mesmes que vous dites que chascune lettre se multiplie par sept differentes sortes fort petites et mal perceptibles. Feu Mons. Scaliger a inseré dans les notes de son Eusebe (1) un grand fragment du texte grec de ce mesme libvre d'Henoch, qu'il avoit tiré des Mss de la Chronique de Georgius Syncellus, où est comprins le passage mesme allegué dans l'epistre de S. Jude. Vous pourriez voir s'il ne pourroit point vous ayder à suppleer les manquements de ce feuillet mal transcript (2). Car je croys bien que le commencement

---

(1) *Thesaurus temporum Eusebii Pamphili Cæsareæ Palestinæ episcopi chronicorum canonum omnimodas historiae libri duo*, etc. Leyde, 1606, in-folio.)

(2) Peiresc s'entretenait avec le plus vif intérêt du livre d'Enoch, non-seulement, comme ici, près d'un mois avant de quitter ce monde, mais la veille même de sa mort, dans une lettre adressée à Palamède de Fabri, sieur de Valavez, son bien-aimé frère, lettre qui sera publiée dans le volume de la correspondance spécialement consacrée aux lettres de famille.

de l'ouvraige debvra estre en son langage grec naturel : ce qui vous serviroit d'une grande preuve de la certitude des regles de vostre grammaire æthiopienne. Au reste, je [me] plains grandement de l'opiniastreté de vostre fiebvre, et du scrupule que vous faictes de vous descharger de toute sorte de visites actives et passives, et de tous ces compliments *(sic)* qui vous empeschent de vous faire tirer du sang au besoin, puis quasi de respirer. Il faut premierement songer à la santé, et puis le reste suivra tant qu'il pourra, tousjours assez tost quand on se sauve. Excuse de ma liberté, de la presse que je suis presentement, qui ne me permet pas de lire la lettre du sieur Magi pour vous en rendre compte, ny de vous respondre plus ponctuellement à tous les [articles] de la vostre ; dont je vous crie merci, et demeure tousjours, Monsieur mon R. P., vostre, etc.

DE PEIRESC.

A Aix, ce 26 mai 1637.

Nous eumes hier le bien de voir icy en passant le R. P. Brice de Rennes, qui s'en va à Saide, et Frere Martin de Raonne *(sic)*, son collegue, qui s'en va à Alep, et ne les avons peu arrester que une heure ou deux.

FIN DE LA CORRESPONDANCE DE PEIRESC

NOTICES
SUR
LES RELIGIEUX CAPUCINS
Nommés dans les Lettres de Peiresc

ADRIEN de La Brosse, religieux de la province de Touraine-Bretagne, fut missionnaire à Saïd. En 1633, il fut chargé de chaînes par les Turcs, et emmené, avec quatre de ses confrères, au bagne de Constantinople, où il mourut au mois de janvier 1634.

AGATHANGE de Morlaix, de la même province, partit pour la mission du Caire en 1636, en compagnie du P. Pierre de Guingamp, destiné à celle d'Alep. Ils visitèrent Peiresc, qui avait auprès de lui son ami Gassendi. Les deux savants donnèrent aux deux religieux des leçons d'astronomie; puis ceux-ci s'embarquèrent à Marseille, au mois de septembre. Le Père Agathange de Morlaix arriva à sa destination sans accident. Il avait pris l'habit religieux le 12 octobre 1625. Il était à la mission du Caire en 1638. Nous ignorons la suite de sa carrière.

AGATHANGE de Vendôme, de la même province, supérieur de la mission du Caire, fut martyrisé à Gondar, en Abyssinie, l'an 1638, avec son compagnon le P. Cassien de Nantes. Le Père Emmanuel de Rennes a écrit l'*Abrégé de la Vie et du martyre* de ces deux religieux (Rennes, Vatar, 1756, in-18; autre édition, Paris, Tardieu, 1882; traduction italienne par le P. Isidore de Guarcino, Milan, 1883, in-16). A l'occasion de leur procès de béatification, actuellement introduit en Cour de Rome, le Père Stéphane de Sainte-Christine, supérieur du couvent des capucins de Paris, a publié une brochure où de nouvelles et intéressantes recherches ont été mises à profit.

ALEXANDRE d'Angoulême, frère laïque de la même province, accompagna le P. Éphrem de Nevers en Orient, l'an 1636. Il mourut à Saïd le 15 octobre 1640.

ANASTASE de Nantes, de la même province, avait revêtu l'habit religieux le 14 juillet 1603. Il fit longtemps et avec succès la controverse contre les Protestants en Poitou. Doué de talent pour les sciences, il acquit des connaissances fort remarquables en langue bretonne, bien qu'il ne fût pas bretonnant, ainsi qu'en astronomie. Peiresc eut à lui montrer de quels avantages il se privait en ne se servant pas des mêmes instruments que les autres astronomes. Il mourut à Saint-Malo le 16 mai 1642, après avoir gouverné deux fois sa province en qualité de ministre provincial.

ANDRÉ de Bédoin, vraisemblablement religieux de la province de saint Louis, autrement dite de Provence, nous est connu seulement par la prière, que lui fit Peiresc, d'acheminer une lettre vers le P. Gilles de Loches.

ARCHANGE du Fossé, ou de Fossés, religieux de la province de Paris, avait été officier dans les armées du roi, et appartenait à la famille noble dont il conserva le nom ; il était cousin de M. de Césy, ambassadeur de France à Constantinople, et il avait quelque parent parmi les plus hauts dignitaires de l'ordre de Malte. Peut-être faudrait-il voir en lui le brillant gentilhomme de même nom, qui fut fait sous-lieutenant des gendarmes de la reine en 1616, fit de brillantes campagnes contre M. le Prince, et étonna la Cour par sa fidélité au commandeur de Sillery disgracié. On peut voir à son sujet d'intéressants détails dans les *Mémoires* de Fontenay-Mareuil, dans ceux d'Arnauld-d'Andilly, etc. Un Monsieur de Fossés était aussi gouverneur du château de Montpellier pour le roi à une époque un peu postérieure. Le P. Archange devait être au moins parent de ces personages ; mais sa parenté avec M. de Césy fut, sans doute, une des raisons pour lesquelles, en fondant une mission de Capucins à Constantinople en 1626, les PP. Joseph et Léonard de Paris lui en confièrent la direction. Il vint à Rome et en France dix ans plus tard pour les affaires de cette mission, où il ne retourna qu'après la mort du P. Joseph, en 1639. Il existe de lui une plaquette intitulée : *Lettre des Pères capucins nouvellement establis en la ville de Constantinople...* (A Paris, chez la veufve Ducarroy, 1627). Revenu dans sa province une seconde fois, il y fut honoré de quelques charges, et mourut, étant supérieur du couvent des capucins du Marais, à Paris, le 22 juillet 1670.

BENOIT de Dijon, de la province de Touraine-Bretagne, fut un des premiers missionnaires capucins au Caire, où il mourut le 25 avril 1638.

BERNARD de Paris, religieux de la province de ce nom, savant mathématicien, fut supérieur de la mission des capucins de Scio, puis custode de tous les établissements de son ordre à Constantinople et dans l'Archipel. En 1648, un bref d'Urbain VIII le chargea de parcourir, en qualité de visiteur apostolique, toutes les églises de ces contrées, et de rendre à la Sacrée Congrégation de la Propagande un compte exact de leur état : ce qu'il fit. Il mourut en 1669. Il s'était appliqué beaucoup à l'étude de la langue arabe, et il avait composé un dictionnaire turc-français, qui, au dire du P. Furcy de Péronne (1), fut imprimé à Paris en 1654. Nous n'en avons jamais rencontré d'autre indication ; mais cet ouvrage fut converti par le Père Pierre d'Abbeville, en dictionnaire italien-turc, comme le fait connaître ce titre : *Vocabolario italiano turchesco compilato dal M. R. P. F. Bernardo da Parigi, predicatore cappuccino, missionario apostolico, già custode della Missione dei PP. Cappuccini nel Levante... Tradotto dal francese nell' italiano con la fatica del P. F. Pietro d'Abbavilla* (In Roma, nella Stamperia della S. C. de Prop. F., 1665, in-4° de 2458 pages, qui obligent les relieurs à en former 3 volumes).

(1) Le P. Furcy de Péronne, capucin du couvent du Marais, à Paris, fut auteur d'une compilation de documents sur les missions des Capucins dans l'Archipel (Bibl. Nat., Mss., Nouv. Acq., n° 4134).

BONAVENTURE du Lude, religieux de la province de Touraine-Bretagne, fut supérieur de la mission d'Alep, avec le titre de Custode de la mission des Capucins en Syrie et en Perse. Il mourut en grande réputation de vertu, à Alep, en juillet 1645. En 1639, il avait eu, avec un muphti turc et un rabbin juif, une discussion après laquelle ils convinrent de la supériorité de la foi chrétienne sur les leurs. A la suite, le juif se convertit, et prêcha dans sa synagogue la divinité du christianisme ; il fut récompensé de cet acte de zèle par le martyre.

BRICE de Rennes, de la province de Touraine-Bretagne, fut longtemps dans les missions du Levant. Il acquit une grande connaissance de la langue arabe, dans laquelle il écrivit un abrégé de l'œuvre de Baronius et de son continuateur Spondan. Voici la note bibliographique :

1. *Annalium Ecclesiasticorum Cæsaris Baronii, S. R. E. Card., Epitome arabica.* Typis et symptibus S. C. Propagandæ Fidei, Romæ, 1653, 3 in-8°. L'ouvrage est précédé d'une dédicace au pape Innocent X, d'une lettre du Patriarche d'Antioche au Général des Capucins faisant grand éloge de ses missionnaires d'Orient, et l'assurant du bien que produira cette œuvre du Père Brice. Le 1er volume a, en deux paginations, 890 et 312 pages de texte arabe, le second 936, le troisième, 1094.

2. *Annalium Sacrorum a Creatione mundi ad Christi D. N. Incarnationem Epitome arabica.* Romæ, apud Josephum Lunam, maronitam, 1655, in-8°. L'ouvrage est dédié au pape Alexandre VII, et contient 838 pp. de texte arabe.

3. *Henrici Spondani continuationis eorumdem Baronii Annalium ab anno 1198 ad 1646, arabica Epitome.* Romæ, Typ. Propag. fid., 1671, in-4° (Catalogue de la Chigiana, p. 86). Ceci n'est qu'une réimpression de la troisième partie du premier ouvrage.

Le P. Brice fut un des savants qui pendant quarante-six ans travaillèrent à l'édition arabe de la Bible que la Sacrée Congrégation de la Propagande fit publier en 1671. Un des compilateurs d'Annales des Capucins, le P. Furcy de Péronne (1), dit que, en 1654, Innocent X fut tellement mécontent d'une Bible arabe sortie des presses de la Propagande, qu'il fit fermer cette imprimerie, sans qu'aucune instance des cardinaux pût obtenir sa réouverture pour l'impression du *Dictionnaire Turc* du Père Pierre d'Abbeville, récemment appelé à Rome pour la surveiller. Dans cette fermeture, ajoute-t-il, périrent deux ouvrages du P. Brice de Rennes déjà presque entièrement imprimés. Mais l'édition du *Dictionnaire Turc*, en 1665, prouve assez clairement que cette fermeture ne fut pas maintenue par les successeurs d'Innocent X.

Nous ignorons l'époque et le lieu de la mort du P. Brice de Rennes.

CASSIEN de Nantes fut le compagnon des travaux et du martyre du P. Agathange de Vendôme. Voir ce que nous avons dit plus haut à propos de celui-ci.

CÉSAIRE de Rosgoff, de la province de Touraine-Bretagne, revint de la mission du Caire en compagnie du P. Gilles de Loches, et ils firent ensemble une visite à Peiresc le 25 juillet 1633; depuis lors, leurs relations avec ce grand homme ne cessèrent qu'à sa mort. C'est par les lettres de celui-ci que nous suivons le P. Césaire prêchant l'avent de 1633 et le carême de 1634 à Belle-Isle, envoyant à Peiresc des livres bretons, obtenant du duc de Retz, en 1635, une description de Belle-Isle destinée à Peiresc, et enfin gouvernant le couvent des Capucins de Lannion en 1636.

CHARLES de Cosne, de la même province. Le Père Gilles de Loches s'ouvrit à Peiresc du désir d'emmener ce Père en

---

(1) Deux manuscrits du P. Furcy de Péronne sont au département des Mss de la Bibliothèque Nationale, dans les Nouvelles Acquisitions; nous les avons vus et copiés avant qu'ils fussent numérotés. L'un porte au dos le titre *Anecdote françoise*, qui ne représente pas son contenu : ce sont les Annales du couvent des Capucins du Marais, déjà citées. L'autre porte au dos : *Mission de Grèce*, et à l'intérieur : *Recueil des Missions Apostoliques des Capucins de la Custodie de Grèce, de la province de Paris*. C'était le premier volume d'une collection qui en comprenait onze autres, malheureusement perdus.

mission, s'il y était lui-même envoyé de nouveau par ses supérieurs.

CHARLES-FRANÇOIS d'Angers, de la même province, se trouvant en partance pour les missions d'Orient, fit visite à Peiresc le 21 août 1636, en compagnie du Père Zacharie de Nogent, qui avait la même destination. Il passa de la mission de Syrie à celle de l'Archipel en 1644, et à cette occasion fut incorporé à la province de Paris. Le Père Bernard l'appela auprès de lui à Scio, où il résida pendant quatorze ans. Une intrigue sur laquelle le P. Bernard et l'évêque de Scio ne purent pas gagner la victoire, malgré leurs efforts et leur dévoûment pour le P. Charles-François, obligea celui-ci à retourner à la mission de Syrie en 1658. Il mourut à Chypre en 1659, dit un document de la province de Touraine, à Bagdad au contraire, dit le P. Furcy de Péronne. Il avait acquis une grande expérience des langues arabes, turque, grecque et italienne; il était théologien et habile prédicateur.

CHRYSOSTOME du Puy, de la province de Provence, était gardien, c'est-à-dire supérieur, du couvent des Capucins de Marseille en 1636; nous ne savons sur son compte que ce détail fourni par Peiresc.

COLOMBIN de Nantes, de la province de Touraine-Bretagne, avait revêtu l'habit religieux le 13 octobre 1619. Il fut missionnaire en Guinée. Après son retour en France, Peiresc lui adressa quantité de questions, le 10 avril 1634. Le P. Colombin répondit par une relation de ses voyages, dont l'illustre savant le remercia bien vivement. Nous devons regretter la perte d'un document aussi précieux. Le P. Colombin est mort en l'an 1645.

DENIS d'Avignon, de la province des Capucins de Provence, était fils de Gaspard de Rives et d'Isabeau Leyrole. Il naquit en 1596. Dès son enfance, il montra un goût et une aptitude extraordinaires pour les lettres. Il entra d'abord chez les bénédictins, dans leur abbaye de Psalmodi, située en Land-Gothie (1). Il était encore bien jeune lorsque, désireux d'une vie plus austère, il se présenta aux Capucins, dont il revêtit l'habit le 24 janvier 1615. Trois de ses frères, distingués par leur science et leur piété, le suivirent en cette vocation. Dès 1624, il fut envoyé en mission dans les Cévennes, où les Calvinistes lui firent subir des insultes, des coups, et même la prison, avec danger pour sa vie. Il prêcha en lieu plus paisible, dans la cathédrale de Cavaillon, les carêmes de 1641, 1646, 1653 (*Reliquiæ, ou ce qui reste du couvent des capucins de Cavaillon*, par J. Valère-Martin. Avignon, 1878, in-8°, p. 244). Il fut très cher aux cardinaux François et Charles Barberini. Celui-ci, pendant un temps, le fit venir à Rome, et désira le voir donner au public son *Triplex tractatus*. Le P. Denis, en le dédiant à ce prélat, voulut ne pas laisser ignorer à ses lecteurs la bienfaisance du Mécène qui, *hortatu munifico*, dit-il, l'avait encouragé à leur offrir ce livre excellent. Il avait aussi pour ami fort intime le célèbre Joseph-Marie Suarès, d'abord évêque de Vaison, puis commensal des cardinaux Barberini : ce personnage orna de poésies de sa composition les préliminaires du *Triplex tractatus*. Revenu en France, le P. Denis reprit ses travaux apostoliques. On raconte qu'en 1665, à Embrun, dans une conférence où il fut opposé aux ministres protestants, il eut le bonheur de réduire au silence tous ses adversaires, en présence d'un auditoire nombreux. Il mourut le 15 septembre de la même année. Les ouvrages qu'il a laissés sont :

1° *Triplex tractatus Scripturæ sacræ expositorius, in quo agitur de significatione verbi* Creo, *mutatione sabbati in Dominicam, sancti Petri primatu et Ecclesiæ visibilis infallibilitate*... Lugduni, Coral, 1663, in-4°.

2° *Dissertatio de Origenis Hexaplis et Octaplis, cum corollario Josephi Mariæ Suaresii*.... Romae, Herculis, 1671, in-4°.

Barjavel (*Dictionnaire historique de Vaucluse*, t. I, p. 430), citant Achard, distingue quatre ouvrages dans le premier, et donne les dates de 1660 et de 1661 pour la publication des divers traités dont il se compose. Ils ont donc été imprimés à part avant leur réunion dans le volume de 1663, que nous avons seul rencontré et exploré. Quant au second ouvrage, il ne renferme que 21 pages

---

(1) Voir, au sujet de ce monastère et de sa situation dans une île au milieu des étangs, *Les Villes mortes du golfe de Lyon*, par M. Lenthéric, ingénieur en chef du département du Gard.

dont le P. Denis soit l'auteur ; le reste est dû à Suarès qui, dans la lettre par laquelle il dédia au cardinal Charles Barberini ce volume, fit un éloge pompeux de notre religieux.

ÉPHREM de Nevers, de la province de Touraine-Bretagne, partit pour la mission d'Orient en 1636. Au dire de Feller, il était frère de M. Dechâteau des Bois, conseiller au Parlement de Paris. En passant par Aix pour se rendre à sa mission, il visita Peiresc, chez lequel il reçut des leçons d'astronomie de Gassendi. Arrivé à Saïd dans le courant de l'été, il donna de ses nouvelles à Peiresc. Trois ans plus tard, il fut envoyé dans les Indes orientales, avec les PP. Zénon de Baugé et Pierre de Pithiviers, qui s'arrêtèrent à Surate, tandis qu'il allait s'établir à Madras. Il y avait là une forteresse appartenant à la Compagnie anglaise des Indes ; la garnison et un groupe de cinq ou six cents naturels catholiques formèrent une paroisse dont il fut le pasteur, et les Anglais lui permirent de bâtir une église. L'inquisition portugaise de Goa, sur les dénonciations de prêtres jaloux, le fit saisir et enfermer dans ses prisons, où il fit un séjour de près de deux ans. Cela eut lieu de 1648 à 1650 d'après Feller, de 1650 à 1652 d'après les Mémoires inédits de la mission des Capucins en Syrie et en Perse. La Cour romaine intervint, avec menaces, dit-on, pour obtenir sa délivrance. Le voyageur La Boullaye, qui avait vu le P. Zénon à Surate, dit l'avoir revu à Madras, où il s'était rendu pour ne pas laisser périr la mission du P. Éphrem. Tavernier dit y avoir vu postérieurement celui-ci, et fait le plus grand éloge de sa piété, de ses connaissances et de son caractère. Nous ignorons quelle fut la fin du P. Éphrem ; quant à celle du P. Zénon, nous rectifierons l'erreur de plusieurs biographes, qui le font mourir en 1650 ; il suffit à cela des lignes suivantes, recueillies dans les archives de Pondichéry : « Le 24 janvier 1687, nous avons reçu la nouvelle de la mort du P. Zénon de Baugé, prêtre, capucin et missionnaire apostolique, décédé à Madras, le 21, à 7 heures du soir. C'est lui qui a établi la mission de (illisible), où il est resté deux ans et demi, est venu à Madras où il est décédé, âgé de 84 ans, et de religion 62 ans. Il avait demeuré en la Palestine avant que de venir aux Indes. Signé : F. Jacques, capucin. »

EPIPHANE d'Orléans, de la province de Touraine-Bretagne, ne nous est connu que par les lettres de Peiresc, desquelles il suit que ce religieux avait un rare talent de miniaturiste; mais il paraît qu'il copiait plus qu'il ne composait ; car, ayant offert à Peiresc un S. François, auquel le digne conseiller le pria de donner les traits du P. Gilles de Loches, il ne se rendit pas à ce désir, et Peiresc regretta que l'artiste n'eût pas créé le sujet.

ÉVANGÉLISTE de Suippe, de la province de Paris, partit pour la mission de Constantinople en 1632. Il était à Scio en 1636. Ses confrères le représentèrent à Peiresc comme un savant mathématicien. Nous ne savons point à quelle époque il revint dans sa province; mais il mourut à Ipres le 2 juillet 1648, après 27 années de vie religieuse.

GILLES de Loches, de la province de Touraine-Bretagne. De tous les religieux capucins qui furent en relations avec Peiresc, le P. Gilles est celui auquel ce grand homme manifesta la plus grande estime et affection. Il avait inauguré notre mission de Saïd en 1626, et celle du Caire en 1631. Deux ans plus tard, il laissa celle-ci entre les mains du P. Agathange de Vendôme, et revint en France. A partir de ce moment, nous ne savons plus de lui que ce qui nous est révélé par la Correspondance qui précède.

A son retour en France, le 25 juillet 1633, le P. Gilles se trouvait, en compagnie du P. Césaire de Rosgoff, auprès de Peiresc. Cette visite s'explique par les relations que l'illustre conseiller avait entamées avec lui depuis un petit nombre d'années; elles avaient porté celui-ci à suivre tous les pas du religieux; car on trouve de lui cette note autographe :

« Le P. Gilles de Loches, capucin, à la Contrade *(sic)* de France devant. Est à Rome. Encore à Rome.

« Le P. Césarée de Rosgo (sic), en Basse-Bretagne.

« Ils ont passé par Aix, le 25 et le 26 juillet 1633.

« Le P. Thomas de Vendôme, capucin, c   agnon du P. Gilles, grand astronome ou mathématicien, q   a fait des disputes avec le docteur de Venise, est au Caire.

Un peu plus loin, Peiresc note les souvenirs suivants de ses conversations avec les deux missionnaires :

« Les PP. Gilles de Loches et Césarée de Rosgo nous ont nommé, pour le Cayre, un sieur Santo Seghezzi, venitien, fort curieux, fort homme de bien, et capable de faire avoir afforce livres, et à bon marché. Il est plus puissant que le Bassa, et ayme tant les Françoys qu'il a voulu estre naturalysé. »

(En marge : « Il a son beau-frère à Marseille, le sieur Gella, qui se tient à Sainct Jaime de l'Espase. »)

« Ils s'en retournent en France pour establir une mission et commerce de La Rochelle à Congo, et de là, par les caravanes, en Ethiopie.

» Ledict P. Gilles dict qu'auprez des Abyssins y a des peuples nommés Galli, rebellez d'ancienneté contre l'empereur des Abyssins, qui portent les cheveux cordonnez et retournez sur la teste comme les femmes, sans autre chapeau, et se disent issus des Gauloys, et croient que les Françoys, leurs parents, les viendront un jour reduire à l'obeissance des Abyssins, pour, toutz ensemble, ruiner le Turc (1). »

Indépendamment de cette note, Peiresc fit à ses deux visiteurs quantité de questions sur les choses d'Orient, et déposa leurs réponses dans ses Mémoires (2).

Dès ce moment, il conçut pour le P. Gilles une estime qui s'est traduite par une correspondance assidue. La science que le missionnaire avait acquise pendant son séjour relativement court en Orient, paraissait à Peiresc capable de rendre les plus éminents services à la religion et au monde savant; il aurait voulu que son ordre lui créât la situation et la liberté nécessaires pour poursuivre les travaux commencés.

Arrivé dans sa province, le P. Gilles fut, au contraire, employé à la prédication, et placé successivement à la tête des couvents de Romorantin et de Bourges. Peiresc insista pendant plusieurs années auprès du cardinal Barberini, neveu du pape, pour obtenir qu'il fût appelé à Rome afin d'y déchiffrer certains

---

(1) Bibliothèque nationale, FF., *Nouvelles Acquisitions*, n° 5174, f° 25, verso.

(2) Bibliothèque d'Inguimbert, Collection Peiresc, tome LXXIX, folios 254 à 264.

trésors de science orientaliste qui étaient accumulés au Vatican, et auxquels personne ne comprenait rien. C'étaient surtout des manuscrits en langue abyssinienne ; après cela, le P. Gilles irait inaugurer une nouvelle mission en Abyssinie, d'où les Jésuites avaient été récemment expulsés.

Peiresc, à force de persévérance, était parvenu à ses fins. Le P. Gilles devait se mettre en route, s'arrêter chez lui, dépouiller ses richesses littéraires, mettre la dernière main a des ouvrages composés sur sa prière, notamment à une grammaire de la langue abyssinienne, à une traduction du livre d'Enoch, etc. Mais Peiresc mourut le 24 juin 1637. Avec lui s'évanouirent les nobles projets à l'exécution desquels sa ténacité et sa fortune pouvaient seules pourvoir.

La prodigieuse intelligence qui avait fourni au P. Gilles le moyen de devenir en sept années un orientaliste incomparable, s'exerçait avec la même facilité et le même bonheur sur d'autres matières. Ainsi, il imagina un système d'imprimerie qui paraît avoir quelque ressemblance avec nos modernes clichés. Son procédé devait rendre très facile l'impression des caractères orientaux. Peiresc l'appréciait grandement, et en augurait grand profit pour la science, au cas où la cour de Rome voudrait en faire tenter l'essai. Le P. Gilles importa d'Italie un système de soufflets hydrauliques, et inventa un perfectionnement pour l'artillerie de guerre. Il fit don à son illustre ami d'une partie de sa collection de livres orientaux, et hommage d'une autre partie au cardinal Barberini : elle subsiste probablement dans la bibliothèque du palais de ce nom, à Rome, riche de cinquante mille volumes et de huit mille manuscrits.

GRÉGOIRE d'Avignon. Deux religieux ont simultanément porté ce nom. L'un, issu de la noble famille de Romieux, prit l'habit franciscain dans la province de Toulouse, le 13 décembre 1589, et continua de faire partie de cette province, dont il fut plusieurs fois le premier supérieur, jusqu'à ce que son compétiteur, le P. Archange de Lyon, l'eût fait exiler dans la province de Provence. Là, il fut honoré des dignités de définiteur (conseiller du Provincial), de Provincial, et de gardien du couvent d'Arles. Il retourna en Languedoc en 1631, y fut encore élu définiteur et gardien, et mourut à Toulouse, le 7 juin 1639. Il ne peut pas être le religieux que Peiresc signale comme présent à Marseille en 1636 (au P. Agathange de Morlaix, 6 août); il faut y voir le suivant :

GRÉGOIRE d'Avignon, de la province de Provence, était frère du P. Denis d'Avignon; il prit l'habit de capucin, le 7 octobre 1618, en même temps que Gaspard, son autre frère, qui avait, comme lui, beaucoup d'esprit, mais qu'une mort prématurée enleva, à Tarascon, le 2 octobre 1626, à l'âge de 28 ans. Agricol, troisième frère du P. Denis, entra chez les Capucins, le 23 janvier 1624, à l'âge de dix-huit ans ; il fut l'élève de son frère aîné, devint professeur à son tour, se rendit habile helléniste et hébraïsant, et succomba aux suites d'une apoplexie, le 18 mars 1662, au couvent de Jonquières-lès-Martigues, dont il était gardien. Le P. Grégoire mourut pendant que l'on imprimait son ouvrage intitulé : *Epitome canonum conciliorum in locos communes per alphabetum digesta, ab Apostolis usque ad nos. Brevis historia omnium conciliorum tum generalium, tum provincialium, cum subscriptionibus præcipuorum Patrum, maxime Gallorum. Conciliabula tum schismaticorum, tum hæreticorum. His accessit controversia historica et, pro corollario, declaratio vocum difficilium in historia ecclesiastica.* On voit, par ce titre, que c'est là une réunion de trois opuscules. Barjavel (*Dict. hist. de Vaucluse*, II, p. 38), citant Achard, signale, pour le premier, une édition de Paris, Denis Thierry, 1662, in-folio; pour chacun des autres une édition de 1663, chez le même, également in-folio. La même année, les trois ouvrages furent réunis en un seul volume in-folio par Coral, de Lyon. On observe, dans les préliminaires de cette édition, une poésie latine en l'honneur de l'auteur, par le célèbre P. Claude-François Menestrier, de la Compagnie de Jésus. Une autre édition, deux volumes in-8º, a été donnée en Sicile, l'an 1870, par le libraire Biar, de Montereale, *accurante Illmo et Revmo Domino Fratre Joanne Thoma Ghilardi, ordinis Prædicatorum, episcopo Monregalensi*. Serait-ce cette édition que nous avons vue indiquée, en quelque catalogue de libraire probablement, comme publiée à Mondovi en 1870 ? Nous pensons que non, Mondovi (Mons vici) différant extrêmement de Montereale (Mons Regalis).

JACQUES de Vendôme, de la province de Touraine-Bretagne, était missionnaire dans le Liban en 1633. Peiresc le remercie de quelques nouvelles, et l'informe des démarches faites sur sa recommandation en faveur de l'évêque maronite Georges Ammira. C'est tout ce que nous savons de lui.

JOSEPH de Paris, de la province de Paris, où il fut maître des novices, puis de celle de Touraine-Bretagne, dont il devint provincial. Il était né à Paris en 1577; il mourut à Rueil dans les derniers jours de l'an 1638. Grâce aux soins extraordinaires donnés à son instruction dès sa petite enfance, il acquit de bonne heure une science prodigieuse, et put parler avec facilité non-seulement les langues anciennes, mais la plupart de celles de l'Europe. Jeune homme, il fit avec bravoure une campagne sous la conduite du connétable Henri de Montmorenci, son parent. Peu après, retiré dans sa terre du Tremblay, il se mit au service des malades et des pauvres pendant une peste désastreuse, et l'on remarqua que nul ne périt de ceux qui avaient reçu ses soins. Il prit l'habit de capucin à Orléans, et après plusieurs années d'études scientifiques et de sainte vie, il fut maître des novices au couvent de Meudon; puis il se livra entièrement à la prédication et à la controverse contre les Protestants. Les couvents de Capucins de la Touraine et de la Bretagne ayant été séparés de ceux de la province de Paris pour en former une autre, il fut assigné à celle-ci. L'exercice de son ministère le conduisit en Poitou et dans le diocèse de Luçon, où il eut de nombreuses occasions de collaborer avec le célèbre évêque de cette ville, Armand de Richelieu. Si l'on en croit la vie manuscrite et inédite du P. Joseph par Dom Damien Lerminier, bénédictin, dont nous avons pris copie, le P. Joseph comprit le génie politique de l'évêque de Luçon, et parla de lui à Marie de Médicis, le lui représentant comme le seul homme capable de gouverner la France et de maintenir l'autorité royale au milieu des troubles de la régence. Ce fut alors que la Reine appela auprès d'elle ce ministre incomparable, qui devait procurer au royaume le bienfait d'une unité paisible, et qui, pour cela, dut plus tard laisser prendre le chemin de l'exil à cette princesse. La présence et les fonctions de Richelieu à la Cour y appelaient nécessairement le P. Joseph, dont le génie était en harmonie merveilleuse avec le sien. Il y eut pourtant entre eux des différences notables : Richelieu dut vivre en prince, conformément à son rang; le P. Joseph demeura religieux pauvre et austère comme dans son couvent. La faveur royale fut souvent près d'abandonner Richelieu : elle ne varia jamais pour le P. Joseph, qui réussit chaque fois à relever la situation chancelante de son ami. Ce ne peut point être ici le lieu de rappeler le rôle du P. Joseph dans les affaires politiques, ni d'énumérer les immenses services qu'il a rendus à la religion et à la France. L'histoire de sa vie fut publiée, dans les premières années du XVIIIe siècle, par l'abbé Richard, en deux ouvrages qui eurent, à notre connaissance, chacun deux éditions ; ils se contredisent l'un l'autre, sans qu'aucun des deux soit sincère : l'intention de faire un chantage est manifeste chez leur auteur. De nos jours, plusieurs savants ont fait, au sujet du P. Joseph, des recherches importantes. M. Pelletier, président à la Cour des Comptes, avait recueilli dans les plus riches dépôts de l'Europe des trésors que les incendies de la Commune ont détruits en 1871. Nous commençons à nous consoler de ce malheur par la lecture des judicieux et savants travaux que M. Fagnez publie dans la *Revue historique*. Il ne nous est pas possible, non plus, de donner la bibliographie des œuvres du P. Joseph ; elle remplirait toute une brochure, et ferait double emploi avec l'opuscule publié par M. l'abbé Dedouvres, licencié ès-lettres, sous ce titre : *Le P. Joseph de Tremblay. Notice biographique d'après le sieur de Hautebresche. Essai bibliographique* (Paris, Retaux-Bray, 1889, in-8º).

LÉONARD de La Tour, de la province de Paris. Nous supposons que ce nom de La Tour était celui de sa famille et en même temps du fief qu'elle possédait. Il passa sa jeunesse à la Cour, où il était considéré comme un des plus beaux et des plus aimables gentilshommes de France. Il la quitta pour revêtir l'habit de capucin le 17 février 1614. Il fit partie de la première colonie de Capucins envoyés à la mission de Constantinople, et il y travailla avec grand zèle et grand fruit. Au retour, le 23 octobre 1636, il fit visite à Peiresc en compagnie du P. Maclou de Pontoise. Il fut ensuite supérieur des couvents de la rue Saint-Honoré, de la rue Saint-Jacques, du Marais et de Meudon, et définiteur en 1641, 1644, 1648, 1654. La direction spirituelle des Capucines lui fut confiée en 1650. Ses prédications étaient fort estimées, non seulement des personnes pieuses, mais surtout des religieuses : la plupart des abbesses de Paris aimaient l'appeler, à cause des fruits de sanctification que sa parole apportait dans leurs communautés. Les Calvinistes eux-mêmes accouraient à ses conférences, et il en ramena un certain nombre dans le giron de l'Église. Il mourut au couvent de la rue Saint-Honoré, le 25 janvier 1657.

LUC de Saint-Malo, de la province de Touraine-Bretagne, avait pris l'habit religieux le 4 juin 1606 ; il mourut à Nantes le 16 mars 1636. Il avait cherché des livres bretons pour Peiresc, en 1634 ; celui-ci l'en remercia par sa lettre du 7 août.

MARTIN de Raonne, de la province de Touraine-Bretagne, ne nous est connu que par la présence de son nom dans la dernière lettre de Peiresc au P. Gilles de Loches, 26 mai 1637.

MICHELANGE de Nantes, de la province de Touraine-Bretagne, missionnaire à Alep. Sur la prière du P. Célestin de Sainte-Lidwine, carme, il observa, au bénéfice de Peiresc, l'éclipse de lune du 28 août 1634. Au sujet des notes qu'il en devait transmettre à l'illustre conseiller, et qui n'arrivaient pas complètes, celui-ci crut qu'une partie lui en était refusée volontairement par le P. Michelange, par crainte de ne présenter qu'un mauvais travail. Peiresc conjura tous les Capucins qui correspondaient avec lui d'obtenir ce qu'il n'avait pas envoyé. La fin de cette histoire est fournie par la lettre de M. Conteny, d'Alep, 6 janvier 1637, annonçant l'envoi de celles des notes qui ont été retrouvées, augmentées de notes nouvelles sur une autre éclipse, et faisant savoir le départ du P. Michelange pour la mission de Perse.

PASCAL de Loches, de la province de Touraine-Bretagne. Nous ne savons sur lui que ce que nous apprennent les lettres de Peiresc au P. Gilles, savoir : que celui-ci désirait l'avoir pour compagnon dans sa mission projetée en Abyssinie, et que le P. Pascal se livrait à l'étude de la langue arabe.

PIERRE de Guingamp, de la province de Touraine-Bretague, missionnaire en Syrie, devint supérieur de la mission des Capucins dans l'île de Chypre.

PIERRE de Morlaix, de la province de Touraine-Bretagne, missionnaire en partance pour le Levant, fit visite à Peiresc en 1636, à peu près en même temps que le P. Pierre de Guingamp, ce qui donna lieu à une confusion dans la correspondance de l'illustre conseiller.

PROTAIS de...., de la province de Touraine-Bretagne, ne nous est connu que par la mention, dans les lettres de Peiresc, de son nom et du désir du P. Gilles de Loches de l'avoir pour compagnon dans la mission projetée en Abyssinie.

SCHOLASTIQUE d'Aix, de la province de Provence, ne nous est connu que par sa lettre adressée à Peiresc le 22 avril 1633.

THOMAS de Saint-Callain, ou plutôt de Saint-Calais, de la province de Touraine-Bretagne, missionnaire en Égypte, rentré en France en 1634, ne nous est connu que par la lettre que Peiresc lui adressa au Caire, et qui lui parvint au couvent des Capucins de Nevers.

THOMAS de Vendôme, de la province de Touraine-Bretagne, missionnaire en Égypte, ne nous est connu que par les deux lettres où Peiresc le fait questionner sur le moment précis de la crue du Nil, et donne l'ordre à M. Magy de mettre à sa disposition un télescope.

ZACHARIE de Nogent, de la province de Touraine-Bretagne, missionnaire en Orient, ne nous est connu que par les lettres où Peiresc raconte son passage chez lui en compagnie du P. Charles-François d'Angers, le 21 août 1636.

www.ingramcontent.com/pod-product-compliance
Lightning Source LLC
Chambersburg PA
CBHW050537170426
43201CB00011B/1456